Vertriebspraxis Mittelstand

Springer Nature More Media App

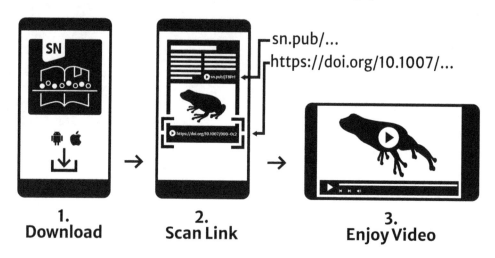

sn.pub/...
https://doi.org/10.1007/...

1.
Download

2.
Scan Link

3.
Enjoy Video

Support: customerservice@springernature.com

Markus Milz

Vertriebspraxis Mittelstand

Ein Grundlagenwerk für Strategie, Führung und Sales

2., vollständig überarbeitete und erweiterte Auflage

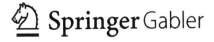

Markus Milz
Milz & Comp. GmbH
Köln, Deutschland

Die Online-Version des Buches enthält digitales Zusatzmaterial, das durch ein Play-Symbol gekennzeichnet ist. Die Dateien können von Lesern des gedruckten Buches mittels der kostenlosen Springer Nature „More Media" App angesehen werden. Die App ist in den relevanten App-Stores erhältlich und ermöglicht es, das entsprechend gekennzeichnete Zusatzmaterial mit einem mobilen Endgerät zu öffnen.

ISBN 978-3-658-38342-8   ISBN 978-3-658-38343-5 (eBook)
https://doi.org/10.1007/978-3-658-38343-5

Die Deutsche Nationalbibliothek verzeichnet diese Publikation in der Deutschen Nationalbibliografie; detaillierte bibliografische Daten sind im Internet über http://dnb.d-nb.de abrufbar.

Springer Gabler

Coverillustration: iStock.com/smartboy10

Lektorat/Planung: Manuela Eckstein
Springer Gabler ist ein Imprint der eingetragenen Gesellschaft Springer Fachmedien Wiesbaden GmbH und ist ein Teil von Springer Nature.
Die Anschrift der Gesellschaft ist: Abraham-Lincoln-Str. 46, 65189 Wiesbaden, Germany

Dieses Buch ist meinen Eltern Helga und Wilhelm Milz gewidmet.
Mama, Papa – ich danke Euch, dass Ihr mir den bestmöglichen Start ins Leben ermöglicht habt! Und damit letztendlich auch verantwortlich dafür wart, dass dieses Buch hier überhaupt geschrieben werden konnte …

Vorwort zur zweiten Auflage

Seit der ersten Auflage dieses Buches sind rund zehn Jahre vergangen. Der Verlag hatte mich schon mehrfach gebeten, an einer neuen Auflage zu arbeiten – doch hatte ich bis vor etwa drei Jahren die Notwendigkeit nur bedingt gesehen – die von mir seinerzeit dargestellten Werkzeuge – Salestools – und das beschriebene Vorgehen erschienen mir nach wie vor sinnvoll.

Doch dann war die Welt auf einmal eine andere: Klimaapokalypse, Corona-Pandemie, Krieg in Europa – eine Welt im Wandel. Vertrieb fand einige Zeit gar nicht oder nur digital statt – teilweise ist es noch so, mindestens aber hybrid. Aktuell – im Juni 2022 – kenne ich viele Unternehmen, die mir sagen, dass sie gar keinen Vertrieb machen *wollen*, weil sie entweder noch von Corona-Hilfen des Staates profitieren oder aber „Angst" vor Aufträgen haben, weil sie dank Inflation kaum kalkulieren können bzw. keine Rohstoffe oder Zukaufteile erhalten.

In jedem Falle erschien auf einmal eine komplette und vollständige Überarbeitung bzw. Erweiterung oder teilweise Neufassung aller Kapitel mehr als sinnvoll – was ich dann schließlich auch gerne getan habe.

Das vorliegende Buch enthält eine komplette Überarbeitung aller relevanten Vertriebstools, inkl. aller Möglichkeiten, die die Digitalisierung im Vertrieb bietet. Die neue Auflage enthält etliche Seiten mehr als die erste – und dabei fiel es mir schon schwer, all die neuen Möglichkeiten, die Digital- und Social Selling bieten, mit vertretbarem Mehrumfang abzubilden.

Im Gegensatz zu vor zehn Jahren, als ich das Buch insbesondere als Handbuch für Unternehmer, Geschäftsführer und Vertriebsleiter geschrieben habe, habe ich es heute auch als Grundlagenwerk für jeden im Vertrieb tätigen Menschen – „alten Hasen" ebenso wie Neuanfängern oder Quereinsteigern – konzipiert. Es soll einen möglichst vollständigen Überblick über alle relevanten Werkzeuge, Tools und Techniken geben, die im Vertrieb des Jahres 2022 und in Zukunft bekannt sein – und zur Anwendung kommen sollten.

Gerne freue ich mich auf Kommentierungen, Fragen, Anmerkungen und Ergänzungen an milz@milz-comp.de – und wünsche viel Inspiration und Vergnügen bei der Lektüre!

Köln, Deutschland   Markus Milz
Juni 2022

Vorwort

Warum dieses Buch? Gibt es nicht bereits genügend Vertriebsratgeber? Nun, als ich vor 15 Jahren insbesondere aus eigenem Interesse heraus anfing (immerhin hatte ich eine eigene Beratung gegründet und musste Kunden akquirieren), mich dem Vertrieb zu widmen, fand ich im deutschsprachigen Raum insbesondere drei Sorten von Ratgebern vor: In der *ersten Gruppe* befanden sich zahllose Werke diverser Vertriebstrainer und -berater, die insbesondere die von ihnen erfundenen „eigenen Methoden" bewerben wollten. So gut oder schlecht die einzelnen Methoden, Bücher und Trainer auch waren – es handelte sich doch nie um eine ganzheitliche Betrachtung des Themas Vertrieb. Diese fand in der *zweiten Gruppe* statt: Eine Reihe von insbesondere akademisch geprägten Autoren verfasste Bücher – oft über 1000 Seiten dick – die tatsächlich viele Facetten des Vertriebs strukturiert beleuchten. Allerdings insbesondere vor eben diesem akademischen Hintergrund auch oftmals sehr theoretisch und vorwiegend als Nachschlagewerke oder Strukturhilfe für Konzerne geeignet. Die Frage „Wie soll ich es denn jetzt konkret machen?" wurde nicht beantwortet bzw. Praxistipps, Checklisten und Gesprächsleitfäden o. ä. suchte man vergeblich. Hiervon fand sich dann manchmal etwas in der *dritten Gruppe*, die sich auch meistens „Handbücher" oder „Leitfäden" nannte. Diese waren – oft als Taschenbuch oder Kurz-Ratgeber – dann allerdings so dünn, dass sie lediglich dem Einsteiger in das Vertriebsthema von Nutzen sein konnten.

Dieses Buch soll eine Lücke schließen: Konzipiert als *Praxisratgeber* insbesondere *für den Mittelstand*, soll es sowohl Neueinsteigern im Vertrieb als auch gestandenen Geschäftsführern, Vertriebsleitern und Vertriebsmitarbeitern ein *erfolgsorientierter Leitfaden für die Praxis* sein. Sie können dieses Buch entweder als *Nachschlagewerk* zu bestimmten Themen nutzen – oder aber auch grundlegend Ihren *bestehenden Vertrieb daraufhin überprüfen*, ob Sie die Hausaufgaben in den vertriebsrelevanten Themen gut gemeistert haben.

Bleibt – Lücke hin oder her – noch die Frage zu beantworten, ob das Thema „Vertrieb" an und für sich wichtig genug erscheint, um hierüber ein weiteres Buch zu verfassen. Hierzu gibt es nur eine Antwort: Definitiv ja! Der meiner Meinung nach bei weitem wichtigste Erfolgsfaktor in jedem wirtschaftlichen Unternehmen, ebenso wie in jeder Institution, ist der Kunde. Es ist der Kunde, der alles bezahlt. Ohne Kunden lassen sich langfristig alle anderen ein Unternehmen ausmachenden elementaren Dinge wie Personal,

Strategie bzw. Geschäftsmodell, Produktion und Produkte oder auch alle Investitionen nicht bezahlen. Und hierbei ist es ebenfalls egal, ob der Kunde nun Kunde oder Klient, Mandant, Patient, Spender, Sozialversicherter o. ä. heißt.

Was ist nun die wichtigste Voraussetzung für einen erfolgreichen Vertrieb, dessen maßgebliche Aufgabe es ist, genau diese Kunden zu akquirieren und dafür zu sorgen, dass sie bleiben sowie kundenorientiert und strukturiert zu agieren? Diese Fragen wird das *Handbuch Vertriebspraxis Mittelstand* beantworten. Es gibt konkrete Handlungsempfehlungen für Verbesserungen in den einzelnen Vertriebsbereichen.

Auf Grund unserer langjährigen Praxiserfahrung als Berater, Sparringspartner und Trainer mittelständischer Unternehmen, wurde dieser Ratgeber vor allem für die Hauptkundengruppen der *Milz & Comp. Unternehmensberatung und Unternehmensbeteiligung GmbH* konzipiert. Dazu gehören vor allem die folgenden Branchen:

- Produzierendes Gewerbe
  - Maschinenbau
  - Metallerzeugung und -bearbeitung
  - Gummi- und Kunststoffe
  - Elektronik
  - Lebensmittel
  - Chemie
  - Automotive
- Informations- und Kommunikationstechnologien (IKT)
- Groß- und Einzelhandel
- Sonstige …
  - … Investitions- und Konsumgüterindustrien
  - … Dienstleistungen

Dementsprechend sind die im Buch angegebenen Kontakte, Tipps und Adressen für Messen, Plattformen etc. vor allem für die Bedürfnisse dieser Branchen ausgelegt. Dennoch kann das Vertriebshandbuch eine wertvolle Hilfe oder Informations- und Impulsquelle für jeden Entscheider sein, unabhängig davon, aus welcher Branche er stammt.

Das Handbuch Vertriebspraxis Mittelstand bietet bewährtes Praxiswissen, schnell zugänglich und sofort anwendbar. Dieses Buch ist das Resultat langjähriger Erfahrungen der Berater und Trainer der Milz & Comp. und liefert Checklisten und praxisorientierte Leitfäden, mit denen jeder Mittelständler die Qualität seines Vertriebs überprüfen und unmittelbar steigern kann. Dazu gehören sofort anwendbare

- Praxistipps,
- Checklisten,
- Tools
- und Vertriebsgeheimnisse,

die

- wirklich umsetzbar sind,
- helfen, Potenziale optimal auszuschöpfen,
- neue Chancen und Möglichkeiten aufzeigen
- und somit langfristig zum Erfolg führen.

▶ Viele der oben genannten Praxistipps, Checklisten und Tools sind in diesem vorliegenden Buch abgebildet. Einige dieser sowie weitere Hilfsmittel für die vertriebliche Arbeit finden Sie im geschützten Bereich unserer Homepage (www.milz-comp.de/download – Zugriff erhalten Sie mit Ihrem persönlichen Zugangscode; Sie finden den Code vorne im Buch im Impressum).

Um den Lesefluss des Handbuchs im Folgenden nicht zu behindern, habe ich in den meisten Fällen darauf verzichtet, zusätzlich zur männlichen Form der jeweils beschriebenen Person das weibliche Pendant hinzuzufügen. Wenn ich also von „Geschäftsführern, Vertriebsleitern oder anderen männlichen Personen" spreche, so sind hiermit selbstverständlich ebenso die „Geschäftsführerinnen, Vertriebsleiterinnen etc." gemeint.

Köln, Deutschland   Markus Milz

Die SALESTOOLBOX®

Im Laufe meiner langjährigen Beratungs- und Trainingstätigkeit wurde ich oft gebeten, den „Vertrieb des jeweiligen Unternehmens zu optimieren". Ein derart formulierter Projektauftrag ist jedoch zu unspezifisch, hier muss die Gegenfrage gestellt werden, was wohl hiermit konkret gemeint ist: Die Neukundenakquise zu verbessern? Bestehende Kunden besser und erschöpfender zu bedienen? Vertriebliche Prozesse oder Organisationsstrukturen effizienter zu gestalten? Menschen zu trainieren, zu coachen? Oder gar die vertriebliche Positionierung am Markt zu hinterfragen?

Wie wir sehen, ist das Thema Vertrieb durchaus breit zu verstehen und umfasst viele Facetten. Um die jeweilige Thematik sauber eingrenzen und strukturieren zu können, haben wir im Laufe der Zeit die *Milz & Comp. SALESTOOLBOX®* entwickelt. Der Begriff „Werkzeugkasten" ist hier von der Analogie her durchaus treffend: Um erfolgreich ein Auto zu warten, ein Gartenhaus zu bauen oder Lampen zu montieren ist *ein* Werkzeug alleine in der Regel nicht ausreichend – es werden Schraubenzieher, Zangen, Hammer und andere Werkzeuge – sprich: der vollständige Werkzeugkasten benötigt, um dies tun zu können. Genauso verhält es sich mit einem gut funktionierenden Vertrieb.

„Wer nur einen Hammer hat – für den ist alles was er sieht ein Nagel!" Ich schätze, dies haben Sie schon mehrfach gehört. Natürlich kann man eine Schraube auch mit einem Hammer in die Wand bringen – aber besser geht es mit einem Schraubenzieher, welches das geeignetere Werkzeug hierfür wäre. Mein Credo und mein Wunsch mit diesem Buch ist es, Ihnen einen Überblick über alle relevanten Werkzeuge im Vertrieb zu verschaffen – und Sie in die Lage zu versetzen zu erkennen, welches Werkzeug in welcher Situation und bei welchem Ansprechpartner zur Anwendung kommen sollte – und es auch lernen und können anzuwenden.

In der SALESTOOLBOX® findet sich eine Übersicht aller in Unternehmen benötigten Vertriebsprozesse und Vertriebsstrukturen. Dazu gehören etwa die Module 1 bis 5, in denen chronologisch alle Schritte eines erfolgreichen Vertriebsprozesses stattfinden und die den Schwerpunkt des vorliegenden Buches bilden:

In *Modul 1 – Vision und Strategie* – sind zunächst einmal die grundlegenden Hausaufgaben zu machen, das Ziel und den Weg dorthin zu definieren. Ist dies geschehen, munitioniere ich mich in *Modul 2 – Marketing* – entsprechend auf, sorge dafür, dass mein

Unternehmen von Kunden gefunden wird und meine Außendarstellung dem Gewollten entspricht. In *Modul 3 – der Akquise* – sorge ich dafür, dass ich aktiv neue Kunden finde, identifiziere und anspreche und in *Modul 4 – dem Verkauf* – von meinen Produkten, Leistungen und Preisen überzeuge und sie als Kunden gewinne. In *Modul 5 – dem Kundenbeziehungsmanagement* – trage ich dafür Sorge, dass diese so gewonnenen Kunden bleiben, zufrieden sind sowie mehr und höherwertige Produkte und Leistungen kaufen.

Die *Themenbereiche 6 bis 9 bilden den strukturellen Rahmen*, der mit *Punkt 10 (das effiziente Ineinandergreifen aller Prozesse*) abgeschlossen wird. Mit diesem Zehn-Punkte-Plan vor Augen fällt es leichter, Problembereiche im eigenen Unternehmen zu strukturieren und entsprechende Optimierungspotenziale zu heben.

Die drei Dimensionen der SALESTOOLBOX®

Gedanklich enthält unser Werkzeugkasten, unsere *SALESTOOLBOX*, drei Dimensionen, in denen wir uns in unserer täglichen Arbeit bewegen und die auszugsweise im Folgenden beschrieben werden sollen:

- **Erste Dimension: Fragen**
  Jedem Modul in der *SALESTOOLBOX* ist eine elementare Frage vorangestellt, die den jeweiligen Bereich, die Kernaufgabenstellung, umschreibt. So zum Beispiel (s. Abb. 1).

  Die wesentlichen – sich stetig erweiternden – Fragen, deren Beantwortung die Qualität der Leistungsfähigkeit eines jeden Moduls ausmachen, haben wir in Checklistenform hinterlegt. Diese Checklisten sind Arbeitshilfen, die uns oder jedem damit Arbeitenden helfen, einzuschätzen, welchen Erfüllungsgrad jedes Vertriebsmodul aufweist bzw. in welchen Themenbereichen noch Optimierungspotenziale bestehen. Einen Eindruck hierzu gibt die am Anfang eines jeden Kapitels stehende „Mastercheckliste"

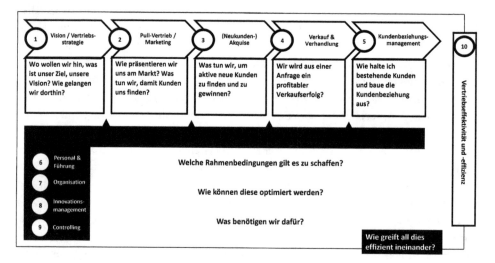

Abb. 1 Zehn Disziplinen zum Vertriebserfolg. (Quelle: Milz & Comp. GmbH)

mit den jeweils zehn wichtigsten Fragen oder Statements zum Thema, die dazu beitragen soll, die eigene Leistungsfähigkeit und Positionierung zu überprüfen. Füllen Sie
in das rechts neben der jeweiligen Frage oder dem jeweiligen Statement stehenden
Kästchen entweder ein Häkchen ein, wenn dieser Punkt bei Ihnen im Unternehmen gut
realisiert ist, oder eine Prozentzahl, die den Realisierungsgrad beschreibt. In jedem
Falle kann Ihnen diese Checkliste Ihre „offenen Baustellen" im Unternehmen aufzeigen.

- **Zweite Dimension: Themen**

  Hinter den Fragen verbergen sich zahlreiche Einzelthemen, die jeden der in Summe
  zehn Bereiche ausmachen. Unter anderem sind es diese Themen, die wir in den folgenden zehn Kapiteln besprechen werden (s. Abb. 2).

- **Dritte Dimension: Tools**

  Zur besseren Erfüllung der vertrieblichen Aufgaben haben wir im Laufe der Jahre viele,
  den einzelnen Modulen zugeordnete, Tools entwickelt. Diese sind auszugsweise in den
  jeweiligen Kapiteln integriert bzw. von unserer Homepage herunterzuladen und als solche entsprechend kenntlich gemacht.

Aus diesen zehn Schritten oder Modulen resultierend haben wir unseren eigenen Anspruch
oder unser Leitbild formuliert, nach dem wir seit über 20 Jahren arbeiten.

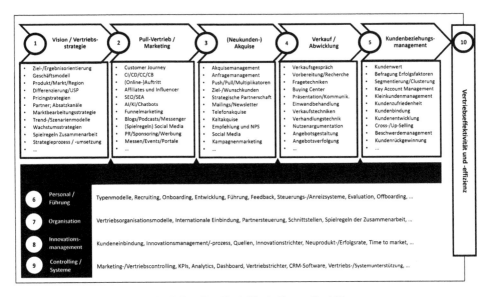

Abb. 2 Einzelthemen jeder Disziplin. (Quelle: Milz & Comp. GmbH)

Danksagung

Bedanken möchte ich mich zunächst einmal bei Ihnen, liebe Leserinnen und Leser, dass Sie das Buch erworben und Ihre Zeit und Aufmerksamkeit mitgebracht haben, es zu lesen.

Auch danke ich sehr meiner Familie, die es ertragen und mit Geduld toleriert hat, dass ich viele Stunden vor dem PC gesessen und an diesem Buch geschrieben habe, anstatt diese Zeit mit ihnen zu verbringen.

Inhaltlich möchte ich ganz besonders meinem Sohn, Mark Benedikt Milz, danken, der für mich in vielen Kapiteln die notwendigen Recherchearbeiten durchgeführt hat, um diese zweite Auflage auf einen vollständig überarbeiteten aktuellen Stand zu bringen.

Auch möchte ich mich bei meinem Milz & Comp.-Kollegen Oliver Lockowandt bedanken, der mir inhaltlich zu den marketingrelevanten Themenbereichen in Kap. 2 ebenso wie in Abschn. 9.5 (Erfolgsmessung meiner digitalen Aktivitäten) sehr geholfen hat.

Auch meinen Kolleginnen Yvonne Schreiner und Clara Hochwald danke ich herzlich ebenso für ihre Lektoratsarbeit sowie ihre organisatorische Hilfe, dass das Buch in der vorliegenden Form fertiggestellt worden konnte.

Meinem Freund Gerhard Sticker danke ich für die wertvollen inhaltlichen Korrekturen und Ergänzungen – und generell für die konstruktive Kritik zu diesem Werk.

Und nicht zuletzt danke ich meiner Lektorin und Ansprechpartnerin im Springer Gabler-Verlag, Manuela Eckstein, für die stets freundliche und angenehme Zusammenarbeit – gerne jederzeit wieder!

Zu guter Letzt möchte ich allen klugen Autoren danken, deren Einsichten, Inhalte und Lehren in dieses Buch eingeflossen sind und die ich zitieren durfte.

Köln, im Juni 2022

Inhaltsverzeichnis

SCAN ME

Markus Milz ist Geschäftsführer der Milz & Comp. GmbH Unternehmensberatung und Unternehmensbeteiligung sowie der BERGEN GROUP Management Consultants GmbH. Seit über 20 Jahren ist er gefragter Trainer, Coach und Berater in den Themenfeldern Unternehmensstrategie, Führung und Vertrieb. Als Autor hat er dazu zahlreiche Fachartikel, Studien und Fachbücher veröffentlicht. Er ist sowohl Lehrbeauftragter an der SRH Hochschule Heidelberg als auch an der Hochschule Fresenius University of Applied Science. Als Top 100 Speaker tritt er in ganz Deutschland sowie im europäischen Ausland auf.

Der Mittelstandsexperte und sein Consultant-Team bieten Beratung, Konzeption, Umsetzung und Schulung aus einer Hand. Insbesondere für mittelständische Unternehmen hat Markus Milz systematische Module entwickelt, um messbare und nachhaltige Steigerungsraten zu bewirken. Als wesentlichen Erfolgsfaktor für Unternehmen sieht er die Vernetzung an, um den zahlreichen Herausforderungen der Gegenwart mit Schwarmintelligenz zu begegnen. Er ist Initiator verschiedener Netzwerkprojekte: In den von ihm moderierten Treffen auf oberster Leitungsebene kommen Vertreter des Mittelstandes und namhafte „Hidden Champions" zu einem Erfahrungsaustausch in den Bereichen Vertriebs- und Wachstumsstrategien zusammen.

Websiten: www.milz-comp.de, www.markus-milz.de

Zusammenfassung

Die meisten großen Dinge beginnen mit einer Vision oder einem Ziel, nach dem wir streben können – auch wenn Helmut Schmidt einst meinte, „wer Visionen hat, sollte zum Arzt gehen". In der Praxis lässt sich beobachten, dass die Themen Vision und Strategie im Mittelstand leider oft sträflich vernachlässigt oder lediglich in Ansätzen verfolgt werden. Nach meiner Schätzung haben nur etwa ein Drittel der kleinen und mittelständischen Unternehmen (KMUs) eine Strategie schriftlich formuliert und im Unternehmen hinreichend kommuniziert. Die Erfahrung zeigt eindeutig, dass Unternehmen mit einer klaren Strategie auf lange Sicht erfolgreicher, zukunftsfähiger und unempfindlicher gegenüber Schwankungen und Krisen sind. Es existieren zigtausende an Managementratgebern zu diesen Themen – und fast genauso viele Tools. Die meisten müssen Sie nicht kennen – und schon mal gar nicht anwenden. Aber ich möchte Ihnen gerne in diesem Kapitel die Strategiewerkzeuge vorstellen, die Sie nun wirklich in Ihrer TOOLBOX haben und anwenden können sollten. Fragen und testen Sie sich selbst: Verbringen Sie Ihre Zeit eher damit, auf die nächsten drei bis fünf Jahre zu schauen? Oder konzentrieren Sie sich auf den nächsten lukrativen Auftrag?

Ergänzende Information Die elektronische Version dieses Kapitels enthält Zusatzmaterial, auf das über folgenden Link zugegriffen werden kann [https://doi.org/10.1007/978-3-658-38343-5_1]. Die Videos lassen sich durch Anklicken des DOI Links in der Legende einer entsprechenden Abbildung abspielen, oder indem Sie diesen Link mit der SN More Media App scannen.

Abb. 1.1 Einleitung. (Quelle: Milz & Comp. GmbH) ((▶ https://doi.org/10.1007/000-7cd))

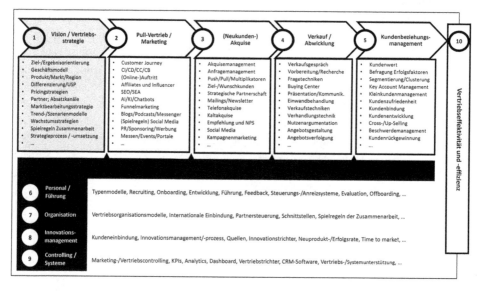

Abb. 1.2 Erste Disziplin: Vision und (Vertriebs-)Strategie. (Quelle: Milz & Comp. GmbH)

Dieses Kapitel widmet sich der ersten Disziplin, der Vision und der Vertriebsstrategie (s. Abb. 1.1 und 1.2, die wir hier beide in einer Box zusammengefasst haben). In Abb. 1.3 finden Sie in einer Mastercheckliste die zehn offenen Fragen zu Vision und Strategie.

		Antworten
1.	Was ist unsere Mission, was ist unsere Vision?	
2.	Nimmt uns der Markt in unserem Geschäftsfeld ausreichend wahr?	
3.	Wer ist unser Kunde – bzw. wer sollte es sein?	
4.	Worauf legen unsere Kunden Wert?	
5.	Was ist unser (derzeitiges / zukünftiges) Geschäft?	
6.	Ist der Preis, den wir hierfür verlangen, ok?	
7.	Wo sind wir tätig – wo sollten wir es sein in einer sich ändernden Welt?	
8.	Können wir das allein oder brauchen wir hierzu Partner?	
9.	Was sind unsere Ergebnisse?	
10.	Was ist unser Plan – wie erreichen wir das?	

Abb. 1.3 Zehn offene Fragen zu Vision und Strategie. (Quelle: Milz & Comp. GmbH)

Wir folgen in unseren Visions- und Strategieentwicklungsworkshops gern den „*Entscheidenden Fragen des Managements*" in Anlehnung an Peter F. Drucker. Diese können dazu beitragen, Klarheit über die grundsätzlichen Umstände, in denen sich das Unternehmen befindet, und den Weg, den Sie zu gehen gedenken, zu gewinnen. Sie sind Instrumente zur Selbsteinschätzung. Grundvoraussetzung hierfür ist allerdings, dass Sie sich für die Beantwortung dieser Fragen Zeit nehmen. Um von diesem Kapitel maximal zu profitieren, können Sie zunächst die Fragen in Abb. 1.3 für sich respektive Ihr Unternehmen beantworten.

Dies zu tun ist aktuell wichtiger denn je, da sich unsere Welt heute mit einem ungeheuren Tempo verändert, von dem unmittelbar oder mittelbar, da bin ich mir fast sicher, auch Ihre Branche betroffen ist – positiv oder negativ. Zum Zeitpunkt, zu dem ich diese Zeilen schreibe – im Mai 2022 – haben wir fast zwei Jahre Pandemie, zwei „Corona-Jahre", hinter uns – und ein Ende ist nicht in Sicht. Die Corona-Krise ging im Februar 2022 dann nahtlos in die nächste Krise über, den Ukraine-Krieg. Auch hier: Ein Ende nicht in Sicht. Die Veränderungen, die auf der Welt in den letzten zwei Jahren stattgefunden haben, hätte ich persönlich noch vor drei Jahren nicht für möglich gehalten: Gesetzliche Einschränkungen von Freiheitsrechten, auf unseren Kontext bezogen v. a. bezüglich Mobilität von Menschen und Waren, die eine Digitalisierung im Turbotempo geradezu erzwingt – Menschen mussten und müssen teilweise digital kommunizieren, anstatt sich treffen zu können – und die fast täglich neue Geschäftsmodelle hervorbringt und alte sterben lässt. Ganze Branchen sehen einer ungewissen Zukunft entgegen. Politische Systeme wandeln sich, fast auf der ganzen Welt ist eine Tendenz hin zu „weniger Marktwirtschaft" und stattdessen „mehr Staat" zu entdecken, Rechtsstaatlichkeit schwindet an vielen Orten auf der Welt.

Habe ich Ende der 1990er-Jahre noch Visionsworkshops mit einer Siebenjahresperspektive moderiert, so wurde der seinerzeit noch übliche Zeitraum in den 2000er-Jahren schon auf fünf Jahre verkürzt. In den folgenden zehn Jahren wurden Budgetpläne, Geschäftsmodelle und auch Visionen dann gerne auf einen Dreijahreshorizont reduziert – und aktuell traue ich mir kaum zu vorherzusehen, wie unsere Welt in einem Jahr aussieht ... Deshalb empfiehlt es sich heute mehr denn je, regelmäßig zu überdenken, ob Ihre derzeitige Vertriebsstrategie weiterhin optimal geeignet ist oder ob die Zeit für eine neue Strategie reif sein könnte.

Viele große Dinge beginnen mit einer Vision, einem Ziel, nach dem wir streben können. Vielleicht haben Sie auch für Ihr Unternehmen irgendwann einmal eine Vision formuliert. Dies macht überaus großen Sinn, damit Sie und Ihre Mannschaft gleichermaßen das Ziel kennen, nach dem Sie streben und somit alle denselben Kurs verfolgen können. Darüber hinaus ist es meine feste Überzeugung, dass es in jeder guten Unternehmung etwas gibt, etwas geben sollte oder könnte, in dem man beabsichtigt, „der Beste" werden zu wollen. Dies gilt es zu finden und für sich zu definieren.

1. **Was ist unsere Mission? Was ist unsere Vision?**
   - Worin können wir die Besten werden?
   - Was ist unsere gegenwärtige Mission?
   - Vor welchen Herausforderungen stehen wir?
   - Welche Chancen bieten sich uns?
   - Muss unser Auftrag neu überdacht werden?
   - Was sind die Themen, Trends und Chancen?
2. **Nimmt uns der Markt in unserem Geschäftsfeld ausreichend wahr?**
   - Peter Sawtschenko (2008) sagt: „Wer nicht automatisch neue Kunden generiert, ist falsch positioniert." Auch wenn dies etwas provokant klingt, so hat er nicht ganz Unrecht. Es sei denn, wir sind in unserer speziellen Nische in dem für uns relevanten Markt so bekannt, dass stets das Telefon klingelt, die E-Mails oder die Messages eingehen mit der Frage: „Sie als Spezialist in dem Thema ... können mir doch bestimmt bei ... helfen?" Wenn nicht, so gibt es hier wohl Handlungsbedarf. In unseren Seminaren und Workshops, insbesondere dann, wenn wir gemeinsam Leads – designierte Neukunden – eruieren, fragen wir gerne nach den Zielkunden: „Wer könnte, wer sollte Ihr Produkt wohl kaufen?" Hier hören wir oft als Antwort: „Fast jeder." Dies mag richtig sein, doch was ist dann Ihr Markt? Wie können Sie bei „fast jedem" als Spezialist gelten – wenn Sie nicht gleich Siemens oder GE sind? Deshalb:
3. **Wer ist unser Kunde?**
   - Wer ist unser wichtigster Kunde?
   - Wer sind unsere Nebenkunden?
   - Wie werden sich unsere Kunden verändern?
   - Wer sollte unser Kunde sein?

- Mit welchen derzeitigen Nichtkunden sollten wir arbeiten?
- Wer ist/sollte nicht unser Kunde sein?
- Wer ist Kunde, wer Wettbewerb?
- Wie können wir mehr aus unseren bestehenden Kunden machen?

4. **Worauf legt der Kunde Wert?**
   - Worauf, glauben wir, legen unsere Haupt- und Nebenkunden Wert?
   - Welches Wissen müssen wir von unseren Kunden erwerben?
   - Wie werde ich mich am Erwerb dieses Wissens beteiligen?
   - Woher wissen wir, worauf er Wert legt? Wie erfahren wir es?
   - Erfüllen wir das? Wie gut?
   - Was können wir tun, damit unsere Kunden uns treu bleiben?
   - Was bzw. wovon würden sich unsere Kunden mehr wünschen?

5. **Was ist unser (derzeitiges) Geschäft?** Welche Werteverschiebungen hat es in den letzten zehn Jahren gegeben – und was hat das für Konsequenzen für unser Leistungsangebot?
   - Was sind unsere Produkte/Leistungen?
   - Wie gut nutzen wir unsere Ressourcen?
   - Wie läuft die Kommunikation mit unseren Kunden, wie können wir sie verbessern?
   - Was sind sinnvolle Produkt-/Leistungsergänzungen?
   - Wie können wir für unsere Kunden dauerhaft arbeiten?
   - Wie erreichen wir eine kontinuierliche Auslastung?
   - Was können wir mit (welchen) Kunden gemeinsam entwickeln?
   - Welche Wettbewerbsideen können wir kopieren?
   - Welche eigenen Ideen können wir besser machen?

6. **Ist der Preis, den wir hierfür verlangen, ok?**

7. **Wo sind wir tätig – wo sollten wir es sein?**

8. **Können wir das alles allein oder benötigen wir Partner?**
   - Welche Partner benötigen wir?
   - Mit wem können wir kooperieren?
   - Wie gestalten wir die Vereinbarungen mit unseren Partnern?
   - Wie grenzen wir Kunden von Partnern und von Wettbewerbern ab?

9. **Was sind unsere Ergebnisse?**
   - Wie definieren wir Ergebnisse?
   - Sind wir erfolgreich?
   - Wie sollten wir Ergebnisse definieren?
   - Was müssen wir ausbauen oder aufgeben?

10. **Was ist unser Plan?**
    - Sollte die Mission geändert werden?
    - Was sind unsere Ziele?
    - Was ist unser Fokus für die nächsten 18 bis 24 Monate?
    - Wie erreichen wir das?

Hindernisse im Mittelstand

Nach meiner Erfahrung lässt sich beobachten, dass nur etwa ein Drittel der kleinen und mittelständischen Unternehmen (KMUs) eine Strategie schriftlich formuliert und im Unternehmen hinreichend kommuniziert haben. In den USA ist dies nicht anders: Hamel und Prahalad (1995) haben nachgewiesen, dass Unternehmen gerade einmal drei Prozent ihrer Aufwendungen für Strategie und Zukunft ausgeben. Oft hat der Geschäftsführer eine Strategie oder Vision für das eigene Unternehmen „im Kopf", doch diese wird nicht kommuniziert oder, wenn doch, häufig nicht verstanden. Es existiert nichts Schriftliches, geschweige denn ein entsprechender hinreichend gepflegter Maßnahmenplan, den alle kennen und der verfolgt wird.

Doch wo liegt das Problem? Nach Meinung vieler Entscheider im Mittelstand lässt das Tagesgeschäft vielen Unternehmern keine Zeit, sich diesem Thema zu widmen (wenngleich mir diese „Ausrede" immer wie die hinlänglich bekannte Geschichte vom Holzfäller vorkommt, der, befragt, warum er denn nicht einmal seine stumpfe Axt schleife oder sein Sägeblatt wechsle, antwortet, dass er dafür keine Zeit habe, weil er so viele Bäume zu fällen habe …). Strategieentwicklung empfinden viele Mittelständler als etwas „Abgehobenes", ein Thema nur für große Unternehmen, was natürlich nicht der Fall ist. Hinzu kommt, dass eine gut geplante und ausformulierte Strategie zunächst Zeit in Anspruch nimmt, also erst einmal Kosten verursacht. Erst auf lange Sicht profitiert das Unternehmen von dieser Arbeit. Dann aber umso mehr: Die Erfahrung zeigt eindeutig, dass Unternehmen mit einer klaren Strategie auf lange Sicht erfolgreicher, zukunftsfähiger und unempfindlicher gegenüber Schwankungen und Krisen sind. Oder um Spindler (2001) zu zitieren: „Immer wieder die gleiche Vorgehensweise im Markt zu praktizieren, die gleichen Produkte und Vertriebskanäle zu haben, sichert kein Geschäft für die Zukunft. Wären wir mit den heutigen Produkten und Strategien in zehn Jahren noch erfolgreich? Denken Sie einmal zehn, fünfzehn Jahre zurück zum Beispiel an die Telefonie, den Computer oder das Internet. Mit den damaligen Produkten wäre heute im Markt kein Kunde mehr zu gewinnen. (…) Deshalb: Testen Sie sich selbst: Verbringen Sie ausreichend Zeit damit, auf die nächsten drei bis fünf Jahre zu schauen? Oder nur auf den nächsten lukrativen Auftrag?"

Vertriebs-Geheimnis

Nehmen Sie sich die Zeit, zum Beispiel ein- bis zweimal im Jahr am Wochenende, um mithilfe der in diesem Kapitel vorgestellten Tipps und Techniken die Lage Ihres Unternehmens zu analysieren, ein klares Ziel, eine Vision für die Zukunft zu formulieren, Spielregeln der Zusammenarbeit zu formulieren, eine Strategie zu entwickeln beziehungsweise anzupassen und, ganz wichtig, diese allen Mitarbeitern zugänglich zu machen. Bereits bei der Entwicklung Ihrer Strategie empfiehlt es sich, das Vertriebsteam und die Führungskräfte intensiv mit einzubeziehen und die Meetings mit einem gemeinsamen Commitment zu beenden. Das kann beispielsweise wie in Abb. 1.4 dargestellt aussehen. Es sind die Zahlenziele ebenso wie die regionalen und produktseitigen Wachstumsziele und Spielregeln formuliert – und alle stehen mit ihrem guten Namen dazu.

Abb. 1.4 Gemeinsame Strategiefindung. (Mit freundlicher Genehmigung von © C + P GmbH & Co.KG, Milz & Comp. GmbH 2022. All Rights Reserved)

1.1 Effektivität und Effizienz

Während Ihnen der Großteil dieses Buches zeigen wird, wie Sie in Ihrem Unternehmen oder Ihrer Vertriebsabteilung das Tagesgeschäft verbessern können, geht es in diesem ersten Kapitel um die entscheidende Voraussetzung für Ihren Erfolg: darum, die *„richtigen Dinge"* zu tun. Sie können noch so fleißig arbeiten, werben und Kunden ansprechen – wenn keine sinnvollen Ziele definiert wurden, machen all diese Maßnahmen wenig Sinn. Was für Sie die „richtigen Dinge" sind, kann mithilfe verschiedener Strategietools bestimmt werden. In den nachfolgenden Kapiteln erfahren Sie, wie Sie *„Dinge richtig tun"*, also effizient arbeiten. Es ist mein Bemühen, Sie mit allem nötigen vertrieblichen Grundlagenrüstzeug zu versorgen, das Sie benötigen, um Ihre SALESTOOLBOX® sinnhaft zu füllen; Ihnen die Werkzeuge nahezubringen, die Sie in Ihrem vertrieblichen Alltag erfolgreicher machen.

In meinem 2017 veröffentlichten Buch „Praxisbuch Vertrieb: Die Strategie für maximale Vertriebseffizienz" (Milz 2017) habe ich Best-Practice-Prozesse beschrieben, wie die hier vorgestellten Tools zu einem „guten Ganzen", eben zu einer sinnhaften Abfolge von Prozessschritten, zusammengesetzt werden können. Es ist ein gutes Buch, und dennoch würde ich den Buchtitel heute anders wählen, denn die Formulierung „maximale Vertriebseffizienz" suggeriert, dass dies der Hebel für Vertriebserfolg sei. Das trifft nicht zu – es ist der Faktor mit der zweitgrößten Hebelwirkung.

Peter Drucker hat sich in seinem Leben intensiv mit diesen Fragen auseinandergesetzt und den bekannten Ausspruch getätigt, dass es „nichts Sinnloseres gebe, als mit großem Fleiß, großer Leidenschaft und Einsatzbereitschaft Dinge zu tun, die eigentlich gar nicht getan werden sollten." (Drucker 1963) Will sagen: Bevor ich beginne, mein Tagesgeschäft zu optimieren und mich zu fragen, wie ich Dinge „besser" regeln kann, sollte ich zunächst die Frage beantworten, ob die Dinge „überhaupt" getan werden sollten.

Drucker definiert in diesem Sinne somit „Effizienz" als „die Dinge richtig zu tun", vor der aber insbesondere die Frage der „Effektivität" geklärt sein sollte: ob nämlich überhaupt „die richtigen Dinge" getan werden. Während Effizienz mathematisch betrachtet ein Quotient, sozusagen das Verhältnis von „Input" und „Output", ist, wird mit „Effektivität" eher eine digitale Größe bezeichnet: „richtig" oder „falsch", „geeignet" oder „ungeeignet". Praktisch gesprochen macht es somit überhaupt gar keinen Sinn, sich daranzugeben, die eigene Routenplanung kostenoptimal zu verändern und den eigenen Tagesablauf effizient so umzuplanen, dass noch ein, zwei Kundentermine oder -calls mehr hineinpassen oder Frage- und Abschlusstechniken zu trainieren – wenn ich anschließend damit „die falschen" Kunden adressiere oder besuche: Kunden mit keinem oder nur sehr geringem noch offenem Potenzial, Kunden, die sowieso gekauft hätten, Kunden, die sowieso nicht gekauft hätten und viele weitere Beispiele mehr.

Es sei somit an dieser Stelle noch einmal die Empfehlung wiederholt, regelmäßig „Auszeiten" zu nehmen, sich zurückzuziehen und über „Effektivität" – die langfristig richtigen Dinge, die Vision und die Strategie nachzudenken (oder um beim Bild von vorhin zu bleiben „das Sägeblatt zu wechseln" oder „die Axt zu schärfen"). Um *danach* die Effizienz, das Tagesgeschäft, zu optimieren und zu trainieren. Oder einfacher, wie es mir meine Eltern bereits als Kind beigebracht haben: „Erst denken – dann sprechen und handeln!" (s. Abb. 1.5)

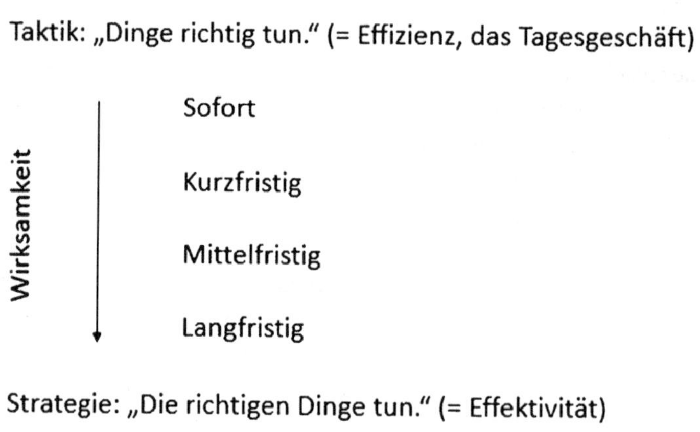

Taktik: „Dinge richtig tun." (= Effizienz, das Tagesgeschäft)

Wirksamkeit

Sofort

Kurzfristig

Mittelfristig

Langfristig

Strategie: „Die richtigen Dinge tun." (= Effektivität)

Abb. 1.5 Effektivität und Effizienz

▶ **Praxistipp** Im Übrigen gilt diese Empfehlung, zu Beginn der Optimierung mit der Frage nach den „richtigen Dingen" (d. h. der richtigen Strategien, Vertriebswege, Partner, Kunden, Produkte, Leistungen usw.) zu beginnen, nicht nur für das Gesamtunternehmen und auch nicht nur für den Vertrieb. Diese Frage sollte sich *mindestens* jede Führungskraft einmal pro Woche stellen und sich die entsprechenden Auszeiten hierfür in der Wochenplanung reservieren. Diese Empfehlung ist weiterhin aber auch an jeden verantwortungsbewussten, eigenständig denkenden Mitarbeiter gerichtet: stets darüber nachzudenken, ob er noch „das Richtige" tut – oder ob er es tut, weil er es schon immer so getan hat oder die Tätigkeiten so von seinem Vorgänger übernommen hat.

Wenn es aber um die Optimierung oder die strategische Ausrichtung des Gesamtunternehmens oder des Vertriebs geht, so bietet sich ein Vorgehen nach der folgenden Logik an: der Strategie- oder Vertriebspyramide.

1.2 Strategie- oder Vertriebspyramide

Zunächst empfiehlt es sich, einen Blick auf unser übliches Projektvorgehen zu werfen. Die Form einer Pyramide eignet sich besonders gut (s. Abb. 1.6 und 1.7), um von der übergeordneten Unternehmensvision bis zur Umsetzung aller Details einen Überblick zu erhalten.

Generell lassen sich zwei Möglichkeiten der Zukunftsplanung unterscheiden:

1. **Bottom-up-Ansatz:** Wie können wir uns weiterentwickeln? Die Beantwortung dieser Frage erfolgt auf Basis der vorhandenen Ressourcen und Möglichkeiten.

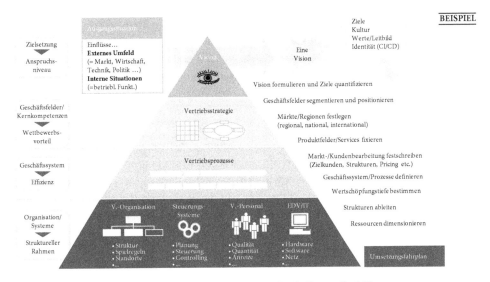

Abb. 1.6 Strategie- und Vertriebspyramide. (Quelle: Milz & Comp. GmbH)

Abb. 1.7   Video: Strategiepyramide! ((▶ https://doi.org/10.1007/000-7cc))

2. **Top-down-Ansatz:** Wo wollen wir in X Jahren stehen? Welche Maßnahmen und Ressourcen sind nötig, um dieses Ziel zu erreichen?

Wir empfehlen letztere Methode. Arbeiten Sie sich vom großen Ganzen zu den Details vor. Begonnen wird dementsprechend wie beschrieben immer mit der Frage „Wo wollen wir hin, was soll am Ende dabei herauskommen?" beziehungsweise: „Was ist unsere Vision?". Ist diese definiert, wird darauf aufbauend eine Vertriebsstrategie festgelegt. Davon ausgehend werden die einzelnen Vertriebsprozesse – zum Beispiel Neukundenakquise, Anfragemanagement, Kundenbeziehungsmanagement und viele weitere – bestimmt, und erst im Anschluss daran die entsprechenden Strukturen definiert.

Ein häufiges Problem in der Praxis ist, dass das Vorgehen oft genau umgekehrt vorgenommen wird. Viele Geschäftsführer tendieren dazu, ihre Vertriebsprozesse von ihren Mitarbeitern oder einer verwendeten Software bestimmen zu lassen. Häufig hören wir Sätze wie: „Ja ich weiß, wir sollten im Vertrieb anders vorgehen, aber meine Leute können das einfach nicht." Oder: „Ja, unsere Angebote sehen unstrukturiert und verwirrend aus, aber sie kommen so aus dem Warenwirtschaftssystem, daran kann ich nichts ändern!" Dass ein solches Vorgehen – von unten statt von der Vision ausgehend – nicht zum gewünschten Erfolg führt, versteht sich von selbst. Eine Vision ist nichts Abstraktes!

Wie aus einer Vision konkrete strategische und operative Maßnahmen werden können, zeigt unser folgendes Beispiel.

Abb. 1.8 Von der Vision zur Verwirklichung. (Quelle: Milz & Comp. GmbH)

Praxisbeispiel

Die Vision oder das Ziel des Unternehmens war, von 3 Mio. € Umsatz im Jahr 2021 kommend 6 Mio. € Umsatz im Jahr 2024 zu generieren. Um dieses Ziel zu erreichen, mussten Zwischen- oder Planziele abgeleitet werden, siehe Abb. 1.8.

Folgende Annahmen lagen der Kalkulation zugrunde:

- **Annahme 1:** Es besteht ein lineares Wachstum durch Neukundenakquise.
- **Annahme 2:** Der Bestandskundenausbau gleicht eventuelle Kundeneinbrüche aus.
- **Annahme 3:** Jeder Neukunde bringt im Schnitt 100.000 € pro Jahr.

Daraus konnte folgendes Fazit abgeleitet werden:

- *Fazit 1:* Jedes Jahr muss 1 Mio. € durch Neukunden gewonnen werden.
- *Fazit 2:* Zielgröße ist demnach zehn Neukunden pro Jahr.

Aus der Zahlenvision „Wir wollen unseren Umsatz in vier Jahren von drei auf sechs Millionen steigern" konnte ein konkretes Ziel des Unternehmens, nämlich jährlich zehn Neukunden zu gewinnen, abgeleitet werden. Um das zu erreichen, wurden entsprechende Maßnahmen verabschiedet. So wurde aus einer Vision ein konkreter Maßnahmenplan. ◄

Zur Entwicklung der eigenen Strategie möchten wir Ihnen im Folgenden einige Strategietools an die Hand geben. Die Anzahl der „Werkzeuge", also der Modelle und Theorien zur Strategieentwicklung, ist kaum überschaubar. Einige der wichtigsten dieser Werkzeuge sollen hier kurz vorgestellt werden. Wenn Sie sich die Zeit nehmen, Ihre Strategie professionell zu prüfen und zu planen, werden diese Tools und Checklisten für Sie extrem wertvoll sein.

Bevor wir dies tun, möchte ich aber noch einen kurzen Exkurs zu den Themen machen, welche Sie an der Spitze der Pyramide sehen, den Themen „Kultur", „Werte" oder Unternehmensleitbild.

1.3   Leitlinien und Werte: Spielregeln der Zusammenarbeit definieren

Das, was die meisten Unternehmen auf ihren Homepages, in ihren Imagebroschüren oder auf Bildern in ihren Besprechungsräumen zu diesen Themen geschrieben haben, ist meines Erachtens sinnloses Blabla – etwas, das dort steht, „weil man das als Unternehmen heute eben so macht" oder weil das eben die „Worthülsen" sind, die man Bewerbern in Vorstellungsgesprächen glaubt, nennen zu müssen.

Ich kann mich noch gut an einen von mir moderierten Vertriebsworkshop vor einigen Jahren in einem milliardenschweren Konzern erinnern, in dem wir eine neue Vertriebsstruktur diskutierten. Nach kurzer Zeit kochten bei diesem jeden Beteiligten persönlich betreffenden Thema die Emotionen hoch und die Stimmung heizte sich zusehends auf; die Workshopteilnehmer begannen laut zu werden, sich ins Wort zu fallen und gegenseitig anzuschreien. Und gleichzeitig hing in unserem Besprechungsraum ein Schild, auf dem eine Werbeagentur die Werte des Unternehmens hübsch designt verewigt hatte, von denen der erste lautete: „Respekt: Wir schätzen einander, wir hören zu, wir verstehen ..." Ich unterbrach als Moderator an der Stelle die Sachdiskussion – und wendete mich zunächst einmal einem Thema zu, das ich zu diesem Zeitpunkt für wichtiger hielt: „wirklichen" Werten und Spielregeln ...

Warum ist ein Bundesligafußballspiel in aller Regel so spannend anzusehen – und funktioniert geordnet und „geregelt" – trotz aller Emotionen und Meinungsverschiedenheiten –, selbst wenn das Spielergebnis sich nicht so darstellt, wie ich persönlich es gerne hätte? Warum stellen wir fest, dass in einem geordneten und funktionierenden Rechtsstaat Regeln größtenteils eingehalten werden? Nun, weil man eben genau das getan hat: Man hat erstens verbindliche Regeln definiert; im Falle des Fußballspiels Spielregeln, nach denen das Spiel abzulaufen hat, im zweiten Fall nennen sich diese Spielregeln Gesetze, installiert durch eine Legislative, durch das Parlament. Und man hat – um diese Regeln auch *verbindlich* werden zu lassen – *Konsequenzen* installiert. Im ersten Fall die Konsequenz eines Schiedsrichters, der ggfs. eine gelbe oder rote Karte zückt und einen Platzverweis ausspricht, im zweiten Fall die Konsequenz, dass im Falle eines Regelbruchs die Exekutive (Polizei) den Regelbruch, z. B. einen Diebstahl, feststellt und dann die Judikative (Gericht) eine Strafe verhängt.

Genau das ist es, was den meisten Unternehmen fehlt. Denn Werte, nach denen nicht gelebt wird, ohne dass dies Konsequenzen für die Regelbrecher hat, sind de facto keine Werte. Spielregeln oder Leitlinien, gegen die in Unternehmen oder Abteilungen beliebig verstoßen werden kann, sind das Papier nicht wert, auf das sie gedruckt sind – und erst recht nicht den Riesenaufwand, mit dem sie meist erarbeitet wurden! Darum meine Empfehlung an dieser Stelle:

▶   **Praxistipp** Erarbeiten Sie im Team genau das: *Ihre eigenen Spielregeln der Zusammenarbeit*, das, was Ihnen wirklich wichtig ist! *Und* erarbeiten Sie ein Procedere, das in Gang gesetzt werden soll (und von wem), wenn gegen Ihre Spielregeln verstoßen wird. Und diese Ergebnisse kommunizieren Sie an Ihr gesamtes Team, an Ihre gesamte Belegschaft und stellen sicher, dass jeder diese auch kennt – und danach lebt.

Aus meiner Sicht sind die wichtigsten Spielregeln die der „Verbindlichkeit", die Aussage, dass man sich an getroffene Vereinbarungen zu halten hat, und die der „Konsequenz", die Eskalation, die im Falle einer Nichteinhaltung in Gang gesetzt wird. Aber das muss sicherlich jedes Team, jedes Unternehmen für sich selbst definieren. Wer die Werte und Spielregeln und deren Ausformulierung, die wir bei Milz & Comp. für uns erarbeitet haben, kennen und haben möchte, der schreibe mir bitte eine persönliche Nachricht – ich schicke Sie Ihnen bei Interesse gerne zu.

1.4   Markt- und Wettbewerbsanalyse

Um selbst sinnvoll entscheiden zu können, wohin die Reise geht, also um Ihre individuelle Strategie entwickeln zu können, sollten Sie zunächst in Erfahrung bringen, in welche Richtung „die Anderen" gehen. Verschaffen Sie sich ein genaues Bild Ihres Umfelds. Die Markt- und Wettbewerbssituation bestimmt, welche Schritte oder Veränderungen für Sie selbst notwendig sind, um entweder dorthin zu gehen, wo es Ihre Kunden von Ihnen erwarten, oder sich vom Wettbewerb zu differenzieren. Die sorgfältige Analyse des Wettbewerbsumfelds kann durch Sie selbst oder einen Dienstleister erfolgen. Ein bewährtes Vorgehen ist in jedem Fall eine Befragung der jeweiligen Interessengruppen. Dazu gehören etwa:

• Kunden
• Nichtkunden
• Partner
• Lieferanten
• sonstige Interessengruppen

Eine solche Analyse sollte regelmäßig, mindestens alle zwei Jahre, eher jährlich, vorgenommen werden.

▶   Die Fragebögen, die Sie im geschützten Bereich unserer Homepage (www.milz-comp.de/download) erhalten, bieten Vorlagen für derartige Analysen.

1.5   Alleinstellungsmerkmale

Wenn jemand Sie nachts wecken und nach den Alleinstellungsmerkmalen (Unique Selling Propositions, kurz USPs) Ihres Unternehmens fragen würde, könnten Sie diese benennen? Sie sollten das können. Ihre USPs sind das, was Sie vom Wettbewerb unterscheidet und (hoffentlich) einzigartig macht, sie sind bares Geld wert und die Voraussetzung für Ihren Erfolg. Ihre USPs sind die Voraussetzung, damit der Markt Sie in Ihrem Geschäftsfeld ausreichend wahrnimmt. Denn wenn Sie keine aussagekräftigen Alleinstellungsmerkmale formulieren können, ist der Preis das einzige Entscheidungskriterium gegenüber dem Wettbewerb. Und diese Situation kann sich nur erlauben, wer ganz sicher ist, der preiswerteste Anbieter zu sein und dies auch zu bleiben.

▷   **Praxistipp** Definieren Sie Ihre Alleinstellungsmerkmale, fixieren Sie diese schriftlich und machen Sie das Ergebnis jedem Ihrer Mitarbeiter zugänglich. Oder führen Sie einen Workshop mit Ihren Mitarbeitern durch, indem Sie gemeinsam Ihre USPs ermitteln. Beginnen Sie den Workshop etwa mit dem folgenden Tool.

Beginnen Sie den Workshop etwa mit dem folgenden Tool

Tool 1
Starten Sie mit der folgenden Aussage:

- „Wir sind das einzige Unternehmen, das ...“
  Lassen Sie jeden Mitarbeiter diesen Satz vervollständigen. Sie werden überrascht sein, wie schwer das ist! Anschließend diskutieren Sie gemeinsam die Antworten. Besprechen Sie Fragen wie: Welche Antworten kamen besonders häufig? Bei welchen Punkten herrscht Konsens? Wo gibt es Unstimmigkeiten? Etc.

Häufig ergeben sich bei dieser Übung Antworten wie:

- „Wir sind das Unternehmen, das in diesem Produktsortiment das beste Preis-Leistungs-Verhältnis hat.“
- „Wir sind das Unternehmen, dessen Kundendienst immer flexibel, schnell und zuverlässig arbeitet.“
- „Wir sind das Unternehmen, bei dem der Kunde alles aus einer Hand bekommt.“
- Streichen Sie im zweiten Schritt alles weg, was auch Ihre Wettbewerber sagen könnten bzw. gesagt hätten.

Alternativ können Sie diesen Workshop auch folgendermaßen beginnen:

Tool 2
Starten Sie mit der Frage:

- „Was würde Ihren Kunden fehlen, wenn es Ihr Unternehmen nicht (mehr) gäbe?"

Oder – und hier entwerfen Sie gleichzeitig eines der stärksten Vertriebsargumente – Sie beantworten die Frage:

- „Warum sollte unser Kunde (ausgerechnet) bei uns kaufen (und nicht beim Wettbewerb)?"

Die Antwort hierauf muss für Ihren Kunden einen Nutzen ergeben – entweder einen persönlichen oder einen monetären bzw. Sie lösen sein Problem. Oder alles zusammen.

Analyse der Erfolgsfaktoren
Selbst- und Fremdeinschätzung können auch bei Unternehmen signifikant auseinandergehen. Sehen die Kunden Ihre Stärken in den gleichen Bereichen wie Sie selbst? Bei der Arbeit mit unseren Kunden, beispielsweise in Workshops oder bei firmeninternen Seminaren, bestimmen wir häufig mithilfe eines Fragebogens, wie hoch der Erfüllungsgrad der Anforderungen der Kunden ist. Hierbei handelt es sich um eine äußerst wirkungsvolle Übung, die „Augen öffnen" kann.

Zunächst werden *Kunden* nach den Dingen befragt, die ihnen wichtig sind, nach den Anforderungen, die sie an ihren Lieferanten stellen. In einem zweiten Schritt sollen die Kunden diese Faktoren nach Bedeutung gewichten. Zu guter Letzt fragen wir, wie gut der Erfüllungsgrad der einzelnen Faktoren gesehen wird. Dasselbe Vorgehen vollzieht man anschließend mit den eigenen *(Vertriebs-) Mitarbeitern.*
Werden die Durchschnittswerte in Prozent anschließend in ein Diagramm eingegeben, so können Problembereiche, aber auch Stärken, klar erkennbar gemacht werden. Ein solches Diagramm kann wie in Abb. 1.9 dargestellt aussehen. Wie die Grafik zeigt, wurden die Erfolgsfaktoren, die Anforderungen der Kunden, nach ihrer Relevanz sortiert. Die Leseart ist von oben nach unten und von rechts nach links. Der Erfüllungsgrad der einzelnen Punkte ist auf der Skala von null Prozent (ganz rechts; auf Grund der besseren Lesbarkeit in der Darstellung hört Bildausschnitt bei 37,5 % auf) bis 100 % (ganz links) ablesbar. Aus den Aussagen der Kunden und Mitarbeiter (jeweils) wurde der Durchschnittswert ermittelt und als Punkt beziehungsweise Quadrat in der Grafik visualisiert. Die daraus entstandene Form lässt auf einen Blick erkennen, wo Anforderungen und Erfüllungsgrad auseinander-

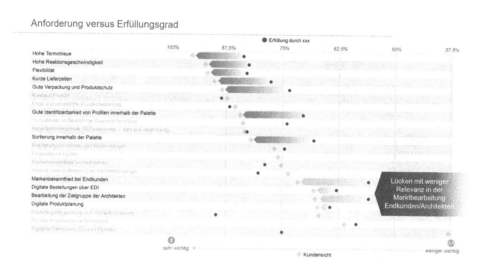

Abb. 1.9 Anforderungen und Erfüllungsgrad von Erfolgsfaktoren im Vergleich. (Quelle: Milz & Comp. GmbH)

driften. So übertrifft das betrachtete Beispielunternehmen die Kundenerwartungen in manchen Belangen deutlich. Daher sollte das Unternehmen in Erwägung ziehen, seine Anstrengungen in diesen Bereichen zu reduzieren. So übertrifft die Leistungsfähigkeit des Unternehmens beispielsweise im Bereich „Marketingunterstützung und Verkaufsförderung" die Kundenanforderung deutlich. Fraglich ist, ob die Kunden für diese Leistungsbereitstellung willens sind zu zahlen und ob man hier möglicherweise den Leistungsumfang reduzieren kann. Umgekehrt bestehen etwa in den logistikrelevanten Bereichen „Termintreue", „Reaktionsgeschwindigkeit", „Flexibilität", „Lieferzeiten" und „Verpackung und Produktschutz" Kompetenzlücken – der Anbieter kann die Kundenerwartungen hier nicht wirklich erfüllen. Hier sollte das Unternehmen Anstrengungen unternehmen, um diese Faktoren zu verbessern.

Mit dieser einfachen Methode lässt sich also bestimmen, in welchen Bereichen die Anforderungen des Kunden mit der tatsächlich wahrgenommenen erbrachten Leistung auseinandergehen. Dabei ist es egal, ob sie unter- oder übererfüllt werden, entsprechende Maßnahmen sollten definiert und eingeleitet werden.

▶   Die Fragebögen, die Sie im geschützten Bereich unserer Homepage (www.milz-comp.de/downloads) erhalten, bieten Vorlagen für derartige Analysen.

Der Match Pitch ist ein ideales Instrument, um neue Ideen kurz und auf den Punkt gebracht an den richtigen Stellen vorzutragen, besonders, wenn Sie nur für eine kurze Dauer

Match Pitch

Stellen Sie sich vor, Sie befinden sich in einer Vortragspause auf einer Kundenverbandsveranstaltung, auf der es von potenziellen Kunden nur so wimmelt. Sie haben sich mit Ihrem Sektglas an einem Stehtisch eingefunden, und einer aus der Gruppe, die sich mit Ihnen um den Tisch versammelt hat, stellt Ihnen die Frage, auf die Sie die perfekte Antwort brauchen: *„Was machen Sie denn beruflich?"* Oder auch: *„In welcher Branche sind Sie tätig?"*

Eine Antwort wie „Ich bin in der Kunststoffindustrie tätig" ist kaum dazu geeignet, das Interesse Ihres Gegenübers zu erregen. Ihre Antwort sollte neugierig machen! Haben Sie bereits eine überzeugende Vision definiert? Kennen Sie Ihre Mission eindeutig? Sind Sie sich über Ihre USPs im Klaren und können Sie Ihre Wettbewerbsvorteile auf den Punkt bringen? Dann machen Sie einen Test: Zünden Sie ein Streichholz an und erklären Sie einem (imaginären) Laien in der Zeit, die das Streichholz zum Abbrennen braucht, was Ihr Unternehmen ausmacht!

über die Aufmerksamkeit Ihres Gegenübers verfügen (zum Beispiel in der oben beschriebenen Situation, mit dem Chef im Aufzug, auf einer Cocktailparty, auf dem Anrufbeantworter eines Zielkunden, in der U-Bahn oder bei anderen zufälligen Treffen). Sie müssen wissen, was das Produkt kann und wo die Vorteile für den Kunden liegen. Der Pitch ist nur die erste Hürde auf dem Weg zu einer positiven Reaktion. Danach beginnt erst das eigentliche Verkaufsgespräch.

Götz Otto, der Bösewicht aus dem James Bond Film „Tomorrow never dies" antwortete auf die Frage des Produzenten „Bitte sagen Sie mir in 30 Sekunden, warum wir Sie nehmen sollten?", als es um die Besetzung der Schurkenrolle ging, mit: *„Ich bin groß, ich bin böse, ich bin blond und ich bin Deutscher."* Er bekam die Rolle. (Otto 2012)

Praxisbeispiel

Match Pitch der Milz & Comp. GmbH

- Frage: „In welcher Branche sind Sie tätig?"
- Antwort: „Wir bringen die erste Zeile Ihrer GuV – den profitablen Umsatz – in Ordnung."

Oder alternativ:

- Frage: „Können Sie mir sagen, was Sie anders machen? Was machen Sie genau?"
- Antwort: „Wir vermitteln unseren Kunden die nötige Motivation, Kompetenz, das nötige Know-how und Do-how, sodass der Deckungsbeitrag bei Ihnen um durchschnittlich 25 bis50 TEUR pro Vertriebskollegen gesteigert wird."

Bei der Konzeption Ihres Match Pitches können Sie auf das alte Marketingprinzip AIDA zurückgreifen (s. hierzu auch Abschn. 2.1):

A ttention	(Aufmerksamkeit)
I nterest	(Interesse)
D esire	(Wunsch)
A ction	(Handlung)

Versuchen Sie, mit einem kreativen oder provozierenden Einstieg zunächst die Aufmerksamkeit und das Interesse Ihres Gegenübers zu gewinnen (z. B. der Match Pitch Satz). Das kann beispielsweise auch eine (rhetorische) Frage oder ein Zitat sein. Dann müssen Sie sein Verlangen wecken – nach Ihrem Produkt oder Ihrer Dienstleistung. Enden können Sie mit einer Aufforderung zur Aktion, zum Beispiel indem Sie Ihre Visitenkarte überreichen und Ihren Gesprächspartner einladen, sich bei Ihnen zu melden bzw. einen Termin zu vereinbaren. ◄

Diese Methode ist auch als *Elevator Talk* oder *Elevator Pitch* bekannt. Richtig angewendet können Sie gleich mehrfach enorm von dieser Übung profitieren. Neben der erstaunlich attraktiven Kundenansprache lernen Sie, das Wichtigste aus Kundensicht – Ihren USP („Warum soll ich bei Ihnen kaufen?") – auf den Punkt zu bringen und zu konkretisieren. Dies erleichtert es anschließend nicht nur Ihren Kunden, sondern auch Ihren Mitarbeitern, zu verstehen, was Ihr Unternehmen ausmacht. Und dies auch einheitlich zu kommunizieren

1.6   SWOT-Analyse und Implikationen

Eines der bekanntesten Tools für den Ausgangspunkt der Strategieentwicklung ist die SWOT-Analyse. Das Akronym SWOT steht für Strengths (Stärken), Weaknesses (Schwächen), Opportunities (Chancen) und Threads (Risiken). Die Stärken und Schwächen bilden eine interne Analyse des Unternehmens ab, während bei den Chancen und Risiken der externe Bereich, also das Wettbewerbsumfeld oder der Markt, mitberücksichtigt werden.

In der Praxis bleiben die meisten SWOT-Analysen, die ich bisher gesehen habe, „auf halber Strecke" stehen und sind rein deskriptiv. Nach meiner persönlichen Wahrnehmung führen viele Unternehmen eine SWOT-Analyse durch, weil die Verantwortlichen dieses Instrument meist schon in ihrer Hochschulzeit kennengelernt haben – und dort zumindest mitbekommen haben, *dass* man sie durchführen sollte – nicht aber, *wie* man sie sinnvoll nutzt. Insbesondere den letzten Schritt möchte ich Ihnen im Folgenden gerne zeigen.

Die SWOT-Analyse können Sie ohne große Vorbereitung durchführen, zum Beispiel mit Ihrem Vertriebsteam. Für eine tiefer gehende Analyse empfiehlt es sich, wie in den vorigen Kapiteln beschrieben, Daten und die Ergebnisse anderer Analysen (Markt- und Wettbewerbsanalyse, Zielgruppenanalyse, Kundenzufriedenheitsanalyse, USP etc.) als Grundlage zu verwenden. Aus einer solchen auf weitere Analysen gestützten SWOT-Analyse können mögliche Optionen für die weitere Strategie abgeleitet werden.

Übung: SWOT-Analyse

Beantworten Sie die Fragen (s. Abb. 1.10) in den einzelnen Bereichen dieses Tools, um einen umfassenden Eindruck über die derzeitige Situation Ihres Unternehmens zu gewinnen. Dieses können Sie ideal etwa im Team in einer Gruppenarbeit durchführen, indem Sie unterschiedliche – idealerweise möglichst gemischte Teams aus verschiedenen Abteilungen – unterschiedliche Quadranten bearbeiten lassen. Dies hat zum einen den unschätzbaren Vorteil der Zusammenführung unterschiedlicher Perspektiven und Sichtweisen. Zum anderen ergibt sich meiner Erfahrung nach sehr häufig eine fruchtbare Diskussion, ob es sich bei einem jeweiligen Sachverhalt nun um eine auszubauende Stärke oder eine abzubauende Schwäche handelt. Übrigens empfiehlt es sich auf Grund der zu erwartenden divergierenden Sichtweisen ebenso wie im Falle langer Betriebszugehörigkeiten der Anwesenden, *solche Workshops unbedingt extern moderieren zu lassen!*

▷ Eine umfassende Vorlage für die SWOT-Analyse finden Sie zum Herunterladen im geschützten Bereich unserer Homepage (www.milz-comp.de/download).

▷ **Praxistipp** Der entscheidende Teil der SWOT-Analyse ist nun die Überführung der rein deskriptiven Analyse in eine Handlungen oder To-dos auslösende Struktur. Dies könnte zum einen eine Überführung der Ergebnisse insbesondere aus dem Quadranten „Risiken" in eine (vielleicht noch zu entwickelnde) Risiko-Bewertungsmatrix sein. Zusätzlich sollten weiterhin sämtliche Findings in priorisierte To-dos gebracht werden – wobei der Frage der Art der Priorisierung eine bedeutende Rolle zukommt, wie Sie den folgenden Projektbeispielen entnehmen können.

Strengths	Opportunities
Was sind unsere Stärken? Was macht uns einzigartig? Womit heben wir uns vom Markt ab? …	Welche Möglichkeiten und Chancen haben wir? Wie können wir den Umsatz/ unseren Service etc. steigern? …
Was sind unsere Schwächen? In welchen Bereichen sind wir nicht gut? Wo mangelt es an Ressourcen oder Fähigkeiten? …	Welche Gefahren müssen wir berücksichtigen? Wo droht uns Konkurrenz? Welche Märkte/Bereiche verschlechtern sich? …
Weaknesses	Threats

Abb. 1.10 SWOT-Tabelle

Tool Risiko-Bewertungsmatrix

Wie beschrieben gilt es hier, zunächst eine auf die Belange des jeweiligen Unternehmens ausgerichtete Matrix zu entwickeln, die zum einen eintretende Risiken hinsichtlich ihrer Eintrittswahrscheinlichkeit, zum anderen hinsichtlich ihrer möglichen Schadenshöhe bewertet. Um dann im Nachgang festzulegen, welche der vier Normstrategien a) Verhindern, b) Vorsorgen, c) Versichern und d) Vernachlässigen für den jeweiligen Sachverhalt anzuwenden ist (s. Abb. 1.11).

Tool SWOT-Follow-up

Hier sollte dem Team die immens wichtige Frage gestellt werden: *„Welche „Maßnahmen" resultieren aus der SWOT-Analyse, die es festzuhalten gilt?"* Und zwar Maßnahmen, die aus allen vier SWOT-Dimensionen resultieren.

Im Nachgang gilt es dann, ein Bewertungsschema zur Priorisierung zu entwickeln. Beispielhaft eine Darstellung, die mit den drei Dimensionen „(Positive) Höhe/Bedeutung bei Durchführung der Maßnahme", „(negative) Höhe/Bedeutung bei Unterlassung der Maßnahme" sowie „Wahrscheinlichkeit des Eintritts" wie im Projektbeispiel von Abb. 1.12 dargestellt.

Wenn Sie die SWOT-Analyse gemeinsam mit Ihrem (Vertriebs-)Team durchführen, geben Sie Ihren Mitarbeitern das Gefühl, ein wichtiger Teil der zukünftigen Strategie zu sein – denn genau das ist ja der Fall. Binden Sie sie aktiv in die Analyse ein!

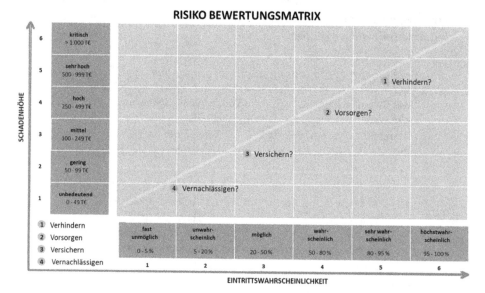

Abb. 1.11 Risiko-Bewertungsmatrix

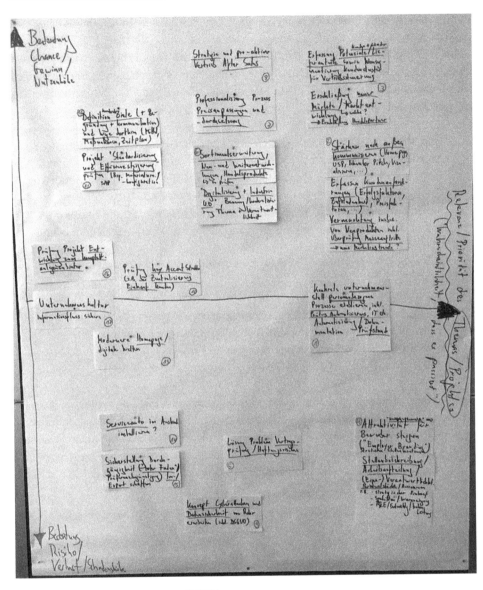

Abb. 1.12 Projektmaßnahmen aus SWOT

1.7   Modelle zur Trendabschätzung und Zukunftsbetrachtung

Wie bereits beschrieben, leben wir in derart disruptiven und unsicheren Zeiten, dass ich persönlich keine Workshops mehr moderiere, die eine Zukunftsperspektive von sieben Jahren vorsehen. Drei Jahre vorauszuplanen, halte ich aktuell schon für ambitioniert.

Damit wollte ich allerdings *nicht* zum Ausdruck bringen, dass ich es für sinnlos halte, sich grundsätzlich mit der Zukunft auseinanderzusetzen. Ganz im Gegenteil: Je unklarer die zukünftige Entwicklung sich für den Einzelnen darstellen mag, für umso wichtiger halte ich es, in Szenarien zu denken, fertige Pläne für alternativ unterschiedliche Entwicklungen „in der Schublade" zu haben, sich mit anderen Unternehmen und Unternehmern zu vernetzen und auszutauschen.

> **Praxistipp** Abonnieren Sie – neben den entsprechenden Fachzeitschriften – Newsletter, RSS Feeds und Trendbarometer von spannenden Websites und Blogs aus Ihrer Branche oder zu Ihren Produkten. Treten Sie entsprechenden Gruppen in sozialen Netzwerken wie LinkedIn oder XING bei. Auch dort erhalten Sie Gruppennewsletter zu aktuellen Einträgen und Diskussionen. So sind Sie immer über die neuesten Themen und Entwicklungen auf Ihrem Gebiet informiert.

Folgen Sie den Seiten und Newslettern führender Zukunftsforschungsinstitute wie etwa dem

- von Matthias Horx gegründeten ZukunftsInstitut (www.zukunftsinstitut.de),
- dem Institut für Zukunftsstudien und Technologiebewertung (www.izt.de),
- dem WOIS-Institut (www.wois-innovation.de) oder
- der Future Management Group (www.futuremanagementgroup.com).

Insbesondere empfiehlt es sich, die von den entsprechenden Instituten regelmäßig veröffentlichten und aktualisierten Megatrends „auf dem Schirm" zu haben – und sich in gemeinsamen Workshops darüber Gedanken zu machen, welche Implikationen diese Trends auf das eigene Geschäftsmodell haben können – im Positiven wie im Negativen.

So identifiziert das Frankfurter Zukunftsinstitut aktuell zwölf Megatrends, die als Treiber des Wandels gesehen werden:

- Gender Shift
- Gesundheit
- Globalisierung
- Konnektivität
- Individualisierung
- Mobilität
- Sicherheit
- New Work
- Neo-Ökologie
- Wissenskultur
- Silver Society und
- Urbanisierung,

die zu der in Abb. 1.13 dargestellten Megatrend-Map zusammengeführt werden.

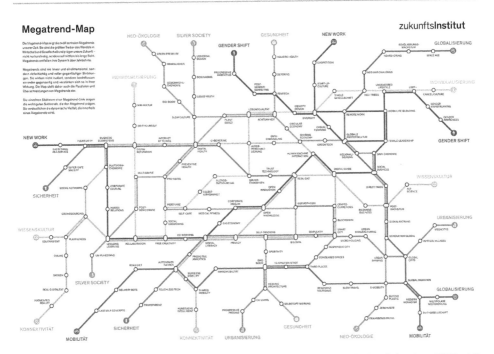

Abb. 1.13 Megatrend-Map. (Mit freundlicher Genehmigung von © Zukunftsinstitut 2022. All Rights Reserved)

Trendanalyse

Ein wichtiger Punkt in diesem Zusammenhang ist die Analyse von Trends, deren Kenntnis für eine erfolgreiche Strategieentwicklung unerlässlich ist. Um frühzeitig von aktuellen und zukünftigen Trends zu erfahren ist es wichtig, die Branche im Auge zu behalten. Dafür eignen sich die Fachpresse, Messen und Ausstellungen sowie Blogs und andere Internetquellen. Die Kunst besteht darin, Trends zu erkennen, in ihrer Relevanz zu bewerten und gegebenenfalls zeitnah zu adaptieren.

Es gibt viele Modelle und Methoden, die ein strukturiertes Auseinandersetzen mit „Zukunft" ermöglichen, so z. B. die folgenden beiden bekannten:

- Die „Blue Ocean Strategy" von Renée Mauborgne und W. Chan Kim, die als erstrebenswert ein „Verlassen roter Ozeane, die voller Wettbewerb sind" und stattdessen ein „Finden von blauen Ozeanen, in denen ich (zeitweise) ohne Wettbewerb bin" ansehen. Das Modell hat aus meiner Sicht deswegen eine Berechtigung und großen Anklang gefunden, weil die Autoren es geschafft haben, neue Geschäftsmodelle im Wesentlichen mithilfe von Vereinfachung und Visualisierung zu definieren. So brechen die Autoren jedes alte oder neue Geschäftsmodell auf wenige zentrale Parameter herunter und beschreiben sie mithilfe der Merkmalsausprägungen „hoch", „mittel" bzw. „niedrig". (Chan Kim et al. 2004)

- Auch das „Eltviller Modell" von Pero Micics Future Management Group hilft mit seinen perspektivwechselnden „fünf Zukunftsbrillen" dabei, strukturiert in einer Reihe von nacheinander abfolgenden Workshops, eine „wahrscheinliche" von einer „überraschenden", einer „gestaltbaren" von einer „erstrebten" bis hin zu einer „geplanten" Zukunft abzugrenzen und zu definieren. Diese Methode bringt unterschiedliche Aspekte durch Expertenbefragungen und Workshops in die Diskussion ein und fördert die innovative, systematische Auseinandersetzung mit den zukünftigen Unternehmenspotenzialen, Chancen und Risiken. (Micics 2022)

Vor dem Hintergrund der bereits erwähnten sich in rasender Geschwindigkeit wandelnden Welt greifen wir bei Milz & Comp. aktuell bevorzugt auf eine andere Workshopmethodik zurück. Angefangen mit der Pandemie 2020, die Einschränkungen in vielen Geschäftsmodellen mit sich brachte (z. B. Messe, Catering, Gastronomie, …), Mobilität beeinträchtigte (Tourismus, Hotellerie, Fliegen, Autovermietung, …), aber auch neue Geschäfte rund um die Digitalisierung hervorbrachte, bis hin zum Ukraine-Krieg, der neben unsäglichem Leid ebenfalls ganz neue wirtschaftliche Beschränkungen mit sich bringt, sehen wir, dass sich Entwicklungen quasi „über Nacht" ergeben – oder auch verschließen können.

Aus diesem Grund arbeiten wir mit der von Jacobides und Reeves (s. Abb. 1.14) vorgestellten Strukturierungslogik, die es gestattet, an nur einem – gut moderierten – Workshoptag mithilfe verschiedener Arbeitsgruppen unterschiedliche Entwicklungen, Folgen – und sich daraus für das jeweilige Geschäftsmodell ergebende Businesschancen und -risiken – abzuleiten. Am Ende des Workshoptages stehen – neben dem in Abb. 1.14 dargestellten beispielhaften Vorgehen – stets

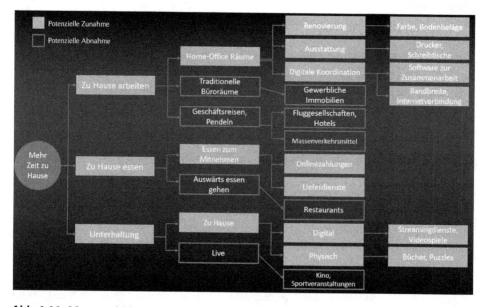

Abb. 1.14 Megatrend-Map. (Mit freundlicher Genehmigung von © Michael G. Jacobides, Martin Reeves, Harvard Business Manager 11/2020. All Rights Reserved)

- eine Priorisierung der drei bis fünf als höchst wahrscheinlich einzustufenden aktuellen Geschäftsrisiken nebst
- sich anschließender Risiko-Bewertungsmatrix, wie mit diesen umzugehen ist (vgl. Abb. 1.11),
- eine Bewertung und Priorisierung der drei bis sieben attraktivsten „neuen Geschäftschancen" inkl.
- Grob-Businessplan über Kosten und Nutzen der Realisierung genannter Chancen sowie ein
- „Wer-macht-was-bis-wann?"-Plan – ein Maßnahmenplan auf der Zeitachse.

1.8   Wachstumsstrategien

Nachdem Sie Dank der vorangegangenen Analysemöglichkeiten sowohl Ihre interne Ausgangslage als auch die äußeren Faktoren des Marktes und Wettbewerbs identifiziert haben, lernen Sie nun ein effektives Tool zur Erarbeitung und Bewertung von Wachstumsstrategien kennen.

Produkt-Markt-Matrix nach Ansoff
Bei der Produkt-Markt-Matrix (s. Abb. 1.15), auch Ansoff-Matrix genannt, handelt es sich um ein weiteres Hilfsmittel zur strategischen Planung im Management. Der amerikanisch-russische Wirtschaftswissenschaftler Harry Igor Ansoff veröffentlichte diese Theorie bereits in den 50er-Jahren des letzten Jahrhunderts. Wachstumsstrategien werden dabei (zunächst) in vier Bereiche unterteilt und gemäß dieser Unterteilung bewertet. Ziel dabei ist es herauszufinden, in welchen Bereichen die besten Wachstumchancen für das eigene Unternehmen bestehen und die eigene Strategie gemäß den Resultaten anzupassen:

Eine in Anlehnung an Philip Kotler von uns erweiterte Form dieser Matrix, mit der wir gerne arbeiten, könnte zum Beispiel so aussehen wie in Abb. 1.16. Eine tiefer gehende Auseinandersetzung mit diesem Konzept liefert die Website http://www.ansoffmatrix.com (auf Englisch). Außerdem existieren zahlreiche Veröffentlichungen in Buchform.

Auch in unseren Workshops arbeiten wir gerne mit der erweiterten Ansoff-Matrix, auch in folgendem Beispiel (s. Abb. 1.17):

	Bestehende Produkte	Neue Produkte
Bestehende Märkte	Marktdurchdringung	Produktentwicklung
Neue Märkte	Marktentwicklung	Diversifikation

Abb. 1.15 Produkt-Markt-Matrix. (Eigene Darstellung in Anlehnung an Wikipedia 2022)

	Bestehende Produkte	Modifizierte Produkte/ Dienstleistungen	Neue Produkte
Bestehende Vertriebskanäle und geographischer Markt	Absatz- und Umsatz-steigerung im derzeitigen Marktumfeld	Produkte modifizieren und zusätzlich im derzeitigen Marktumfeld vertreiben	Neue Produkte entwickeln und zusätzlich im derzeitigen Marktumfeld vertreiben
Neue Vertriebskanäle	Vertrieb bestehender Produkte über neue Vertriebskanäle	Vertrieb modifizierter Produkte über neue Vertriebskanäle	Vertrieb von Innovationen über neue Vertriebskanäle
Neue geographische Märkte	Vertrieb bestehender Produkte in anderen geographischen Märkten	Vertrieb modifizierter Produkte in anderen geographischen Märkten	Vertrieb von Innovationen in neuen geographischen Märkten

Abb. 1.16 Produkt-Markt-Matrix mit Ergänzung. (Quelle: Milz & Comp. GmbH)

Vier aus Ansoff-Matrix abgeleitete Strategieoptionen

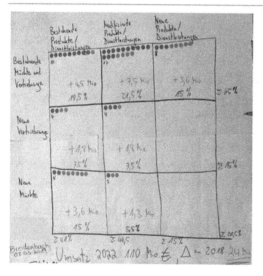

- Prio 1 (65%): Forcierung/Professionalisierung Vertrieb und Marktdurchdringung

- Prio 2 (60%): Vorantreiben Innovationsmanagement Weiterentwicklung, Individualisierung

- Prio 3 (21%) Aufbau/ Erschließung neuer Märkte

- Prio 4 (15%): Aufbau neuer Vertriebswege

Abb. 1.17 Produkt-Markt-Matrix mit Beispielzahlen. (Quelle: Milz & Comp. GmbH)

Praxisbeispiel

Das Vertriebsteam eincs Spezialmöbelbau-Unternehmens mit 86 Mio. € Jahresumsatz sollte *gemeinsam* neue Wachstumsstrategien erarbeiten.

- **Phase 1:** Zunächst bekam jedes Teammitglied eine Karte, auf der es folgende Frage beantworten sollte: „Wie viel Umsatz schaffen wir realistisch in fünf Jahren?" Jeder schrieb eine Zahl auf, die Karten wurden eingesammelt. Der Durchschnitt der Antworten lag bei 110 Mio. €, was zunächst aber nicht kommuniziert wurde.
- **Phase 2:** Nun wurde die Neun-Felder-Matrix ausgegeben. Die Frage „Was glauben Sie, wo können wir am besten, am schnellsten wachsen?" musste nun beantwortet werden, indem drei der neun Felder mit einer Priorisierung ausgewählt wurden. Beide Phasen wurden nun ausgewertet und visualisiert.
- **Phase 3:** Zuletzt wurde das Ergebnis aus der ersten Abstimmung bekannt gegeben. Die Spanne von heute 86 Mio. € bis 110 Mio. € in fünf Jahren betrug also 24 Mio. €, welche durch Wachstumsmaßnahmen generiert werden mussten. Diese Summe wurde gemäß ihrer Priorisierung auf die am häufigsten gewählten Felder der Matrix aufgeteilt, und das Unternehmen hatte damit bereits eine professionelle Wachstumsstrategie in der Hand.

Das Fazit dieser Analyse war für das Unternehmen:

- **Erste Priorität (kumuliert 65 % der Nennungen):** (bestehende) Kundenbeziehungen besser nutzen und ausbauen; Professionalisierung Vertrieb und Marktdurchdringung
- **Zweite Priorität (kumuliert 60 % der Nennungen):** Erweiterung des Produktspektrums; systematische Innovationsprozesse zur Neuproduktentwicklung, Weiterentwicklungen und Individualisierungen bestehender Produkte
- **Dritte Priorität (kumuliert 21 % der Nennungen):** Aufbau/Erschließung neuer Märkte
- **Vierte Priorität (kumuliert 15 %):** Aufbau neuer Vertriebswege/-kanäle ◄

1.9   Weitere Aspekte der Vertriebsstrategieentwicklung

Selbstverständlich gäbe es zu dem Thema „Vertriebsstrategie" noch viel zu sagen (s. hierzu auch unsere umfangreiche Literaturliste am Ende des Kapitels). Natürlich gilt es auch darüber nachzudenken,

- ob eher Marketing oder Vertrieb oder beides für „uns" die richtige Vorgehensweise ist (s. hierzu Kap. 2),
- wie viele Mitarbeiter wir im Vertrieb brauchen und was die richtige Vertriebsform (Vertriebsorganisation bzw. Vertriebsstruktur) ist (s. hierzu Kap. 7),
- ob wir selbst direkten Vertrieb oder Vertrieb mithilfe von Partnern machen sollten und wie wir insbesondere international hierzu die richtigen Partner finden (s. hierzu Kap. 7),
- wie wir unsere Vertriebsprozesse definieren (s. hierzu Kap. 10).

An dieser Stelle sollten wir noch folgende konkrete Fragen versuchen zu beantworten, die bereits aufgeworfen wurde: Wie sollte eine (Ziel-)Kundensegmentierung und eine Marktdefinition vorgenommen werden („Wer ist mein Kunde?", „Was ist unser Markt?")?

Marktdefinition und Zielkundensegmentierung
Auf das Thema (Ziel-)Kundensegmentierung werden wir in den Kap. 2 (Leadgenerierung) und 5 (Kundenwert) noch einmal zu sprechen kommen. An dieser Stelle hierzu nur so viel: Wichtig ist, *dass wir überhaupt* eine sinnvolle Segmentierung vornehmen, um unserem Vertrieb für uns attraktive Zielkunden vorzugeben und zu vermeiden, dass unser relevanter Markt definiert ist als „jedes produzierende Unternehmen auf der Welt könnte unsere Produkte benötigen". Selbst wenn dem so sein sollte, wird es uns wie beschrieben unmöglich sein, uns in diesem Markt vernünftig zu positionieren. Ziel muss es hier sein, unseren relevanten Markt und unsere Zielkunden so eng zu definieren, dass wir in der Lage sind, in diesem so von uns definierten Markt eine führende Stellung einzunehmen.

Hermann Simon etwa untersucht in seinen Büchern „Hidden Champions des 21. Jahrhunderts" (2007) und „Hidden Champions: Aufbruch nach Globalia – Die Erfolgsstrategien unbekannter Weltmarktführer" (2012), welche strategischen Ausprägungen mittelständische Unternehmen erfolgreich machen. Im Hinblick auf die so untersuchten „Hidden Champions" wird empfohlen, eine enge Marktdefinition vorzunehmen und sich eher als

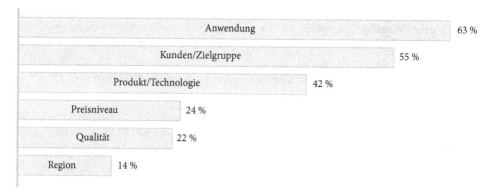

Abb. 1.18 Kriterien zur Marktdefinition. (Aus Simon 2007; mit freundlicher Genehmigung von © Campus Verlag GmbH 2007. All Rights Reserved)

Experte für eine Nische zu etablieren (die dann in aller Tiefe bearbeitet wird), als zu versuchen, einen möglichst breiten Markt zu bedienen.

Empirisch verwenden die von Simon untersuchten Hidden Champions insbesondere die in Abb. 1.18 beschriebenen Kriterien zur Marktdefinition. Insbesondere die Kriterien „Anwendung" in Verbindung mit „profitabel" oder „wenig preissensibel" und „hohes Potenzial" könnte eine sehr angebrachte Vorgabe für eine sinnvolle Marktdefinition sein.

Zoltners, Sinha und Lorimer (2009) beschreiben in ihrem sehr zu empfehlenden Grundlagenwerk „Building a Winning Sales Force" etwa beispielhaft die folgenden Zielkundensegmentierungskriterien: Branche, Region, Mitarbeiter, Umsatz, Potenzial, Wachstum, Empfänglich für „unsere" Produkte, Produktbedeutung, Preisniveau, Technologiedesign, Servicebedarfe, zentraler vs. dezentraler Bedarf, Kaufinfrastruktur usw.

1.10 Regelprozess der Strategieentwicklung

Nachdem wir uns also in Box 1 (s. Abb. 1.2) darüber Gedanken gemacht haben, wie eine Visions- und Vertriebsstrategieentwicklung aussehen kann, stellt sich abschließend nun die Frage, wer für dieses Thema im Unternehmen verantwortlich ist – und wie häufig man sich dieses Themas annimmt.

Nun, hier gibt es keine „feste Regel". Wie wir in Abschn. 1.1 gesehen haben, ist Strategie im Gegensatz zum operativen Tagesgeschäft als „langfristig" definiert. Was genau langfristig bedeutet, muss jeder für sich entscheiden. Wichtig ist indes auch in diesem Punkt, wie in Abschn. 1.3 ausgeführt, dass es im Unternehmen hierzu ein verbindliches Commitment, definierte „Spielregeln" gibt, sodass nicht jeder Verantwortliche zu jedem Zeitpunkt zu diesem Thema das Rad neu erfindet und für sich persönlich bestmöglich definiert. Es sollte allgemeingültige Regeln geben, die

a. zum jeweiligen Unternehmen, seinem Geschäftssystem und seinen typischen kalendarisch-saisonalen Besonderheiten „passen",
b. alle relevanten Verantwortlichkeiten mit einbezieht und
c. „Strategieentwicklung" als das betrachtet, was es ist: Einen Prozess, eine Regelabfolge wiederkehrender To-dos, der sich
d. an bestimmten Leitfragen orientiert und
e. in den unternehmerischen Budgetprozess eingliedert.

Ein Projektbeispiel eines solchen Commitments ist etwa in Abb. 1.19 dargestellt. Im Beispiel findet eine Visionsentwicklung oder Überprüfung nur alle drei Jahre statt, verantwortlich ist hier der Vorstand. Das heißt alle drei Jahre findet eine Neufestsetzung der Visionen und Ziele statt – während dieser Zeit wird das Thema (vorbehaltlich von Force Majeure – außergewöhnlichen Umständen wie etwa einer globalen Pandemie – in diesen Fällen macht es Sinn *sofort* zu reagieren und bestehende Ziele, Strategien und Geschäftsmodelle anzupassen) nicht angefasst.

Strategieentwicklung - Zielbild

Elemente	Verantwortlich	Turnus/ Wann spätestens?	Kernfragen
Vision (quant./qual.) entwickeln, konkret	Vorstand	Alle 3 Jahre neu. Jährl. unmittelbar vor Strategieprozess überprüfen == > August	Was wollen wir darstellen? Was sind unsere Leitbilder und Grundsätze?
Strategische Diagnose vornehmen	Teamleiter	1 x p.a. Juli	• Wo stehen wir? • In welchem Kontext bewegen wir uns? • Kennziffern: Wie entwickeln wir uns?
Strategie- Entwicklung aktualis.	Teamleiter	1 x p.a. September	• Wo wollen wir hin? • Wie kommen wir zum Ziel?
Verabschiedung	Vorstand	November	• Was wollen wir konkret erreichen? • Wie verteilen wir unsere Ressourcen?
Umsetzung/ Programm	Teamleiter Team	Lfd. Ab Januar	• Was sind unsere wichtigsten Maßnahmen? • Auf welche Projekte konzentrieren wir uns?

Abb. 1.19 Projektbeispiel Commitment zu Strategieprozess. (Quelle: Milz & Comp. GmbH)

Einmal jedes Jahr findet jedoch eine „strategische Diagnose" statt, eine Überprüfung, ob sich Unternehmen und Abteilungen respektive Teams noch „on track" befinden, ob die Zielerreichung und die definierten Wege dahin „noch passen". Was genau diese strategische Diagnose bedeutet, ist jeweils zu definieren (für einen Vorschlag siehe hierzu etwa Milz 2020) und dann abzuarbeiten. Stellt sich heraus, dass Anpassungen notwendig sind, so sind entsprechende Strategieaktualisierungen vorzunehmen – und zwar so rechtzeitig, dass die damit verbundenen erwarteten Kosten- und Ertragswirkungen in den jeweiligen Budgetprozess des sich anschließenden Geschäftsjahres einfließen können.

Im betrachteten Beispiel findet so bis jeweils spätestens November eines jeden Jahres eine Verabschiedung der betrachteten und ggfs. angepassten Strategie inkl. Budgetfreigabe statt – ab Januar wird diese dann umgesetzt.

▶   Eine vollständige Liste der Lektüre finden Sie im geschützten Bereich unserer Homepage unter: www.milz-comp.de/download

Literatur

Chan Kim, W., R. Mauborgne, I. Proß-Gill, und H. Dierlamm. 2004. *Blue ocean strategy*. Brighton: Harvard Business Review.
Drucker, Peter. 1963. *Managing for business effectiveness*. Brighton: Harvard Business Review.
Hamel, G., und C. K. Prahalad. 1995. *Wettlauf um die Zukunft*. Wien: Ueberreuter.

Micics, P. 2022. *With the Eltville Model you solve the complexity problem in thinking about the future.* FutureManagementGroup AG. https://www.futuremanagementgroup.com/en/solutions/eltville-model/#. Zugegriffen am 02.06.2022.

Milz, M. 2017. *Praxisbuch Vertrieb. Die Strategie für maximale Vertriebseffizienz.* Frankfurt: Campus.

Milz, M. 2020. *Systematischer Vertrieb.* Freiburg: Haufe.

Otto, Götz. 2012. *Stern-Edition 02/2012*, S. 70. Hamburg: Stern.

Sawtschenko, P. 2008. *30 min für die erfolgreiche Positionierung.* Offenbach: Gabal.

Simon, H. 2007. *Hidden Champions des 21. Jahrhunderts.* Frankfurt: Campus.

Spindler, G. 2001. *Querdenken im Marketing – Wie Sie die Regeln im Markt zu Ihrem Vorteil verändern.* Wiesbaden: Gabler.

Wikipedia. 2022. *Produkt-Markt-Matrix.* https://de.wikipedia.org/wiki/Produkt-Markt-Matrix. Zugegriffen am 03.06.2022.

Wikipedia.De. 2022. *Produkt-Markt-Matrix – Wikipedia.* https://de.wikipedia.org/wiki/Produkt-Markt-Matrix. Zugegriffen am 02.06.2022.

Zoltners, A. A., P. Sinha, und S. E. Lorimer. 2009. *Building a winning sales force.* New York: AMACOM Books.

Zum Weiterlesen

Covey, S., C. McChesney, J. Huling, und A. Maron. 2017. *Die 4 Disziplinen der Umsetzung. Strategien sicher umsetzen und Ziele erfolgreich erreichen.* München: Redline.

Goffin, H. 2020. *Erfolgsunternehmen – empirisch belegte Wege an die Spitze.* Berlin/Heidelberg: Springer Gabler.

Haake, K., und W. Seiler. 2020. *Strategie-Workshop.* Stuttgart: Schaeffer-Poeschel.

Merath, S. 2021. *Der Weg zum erfolgreichen Unternehmer.* Offenbach: Gabal.

Milz, M. 2020. *Systematischer Vertrieb. Sales Champions Strategy für Führungskräfte.* Freiburg: Haufe-Gruppe.

Milz, M., und F. Gebert, Hrsg. 2021. *Das Vertriebskompendium.* Freiburg: Haufe-Gruppe.

Müller, D. 2020. *Machtbeben. Die Welt vor der grössten Wirtschaftskrise aller Zeiten. Hintergründe, Risiken, Chancen.* München: Wilhelm Heyne.

Otte, M. 2020. *Weltsystem Crash. Krisen, Unruhen und die Geburt einer neuen Weltordnung.* München: FinanzBuch.

Semmelroth, P. 2021. *55 Business Turbos für KMU.* Offenbach: Gabal.

Simon, H. 2021. *Hidden Champions. Die neuen Spielregeln im chinesischen Jahrhundert.* Frankfurt: Campus.

Zusammenfassung

„Die Hälfte meiner Werbeausgaben ist rausgeschmissenes Geld, ich weiß nur nicht welche Hälfte!" sinnierte schon Henry Ford über die Wirksamkeit seiner Werbemaßnahmen. Und auch heute noch herrscht häufig Uneinigkeit über Sinn und konkreten Nutzen von Werbung und anderen Marketingmaßnahmen. Spätestens, seitdem die Digitalisierung mit Wucht in jedes Geschäftsmodell eingebrochen ist, jedes Geschäftsmodell positiv oder negativ tangiert, stimmt die Aussage von Ford nur noch bedingt: Marketingerfolge sind heute weitestgehend messbar, „trackbar"! Darüber hinaus ist das, was eigentlich schon immer hätte so sein sollen aber nie war, nicht länger zu leugnen: Für einen echten, nachhaltigen Markterfolg ist ein Zusammenwachsen von Marketing und Vertrieb unabdingbar! Oder sogar noch einen Schritt weiter: Ob ich mich als Mitarbeiter in der Marketingabteilung oder im Vertriebsaußendienst befinde: Ich sollte beide Disziplinen beherrschen – weil ich eben auch beide Themen umsetzen sollte! Und gänzlich unbestritten ist die Wichtigkeit, dass Ihre Kunden Sie finden und auf Sie aufmerksam werden – und das nicht nur im Ranking der entscheidenden Online-Suchmaschinen. Wir klären in diesem Kapitel über Vorurteile in Bezug auf Marketing auf und stellen im AIDA-Modell die wichtigsten Emotionen vor, die bei einem Kunden ausgelöst werden müssen, damit es schließlich zum Kauf kommen kann. Die wesentlichen Elemente des Marketings insbesondere in Zeiten des Internets von Online-Marketing über Social Media, künstlicher Intelligenz, der Bedeutung von CI und guter PR bis zur Verbandstätigkeit werden außerdem beleuchtet.

M. Milz, *Vertriebspraxis Mittelstand*, https://doi.org/10.1007/978-3-658-38343-5_2

Dieses Kapitel widmet sich der zweiten Disziplin, dem Pull-Vertrieb & Marketing (s. Abb. 2.1). In Abb. 2.2 finden Sie die wichtigsten zehn Statements zum Thema Pull-Vertrieb & Marketing – auf Ihr Unternehmen bezogen. Füllen Sie in das rechts neben dem jeweiligen Statement stehende Kästchen entweder ein Häkchen ein, wenn dieser Punkt bei Ihnen

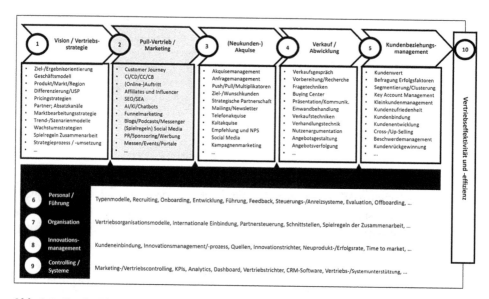

Abb. 2.1 Zweite Disziplin: Pull-Vertrieb & Marketing. (Quelle: Milz & Comp. GmbH)

		Ja	Nein	Zu prüfen
1.	Die Kunden, die durch Marketingmaßnahmen zu uns finden, sind genau die Kunden, die wir uns wünschen.			
2.	Marketing und Vertrieb ist EIN Team in unserem Unternehmen – und arbeiten unter einer Verantwortung an gemeinsamen Aufgaben.			
3.	Die Customer Journey ist eindeutig definiert; wir wissen, über welche Kanäle und Touchpoints wir mit welchem Content die jeweils richtigen Bedürfnis- und Problemstrukturen unserer Kunden adressieren.			
4.	Die enormen Potenziale des digital and social sellings sind bekannt und werden auch ganzheitlich von allen Kollegen in Vertrieb und Marketing genutzt. Digitale Funnels sind definiert, Webinare finden regelmäßig statt.			
5.	Wir sind unter definierten SEO- und SEA-relevanten Suchkriterien stets auf der ersten Google-Seite zu finden. Das gilt ebenfalls für unsere definierten Zielmärkte in den jeweiligen Länder-/Sprachenauftritten.			
6.	Wir kennen die relevanten Verbände unserer Kunden und sind in den wichtigsten ebenfalls Mitglied – oder zumindest aktiv.			
7.	In den für uns relevanten Fachmedien sind wir mit unserem Spezialistenthema ausreichend und regelmäßig präsent. Dies können wir u.a. daran messen, dass uns hierüber regelmäßig Kundenanfragen erreichen. Über diese und andere Themen bloggen oder podcasten wir und nutzen Corporate Influencer zur Verbreitung.			
8.	Wir haben unsere Prozesse in Marketing und Vertrieb maximal sinnvoll automatisiert und realisieren permanent weitere Effizienzgewinne durch AI/KI, Chatbots oder sonstige Digitalisierungsmöglichkeiten.			
9.	Wir nutzen regelmäßig aufmerksamkeitswirksame Guerillamarketingaktionen und arbeiten hier mit einer professionellen Agentur zusammen, die uns treibt.			
10.	Für allen obenstehenden Themen ist eine Verantwortlichkeit in unserem Hause definiert, dessen Aufgabenbereich u.a. die Erstellung, das Umsetzen und das Controlling eines jährlich zu erneuernden Aktionsplans ist.			

Abb. 2.2 Mastercheckliste: Zehn offene Fragen/Statements zum Thema Pull-Vertrieb & Marketing. (Quelle: Milz & Comp. GmbH)

im Unternehmen gut realisiert ist, oder eine Prozentzahl, die den Realisierungsgrad beschreibt. In jedem Falle kann Ihnen diese Checkliste Ihre „offenen Baustellen" im Unternehmen aufzeigen.

„Die Hälfte meiner Werbeausgaben ist rausgeschmissenes Geld, ich weiß nur nicht welche Hälfte!" sinnierte schon Henry Ford über die Wirksamkeit seiner Werbemaßnahmen. Und auch heute noch herrscht häufig Uneinigkeit über Sinn und konkreten Nutzen von Werbung und anderen Marketingmaßnahmen. Allerdings spätestens seitdem die Digitalisierung mit Wucht in jedes Geschäftsmodell eingebrochen ist, jedes Geschäftsmodell positiv oder negativ tangiert, stimmt die Aussage von Ford nur noch bedingt: Marketingerfolge *sind* heute weitestgehend messbar, trackbar (s. hierzu auch Kap. 9).

Sitze ich mit Kunden aus dem Vertrieb in einem Workshop zum Thema „Neukundenakquise" zusammen und wir erarbeiten gemeinsam Kampagnen und Maßnahmen zur Neukunden- oder Neuprojektgewinnung, so ist einer der häufigsten „Widerstände" die ich höre: „Aber Herr Milz, *das* Thema können wir doch jetzt beiseitelassen – *das* ist doch Aufgabe des Marketings …" Worauf ich stets erwidere, dass es doch egal sei, welche Funktion auf der Visitenkarte eines jeden Mitarbeiters steht – klar sollte doch sein, dass es *gemeinsame* Aufgaben zu bewältigen gilt: Kunden und Projekte zu gewinnen, Kunden zufriedenzustellen und zu halten – und weitere Produkte, Dienstleistungen oder Projekte zu verkaufen. Und wenn dazu eben gehört, dass ein Mitarbeiter aus dem „Vertrieb" im Idealfall auch Marketingaufgaben oder ein Mitarbeiter aus dem „Marketing" auch Vertriebsaufgaben übernehmen sollte, so sollte man darüber sprechen und nicht an Abteilungsgrenzen haltmachen.

Meiner Meinung nach ist heute das, was eigentlich schon immer hätte so sein sollen, aber nie war, nicht länger zu leugnen: Für einen echten, nachhaltigen Markterfolg ist ein Zusammenwachsen von Marketing und Vertrieb unabdingbar! Oder sogar noch einen Schritt weiter: Ob ich mich als Mitarbeiter in der Marketingabteilung oder im Vertriebsaußendienst befinde: Ich sollte beide Disziplinen beherrschen – weil ich eben auch beide Themen in Teilen umsetzen sollte!

Definitionen von Marketing gibt es seit Entstehen des Begriffs Anfang des 20. Jahrhunderts viele, wie einem der Blick in Wikipedia zeigt. Googeln Sie gerne einmal selbst die Vielfalt der vorhandenen Marketingdefinitionen, seien es nun die bekannten US-amerikanische Marketingpioniere wie etwa Philip Kotler oder wieder meine Lieblingsquelle Peter F. Drucker oder deutsche Koryphäen wie Heribert Meffert oder Manfred Bruhn. Generell wird der Begriff einmal im Sinne der traditionellen Auffassung als „Absatzwirtschaft" beschrieben, dessen Funktion darin besteht, Produkte und Dienstleistungen zu vertreiben. Die zweite, heute verbreitetere Auffassung beschreibt Marketing als eine marktorientierte und ganzheitliche Form der Führung. Im Jahre 1964 schlug Neil Borden noch zwölf Instrumente des Marketings vor, die Jerome McCarthy dann zu den berühmten vier P des Marketing-Mix zusammenfasste, in dem der Vertrieb nur *ein* Element ausmachte: Produkt-, Preis-, Kommunikations- und Vertriebspolitik – bzw. auf Englisch product, price, promotion, place – Vertrieb also reine Distribution bedeutete. Hierzu ist anzumerken, dass die „traditionelle" Marketingdefinition aus einer „alten", nachkriegsorientierten Betriebswirtschaft stammt. So beschreibt Bruhn die Anfänge des Marketings zumindest in Deutschland in den 1950er-Jahren als „Produktionsorientierung": Der Engpass ist – da an allem Mangel herrscht – die Produktion; es geht um „reines Verteilen" der Waren und Dienstleistungen. In den 1960ern und dann 1970ern findet dann schließlich so langsam ein Wandel hin zu einer Verkaufs- und Marktorientierung statt, die dann weiter fortentwickelt wurde. Meine persönliche – und für das Folgende sehr treffende „Lieblingsdefinition" von Marketing stammt wiederrum von Drucker: *„The aim of marketing is to make selling unnecessary."* (Drucker 1973)

In Deutschland gab es in 2016 insgesamt 236 Lehrstühle für Marketing (mittlerweile mag es ein paar mehr geben), aber nur sehr wenige, die das Wort „Vertrieb" im Namen führten. Doch ich persönlich kenne nur drei: Den Lehrstuhl für Vertriebsmanagement und Business-to-Business Marketing von Prof. Dr. Ove Jensen, WHU Otto Beisheim School of Management, Vallendar, den Lehrstuhl für Business-to-Business Marketing, Sales & Pricing von Prof. Dr. Christian Homburg an der Universität Mannheim und den Lehrstuhl für Vertrieb und Marketing von Prof. Dr. Björn Ivens an der Universität Bamberg. Im angelsächsischen Raum sieht es, was akademische Kreise angeht, ganz anders aus, aber in Deutschland wird der Vertrieb immer noch häufig als „Stiefkind des Marketings" gesehen. Dem widerspricht meiner Erfahrung nach die Situation in den meisten mittelständischen Unternehmen: Hier arbeiten teilweise zehn Prozent der Angestellten und mehr im Vertrieb. Für das Marketing sind, wenn überhaupt, nur wenige Personen zuständig, deren Aufgabenbereiche sich häufig auf das Erstellen von Unternehmenspräsentationen sowie die Vor- und Nachbereitung von Messen beschränken. Ganz langsam – aus meiner Sicht viel zu langsam – hält im Mittelstand das Online-Marketing Einzug. Das Verständnis aus Sicht der Praxis ist also häufig ein ganz anderes als das der akademischen Welt.

Dieses Kapitel behandelt die wichtigsten Themen dieses großen Bereiches. Wir stellen eine Auswahl der insbesondere im von uns betrachteten Mittelstand gängigsten und interessantesten Marketinginstrumente vor und zeigen, wie diese gewinnbringend und professionell eingesetzt werden können. Doch zunächst sehen wir uns an, welche Vorurteile zum Thema Marketing im Mittelstand weit verbreitet sind.

Sieben im Mittelstand weit verbreitete – und falsche – Vorurteile zum Thema Marketing

1. „Marketing" bedeutet hauptsächlich „Werbung".
2. Für Marketing und Vertrieb gibt es die jeweiligen Spezialisten in den beiden Abteilungen, die auch jeweils nur genau das tun.
3. AIDA ist lediglich eine Oper von Verdi oder ein Kreuzfahrtschiff.
4. Marketing kostet viel Geld – und was es bringt, ist nicht messbar.
5. Online-Marketing ist hauptsächlich etwas für das B2C-Geschäft – für *unsere* Branche sind immer noch Messen *die* wesentliche Businessplattform.
6. Social Media ist nur etwas für Selbstdarsteller oder für B2C und bringt uns nichts – außerdem kümmert sich unser Marketing schon ausreichend darum.
7. Mit den Themen AI (artificial intelligence) bzw. KI (künstliche Intelligenz) muss ich mich noch nicht beschäftigen – das ist noch zehn Jahre entfernt!

Wir glauben, dass es für ein erfolgreiches Marketing wichtig ist, *sich von all diesen Vorurteilen zu lösen*! Marketing umfasst viel mehr als nur Werbung. Es ist ein umfassendes und ganzheitliches Konzept zur Außendarstellung und untrennbar mit dem Vertrieb verbunden.

Gegen Ende dieses Kapitels sollten alle genannten Vorurteilen ausgeräumt sein: In Abschn. 2.11 „Guerilla Marketing" erfahren Sie, wie mit kreativen und ungewöhnlichen Mitteln auch mit einem kleinen Budget erstaunliche Wirkungen erzielt werden können.

2.1 AIDA-Modell

Doch zunächst zu AIDA: Neben der bekannten Oper oder dem Schiff handelt es sich hierbei um ein Werbewirkungsprinzip, das auf den Werbestrategen Elmo Lewis zurückgeht. Dieses Prinzip ist ein wirkungsvolles Tool, das in vielen Bereichen angewendet werden kann. Mit ihm lassen sich beispielsweise der Match Pitch (s. Abschn. 1.5) oder eine Pressemitteilung, aber auch ein Informationsflyer oder ein Radiowerbespot überprüfen und optimieren.

Das Akronym AIDA steht wie in Abschn. 1.5 beschrieben für die englischen Begriffe Attention (Aufmerksamkeit), Interest (Interesse), Desire (Verlangen) und Action (Aktion). Die Begriffe beschreiben die wichtigsten Emotionen, die bei einem Kunden ausgelöst werden, damit es schließlich zum Kauf (der Aktion) kommen kann. Zunächst gilt es, Aufmerksamkeit zu erregen. Hierfür steht ein ganzes Arsenal an Marketingmaßnahmen zur Verfügung. Danach soll das Interesse des Kunden geweckt werden, gefolgt vom Auslösen eines Verlangens. Ist dieses Verlangen stark genug, folgt die Aktion, also der Kauf, mit der das geweckte Verlangen befriedigt werden soll. Es geht also nicht (nur) darum, Bedürfnisse des Kunden zu befriedigen, sondern darum, diese erst zu schaffen.

Auch wenn es bereits mehr als ein Jahrhundert alt ist, so findet das AIDA-Modell auch heute noch in vielen Bereichen des Marketings Anwendung. Sei es bei Vorträgen, Zeitungsanzeigen oder dem „Elevator Pitch" – behalten Sie bei der Konzeption immer AIDA im Hinterkopf – vor allem bei der in Abschn. 2.4 vorgestellten Customer Journey!

Thomas Smith, ein erfolgreicher Londoner Geschäftsmann, wusste bereits (Smith 1885):

1. Ein Mann, der eine Werbung zum ersten Mal sieht, nimmt sie nicht wahr.
2. Beim zweiten Mal schenkt er ihr keine Beachtung.
3. Beim dritten Mal wird er sich zumindest ihrer Existenz bewusst.
4. Beim vierten Mal erinnert er sich dunkel daran, dass er sie schon einmal gesehen hat.
5. Beim fünften Mal liest er sie.
6. Beim sechsten Mal rümpft er darüber die Nase.
7. Beim siebten Mal liest er sie komplett durch und denkt sich: „Au weia!"
8. Beim achten Mal denkt er sich: „Das schon wieder!".
9. Beim neunten Mal fragt er sich, ob an der Werbung wohl irgendetwas dran ist.

10. Beim zehnten Mal fragt er seinen Nachbarn, ob er das Produkt schon einmal probiert hätte.
11. Beim elften Mal fragt er sich, ob sich die viele Werbung für den Hersteller wohl lohnt.
12. Beim zwölften Mal glaubt er, es könnte ja eigentlich etwas Gutes sein.
13. Beim dreizehnten Mal glaubt er, ein Versuch könnte sich lohnen.
14. Beim vierzehnten Mal erinnert er sich daran, dass er so etwas doch schon immer haben wollte.
15. Beim fünfzehnten Mal ärgert er sich, dass er es sich nicht leisten kann.
16. Beim sechzehnten Mal weiß er, dass er es sich eines Tages kaufen wird.
17. Beim siebzehnten Mal schreibt er es sich auf seinen persönlichen Wunschzettel.
18. Beim achtzehnten Mal flucht er darüber, dass er so wenig Geld hat.
19. Beim neunzehnten Mal rechnet er noch einmal ganz genau nach.
20. Sieht er die Werbung zum zwanzigsten Mal, kauft er sich das Produkt- oder schickt seine Frau vor.

Also: Seien Sie in dem was Sie tun kreativ, kontinuierlich und nachhaltig!

2.2   Corporate Identity

Corporate Identity bezeichnet die Identität eines Unternehmens, also all das, was Ihr Unternehmen ausmacht. Dazu gehören Bereiche wie *Corporate Communications* (die gesamte Unternehmenskommunikation), *Corporate Design* (die „visuelle Identität" Ihres Unternehmens) und *Corporate Behaviour* (das Verhalten gegenüber der Öffentlichkeit).
    Überlegen Sie:

- Was will ich eigentlich aussagen? Wie soll mein Unternehmen wahrgenommen werden und für was soll es bekannt sein?
- Wie vermittle ich diese Botschaft überzeugend?

Wenn Sie diese Fragen klar beantwortet haben, können Sie alle weiteren Schritte im Bereich der Öffentlichkeitsarbeit und des Marketings daran anpassen. Wird Ihre Botschaft auf Ihrer Website, in Firmenbriefen oder beim Auftritt Ihrer Mitarbeiter gegenüber Kunden deutlich? Wenn nicht, passen Sie die Bereiche entsprechend an und schaffen Sie so ein professionelles und überzeugendes „Gesamtbild" Ihres Unternehmens.
    Das „Image" muss sich an der Unternehmensvision orientieren (s. Kap. 1) (s. Abb. 2.3). Das, was Ihr Unternehmen ausmacht, entscheidet darüber, wie es gegenüber der Öffentlichkeit dargestellt wird.
    Fragen Sie sich stets, was dies für Ihre Marktwahrnehmung und Ihren Markterfolg bedeutet und wie Sie Ihr Unternehmen in dieser Hinsicht aufgestellt haben und entsprechend einheitlich kommunizieren.

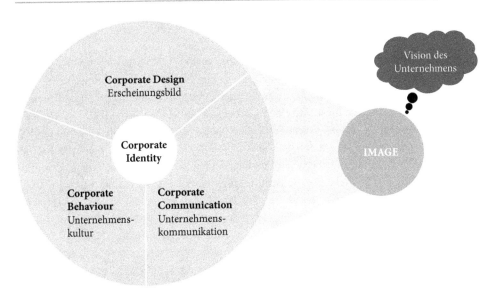

Abb. 2.3 Die Wurzel und Entstehung der Corporate Identity. (Quelle: Milz & Comp. GmbH)

Anwendungsbeispiele

Was hört ein Anrufer, wenn er in Ihrem Unternehmen außerhalb der Geschäftszeiten anruft? Einen professionell gesprochenen Text auf einem Anrufbeantworter? Auf Deutsch, Englisch oder in beiden Sprachen? Kann er eine Nachricht hinterlassen? Wird er schnell zurückgerufen?

Welche „Out of office"-Nachricht bekommt ein E-Mail-Versender, wenn er an Ihre sich aktuell in Urlaub befindlichen Mitarbeiter schreibt? Bei allen Mitarbeitern die gleiche? Macht die Nachricht Sinn bzw. ist sie im Sinne der CI-Regeln verfasst?

Der Management-Guru Tom Peters (2011) erteilt in „The Little Big Things – 163 Wege zur Spitzenleistung" sehr nachhaltig den Rat „*Bringen Sie Ihre telefonische Bandansage auf Vordermann*". Jeffrey Gitomer (2010) empfiehlt in seinem kleinen roten Buch für erfolgreiches Verkaufen „*Wenn Sie sich von Ihren Wettbewerbern abheben wollen, gebe ich Ihnen den GUTEN Rat, sich als Erstes Ihre telefonische Bandansage vorzuknöpfen*." In einem Projekt für einen großen europäischen Verband haben wir – neben den beiden genannten Beispielen „Anrufbeantworter" und „Out-of-Office" – allein 70 weitere Kommunikations- und Verhaltenssituationen definiert, für die es einen „Standard" oder zumindest eine „Empfehlung" zu erarbeiten galt. ◀

2.3   Marktforschung

Das richtige Gefühl für Marketing ist für den Vertriebserfolg unerlässlich. Doch hier den Überblick zu behalten ist gar nicht so einfach – zumal „Gefühl" meist ein nur sehr unzuverlässiger Ratgeber ist: Heute gibt es unzählige Kanäle, über die unablässig kommuniziert wird. Aber nicht alle diese Kommunikationskanäle machen für jeden Sinn. Deshalb ist es zunächst wichtig, seinen Markt gut zu kennen. Anschließend kann die Kommunikation entsprechend den Erkenntnissen aus einer Marktanalyse an die spezifischen Bedürfnisse der Branche angepasst werden. Hier finden Sie alle dafür nötigen Informationen (und sparen sich so vielleicht die Beauftragung einer teuren Agentur).

Damit Sie nichts falsch machen, sollten Sie den Markt konsequent analysieren (lassen). In einem so komplexen Markt wie dem deutschsprachigen ist es empfehlenswert, lokale Produkt- und Marktbesonderheiten sowie den Wettbewerb zu kennen.

▷   **Praxistipp** Wenn der internationale Markt nach Anpassungen Ihres Produktes verlangt, so …

- passen Sie Ihre Werbung an oder
- passen Sie Ihr Produkt an oder
- erfinden Sie ein neues (lokales) Produkt.

Gute Marktforschung liefert Ihnen Informationen über Kundenverhalten, über die Marktgröße und Marktsegmente, über vorhandene Wettbewerber und deren Besonderheiten, über Markttrends bezüglich der Nachfrage und des Angebots sowie über bestehende Risiken.

Tipps für das Entwickeln neuer Produkte
Wenn Sie ein neues Produkt entwickeln, nutzen Sie die Informationen, die Ihnen umfangreiche, zum Teil kostenlose Marktstudien und Branchenberichte liefern. Neben

- den großen deutschen und internationalen Banken,
- den großen Wirtschaftsprüfungen und Unternehmensberatungen und
- den statistischen Ämtern Deutschlands (vor allem das Statistisches Bundesamt in Wiesbaden)

zählen zu den führenden deutschen Marktforschungsinstituten die folgenden:

- *ACNielsen* in Frankfurt am Main. www.de.nielsen.com
  Tel.: + 49 69 7938 0

- *Deutsches Institut für Wirtschaftsforschung (DIW Berlin)* in Berlin. www.diw.de
  Tel.: + 49 30 897 89 0
- *Gesellschaft für Konsumforschung (GfK SE)* in Nürnberg. www.gfk.com
  Tel.: +49 911 395 0
- *Institut für Handelsforschung an der Universität zu Köln* in Köln. www.
  ifh-benchmarking.de
  Tel.: + 49 221 943 607 30
- *Ipsos* in Hamburg. www.ipsos.de
  Tel.: + 49 408 009 6 0
- *Kynetec Germany (ehemals Kleffmann)* in Schleswig. www.kynetec.com
  Tel.: +49 4621 3015 744 0
- *Psyma Group AG* in Nürnberg. www.psyma.com
  Tel.: +49 911 99574 0
- *TNS Infratest* in München. www.tns-infratest.com
  Tel.: + 49 89 5600 0

Diese Institute liefern Ihnen die nötigen Informationen, um die gegenwärtige Marktposition Ihres Unternehmens zu lokalisieren. Beachten Sie dabei,

- wer Ihre direkten Wettbewerber sind (sind in letzter Zeit neue Konkurrenten hinzugekommen?) und
- wo es Lücken gibt, die Sie möglicherweise füllen können.

2.4 Customer Journey

Wie verschaffe ich mir einen entscheidenden Vorteil gegenüber meinem Wettbewerb? Im Pitch, bei der Angebotsabgabe – und überhaupt immer? Eigentlich klar: Ich brauche eine geeignete Strategie. Dass Marketing und Vertrieb ein eingeschworenes Team bilden müssen und wie das geht, darüber hatten wir bereits gesprochen. Unsere Aufgabe ist es nun, die Probleme unserer Zielkunden im Idealfall besser zu kennen als unser Kunde selbst!

Die Lösung zu der oben gestellten Frage lautet: Es gilt, sich so früh wie möglich beim Kunden zu positionieren. Dann, wenn der Wettbewerb noch nicht „in the game" ist. Am besten, der Kunde weiß noch nicht, welches Produkt – und damit welchen Lieferanten oder Dienstleister – er braucht. Mehr noch: Er weiß noch nicht einmal, dass er überhaupt ein Problem hat …

Doch an welcher Stelle seiner Kundenreise und auf welchem Medium sucht er nach einer Antwort für sein Problem? Diese Frage und viele mehr beantwortet das Konzept der *Customer Journey*. Um das Konzept der Customer Journey ein wenig deutlicher zu machen ein privates Beispiel:

Zum Zeitpunkt, an dem ich diese Zeilen hier schreibe (März 2022), ist „auf der Welt einiges los": Wir sind alle noch gebeutelt von der Corona-Pandemie, im Februar ist Krieg in der Ukraine ausgebrochen, Energie- und sonstige Rohstoffpreise explodieren und Versorgungssicherheit ist für die nächste Zeit alles andere als gewährleistet. Vor zwei Jahren – sozusagen auf der untersten Stufe der Customer Journey – „ohne Problembewusstsein" – hatten meine Frau und ich begonnen, darüber nachzudenken, ob wir uns nicht eine Fotovoltaikanlage auf unserem Dach installieren lassen sollten. Freunde und Social Media hatten darüber berichtet, ich etwas darüber in der Tageszeitung gelesen. Aber das Thema war nicht akut. Jetzt – März 2022 – ist auf einmal alles anders: Stufe zwei der Reise, „Problembewusstsein" entsteht: Fragen wie „Wie können wir uns gegen explodierende Energiekosten schützen?", „Wie können wir zumindest in Teilen eine gewisse Energieversorgungsautonomie sicherstellen?" und ähnliche beschäftigten uns. Wir begannen, uns mit dem Thema eingehender zu beschäftigen, bei Google zu recherchieren und dann drittens ein „Lösungsbewusstsein zu entwickeln": Kosten und Nutzen alternativer Optionen zu recherchieren, nach Lieferanten – möglichst aus der Region – zu suchen. Danach trafen wir – viertens – eine Auswahl aus der Vielzahl an Angeboten, holten Empfehlungen und Referenzen ein und letztlich von den beiden Anbietern, die bis zuletzt „im Rennen blieben", auch Angebote oder Kostenvoranschläge. Schließlich startete die fünfte Stufe unserer „Reise": Die Beauftragung, der Kauf.

Wie Sie sehen, hätte man uns in jeder der fünf Stufen zum einen mit jeweils anderen Inhalten, *anderem Content* für das Thema gewinnen müssen, zum anderen aber auch über jeweils *andere Kanäle* erreichen müssen. Dies als Anbieter genau richtig zu tun bedeutet dann letztlich, eine gelungene Customer Journey Strategie in der Anwendung zu haben. ◄

Mit dieser Customer Journey (CJ) unserer Zielkunden vertraut zu sein, ist der Kern zumindest *unserer* Marketing-Strategie sowie das Fundament all unserer Marketing-und Vertriebsaktivitäten (was übrigens nicht selten das gleiche ist …).

Wir bei Milz & Comp. teilen – um das Beispiel von oben noch einmal zusammenzufassen – die Customer Journey unserer Kunden nach den folgenden „fünf plus x" Phasen ein, wobei „x" für die „Nachkaufphasen" steht:

Die Customer Journey in fünf plus x Phasen
- **1. Phase: Der Kunde hat noch überhaupt gar kein Problembewusstsein**
  Der Kunde ahnt nicht, welches Potenzial er verschenkt, geschweige denn, wo oder wie es zu heben sein könnte. Sollte der Kunde ein Problem haben, so weiß er davon (noch) nichts.

- **2. Phase: Problembewusstsein beginnt**
  Der Kunde hat begriffen, dass er ein Problem hat oder ein Potenzial verschenkt und möchte wissen, wie er sein Problem lösen oder seine Aufgabe (besser) erfüllen kann.
- **3. Phase: Lösungsbewusstsein entwickeln**
  Der Kunde sucht Lieferanten oder Dienstleister, die eine bestimmte und überzeugend beschriebene Lösung anbieten.
- **4. Phase: Lösungsvergleich erstellen**
  Der Kunde sucht einen oder mehrere Anbieter, bei dem alles stimmt – und der auf seine Long- und danach Shortlist kommt.
- **5. Phase: Kauf**
  Der Kunde will unkompliziert mit dem Anbieter ins Gespräch kommen – und vertrauensvoll und mit einem guten Gefühl kaufen!

Danach beginnt dann der After Sale, die Phasen, in denen es darum geht, den Kunden auch nach der Erstinvestition entsprechend seiner Werthaltigkeit und seines Potenzials „gut" zu betreuen, was wir uns in Kap. 5 genauer anschauen werden.

Die Kernfragen, die wir uns jetzt stellen müssen, lauten: *„Bei welchen jeweiligen Bedürfnissen muss ich den Kunden an welcher Stelle seiner Journey mit maßgeschneidertem Content begeistern?"* Und weiterhin: *„Wo soll ich den Content ausspielen? Auf meiner Website, auf Social Media, per Newsletter oder per Google Anzeige? Oder auf welchen Kanälen?"*

Genau dies gilt es zu erarbeiten, genau dies ist eine *der* wesentlichen Grundlagen für erfolgreichen Pull-Vertrieb, erfolgreiches Marketing, um wahrgenommen, gefunden und für gut befunden zu werden.

In Abb. 2.4 zeige ich Ihnen Auszüge der Arbeit an *unserer* Customer-Journey-Strategie – sprechen Sie mich gerne an, wenn Sie hierzu Fragen haben bzw. laden sich das zugehörige Template von unserer Homepage.

▷   Wenn Sie ein vollständiges Template erhalten möchten, mit dessen Hilfe Sie Ihre eigene Customer Journey erarbeiten können, so finden Sie dieses im geschützten Bereich unserer Homepage (www.milz-comp.de/download).

Customer Journey Phase	Attention		Interest	Decide	Action	Kundenbindung	
	noch kein Problembewusstsein	Problembewusstsein	Lösungsbewusstsein	Lösungsvergleich	Kauf	After Sale	Loyalty
Ausgangssituation	Ist sich kein Problem bewusst. Dass er ein Problem hat, davon muss er in dieser Phase erst einmal überzeugt werden.	Hat ein Problem und ist offen für Themen rund um deren Lösung.	Hat eine Idee, welche Art von Lösung er braucht.	Hat offen sich Anbietern, die "seine" Lösung anbieten.	Hat sich für einen Anbieter entschieden.	Ein abgeschlossenes Projekt liegt gerade hinter dem Kunden. Diese Projektphase ähnelt den Phasen "Loyalty" und "kein Problembewusstsein"-Phase	Ein neues Projekt steht gerade noch nicht an. Die Situation ähnelt der "kein Problembewusstsein"-Phase
Zielperson:	Geschäftsführer (GF), Vertriebsleiter (VL)		GF, VL, HR, Praktikant, Personalreferent				
Auswahlprozess:	1. Bedarfsermittlung		2. Vorrecherche	3. Lieferanten-Auswahl / 4. Angebotsphase	5. Beauftragung	6. Begleitender Service des Lieferanten	
Ziele:	Da er noch kein Problembewusstsein hat, geht er noch nicht gezielt "auf die Suche". Er geht seinem persönlichen Workflow nach und informiert sich "unspezifisch" zu den Wissensfeld seines Berufes.	Er möchte wissen, wie er sein Problem lösen kann. Oder sein Aufgabe erfüllen kann.	Sucht einen Anbieter, der die Lösung anbietet. Braucht eine Loglist/Shortlist.	Sucht einen Anbieter bei dem alles stimmt. Dafür benötigt er ein Angebot.	Will mit dem Anbieter ins Gespräch kommen.	Erfolg nach außen sichtbar machen	Er geht seinem persönlichen Workflow nach und informiert sich "unspezifisch" zu den Wissensfeld seines Berufes.
Bedürfnisse	Er möchte aktuelle Trends in seinem Berufsfeld mitbekommen und sich ggf. durch Informationen einen Vorteil für sein Beruf, oder unternehmerisches Standing verschaffen.	Er möchte sich in seinem Bedürfnis der Problemlösung verstanden fühlen. Er möchte entscheidende Hinweise für die Lösung seines Problems finden.	Leistungsangebot (was können die), Vertrauensangebot (Was bringt's), (Wie können die das Beweisen?) Preisangebot -muss in das Budget passen	Entscheidungskriterien finden: Referenzen, Preis, Zeit, Erfahrungen (Profile der Trainer).	Das Projekt schnell und unaufwändig starten.	Interne und externe Profilierung	Er möchte aktuelle Trends in seinem Berufsfeld mitbekommen und sich ggf. durch Informationen einen Vorteil für sein Beruf, oder unternehmerisches Standing verschaffen.
Herausforderung:	Handlungsdruck		Unsicherheit, Rechtfertigungsdruck (der getroffenen Auswahl), Vergleichbarkeit	Einwandfreie Entscheidung im Buying Center erhalten.	Interne Terminkoordination, Organisation (Beispiel: Seminare, HR kommt ins Schwitzen)	Kunde muss nachweisen, dass das Projekt erfolgreich war.	Die richtigen Quellen finden, die sein Informationsbedürfnis erfüllen!
Konkrete Frage/Suche:	keine	Konkret betrieblich: 1.B. "Wie finde ich mehr Neukunden?" Aktuelle externe Einflüsse: "Wie gehe ich mit Rohstoffverteuerung um?" "Mitarbeitermangel"	Es wird konkret nach einer Lösung gesucht: z.B. "Digital Selling Seminar"				keine
Genutzte Medien und Kanäle	1. Er liest Fachmedien (print & online) 2. Er folgt interessanten Experten auf SM (LI) 3. Er abonniert Newsletter von interessanten Experten 4. Erfahrungsaustausch in seinem Netzwerk	1. wie links 2. Er nutzt die Google-Suche 3. Er nutzt YouTube 4. Er nutzt sein Netzwerk	Seminarplattformen Suchmaschine Social Media Vorliegende Seminarkataloge	1. Websites der gesammelten Anbieter 2. Veröffentlichungen von Milz & Comp. 3. Hauptsächlich: Konkretes Angebot von Milz & Comp.	Telefon, Mail, Video-Konferenzen, persönliches Gespräch	Social Media, Website, Kundenwebsite	

Zielgruppe: Milz & Comp.

Abb. 2.4 Auszug Customer Journey Strategie Milz & Comp. (Quelle: Milz & Comp. GmbH)

2.5 Internetauftritt: Ihre Homepage, Ihre Landingpages

In den vorangegangenen Abschnitten habe ich bereits erklärt, dass die Faktoren KI, AIDA, Corporate Identity sowie die Customer Journey für Ihr Marketing eine nicht unerhebliche Bedeutung haben. Für die Gestaltung Ihrer Unternehmens-Websites spielen nun alle diese Faktoren gemeinsam und gleichzeitig eine große Rolle.

Früher war es unvorstellbar, einen Kunden zu treffen, ohne seine Visitenkarte bei sich zu haben. Aus dieser Zeit stammt auch noch das Bild von der „Unternehmens-Homepage als Visitenkarte". Wenn man aber seine Unternehmensseite so betitelt, hat man jedoch den großen Wert einer Unternehmenswebsite im Verkaufsprozess nicht erkannt bzw. ihn im Wesentlichen auf die Bereitstellung von Kontaktdaten beschnitten. Ein Fehler, denn: „57 % des Einkaufsprozesses im B2B-Geschäft sind bereits gelaufen, wenn die Entscheider erstmals einen Vertriebsmitarbeiter kontaktieren" – so die vielzitierte Aussage aus einer Studie von CEB in Zusammenarbeit mit Google aus dem Jahre 2014. Mittlerweile – acht Jahre später – wird diese Zahl noch deutlich gestiegen sein. Fazit ist: Eine moderne Website spielt im Vertriebsprozess eine herausragende Rolle!

In Abschn. 2.4 ging es u. a. darum, wie wichtig es ist, den Kunden in den verschiedenen Phasen seiner Customer Journey mit dem passenden Content und dem richtigen Medium anzusprechen. Auch wenn Sie Content auf vielen verschiedenen digitalen Kanälen spielen, rate ich Ihnen, zusätzlich Ihre Website an der Customer Journey auszurichten. Hat Ihr Zielkunde noch „kein Problembewusstsein", so können Sie ihn trotzdem an Ihre Website binden, indem Sie ihn in einem News- oder Artikel-Bereich über die Themen informieren, die er für die Ausübung seiner beruflichen Tätigkeit (sofern Sie im B2B tätig sind) oder seines Hobbys (wenn Sie im B2C-Bereich tätig sind) benötigt, bzw. die für ihn von Interesse sind. Aus diesem Grund lohnt es sich immer, Personas mit Vorlieben und Interessen Ihrer Zielkunden zu erstellen – so wissen Sie, wie sie ticken und was sie interessiert.

Das Schöne daran ist: Der Kunde hat Sie somit als Experte in „seinem Bereich" kennengelernt. Sie haben also schon mal bei ihm einen Stein im Brett, haben sich im *relevant set* positioniert – was Ihnen zugutekommt, wenn der Kunde entdeckt, dass Sie auch für ihn relevante Dienstleistungen anbieten.

Selbstverständlich bedienen Sie auch die Phase „Lösungsbewusstsein". Dementsprechend präsentieren Sie in ausführlicher Form Ihre Dienstleistungen und Produkte, sodass Google gar nicht anders kann, als Ihre Seiten auszuspielen, wenn ein potenzieller Kunde nach einer Dienstleistung sucht, die auch Sie selbst anbieten.

Und hier kommt nun der Faktor KI voll zum Tragen. Denn nichts anderes sind Suchmaschinen, allen voran Marktführer Google. Der sagenumwobene, mittlerweile selbstlernende Google-Algorithmus hat nur eins zum Ziel: dem Nutzer ein „perfektes Finde-Erlebnis" zu verschaffen. Ihm genau die Inhalte zu präsentieren, die er aufgrund seiner Anfrage voraussichtlich sucht. Und vor allem die Inhalte, die dem Nutzer das beste Nutzererlebnis bieten. „Page Experience" ist ein herausragender Rankingfaktor bei Google. Für den Laien bedeutet dies etwas verkürzt: Usability, zu Deutsch: Nutzerfreundlichkeit!

Aber damit sind wir schon tief im Thema Suchmaschinen-Optimierung (SEO), das ich an dieser Stelle nicht zu detailliert behandeln möchte. Weitere wertvolle Hinweise hierzu gebe ich Ihnen noch im Abschn. 2.6.1.

Auf jeden Fall wird ein Zielkunde für Sie sicht- und trackbar, wenn er ein Problem über den Suchschlitz der Suchmaschine „meldet". Wenn Sie für dieses Problem ein Produkt oder eine Dienstleistung haben, sollten Sie derjenige sein, der ihm auf wirklich hilfreiche Art schildert (und zwar auf ihrer Website), wie er sein Problem lösen kann. Und am besten auch, welche Dienstleistung er dafür benötigt.

Wenn ein Zielkunde Ihrer Website innerhalb seiner Customer Journey begegnet, wird er dies voraussichtlich mehrmals tun – und auf unterschiedlichen Bereichen Ihrer Website. Wie Sie sich hier darstellen, sollte durchweg konsistent sein und exakt zeigen, wofür Sie genau stehen! Leider zeigen zahlreiche Unternehmen mit ihren Webauftritten, dass sie dies nicht selten selbst nicht wissen. Der Grund ist: eine nicht vorhandene oder nur rudimentär ausgearbeitete Corporate Identity bzw. nicht wirklich herausgearbeitete Alleinstellungsmerkmale. Dies genau ist aber notwendig, um in Erinnerung zu bleiben.

Nützliche Infos für Ihren Internetauftritt

Es ist notwendig, Inhalte und Funktionen des Internetauftritts Ihres Unternehmens regelmäßig zu überprüfen und an die Bedürfnisse der Besucher, d. h. der potenziellen Kunden, anzupassen. Gestalten Sie also Ihre Website effektiv und kundenorientiert. Überprüfen Sie Ihre Website auf die Erfolgsfaktoren einer Website (s. Abb. 2.6). Nutzen Sie beispielsweise das kostenlose Tool *Google Analytics,* um zu analysieren, wer auf welche Seiten Ihrer Web-Präsenz zugreift.

Die Nutzerfreundlichkeit Ihrer Webiste bildet die Grundlage für Ihren Erfolg. Um sicherzugehen, lassen Sie einfach eine Gruppe von Testern zu von Ihnen ausgewählten Fragestellungen auf der Ihren Webauftritt „surfen". Die Ergebnisse erhalten Sie in einem Bericht – kostenfrei z. B. mit dem Tool Loop11 innerhalb einer 15-tägigen Testversion (s. Abb. 2.5).

Wenn Sie sich dafür entscheiden, Ihre Produkte über das Internet, beispielsweise in Form eines Onlineshops zu vertreiben, beachten Sie die in Deutschland geltenden besonderen Informationspflichten. Dabei handelt es sich um gesetzlich festgelegte Pflichtbestandteile, die auf Ihrer Website anzugeben sind. Eine Übersicht aller Bestandteile finden Sie beispielsweise bei der IHK: https://www.ihk-nordwestfalen.de/recht/internetrecht/informationspflichten-beim-online-handel-3616872

Abb. 2.5 Usability-Check. (Mit freundlicher Genehmigung von © loop11 2022. All Rights Reserved)

2.5.1   Wie stelle ich sicher, dass ich eine gute Website für mein Unternehmen bereitstelle?

Die *Checkliste* in Abb. 2.6 hilft Ihnen dabei, für Ihre Website das Richtige zu tun.

Nutzen Sie einen CTA (Call to Action)!

Was auf Ihrer Home- oder Landingpage auf gar keinen Fall fehlen sollte, ist eine Handlungsaufforderung, was Ihrer Meinung nach ein Besucher Ihrer Seite jetzt tun sollte: Ein sog. Call to Action (CTA). Dies kann entweder ein Button mit einer Rückrufbitte sein, eine automatisierte Terminvereinbarung oder mindestens ein „Leadmagnet gegen Double-opt-in". Ein Leadmagnet ist hierbei ein „Freebee", ein kostenfreies „Geschenk", welches Sie Ihrem interessierten Besucher anbieten: Ein Angebot zum Download eines kostenfreien Whitepapers, eine How-to-Anleitung, kostenfreie Tipps oder Empfehlungen, Webinareinladungen o. Ä. Wenn Sie etwa meine Firmenhomepage www.milz-comp.de besuchen, so werden Sie feststellen, dass ich Ihnen dort unseren Akademie-Katalog oder mein Buch „Systematischer Vertrieb" als kostenlosen Download anbiete. Dies alles erhalten Sie, sofern Sie mir Ihre Adress- bzw. Mailingdaten hinterlassen und via Double-opt-In gestatten, dass ich Sie zukünftig (legal) anschreiben darf.

Beim Double-opt-in wird eine **Bestätigungsmail** versendet, über die die Mitgliedschaft im Verteiler **noch einmal verifiziert** werden kann. Ohne eine entsprechende Rückmeldung sind die Verteilerlisten schnell mit **unfreiwilligen Empfängern** gefüllt – und die Rechtslage kann strittig werden.

Sie kennen ja noch die 20 Schritte der Customer Journey, von denen Thomas Smith schon 1885 wusste, dass es die braucht, bis ein Kunde „reif zum Kauf" ist (s. Abschn. 2.1).

Abb. 2.6 Checkliste Website Gestaltung. (Mit freundlicher Genehmigung von © Contentmanager 2022. All Right Reserved)

2.5.2   Brauche ich eine gesonderte Landingpage?

Ich hatte bereits erwähnt, dass die Website über ein einheitliches Corporate Design verfügen sollte, um mithilfe von Tonalität und Anmutung dem Kunden Ihre Corporate Identity zu vermitteln – kurz: zu zeigen, wofür Sie stehen. Es gibt aber einzelne Seiten, die aus der einheitlichen Tonalität und Anmutung Ihrer Website ein wenig ausbrechen dürfen: (gesonderte) Landingpages. Diese Landingpages sind nämlich „Einzelkämpfer mit einer speziellen Mission": Sie sollen ein gewisses Angebot ohne Ablenkung darstellen – sich auf das Wesentliche fokussieren. Daher fehlt hier auch die webseitenübergreifende Navigation. Denn diese Landingpages sind eher einem anderen Kontext verpflichtet: dem konkreten Link in Ihrem Newsletter, dem konkreten Banner auf einer fremden Website oder der Textanzeige bei Google. Also dem Medium, das den Nutzer nun mit einer gewissen Erwartungshaltung auf Ihre Landingpage schickt bzw. ihn hier „landen" lässt. Es geht hier allein darum, die beste Argumentation, die beste emotionale Ansprache, das attraktivste Alleinstellungsmerkmal zu präsentieren, damit der Kunde genau die Handlung durchführt, die Sie für ihn vorgesehen haben.

Die Inhalte einer Landingpage können stark variieren: von der Registrierung für ein kostenloses Webinar über den kostenlosen Download eines Mehrwert-Contents bis zur Bewerbung eines konkreten Produkts. Die Ziele von Landingpages können dabei zum Beispiel sein:

- Daten sammeln/Leads generieren
- Anmeldungen generieren
- Produkte verkaufen
- Dienstleistungen buchen
- u.v. a.m.

2.5.3 Wer besucht meine Seite? Vom Pull zum Push …

Zunächst sollten wir einmal die Begriffe Pull- und Push-Vertrieb klären, denn um die soll es im folgenden Abschnitt gehen (s. Abb. 3.8). Box 2 unserer SALESTOOLBOX®, welche Sie bereits aus Kap. 1 (s. Abb. 1.2) und dem Vorwort kennen – bzw. dieses gesamte Kapitel – beschäftigt sich mit der Frage: „Was kann ich tun, um von meinen potenziellen Kunden – von Menschen oder Unternehmen, die sich für mein Produkt oder meine Leistung interessieren – gefunden zu werden?" Die wesentlichen nützlichen Tools werde ich Ihnen hier vorzustellen. Box 3 bzw. Kap. 3 zeigt Ihnen dann Methoden und Wege auf, *wie Sie Ihre Kunden finden* und aktiv ansprechen können.

Eine Frage, die man sich nun stellen mag, lautet, ob es vielleicht auch „something in between", etwas zwischen diesen beiden Alternativen Pull und Push, Box 2 und Box 3 geben mag – oder auch etwas Ergänzendes. In der Tat gibt es das: In Kap. 3 werde ich Ihnen den Weg der systematischen Aktivierung von Multiplikatoren vorstellen. Und im jetzt Folgenden möchte ich Ihnen zeigen, dass es Wege gibt, „zögerliche" Kunden, Kunden, die den „letzten Schritt" nicht gehen, vielleicht doch noch zu gewinnen.

Sollten Sie einmal als Verkäufer im Einzelhandel gearbeitet haben oder auch als Aussteller auf einer Messe, so ist Ihnen sicherlich das Prinzip der „Sehleute" bekannt: Menschen, die nur schauen, ohne etwas zu kaufen. Menschen, die etwa in ein Bekleidungsgeschäft eintreten, sich interessiert und eigenverantwortlich die neueste Modekollektion oder die Sonderangebote anschauen – und dann wieder den Laden verlassen, ohne etwas gekauft zu haben. Oder unverbindlich und ohne Termin einen Messestand betreten, sich neugierig die Produktneuheiten anschauen – und sich dann auf dem Weg zum nächsten Messestand, zum Wettbewerb weiterbegeben.

Auf unseren Verkaufs- oder Messetrainings coachen wir Verkäufer und Vertriebsmitarbeiter, wie mit solchen Situationen umzugehen ist, welche Fragen zu stellen geeignet und welche eher ungeeignet sind. So ist etwa die geschlossene Frage „Kann ich Ihnen helfen?" denkbar ungeeignet, animiert sie doch einen eher unentschlossenen Interessenten dazu schnell mit „Nein danke, ich schaue mich nur um" zu antworten.

Ähnlich verhält es sich mit den Besuchern Ihrer Homepage oder Ihrer jeweiligen Landingpage: Auch hier können oder sogar sollten Sie Ihre relevanten Besucher entweder sofort in dem Moment ansprechen, in dem sie Ihre Homepage besuchen – oder hinterher. Hierfür (sofort) gibt es zum einen die Möglichkeit von Chatbots und Avataren (s. Abschn. 2.6.2) – oder darauf spezialisierte Tools und Dienstleister, die Ihnen sagen können, wer Ihre Besucher waren – um Sie dann im Nachgang anzusprechen.

B2B-Website-Besuchererkennungstools, wie z. B.:

- Albacross (www.albacross.com)
- Leadinfo (www.leadinfo.com)
- Leadlab (www.wiredminds.de/leadlab-ueberblick/)
- SalesViewer (www.salesviewer.com)

leisten hier erfahrungsgemäß gute Arbeit: Um B2B-Website-Besucher zu identifizieren wird die IP-Einwahladresse des bisher anonymen Besuchers über ein Skript getrackt und via Reverse DNS Lookup und Matching mit einer Firmendatenbank zur konkreten Organisation aufgeschlüsselt. Das bedeutet also, dass diese Website-Analyse-Tools Ihnen anhand einer IP-Adresse etliche zugehörige Firmendaten liefern können. Zwar erlaubt es die deutsche Gesetzeslage nicht, Ihnen den konkreten Vor- und Nachnamen Ihres Besuchers zu nennen – doch immerhin kann Ihnen die Firma inkl. aller relevanten Firmendaten und Social-Media-Kontakte angezeigt werden, sodass sich Ihr Rechercheaufwand sehr in Grenzen hält. Dies wird Ihnen leider nicht weiterhelfen, wenn Ihre Zielkunden ausschließlich Siemens, GE, ABB oder andere Großkonzerne sind – doch sofern Ihre Zielkunden auch im Mittelstand zu finden sind, so helfen diese Tools enorm. (s. Abb. 2.7)

Die Idee dahinter ist es, etwa die Filtereinstellungen so zu wählen, dass ich mir z. B. nur diejenigen Besucher näher anschaue, die a) länger auf meiner Seite verweilt haben, b) sich viele Seiten und vor allem c) meine Produkt- und Dienstleistungsangebote angeschaut haben. Denn die Wahrscheinlichkeit, dass es sich bei diesen Besuchern um „echte Interessenten" handelt ist groß.

Nun gilt es lediglich noch, vom Pull ins Push zu wechseln, die „richtigen" Ansprechpartner bei Ihren Besuchern zu finden und diese „passend" und „mit den richtigen Fragen" anzusprechen.

2.5.4   Chatbots, Avatare & Co.

„Ein *Chatbot* oder kurz Bot ist ein textbasiertes Dialogsystem, welches das Chatten mit einem technischen System erlaubt. Er hat je einen Bereich zur Textein- und -ausgabe, über die sich in natürlicher Sprache mit dem System kommunizieren lässt. Chatbots können, müssen aber nicht in Verbindung mit einem Avatar benutzt werden." (Wikipedia 2022a)

„Ein *Avatar* ist eine künstliche Person oder Grafikfigur, die einem Internetbenutzer in der virtuellen Welt zugeordnet wird. Mit dem Begriff Avatar wird oftmals auch intelligente Software bezeichnet, mit der Anwender in natürlicher Sprache kommunizieren können. Sie beraten und unterstützen den Nutzer nicht nur im Internet, sondern auch in der Kommunikation mit technischen Systemen (Mensch-Maschine-Schnittstelle). Das oberste Ziel dabei ist die Erhöhung der Nutzerfreundlichkeit durch dialogbasierte Systeme." (Wikipedia 2022b)

So definiert Wikipedia „Chatbots" und „Avatare". In Abschn. 2.4 haben wir bereits gesehen, dass es gute Gründe gibt, warum Menschen, potenzielle Kunden, bei ihrer „Einkaufsabsicht" nicht alleine gelassen werden sollten. Nun gibt es in der digitalen Welt *zwei Möglichkeiten* des Nicht-alleine-lassens: entweder diese noch unschlüssigen Kunden wie im vorigen Kapitel beschrieben mithilfe entsprechender Tools *nachher* ansprechen – oder eben *während* ihres Besuchs auf unserer digitalen Präsenz. *Und im Idealfall tue ich sogar beides*, was mein *Praxistipp* zu diesem Thema wäre! Beschäftigen Sie sich mit diesem Thema – und schaffen Sie die technischen Voraussetzungen, um beides zu tun! Weitere Informationen zu dem Thema finden Sie auch in Abschn. 2.6.4 (AI/KI im Vertrieb).

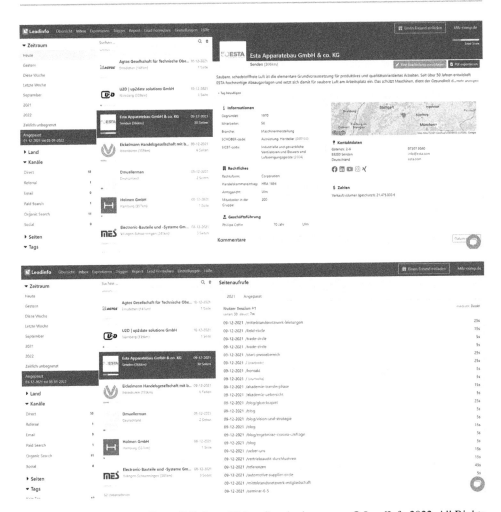

Abb. 2.7 LeadInfo Vorstellung. (Mit freundlicher Genehmigung von © LeadInfo 2022. All Rights Reserved)

2.6   Online-Marketing

Es gibt sicher viele wissenschaftliche Definitionen und Abgrenzungen zum Thema Online-Marketing. Da das vorliegende Handbuch keinen wissenschaftlichen, sondern einen praktischen Anspruch hat, unterscheide ich im Folgenden aus Praktikabilitätsgründen die Begrifflichkeiten „Affiliate- oder Multiplikatorenmarketing" (s. Abschn. 3.4), Online-Marketing und Social Media Marketing (s. Abschn. 3.5.7).

Laut Wikipedia „versteht man unter Online-Marketing (auch *Internetmarketing* oder *Web-Marketing* genannt) alle Marketingmaßnahmen, die online durchgeführt werden, um Marketingziele zu erreichen; dies reicht von Markenbekanntheit bis zum Abschluss eines Online-Geschäfts." (Wikipedia 2022c)

2.6.1   Suchmaschinenoptimierung (SEO)

Findet Google Sie nicht, finden Ihre Kunden Sie nicht! In Deutschland gehen rund 84 % bei der Desktop-Suche und 96 % bei der mobilen Suche (Stand September 2021) aller Suchanfragen über die Suchmaschine Google. Dies ist eine wichtige Information, denn Sie wollen von Interessenten im Internet gefunden werden. Sorgen Sie also dafür, dass Google Sie „mag". Primäres Ziel ist es natürlich, bei den Suchergebnissen so weit oben wie möglich angezeigt zu werden, wenn nach Ihrem Produkt oder Ihrer Dienstleistung im Internet gesucht wird. Nur die ersten Positionen in der Ergebnisliste der Suchmaschine werden von deutschen Internetnutzern wirklich wahrgenommen.

Daher ist das Thema Suchmaschinenoptimierung (Search Engine Optimization oder kurz SEO), das „Gefunden werden bei einer organischen Google-Suche", der zentrale Dreh- und Angelpunkt Ihres Erfolgs im Internet. Grundsätzlich sollte sich die Gestaltung Ihrer Website an drei Zielen orientieren:

- Zum einen sollen sich Ihre Interessenten und Kunden auf Ihren Seiten schnell und einfach zurechtfinden.
- Zweitens sollen sie selbstverständlich von Inhalt und Form, von Content und Design, angesprochen und beeindruckt sein.
- Andererseits muss der Internetauftritt aber auch so aufgebaut sein, dass er von Suchmaschinen als wichtig eingestuft wird und somit bei einer Suchanfrage auf einer hohen Position gelistet wird. In Suchmaschinen prominent gefunden zu werden ist grundsätzlich kostenfrei möglich.

Suchwörter (Keywords)
Die Suchwörter sind die Grundlage jeder Optimierung. Dazu benötigen Sie lediglich gesunden Menschenverstand.

21. Überlegen Sie sich Suchbegriffe, die Ihnen zu Ihrem Unternehmen und zu Ihrem Leistungsangebot einfallen.
22. Notieren Sie, wie viele Treffer es pro Suchbegriff in den Suchmaschinen gibt.

Um Suchbegriffe weiter einzuschränken, können auch Keyword-Datenbanken genutzt werden (http://www.google.de/search?q=keyword+datenbank). So ergibt beispielsweise die Suche nach „Seminar Preiserhöhungen durchsetzen" bei Google die in Abb. 2.8 dargestellten Ergebnisse (Stand März 2022). Auf Platz 1 das entsprechende Seminar auf der Website der Milz & Comp. GmbH, auf den Plätzen 2 und folgende weitere Seminare anderer Anbieter mit diesem Titel.

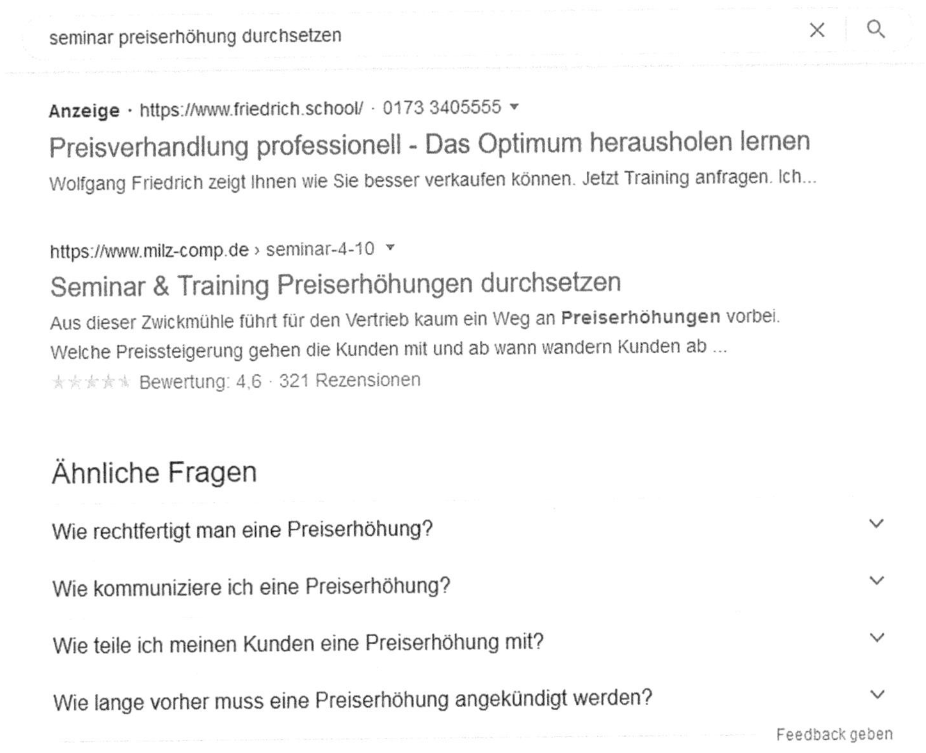

seminar preiserhöhung durchsetzen ✕ | 🔍

Anzeige · https://www.friedrich.school/ · 0173 3405555 ▾

Preisverhandlung professionell - Das Optimum herausholen lernen
Wolfgang Friedrich zeigt Ihnen wie Sie besser verkaufen können. Jetzt Training anfragen. Ich...

https://www.milz-comp.de › seminar-4-10 ▾

Seminar & Training Preiserhöhungen durchsetzen
Aus dieser Zwickmühle führt für den Vertrieb kaum ein Weg an **Preiserhöhungen** vorbei.
Welche Preissteigerung gehen die Kunden mit und ab wann wandern Kunden ab ...
★★★★★ Bewertung: 4,6 · 321 Rezensionen

Ähnliche Fragen

Wie rechtfertigt man eine Preiserhöhung? ⌄

Wie kommuniziere ich eine Preiserhöhung? ⌄

Wie teile ich meinen Kunden eine Preiserhöhung mit? ⌄

Wie lange vorher muss eine Preiserhöhung angekündigt werden? ⌄

Feedback geben

Abb. 2.8 Google-Recherche nach „Seminar Preiserhöhungen durchsetzen". (Mit freundlicher Genehmigung von © Google 2022. All Rights Reserved)

Bei lediglich einem Keyword/Suchbegriff – ohne zusätzlich ergänzende Ortsangabe – oben zu landen ist etwas schwieriger, aber ebenfalls machbar, wie das Beispiel der Eingabe des Keywords „Vertriebsaudit" in Abb. 2.9 zeigt (Stand März 2022).

▷ **Praxistipp** Grundsätzlich sollten Sie sich auf wenige wichtige Suchwörter konzentrieren, die Ihnen hoch qualifizierte Besucher bringen. Es ist allerdings nicht sinnvoll, beispielsweise als Softwaredienstleister die Seite für den Suchbegriff „Software" zu optimieren, da hier die Konkurrenz einfach zu groß ist. Suchbegriffskombinationen wie „Softwaredienstleister Mönchengladbach" hingegen bringen qualitativ hochwertige Besucher.

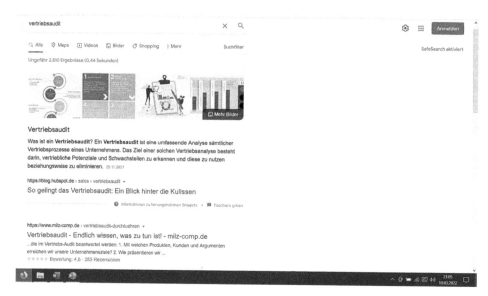

Abb. 2.9 Google-Recherche nach „Vertriebsaudit". (Mit freundlicher Genehmigung von © Google 2022. All Rights Reserved)

Wie Sie in Abb. 2.9 und 2.10 gesehen haben, wird nicht nur Milz & Comp. als Anbieter auf Seite 1 unter den ersten Treffern aufgeführt, es werden ebenfalls bei Google fünf Sterne sowie eine Anbieterbewertung ausgegeben – bei den anderen Anbietern nicht (s. Abb. 2.10):

Bewertungen im Internet

In einer Zeit, zu der jeder jederzeit sein Smartphone „am Mann/an der Frau" hat und sich vor jedem Restaurantbesuch bei Google, Tripadvisor oder Yelp vorab der Qualität des zu besuchenden Restaurants vergewissert und auch bei Urlaubsreisen, Hotels etc. ähnlich vorgeht – *sollte auch Ihre Dienstleistung, Ihr Unternehmen ähnlich positiv bewertet sein.* Und überall positiv hervorstechen, sofort ins Auge fallen – in der Google-Suche (s. Abb. 2.8, 2.9 und 2.10) ebenso wie auf Ihrer Homepage!

In Deutschland kann dies am besten entweder direkt über Google-Bewertungen, aber auch über den Dienstleister Proven-Expert gewährleistet werden. Letztere hat u. a. den Vorteil, dass die Bewertung ständig auf jeder Seite der Homepage als unteres Laufband angezeigt werden kann (s. Abb. 2.11). Bei einem Klick auf dieses Band gelangt man dann auf die entsprechende ProvenExpert Seite, in der man sich die Bewertungen im Detail anschauen kann (s. Abb. 2.12)

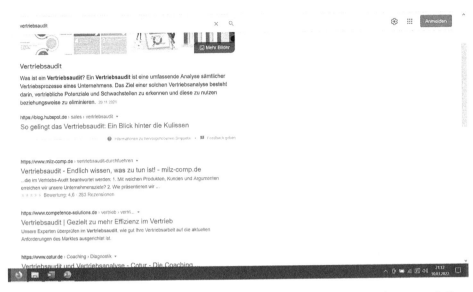

Abb. 2.10 Google-Recherche nach „Vertriebsaudit". (Mit freundlicher Genehmigung von © Google 2022. All Rights Reserved)

Abb. 2.11 Screenshot Homepage Markus Milz mit Laufband ProvenExpert Bewertung. (Mit freundlicher Genehmigung von © ProvenExpert 2022. All Rights Reserved)

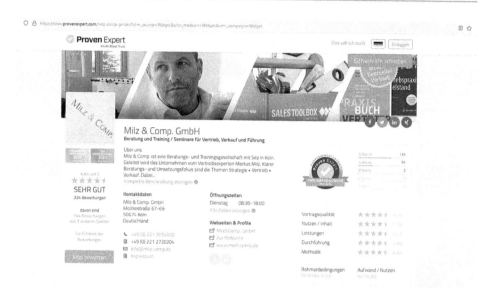

Abb. 2.12 Screenshot ProvenExpert Bewertung Milz & Comp. (Mit freundlicher Genehmigung von © ProvenExpert 2022. All Rights Reserved)

Rückverweise (Backlinks)

Bei Backlinks handelt es sich um Verlinkungen, die von fremden Seiten auf Ihre Website verweisen. Je mehr externe Links auf Ihre Website verweisen, desto höherwertiger stuft Google Ihre Seite ein.

▶ Auf Seiten wie http://www.seo-united.de/backlink-checker/ oder https://www.seobility.net/de/backlinkcheck/ können Sie die Anzahl der Rückverweise zu Ihrer Website überprüfen. Die Ergebnisse sind nur annähernd genau, können aber einen guten ersten Eindruck vermitteln.

Von dubiosen Angeboten wie dem Kaufen oder Mieten von Links oder Einträgen in sogenannten Linkfarmen sollte abgesehen werden. Hier handelt es sich zumeist um teure Maßnahmen mit teils zweifelhaften Resultaten. Lassen Sie sich im Zweifelsfall von einem seriösen „realen" Dienstleister beraten und ignorieren Sie die Versprechen der zahlreichen Internetangebote. Mit der Checkliste in Abb. 2.13 können Sie feststellen, ob Ihre Homepage suchmaschinenoptimiert gestaltet ist.

▶ Eine aussagekräftige erste SEO-Analyse zu Ihrer Website erhalten Sie kostenlos im Netz. Für den Start initialer SEO-Maßnahmen sind diese Analysen völlig ausreichend. Testen Sie zum Beispiel den kostenlosen SEO-Check auf seobility.net: https://www.seobility.net/de/seocheck/ (s. Abb. 2.14). Die detaillierten Ergebnisse und die erforderlichen To-dos können Sie sich anschließend als PDF downloaden!

✓	Verfügt jede Einzelseite Ihrer Internetpräsenz über einen individuellen Seitentitel?
✓	Macht der Titel auch als Überschrift eines Suchergebnisses Sinn in den Augen eines Suchmaschinen-Nutzers?
✓	Erscheinen Ihre definierten Suchworte unter der oben genannte Bedingung so früh wie möglich in den Seitentiteln?
✓	Verfügt jede Einzelseite Ihrer Internetpräsenz über ein individuelle Vorteilsargumentation in der Seitenbeschreibung?
✓	Enthält diese ebenfalls das definierte Suchwort und animiert den Suchmaschinen-Nutzer zum Klick?
✓	Sind Ihre strategisch wichtigen und SEO-relevanten Einzelseiten auf Ihrer Website stark verlinkt?
✓	Erhalten die Links auf Ihre strategisch wichtigen und SEO-relevanten Einzelseiten die jeweils definierten Suchworte?
✓	Befinden sich die definierten Suchworte für eine individuelle Seite dort mehrmals an prominenten Stellen (Textanfang, Überschriften).
✓	Gibt die Internetadresse Ihrer strategisch wichtigen SEO-Seiten deutliche Hinweise auf den Seiteninhalt und animiert zum Klicken?
✓	Erhält Ihre gesamte Website viele Backlinks von fremden Internetseiten mit hoher inhaltlicher Qualität?

Abb. 2.13 Checkliste: Ist Ihre Homepage suchmaschinenoptimiert gestaltet? (Quelle: Milz & Comp. GmbH)

Abb. 2.14 Ist Ihre Homepage suchmaschinenoptimiert gestaltet? (Mit freundlicher Genehmigung von © seobility 2022. All Rights Reserved)

Bücher und Foreneinträge im Internet bieten zwar zum Thema SEO grundsätzliche Informationen, unserer Erfahrung nach ist es jedoch meist sinnvoller, einen externen Dienstleister hinzuzuziehen, der sich auf dieses Gebiet spezialisiert hat. Den für Sie passenden Suchmaschinenoptimierer finden Sie am besten – natürlich – mithilfe einer gezielten Suchmaschinenrecherche z. B. bei Google. Falls ich in Köln meinen Sitz habe, beziehungsweise dort mein Unternehmen eröffnen möchte, gebe ich bei Google die Begriffe „Suchmaschinenoptimierung" und „Köln" ein. Unter den ersten fünf Treffern sollten Dienstleister zu finden sein, die ihr Geschäft verstehen.

▷ Unter http://www.seo-united.de/links-tools/ finden Sie eine umfangreiche Sammlung weiterer nützlicher Tools zur Analyse Ihrer Website.

2.6.2 Suchmaschinenwerbung (SEA oder SEM)

Im Gegensatz zur kostenfreien Suche bei Google und weiteren Suchmaschinen haben Sie im Bereich der kostenpflichtigen Suchmaschinenwerbung (Search Engine Advertising oder kurz SEA bzw. Search Engine Marketing oder SEM) darüber hinaus die Möglichkeit, sich über so genanntes „Keyword-Advertising" eine gute Position innerhalb der werblichen Suchergebnisse zu erkaufen. Dies stellt die am einfachsten und am schnellsten umzusetzende Lösung dar, Suchende über inhaltlich frei wählbare Anzeigen anzusprechen. Das bekannteste derartige Kampagnenmanagement-Programm ist *Google AdWords* (s. Abb. 2.15) von Google. Abgerechnet wird dabei nach Anzahl der Klicks auf den gekauften Link.

2.6.3 Verkaufsportale

In den letzten Jahren habe ich Dutzende von Strategieworkshops für unterschiedliche Unternehmen aus unterschiedlichen Branchen moderiert, in denen die jeweiligen Teilnehmer in ihrer SWOT-Analyse als Risiko „die Bedrohung durch den Wettbewerber Amazon" sahen. Indes wurde die „Chance" durch den „neuen Kanal E-Commerce bzw. Verkaufsportale" nur sehr selten genannt. Danach befragt, was denn der Grund sei, warum es nicht auch eine Chance gebe, offenbarte sich zumeist Unwissenheit über Möglichkeiten und Wirkungsweisen der unterschiedlichen Verkaufsportale als Hauptgrund.

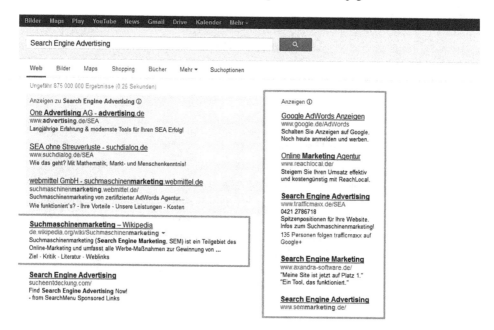

Abb. 2.15 Anzeigengestaltung bei Google mithilfe von GoogleAdWords. (Mit freundlicher Genehmigung von © Google 2022. All Rights Reserved)

Dabei suchen nirgendwo sonst Menschen häufiger nach Produkten als auf der größten Shopping-Suchmaschine der Welt – Amazon. Das Portal stellt ein riesiges Potenzial dar: Denn wer hier sucht, steht kurz vor einem Kauf. Und es gibt eben nicht nur Amazon, sondern darüber hinaus eine Vielzahl weiterer Plattformen – für Warengruppen aller Art – und mittlerweile auch für viele Dienstleistungen. Und es ist eben längst nicht mehr ausschließlich ein B2C-Business, sondern nimmt etablierten Geschäftsmodellen mehr und mehr Marktanteile ab.

In jedem Fall macht es für jeden Vertriebsverantwortlichen Sinn, sich einmal intensiver mit den jeweiligen Vor- und Nachteilen der existierenden Plattformen auseinanderzusetzen, welches in Deutschland, Österreich und der Schweiz aktuell sicherlich

- Amazon
- Ebay
- Etsy
- Hood.de und
- Avocadostore

sind, während

- Rakuten und
- Alibaba

im asiatischen Raum führend sind.

▷ Unter https://www.ionos.de/digitalguide/online-marketing/verkaufen-im-internet/die-groessten-online-verkaufsplattformen-in-deutschland/ findet sich eine gute Übersicht über die genannten Plattformen (s. Abb. 2.16).

Auch auf Fiverr sollte geachtet werden, laut eigener Angaben Stand März 2022 der „weltweit größte Marktplatz für digitale Dienstleistungen" (s. Abb. 2.17).

Die Menge an Markplätzen könnte sicherlich beliebig ergänzt werden – und ändert sich quasi monatlich: Neue Player kommen hinzu, alte verschwinden vom Markt oder werden aufgekauft und in eine andere Plattform integriert. Da Amazon aktuell (März 2022) sowohl nach Markenwert als auch nach Börsenkapitalisierung (1,3 Billionen Euro) eines der wertvollsten Unternehmen der Welt ist, darf wohl angenommen werden, dass dieses Unternehmen noch eine Weile Bestand haben wird. Insofern der Rat, sich insbesondere damit auseinanderzusetzen, was es braucht, um erfolgreich mithilfe von Amazon zu verkaufen. Wir bei Milz & Comp. halten dieses Thema für so bedeutsam, dass wir eigens ein Seminar ins Programm aufgenommen haben „Erfolgreich über Amazon verkaufen – als Seller und Vendor" – als auch gesonderte Spezialisten rekrutiert haben – meist ehemalige Amazon-Mitarbeiter, die entweder im Detail unsere Kunden, die als Seller oder aber als Vendoren aktiv sind, zu beraten und zu schulen.

Abb. 2.16 Übersicht Online-Marktplätze (mit freundlicher Genehmigung von © Ionos 2022. All Rights Reserved)

Abb. 2.17 Homepage Fiverr (mit freundlicher Genehmigung von © Fiverr 2022. All Rights Reserved)

Amazon bietet Händlern unterschiedliche Verkaufsmöglichkeiten. Es gibt das Amazon *Seller* Central Programm und das Amazon *Vendor* Central Programm. Grundsätzlich startet jeder Händler als Amazon Seller. Anschließend kann man nur über eine Einladung zu einem Vendor werden. Das Amazon Seller Central steht demnach nicht allen Händlern des Amazon Marktplatzes zur Verfügung.

In der Regel handelt es sich um große und bekannte Marken, welchen Amazon eine Einladung für das Vendor Programm erteilt. Ab diesem Zeitpunkt agiert der Händler wie ein Lieferant. Vendoren verkaufen ihre Produkte nicht mehr direkt an den Konsumenten. Stattdessen verhandelt er mit dem Vendor Manager die genaue Menge. Sämtliche Waren werden anschließend in großen Mengen an Amazon abgegeben. Daraufhin ist Amazon Eigentümer der Produkte und kümmert sich um die Punkte Preis, Marketing und Verkauf (s. auch https://amz-marketing.de/amazon-vendor-central-amazon-seller-oder-vendor/).

2.6.4   Artificial Intelligence (AI)/Künstliche Intelligenz (KI) im Vertrieb

Die meisten Vertriebsverantwortlichen, mit denen ich über das Thema AI/KI spreche, antworten hierauf sinngemäß „damit muss ich mich doch die nächsten zehn Jahre nicht auseinandersetzen." Spätestens wer bei YouTube das berühmte Video gesehen hat, wie der Google-Chef Sundar Pichai bereits 2018 die Google-AI-Assistenz Google Duplex in einem Restaurant anrufen lässt, um einen Tisch zu reservieren oder einen Friseurtermin vereinbaren lässt, musste feststellen, dass man bei dem Gespräch zwischen Mensch und Maschine nicht in der Lage war zu unterscheiden, wer Mensch und wer Maschine ist (zu sehen hier: „Google Duplex: A.I. Assistant Calls Local Businesses To Make Appointments" https://www.youtube.com/watch?v=D5VN56jQMWM). Die AI ist derart perfekt programmiert, dass sie stottert, sich verhaspelt, „ähm" sagt etc., sodass eine Unterscheidung zwischen Mensch und Maschine wahrlich schwerfällt.

Beispiel

In Österreich unterstützt „Tinka", digitale künstliche Assistenz und Chatbot, bereits seit 2015 die Telekom dabei, Kundenanfragen zu beantworten. „Sie chattet monatlich mit rund 50.000 Kunden und Interessenten, die ihr 120.000 Fragen stellen. Dabei beantwortet sie Fragen zur Rechnungshöhe, Handys und Diensten, der HomeNet-Box für das WLAN-Internet in den eigenen vier Wänden oder auch zu Netzstörungen. Tinka steht den Nutzerinnen und Nutzern rund um die Uhr, zu jeder Tages- und Nachtzeit und an jedem Tag der Woche zur Verfügung. Sie kann beliebig viele Konversationen parallel führen, es muss also niemand in die Warteschleife." (https://blog.magenta. at/2018/11/26/tinka-magenta-chatbot/) Und erst wenn Tinka einmal nicht mehr weiterweiß (was aber lediglich in 20–30 % aller Fälle geschieht), muss ein menschlicher Kollege einspringen. ◄

Das heißt, so würde mein Rat lauten, ein jeder Service- oder Vertriebsinnendienstleiter, der viele Mitarbeiter im Innendienst beschäftigt, deren wesentliche Aufgabe es ist, *Inbound-Telefonie* durchzuführen (Anfragen und Service- oder Ersatzteilaufträge anzunehmen, Reklamationen zu bearbeiten u. v. w. m.) wäre gut beraten zu prüfen, inwieweit der Einsatz einer künstlichen Intelligenz den eigenen Servicegrad erhöhen und ggfs. die Kosten senken kann. Als Inhaber oder Eigner eines entsprechenden Call-Centers würde ich mir spätestens heute Gedanken über einen Exit aus meinem Geschäftsmodell machen.

Aber auch *Outbound* lohnt es sich, über den Einsatz von AI nachzudenken, wie nicht zuletzt das Google Duplex Beispiel zeigt. Schon im November 2017 erschien im renommierten Harvard Business Manager ein Beitrag mit dem Titel „Den Umsatz verdreifacht", aus dem ich in vielen meiner Workshops zitiere und vorlese:

Den Umsatz verdreifacht

„Es war Winter in New York City, und Asaf Jacobis Harley-Davidson-Filiale verkaufte ein oder zwei Motorräder pro Woche. Das war zu wenig. Um den Kopf freizubekommen, ging Jacobi im Riverside Park spazieren und lernte dort zufällig Or Shani kennen, CEO des KI-Unternehmens Adgorithms. Dieser schlug ihm vor, „Albert" zu testen, Adgorithm's Marketingplattform. Das KI-gestützte System funktionierte über verschiedene digitale Kanäle wie Facebook oder Google hinweg, um dort das Ergebnis von Marketingkampagnen zu messen und sie dann automatisch zu optimieren. Jacobi entschied, Albert über das Wochenende eine Chance zu geben. An diesem Wochenende verkaufte Jacobi 15 Motorräder, fast doppelt so viele wie bei seiner bis dahin erfolgreichsten Sommer-Wochenendaktion. (...) Natürlich setzte Jacobi Albert daraufhin weiter ein. Statt eines einzigen Kundenkontakts pro Tag verzeichnete sein Laden jetzt 40. (...) Im dritten Monat war die Zahl der Kundenkontakte um 2930 Prozent gestiegen. (...) Während Jacobi davon ausgegangen war, dass nur 2 Prozent der Einwohner von New York City potenzielle Käufer waren, entdeckte Albert, dass sein Zielmarkt größer war – erheblich größer -, und er begann, Kunden auszugraben, von denen Jacobi nicht einmal geahnt hatte, dass sie überhaupt existieren. Wie hat Albert das gemacht?" (Harvard Business Manager 2017)

AI/KI-Systeme optimieren Marketingkampagnen. Sie ersetzen „Glaube, Gefühl und Emotion" (z. B. „Das Bild/der Text gefällt mir/gefällt mir nicht") durch einen Algorithmus, der eindeutig berechnet, was funktioniert und was nicht – und dann systematisch alle Ressourcen bei den Kampagnen einsetzt, die eben funktionieren. So heißt es weiter in dem Beitrag:

„Albert entdeckte zum Beispiel, dass Anzeigen mit der Phrase ‚Rufen Sie an' (wie in ‚Lassen Sie sich nicht diese gebrauchte Harley zum sensationellen Preis entgehen! Rufen Sie jetzt an!') um 447 Prozent besser liefen als Anzeigen, die das Wort ‚kaufen' enthielten (wie in ‚Kaufen Sie jetzt diese gebrauchte Harley direkt in unserem Laden!'). Daraufhin änderte das KI-Tool sofort die Begriffe in sämtlichen Anzeigen in allen relevanten Kanälen. Die Ergebnisse sprachen für sich." (Harvard Business Manager 2017)

Auch das Suchen und Identifizieren von potenziellen Kunden geschieht per Algorithmus:

„Ausgestattet mit Inhalten in Form von Werbebotschaften und Bildmaterial, die Harley-Davidson zur Verfügung gestellt hatte, sowie den nötigen Kennzahlen, begann Albert, die vorhandenen Kundendaten aus Jacobis Customer-Relationship-Management-System zu analysieren. Der Computer suchte nach den Merkmalen und Verhaltensweisen, die die wertvollsten Bestandskunden aufwiesen: Das waren jene, die entweder ei-

> *nen Kauf abgeschlossen, ein Produkt in den Warenkorb gelegt oder sich auf der Website spezifische Inhalte angeschaut hatten. Außerdem jene 25 Prozent der Kunden, die am längsten auf der Website verweilt hatten. Mithilfe dieser Informationen identifizierte Albert die Gruppe der Lookalikes und erstellte Mikrosegmente. Das sind kleine Gruppen, mit denen Albert Testkampagnen durchführte, bevor er seine Bemühungen auf größere Gruppen ausdehnte. (…) Albert nutzte unterschiedliche Kanäle wie Social Media, Suchmaschinen, Displaywerbung, E-Mail und SMS.* " (Harvard Business Manager 2017)

Auch wenn dies ein Beispiel aus dem B2C-Bereich ist – und im B2C-Bereich nutzen heute bereits annähernd alle großen Händler KI –, so sollte sich doch bereits heute auch jedes B2B-Unternehmen mit dieser Thematik intensiv auseinandersetzen. Ich persönlich beobachte seit fast 30 Jahren verschiedene Branchen, Märkte und das Vertriebsgeschehen. Und ich habe ausnahmslos immer zwei Feststellungen machen müssen: Was heute in den USA en vogue ist, schwappt ein bis drei Jahre später nach Europa und Deutschland über. Und was heute im B2C Usus ist, findet drei bis fünf Jahre später Eingang ins B2B.

Zusammengefasst bedeutet dies: Das „Zusammenkommen" von potenziellen Anbietern und Nachfragern – ggfs. bis hin zu einer (automatisierten) Terminvereinbarung – kann meiner Meinung nach spätestens in wenigen Jahren effizienter durch AI/KI als durch den Menschen sichergestellt werden. Der Mensch hingegen sollte sich dafür umso intensiver und besser als heute um das „Verkaufen" und „Beraten" von werthaltigen und beratungsintensiven Produkten und Dienstleistungen kümmern, sobald der Kontakt erst einmal hergestellt wurde.

Abb. 2.18 zeigt einige Anbieter von AI/KI-Systemen auf – prüfen Sie selbst, ob einer davon für Sie und Ihr Geschäft in Frage kommt!

Tools	Welche Probleme werden gelöst?	Link
acrolinx	CMS, Analyse des Online-Auftritts	www.acrolinx.com/de/
Albert AI	Planung, Erstellung, Optimierung und Analyse von digiralen Werbemaßnahmen	https://albert.ai/
Amplitude	Analyse des Online-Auftritts, A/B-Testing, Empfehlungsoptimierung	https://de.amplitude.com/
Appier	Chatbot, Analyse der bestehenden Kundendaten, Analyse des Online-Auftritts	www.appier.com
Axio Concept	Beratung rund um von KI gewonnenen Erkenntnissen zu Kundendaten und Entwicklungsprozessen	www.axioconcept.com
Chatlogue	Marketing, Sales, Customer Service durch Chatbots	www.chatlogue.com
Crayon	Cloud-Migration, managen der vollständigen Cloud	www.crayon.com
Dynamic yield	Segmentierung, Empfehlungen, Triggerung und Ranking Engine, Experience APIs und A/B-Testing	www.dynamicyield.com/de/
Evolv	Optimierungsstrategie, KI Optimierungsvorschläge durch Kundenverhalten	www.evolv.ai
Liftigniter	Optimierung des E-Commerce, personalisierte Empfehlungen	www.liftigniter.com
mixpanel	umfangreiche Produktanalysen	www.mixpanel.com/de
Nexoya	Automatisieren und Optimieren des Werbebudgets, kanalübergreifend	www.nexoya.com/de
Onespot	Text-, Audio-, Bild- oder Videoanalyse und Optimierung	https://www.one-spot.de/
Optimizely	E-Mail-Marketing, CMS, E-Commerce, KI-Optimierung des Online-Auftritts, Insights-Tracking	www.optimizely.com/de
Optimove	Von KI überwachte CRM Journeys	www.optimove.com
Persado	Personalisierte Sprache im Kontakt mit Kunden	www.persado.com
Personyze	Verhaltensorientiertes Vorgehen, E-Mail, Kommunikation & Website-Personalisierung, A/B Testing	www.personyze.com
Phrasee	Sprachoptimierung und -personalisierung in Werbekampagnen	https://phrasee.co/
Qubit	Personalisieren der Empfehlungen, der Customer Journey und der Contentstrategie	www.qubit.com
Selligent	KI-gesteuerte Marketing-Automatisierung, Kundeninteraktionen persönlicher und individueller	www.selligent.com
Socialbakers	Planung und Strategie für Social Media Marketing, Social Media Analysen und Management	www.socialbakers.com

Abb. 2.18 Übersicht AI-/KI-Anbieter. (Quelle: Recherchen Milz & Comp. GmbH)

2.6.5   E-Mail- und Newslettermarketing

Laut Gablers Wirtschaftslexikon ist „E-Mail-Marketing eine spezifische Form des Online-marketings und des Direktmarketings. Informationen und Werbebotschaften werden per E-Mail gezielt an Personen oder Gruppen von Personen gesendet, die sich für den Empfang von E-Mails beim Absender registriert haben." (Deges 2022)

An dieser Definition sehen wir bereits, dass es sich beim E-Mail-Marketing (synonym: Newslettermarketing) streng genommen nicht um eine Pull- oder Neukundengewinnungs-maßnahme handelt, da der Empfänger bereits bekannt sein muss bzw. dem Empfang des Newsletters zugestimmt haben muss.

Weiter definiert das Wirtschaftslexikon: „Das E-Mail-Marketing betreibende Unter-nehmen muss für den Aufbau eines Adressverteilers personenbezogene Empfängerdaten wie Name und E-Mail-Adresse verarbeiten und speichern. Die Empfänger müssen der Zustellung im Vorfeld explizit zugestimmt haben, da ungewollt zugesendete Werbung als Belästigung gilt und zu Abmahnungen und Geldstrafen für das Unternehmen führen kann. Ein rechtssicheres Verfahren zur Einholung dieser Zustimmung ist das Double-Opt-In." (Deges 2022)

Habe ich als Unternehmen dieses Double-opt-in erhalten, beispielsweise, indem ein potenzieller Kunde über einen meiner „Köder" oder „Lead-Magnets" (z. B. ein Gewinn-spiel, ein Geschenk („Freebie") o. ä. (s. hierzu auch Abschn. 2.6.6) etwa über Social Me-dia oder über meine Homepage dem Bezug des Newsletters zugestimmt hat, so – und erst dann – kann ich diesen Interessenten zukünftig legal anmailen.

Übrigens: „Schlecht gemachte" Newsletter sind in der Regel diejenigen, die vom Kun-den als reine Werbeflyer (z. B. Rabattaktionen, Sonderverkäufe etc.) identifiziert und schnell aussortiert oder mindestens ignoriert werden. „Gut gemacht" sind sie dann, wenn sie für die Empfängerzielgruppe einen deutlichen Mehrwert und Nutzen enthalten, wel-cher fachlicher, persönlicher oder auch unterhaltender Natur sein kann. Dieser wird dann häufig abonniert und nicht wieder abbestellt oder ignoriert, sondern gerne gelesen.

Beigefügt finden Sie die laut https://www.tooltester.com/de/blog/newsletter-tools/) ak-tuell beliebtesten Software-Tools zum Thema E-Mail-Marketing:

- Sendinblue (vormals Newsletter2Go)
- CleverReach
- GetResponse
- Rapidmail
- Active Campaign
- Mailchimp
- Klick-Tipp
- MailerLite
- Mailify
- Clever Elements und
- HubSpot Marketing Hub

2.6.6   Webinare und Funnelmarketing

Ich habe in Abschn. 2.6.5 über „Köder" und „Lead-Magnets" gesprochen. Diese kommen insbesondere nun zum Einsatz: Im Funnelmarketing geht es darum, potenzielle Interessenten meines Produktes oder meiner Dienstleistung in einen „Trichter" oder einen „Prozess" zu führen, der sie letztendlich zu zahlenden Kunden „konvertiert".

In der ersten Phase des Funnels besteht die Aufgabe darin, überhaupt potenzielle Kunden auf mein Unternehmen oder mein Produkt aufmerksam zu machen. Damit sie den Funnel „betreten", ist es notwendig, sie „anzulocken". Dies geschieht in der Regel über einen Köder – über einen sogenannten Leadmagneten. Dieser Köder besteht aus einem Inhalt, der dem potenziellen Kunden sehr nützlich ist – und der in den meisten Fällen auch kostenlos angeboten wird. Solch ein kostenfreier Mehrwertinhalt kann zum Beispiel ein Whitepaper mit für den Zielkunden relevantem Know-how sein. Etwas, das den Nutzer in seinem Privatleben (v. a. B2C) oder im Beruf (B2B) weiterbringen kann.

Webinare gehören ebenfalls zu möglichen Leadmagneten – und haben ein hervorragendes Potenzial, ihren Job sehr gut zu machen. Sie versprechen dem Nutzer, ihm für ihn attraktives und hilfreiches Wissen zu vermitteln – auch dies häufig kostenlos. Ein Webinar ist oft unterhaltsamer und „einfacher" zu konsumieren als ein klassisches Whitepaper. Man schaut zu und kann – zumindest bei Live-Webinaren – während des Seminars Fragen stellen. Und in vielen Fällen hat man auch die Möglichkeit, sich die Aufzeichnung des Webinars wiederholt anzuschauen, was gleichfalls für den Webinardurchführer den Vorteil der Wiederverwertung von Content bietet. Auch können diese Webinare in kleine Teaser „zerschnitten" und als Content via Social Media verwendet werden, was eine weitere gute „Recyclingmöglichkeit" darstellt.

Ein Live-Webinar bringt für das ausrichtende Unternehmen den Vorteil, dass die potenziellen Kunden nun einen persönlicheren Bezug zum Unternehmen haben. Denn sie haben immerhin mit einem Mitarbeiter des Unternehmens Zeit verbracht und haben emotional das Gefühl, das Unternehmen oder dessen Produkte oder Dienstleistungen zu kennen – zumindest war es ein intensiver Customer Touchpoint. Im besten Fall können Sie im Anschluss des Webinars direkt Ihre Dienstleistung oder Ihr Produkt verkaufen. Sollte dies so sein, haben Sie das Thema des Webinars sehr gut gesetzt. Anscheinend haben Sie damit genau die richtige Zielgruppe erreicht – in der exakt richtigen Phase ihrer Customer Journey.

Halten Sie das Thema des Webinars allgemeiner, erreichen Sie eher eine breitere Zielgruppe. Machen Sie das Thema des Webinars spezifischer, spitzen Sie die Zielgruppe. Wenn Sie Gartengeräte verkaufen und mit potenziellen Kunden Kontakt haben möchten, bieten Sie ein Webinar an zum Thema „Schöner Rasen das ganze Jahr. Die Top 5 Tipps für Gartenbesitzer". Wenn Sie sehr teure Gartengeräte verkaufen, nehmen Sie lieber das Thema „Schöner Rasen das ganze Jahr. Die Top 3 Tipps für Großgrundbesitzer".

Aber auch wenn Sie im Webinar noch keinen Teilnehmer „konvertieren" können: Zumindest besitzen Sie nun die Daten der Teilnehmer, die sich für Ihr Thema interessieren. Und zu denen Sie via Social Media oder per Mail Kontakt halten können – bis Ihre Interessenten eines Tages an der richtigen Stelle der Customer Journey angelangt sind.

Das Prinzip des persönlichen Kontakts zum Unternehmen lässt sich aber noch durch eine weitere, direktere Form des Funnelmarketings umsetzen. Gerade bei teureren, erklärungsbedürftigen Produkten macht das folgende Format Sinn. Statt mit einem Webinar „lockt" man mit einem sehr exklusiven Vier-Augen-Expertengespräch, um ausführlich einen Problemlösungsweg zu besprechen. Da der Aufwand hier wesentlich höher ist, um eine vergleichbare Anzahl von Kontakten zu erreichen – muss auch das Thema insofern spezifischer sein, dass es eine Zielgruppe trifft, die sich in einer fortgeschritteneren Phase der Customer Journey befindet. Und somit auch ein höheres Konversionspotenzial hat. Aber allein das Vier-Augen-Format sorgt schon für eine kleine psychologische Hürde, die nur wirklich motivierte Personen überschreiten – was sich auch nur im Verkauf eines hochwertigen Produkts oder einer exklusiven Dienstleistung für den Anbieter rechnet.

In der Regel muss man sich für das Expertengespräch „bewerben". Dies erfährt man auf einer Landingpage, auf die man über ein entsprechendes Werbemittel gelangt ist. Hier kann nun auf Verknappung gesetzt werden und der Interessent auf die Exklusivität des Angebots eingeschworen und über den gesamten folgenden Prozess informiert werden (s. Abb. 2.19 einen Ausschnitt aus der Funnelstrategie der Milz & Comp.). Hat der Interessent die „Hürde" eines kleinen Formulars überwunden, wird er zu einem Qualifikationsgespräch (Gespräch mit „Opener") zurückgerufen. Hier wird ein zweites Mal die Qualifikation des Interessenten (aus Sicht des anbietenden Unternehmens das Konversionspotenzial) für das Expertengespräch geprüft. Sollte die Potenzialbewertung im Nachgang des Gesprächs eher niedriger ausfallen, hat der Interessent leider nicht einen der wenigen Plätze „ergattert". Ihm kann dann alternativ ein „Trostpflaster", z. B. ein exklusiv für ihn vergünstigtes Produkt, angeboten werden.

In der Regel haben Sie nun in den anschließenden Expertengesprächen eine hohe Abschlussrate. Wichtig ist, dass das hoffentlich begeisternde Gespräch des „Closers" den Kunden sowohl auf der Sach- als auch auf der Emotionsebene entsprechend stark berührt – und zum Kauf animiert.

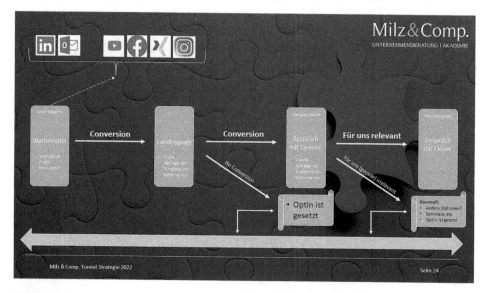

Abb. 2.19 Funnelstrategie Milz & Comp. (Quelle: Milz & Comp. GmbH)

2.7 Social Media Marketing

Zwischen dem Zeitpunkt, zu dem ich die erste Auflage dieses Buches schrieb, und dem Zeitpunkt, zu dem ich diese Zeilen hier verfasse, liegen fast zehn Jahre – und gefühlt befinden wir uns in einer anderen Welt: Die Corona-Pandemie und ihre Folgen haben die Digitalisierung den Turbo einlegen lassen, zumindest jeder im Vertrieb arbeitende Mensch wurde seit März 2020 mehr oder minder sanft dazu gezwungen, sich mit digitalen Themen und Möglichkeiten auseinanderzusetzen. Während auf meine Frage „Wie digital arbeitet Ihr Vertrieb?" heute geschätzt drei Viertel aller Vertriebsleiter selbst im Mittelstand antworten „Sehr! Wir nutzen intensiv Teams und Zoom als Kommunikationskanal", so müssen bei weitergehenden Fragen meinerseits geschätzt 90 % aller Vertriebsverantwortlichen gerade im Mittelstand zugeben, dass Social Media Marketing aktuell noch *nicht* wirklich eingesetzt wird. Die Gründe dafür sind vielfältig: Der Nutzen wird nicht gesehen, dafür ist „unsere Branche" noch nicht bereit, meine Mitarbeiter wollen nichts posten – das ist für sie rein privat – oder das ganze Konzept wurde schlicht und einfach noch nicht verstanden – so lauten die gängigen Begründungen hierfür. Die gute Nachricht an dieser Aussage lautet andererseits, dass es für 90 % aller Unternehmen noch riesige Marketing- und Vertriebspotenziale zu heben gilt, die bisher noch unerschlossen schlummern.

Definieren wir zunächst einmal, was Social Media Marketing, abgekürzt gerne als SoMe Marketing oder SMM, eigentlich ist. Nach meinem Verständnis ist es schlicht und einfach die professionelle Nutzung sozialer Netzwerke zu Marketing- und Vertriebszwecken.

Drei zentrale Fragen gibt es, die mir im Zusammenhang mit SMM von Unternehmern regelmäßig gestellt werden:

1. „Welche Kanäle soll ich bespielen – was eignet sich für wen?"
2. „Wer in meinem Unternehmen soll sich darum kümmern – das macht doch die Marketingabteilung und nicht der Vertrieb, oder?" Und:
3. „Was genau soll ich tun?"

Fangen wir mit der *ersten Frage* an: *Welche Kanäle sollten genutzt werden?* Nun, die Antwort auf diese Frage ergibt sich aus der Antwort, die Sie sich in Kap. 1 bei der Frage gegeben haben „Wer ist eigentlich meine Zielgruppe?". Ist mein Geschäftsmodell B2B-orientiert und mein Ziel ist es, professionell mit anderen Unternehmen in Kontakt zu kommen und zu bleiben, Entscheidergremien auf Unternehmensseite zu recherchieren und zu durchdringen, Aufmerksamkeit und Interesse für mein Leistungsspektrum zu wecken, aber auch meinen Markt, meinen Wettbewerb und meine Kunden und deren Aktivitäten zu beobachten, so empfiehlt sich vor allem ein professionelles Businessnetzwerk – hier mittlerweile vor allen Dingen LinkedIn (s. Abschn. 2.7.1). Ist mein Geschäft eher endkundenorientiert und B2C-lastig, so empfehlen sich die in Abschn. 2.7.2 genannten weiteren Plattformen.

Erste Schritte beim Aufbau des Social Media Marketings

- Priorisieren Sie Ihre SoMe-Kanäle nach Relevanz und Sinnhaftigkeit für Ihr Geschäft!
- Fangen Sie an, den oben auf Ihrer Liste stehenden Kanal für sich zu entdecken; lernen Sie seine Möglichkeiten und Funktionsweisen kennen, machen Sie sich mit dem dahinterstehenden Algorithmus vertraut, probieren Sie Dinge aus!
- Fangen Sie erst dann an, einen zweiten Kanal zu bespielen, wenn Sie die Möglichkeiten Ihres ersten Kanals weitgehend ausgeschöpft haben.
- *Ausnahme:* Sie konzentrieren sich wie beschrieben inhaltlich und technisch auf Ihren priorisierten Nummer-1-Kanal, Ihren Hauptkanal, und nehmen andere Kanäle mithilfe eines Tools mit – bespielen weitere Kanäle also quasi „nebenbei". Der Vorteil des Einsatzes von SoMe-Management-Tools liegt nicht nur im parallelen Bearbeiten mehrerer Plattformen, sondern auch und vor allem in der zeitlichen Planung Ihrer Posts. Denn Sie können Ihre geplanten Veröffentlichungen entsprechend eines vorher abgestimmten Redaktionsplans voreinstellen und entsprechend alle Beteiligten informieren und einbinden.

Bei Milz & Comp. nutzen wir hierfür das Tool „Hootsuite", Alternativen hierzu sind etwa Buffer, Stacker, Kuku, SocialPilot und AgoraPulse (s. Abb. 2.20, 2.21 und 2.22).

Abb. 2.20 Beschreibung „Hootsuite". (Mit freundlicher Genehmigung von © Google 2022. All Rights Reserved.)

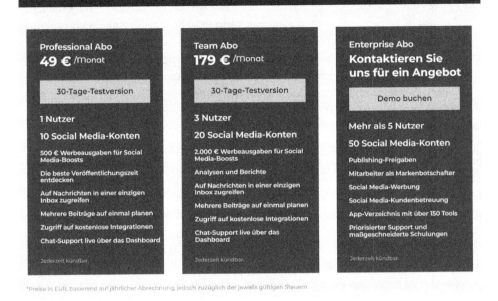

Abb. 2.21 Eigene Beschreibung „Hootsuite". (Mit freundlicher Genehmigung von © Hootsuite 2022. All Rights Reserved)

Übersicht: Alternativen zu Hootsuite

Plattform	Preismodell	Unterstützte Netzwerke	Empfohlen für
Buffer	Kostenlose Version (funktionell eingeschränkt), Normal 10 Euro/Monat, Business 100–400 Euro/Monat, Enterprise 900 Euro/Monat	Facebook, Twitter, LinkedIn, Google+, Instagram und Pinterest	Einzelnutzer, kleine Teams, kleine und mittlere Unternehmen, Vereine
Stacker	Kostenlose Version (nur bis zu 4 Accounts), Amazing 10 Euro/Monat, Team 50 Euro/Monat, Studio 100 Euro/Monat, Agency 250 Euro/Monat	Facebook, Twitter, LinkedIn und Pinterest	Einzelnutzer, kleine Teams, kleine Unternehmen, Vereine
Kuku	Kostenlose Version (nur 1 Nutzer), Normal 10 Euro/Monat und Nutzer	Facebook, Twitter, LinkedIn, Pinterest, Tumblr, vk.com und ok.ru	Einzelnutzer, kleine Teams, kleine Unternehmen, Vereine
SocialPilot	Kostenlose Version (funktionell sehr eingeschränkt), Basic 5 Euro/Monat, Growth Hacker 10 Euro/Monat, Business 15 Euro/Monat	Facebook, Twitter, LinkedIn, Instagram, Pinterest, Tumblr, vk.com und ok.ru	Kleine Teams, kleine und mittlere Unternehmen, Großunternehmen, Vereine
AgoraPulse	Kostenlose Version (14 Tage), Micro 30 Euro/Monat, Small 50 Euro/Monat, Medium 100 Euro/Monat, Large 200 Euro/Monat	Facebook, Twitter und Instagram	Einzelnutzer, kleine Teams, kleine Unternehmen, Vereine

⏱ 13.02.20 | Social Media

Netzwerk | Zielgruppen | Twitter | Facebook

Abb. 2.22 Alternativen zu „Hootsuite". (Mit freundlicher Genehmigung von © Ionos 2022. All Rights Reserved)

Die *zweite Frage* lautete: *Wer im Unternehmen sollte sich um das SoMe-Thema kümmern?* Die Antwort ist einfach: Alle – Marketing *und* Vertrieb – aber abgestimmt und koordiniert!

Wir beschäftigen uns hier mit Box 2 – „Pull-Vertrieb" –, also mit der Frage „Wie kann ich als Unternehmen oder Mitarbeiter Aufmerksamkeit erzeugen mit der Zielsetzung, dass meine Zielkunden auf mich bzw. uns als Unternehmen zukommen?" Wir werden uns mit dem Thema SoMe auch in Box 3 noch einmal zu beschäftigen haben – dann allerdings vor dem Hintergrund der Frage „Wie kann ich SoME nutzen, um aktiv neue, attraktive Kunden anzusprechen?"

Es ist nicht jedermanns Sache, extrovertiert auf SoMe zu posten, ggfs. private Dinge zu teilen und „zu trommeln" – auch wenn man dies von Menschen, die in Vertrieb oder Marketing arbeiten, eigentlich erwarten würde. Was man von diesen Menschen aber auf jeden Fall erwarten kann, ist, dass sie sich für ihre Kunden interessieren – mit diesen interagieren, auf deren Posts reagieren, sie kommentieren, liken. Und man kann in ihrer Eigenschaft als Gehaltsempfänger ebenfalls von ihnen erwarten, dass sie die legitimen Interessen ihres Arbeitgebers und ihrer Kollegen unterstützen, mithin also Posts von Marketing und Vertriebskollegen sinnhaft unterstützen.

Was uns zu *Frage drei* bringt: *Was konkret kann und sollte jeder Einzelne tun?* Diese Frage – bezogen auf Pull-Maßnahmen (s. Abschn. 2.5.3) – möchte ich in Abschn. 2.7.1 am Beispiel von LinkedIn aufzeigen; für andere SoMe-Kanäle gilt analoges.

2.7.1 Businessplattformen wie LinkedIn und XING

Wenn ich oben in der Einleitung dazu geraten habe, zunächst einmal *eine* Plattform intensiv zu nutzen, bevor weitere auszubauen sind, so muss an dieser Stelle zunächst die *wichtige Frage* geklärt werden: *LinkedIn oder XING?*

XING ist mit 20 Millionen Mitgliedern im DACH-Raum immer noch das führende Business-Netzwerk, LinkedIn ist aktuell (Ende 2021) „nur" bei 17 Millionen Mitgliedern. Galt bis vor wenigen Jahren die Maxime „XING ist die richtige Plattform für deutsche Kontakte, LinkedIn für internationale" so trifft dies spätestens im Nachgang der Übernahme von LinkedIn durch Microsoft im Jahr 2016 nicht mehr zu: Microsoft steckte Unmengen an Ressourcen in die Weiterentwicklung der Plattform, seitdem entwickeln sich die technischen Features, die Interaktionsmöglichkeiten, Mitgliederzahlen und vor allem deren Aktivität auf der Plattform rasant weiter, während XING, so der Eindruck, stagniert und eine Interaktivität der Mitglieder nicht angeregt wird – und auch nicht geschieht.

Ich bin seit 2004 Mitglied bei XING und habe aktuell 1400 Kontakte (s. Abb. 2.23); es ist nicht möglich, Videos zu posten, und auch Hashtag- oder @-Markierungen, mit denen man Themen oder Menschen folgen und „taggen" kann (d. h. Menschen konkret in der Plattform darauf aufmerksam machen, dass man sie z. B. in einem Post markiert hat), sind nicht möglich. Reichweitenmessung ist ebenfalls nicht möglich – eine Interaktivität kaum vorhanden und möglich.

Zum Vergleich: Ich nutze LinkedIn intensiv erst seit 2018, habe hingegen schon 9169 aktive Kontakte und 8923 Follower (Stand 20.03.2022, s. Abb. 2.24). Am 7. März teilte ich

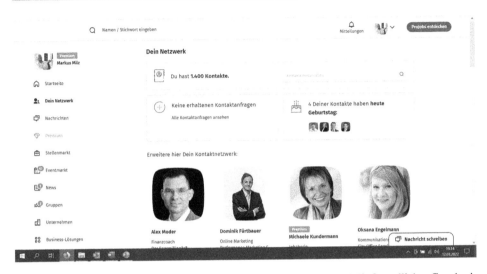

Abb. 2.23 XING-Profil Markus Milz – Netzwerkseite und Kontakte. (Mit freundlicher Genehmigung von © XING 2022. All Rights Reserved)

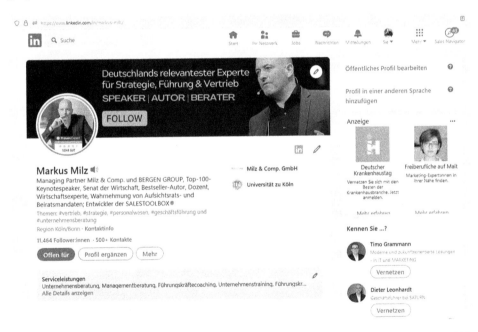

Abb. 2.24 LinkedIn-Profil Markus Milz. (Mit freundlicher Genehmigung von © LinkedIn 2022. All Rights Reserved)

via Hootsuite zeitgleich einen Post bei LinkedIn, XING, Instagram und Facebook. Abb. 2.25 zeigt die XING-Ausspielung an – ohne Reichweitenangabe, lediglich mit der Angabe versehen, dass fünf Menschen den Beitrag geliked haben, niemand hat ihn kommentiert. Derselbe Beitrag wurde, wie Abb. 2.26 zeigt, bei LinkedIn über 20.000 mal angesehen (21.112), 132 mal geliked, 70 mal kommentiert und 3 mal geteilt in neue Netzwerke.

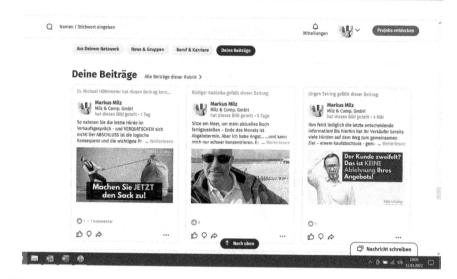

Abb. 2.25 Ausspielung Beiträge Markus Milz bei XING. (Mit freundlicher Genehmigung von ©
XING 2022. All Rights Reserved)

Abb. 2.26 Ausspielung Beitrag Markus Milz bei LinkedIn (Stand: März 2022). (Mit freundlicher
Genehmigung von © LinkedIn 2022. All Rights Reserved)

Bei beiden Plattformen habe ich einen kostenpflichtigen Premium-Account lizensiert,
bei XING kostet er aktuell brutto 95,40 € p.a., bei LinkedIn 179,40 €. Und bei LinkedIn
habe ich zusätzlich noch den Sales Navigator für 61,97 € (Preise Stand April 2022).

▶ **Praxistipp** Um die volle Funktionalität nutzen zu können, ist ein Premium-Account bei LinkedIn aus meiner Sicht für jeden Vertriebsmitarbeiter ein „must have"!

Während XING, zu dem auch das Arbeitgeberbewertungsportal kununu gehört, sich mittlerweile eher als Personalernetzwerk etablieren möchte, Bewerbern oder Umorientierungswilligen zu einem neuen Job verhelfen oder Headhuntern oder Personalern das Suchen nach geeigneten Kandidaten erleichtern möchte (dort auch sein Geschäftsmodell hat) und sich auch gar nicht mehr in Konkurrenz zu LinkedIn sieht, ist LinkedIn eine vollumfängliche Online-Business-Plattform. Zielgruppe bei XING sind Berufstätige mit einem Fokus auf Jobsuche und -wechsel, daneben funktioniert der Eventbereich noch ganz passabel.

Bei LinkedIn liegt der Fokus vor allem auf Netzwerken, Kontakten und echtem Vertrieb. Es gibt schöne Features rund um das Thema „Bewegtbild", so sind etwa auch LinkedIn-Live-Veranstaltungen möglich – live Online-Veranstaltungen innerhalb meines Accounts, mit dem ich z. B. Vorträge, moderierte Diskussionsrunden oder Webinare durchführen kann. Auch die eigene Profilgestaltung ist bei LinkedIn sehr hochwertig möglich (s. Abb. 2.26).

Fassen wir also das bisher Gesagte zusammen:

▶ **Praxistipp** Wenn Sie in Vertrieb oder Marketing arbeiten und Ihr Geschäftsmodell B2B-lastig ist: Machen Sie sich mit LinkedIn (besser) vertraut, nutzen Sie es – und arbeiten mit einem Premium-Account. Ggfs. macht für Sie sogar der Sales Navigator Sinn, doch hierzu mehr in Kap. 3.

Die mit Abstand wichtigsten Praxistipps für den SoMe Pull-Vertrieb finden sich in der „Bedienungsanleitung", die aus den Dos und Don'ts in Abb. 2.27 folgt. Lassen Sie uns zunächst einmal, weil dies meiner Erfahrung nach in der Praxis die häufigsten Missverständnisse beinhaltet, über die *Dont's* sprechen, darüber, was SoMe *nicht* ist, nicht leistet – und auch Sie *nicht tun* sollten:

- Social Media ist *keine* Verkaufsplattform und es geht auch *nicht* um Werbung! Ganz im Gegenteil: Wie der Name „social" schon mutmaßen lässt, *geht es weniger um Unternehmen und Marken als vielmehr um Menschen*, die sich für andere Menschen interessieren und ihnen deshalb folgen! Weil diese Menschen, denen sie folgen, etwas Nützliches, Hilfreiches, Originelles, Interessantes oder Humorvolles zu sagen, zu zeigen oder anderweitig mitzuteilen haben.
- Daraus folgt dann auch unmittelbar, dass Sie *nicht* (oder höchstens in Ausnahmefällen) auf SoMe *Werben, Pitchen bzw. Verkaufen* sollen – schon mal gar nicht in einer frühen Phase der Kontaktanbahnung! Wie jetzt, werden Sie fragen – und was soll ich denn als Vertriebler auf einer Businessplattform, wenn ich nicht verkaufen darf? Netzwerken! Andere Menschen kennenlernen. Ihre Zielkunden finden oder selbst von diesen gefun-

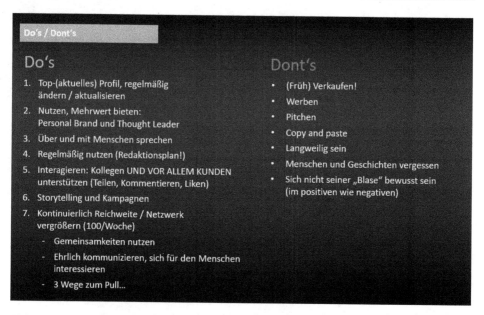

Abb. 2.27 Dos und Don'ts bei der Nutzung von SoMe-Plattformen. (Quelle: Milz & Comp. GmbH)

den werden. Als Experte in „Ihrem" Thema, in „Ihrer" Nische wahrgenommen werden, Ihre Personal Brand aufbauen. *Und wenn dies geschehen ist –* Sie diese neuen und für Sie wichtigen Menschen kennengelernt, diese Ihre Expertise wahrgenommen und zu schätzen gelernt haben – *dann und erst dann dürfen Sie auch verkaufen*!

- Da es um Menschen geht, die sich für Menschen interessieren, sollten Sie *nicht langweilig* sein – Sie sollten *Geschichten erzählen* und wie bereits beschrieben *nützlich, hilfreich, originell* (statt copy and paste), *interessant oder humorvoll sein – am besten alles gleichzeitig*!
- Hinter jeder SoMe-Plattform steckt ein Algorithmus. Dieser lernt im Laufe der Zeit, für welche Menschen und Themen Sie sich interessieren – und spielt Ihnen dann genau solche Posts in Ihren Feed aus, die Ihrer Interessenlage entsprechen. *Dieser Tatsache sollten Sie sich stets bewusst sein –* im Negativen wie im Positiven! Denn das Ganze funktioniert wie eine Art Selbstverstärker.

Beispiel

Sollten Sie persönlich der Meinung sein, dass die Erde eine Scheibe ist, und Sie suchen nach Beweisen und Posts, die Ihre These unterstützen, so werden Sie vermutlich irgendwo fündig. Sobald Sie die entsprechenden Posts beginnen zu liken und zu kommentieren, werden Ihnen immer mehr Beiträge zu diesem Thema ausgespielt – bis Sie sich schließlich selbstzufrieden zurücklehnen und murmeln: „Habe ich's doch gewusst – die Welt ist voll von ‚Beweisen', die meine Vermutung stützen!"

Auf der anderen Seite können Sie sich *diese Tatsache auch zu Nutze machen*: Angenommen, Ihre Branche ist klein und Ihre Zielkunden bestehen im Wesentlichen aus 20 Unternehmen, von denen jeweils es jeweils für Sie fünf relevante Ansprechpartner gibt. Dann sind dies 100 für Sie geschäftlich sehr relevante Menschen, zu denen Sie unbedingt Kontakt aufbauen und sich vernetzen und mit denen Sie zudem regelmäßig interagieren sollten. Wenn Sie nun deren Posts permanent teilen, kommentieren und liken – so gibt es auf der anderen Seite in der SoMe-Welt dieser 100 Menschen kaum jemanden wie Sie, der derart präsent und gefühlt immer da ist – es sei denn, Ihr Wettbewerb macht es genauso. Das heißt, was Sie im B2C – wenn überhaupt – lediglich unter Aufbringung immenser Werbeanstrengungen schaffen, nämlich in den „Relevant Set" Ihrer Zielgruppe zu kommen und statt eines Papiertaschentuchs ein „Tempo" zu werden, ist hier auf SoMe im B2B-Kontext durchaus leicht möglich. Versuchen Sie es –Sie werden verblüfft sein, wie gut dies funktioniert! ◄

Während die aufgeführten Don'ts zu egal welchem Zeitpunkt eigentlich *immer* unterlassen werden sollten, ist es bei den *Dos* anders: Hier kommt es durchaus auf die *richtige Reihenfolge der Maßnahmen* an:

1. **Sorgen Sie für ein stets aktuelles, interessantes und aussagestarkes Profil**
   LinkedIn bietet eine Menge Features, mit denen Sie auf sich aufmerksam machen können – sei es über die grafische Gestaltung, über die Verwendung von Hashtags (#) in Ihrem Profil, nach denen jemand suchen könnte – oder über Ihr Angebot an Leistungen (s. Abb. 2.27). Bei der Nutzung der Rubrik „Im Fokus" sollten stets *die* Nachrichten oder Posts sichtbar vorne stehen, die Ihnen besonders wichtig sind – möglicherweise kann dies auch ein Termintool wie Calendly sein, mit dessen Hilfe ein LinkedIn-Besucher Ihres Profils sofort einen Termin bei Ihnen bucht. Auch in dem nachfolgenden „Info-Bereich" sollte nicht ein langweiliger Lebenslauf stehen – sondern *Ihre Geschichte*, das, was Sie ausmacht – und zwar spannend erzählt!
   In der Rubrik „Berufserfahrung" haben Sie viel mehr Möglichkeiten, als lediglich tabellarisch Ihre „ZDF" – Ihre Zahlen, Daten und Fakten – aufzuführen: Sie können Filme einbinden, mit Emojis arbeiten, Ihre Veröffentlichungen aufführen u.v.m. Schauen Sie gerne einmal als Beispiel in Abb. 2.28 oder im Original auf meinem LinkedIn-Profil vorbei (wobei Sie einfach und leicht per QR-Code auf der Autorenseite dorthin geleitet werden – etwas, was so oder ähnlich auch in jeder Ihrer E-Mail-Signaturen stehen könnte …)
   Wichtig wäre es auch, dass Sie die Rubrik „Kenntnisse" gefüllt hätten – und bereits viele Menschen Ihre Kenntnisse bestätigt hätten. Ebenso wichtig kann es sein, dass Ihre Zielkunden Ihnen als Referenz- und Empfehlungsgeber zur Verfügung stehen und dies in Ihrem Profil bei LinkedIn dokumentieren. Es kostet sie im Übrigen nur einen Klick, Menschen darum zu bitten!
   Auch Ihre Auszeichnungen und Preise können und sollten Sie hier gesondert darstellen – denn wie bereits beschrieben ist die Notwendigkeit, dass ein fremder Mensch

Abb. 2.28 LinkedIn-Profil Markus Milz (Auszug) Berufserfahrung. (Mit freundlicher Genehmigung von © LinkedIn 2022. All Rights Reserved)

Vertrauen zu Ihnen aufbaut, eine wichtige Differenzierung zu all Ihren Wettbewerbern und einer Ihrer wichtigsten Hebel in der Neukundengewinnung.

2. **Content: Nutzen und Mehrwert bieten!**

Zu dem Thema könnte man ein eigenes Buch füllen. Das Wesentliche allerdings wurde bereits gesagt: Es geht nicht um Verkaufen, nicht um Werbung, sondern eben darum, „kostenfrei" für die Zielgruppe wertvollen Content auszuspielen, der nebenbei die eigene Expertenpositionierung und somit die eigene „Personal Brand" festigt. Welcher Content, welcher Nutzen, welcher Mehrwert dies ist, das muss dabei jeder für sich selbst entscheiden. Aber gerne kann ich Ihnen meine persönliche LinkedIn-Strategie verraten und Sie an meinen Erfahrungen der letzten Jahre teilhaben lassen.

Im Grunde genommen habe ich für mich *drei Strategien im Pull-Segment* definiert, die ich miteinander kombiniere und abwechsle. Klar ist, dass ich mich als Experte für die Themen Strategie, Führung und Vertrieb positioniere, aber auch – meinem persönlichen Interesse und meiner Ausbildung geschuldet – als Volkswirt und Wirtschaftsexperte. Diese Themen also sollten Kern meiner Aussendungen sein.

Neben dem themenbezogenen Fokus, mit dem die Personal Brand gestärkt werden soll, geht es als zweite Zielsetzung darum, Reichweite zu generieren – möglichst viele Menschen mit den „Marken Markus Milz und Milz & Comp." zu erreichen sowie die viralen Möglichkeiten des SMM zu nutzen. Hierzu habe ich die Erfahrung gemacht, dass „Reichweite" am leichtesten mithilfe von „persönlichen Geschichten und Visuals" generiert werden kann (= erste Strategie), gefolgt von „aufmerksamkeitsstarken" Posts

(= zweite Strategie, z. B. tagesaktuelle politische oder humorvolle Statements) und als dritte Strategie dann die eigentlichen „rein fachlichen Beiträge" genutzt werden. Abb. 2.29, 2.30 und 2.31 – alles aktuelle Aussendungen – geben mit ihren Kennzahlen exemplarisch Auskunft über die drei von mir genannten Strategien:

Abb. 2.29 LinkedIn-Profil Markus Milz: Strategie 1: „Persönliches". (Fokus: Reichweite + Content)

Abb. 2.30 LinkedIn-Profil Markus Milz: Strategie 2: „Politisches". (Fokus: Reichweite + Content)

Wie gesagt: Legen Sie sich eine entsprechende Content-Strategie zu (im Übrigen gibt es auch hier mittlerweile eine Vielzahl von Dienstleistern, die Sie bei diesem Thema unterstützen können). Das wichtigste aber ist Folgendes:

▷   **Praxistipp** Suchen Sie „Gelegenheiten" – werden Sie empfänglich für SoMe-taugliche Motive und Themen! Wann immer Sie einen Kundenbesuch machen (persönlich oder digital), eine Maschine installieren, einen Vertragsabschluss mit dem Kunden feiern – was spricht gegen eine kurze Frage: „Lieber Herr Kunde – haben Sie etwas dagegen, wenn wir kurz ein Selfie machen und ich dieses poste? Dadurch gewinnen wir doch beide an Aufmerksamkeit – und sind unsere gegenseitige Referenz …" Das Schlimmste, was Ihnen hier passieren kann, ist, dass Ihr Ansprechpartner dies nicht möchte. Doch die Wahrscheinlichkeit ist groß, *dass* er möchte – oder Sie ihn erst auf dieses möglicherweise für ihn neue Thema aufmerksam machen und heranführen müssen.

Markus Milz
Managing Partner Milz &
Comp. und BERGEN GROUP,
Top-100-Keynotespeaker,
Senat der Wirtschaft,
Bestseller-Autor, Dozent,
Wirtschaftsexperte,
Wahrnehmung von
Aufsichtsrats- und
Beiratsmandaten; Entwickler
der SALESTOOLBOX®

Follower:innen   11.486

Themen: #vertrieb, #strategie,
#personalwesen,
#geschäftsführung und
#unternehmensberatung

Markus Milz
Managing Partner Milz &
Comp. und BERGEN GROUP,
Top-100-Keynotespeaker,
Senat der Wirtschaft,
Bestseller-Autor, Dozent,
Wirtschaftsexperte,
Wahrnehmung von
Aufsichtsrats- und
Beiratsmandaten; Entwickler
der SALESTOOLBOX®

Follower:innen   11.486

Themen: #vertrieb, #strategie,
#personalwesen,
#geschäftsführung und
#unternehmensberatung

Markus Milz · Sie
Managing Partner Milz & Comp. und BERGEN GROUP, Top-100-Keynotespeake...
7 Monate · Bearbeitet ·

Das Runde muss ins Eckige. Auch der beste Stürmer kann kein Spiel allein
gewinnen.

... mehr anzeigen

👍❤️👏 47   37 Kommentare

👍 ▾   👍 Gefällt mir   💬 Kommentar   ↪ Teilen   ✈ Senden

📊 3.079 Impressions   Analysen anzeigen

Markus Milz · Sie
Managing Partner Milz & Comp. und BERGEN GROUP, Top-100-Keynotespeake...
7 Monate · Bearbeitet ·

Das Runde muss ins Eckige. Auch der beste Stürmer kann kein Spiel allein
gewinnen.

Heißt in unserem Fall: Das Marketing hat den Elfmeter perfekt vorbereitet und der
Vertrieb ist bereit, das Tor beim Zielkunden zu schießen.

Die ersten beiden Posts meiner kleinen dreiteiligen LinkedIn-Reihe zum Thema
Marketing-Strategie beschäftigten sich damit, dass Vertrieb und #Marketing nur
gemeinsam stark sind und es wichtig ist, die Customer Journey seiner Zielkunden
genau zu kennen. Sie ist der Kern einer erfolgreichen Strategie und das
Fundament aller Marketing- und Vertriebsaktivitäten.

Hier nun der letzte Teil der Reihe:

**Dass die Marketing-Abteilung die Marketing-Strategie nicht ohne
Beteiligung von detailliertem Vertriebs-Know-how erstellen kann, haben
Sie bestimmt schon erraten** 😊

Die Kollegen aus Vertrieb und Marketing saßen deswegen in nicht
wenigen **gemeinsamen Workshops** zusammen – und erarbeiteten:

1. **Wettbewerbs-Analyse**: Von welchen Wettbewerbern und Angeboten muss ich
mich abgrenzen?

2. **Eigene Positionierung**: Wie muss ich mich spezialisieren, um von einem „roten
Ozean" in einen „blauen Ozean" zu wechseln? (Wenn Sie nicht wissen, was ich
meine, schreiben Sie mir gerne in die Kommentare. Dann verrate ich es 😊)

3. **Zielgruppe**:
- Customer Journey erstellen
- (Informations-)Bedürfnisse zusammentragen. Hilfsmittel: Google Keyword-
Recherche, Kundenbefragungen

Abb. 2.31 LinkedIn-Profil Markus Milz: Strategie 3: „Fachliches". (Fokus: Content)

Markus Milz [in]
Managing Partner Milz &
Comp. und BERGEN GROUP,
Top-100-Keynotespaker,
Senat der Wirtschaft,
Bestseller-Autor, Dozent,
Wirtschaftsexperte,
Wahrnehmung von
Aufsichtsrats- und
Beiratsmandaten; Entwickler
der SALESTOOLBOX ®

Follower:innen   ·   11.486

Themen: #vertrieb, #strategie,
#personalwesen,
#geschäftsführung und
#unternehmensberatung

2. Eigene Positionierung: Wie muss ich mich spezialisieren, um von einem „roten Ozean" in einen „blauen Ozean" zu wechseln? (Wenn Sie nicht wissen, was ich meine, schreiben Sie mir gerne in die Kommentare. Dann verrate ich es 😊)

3. Zielgruppe:
- Customer Journey erstellen
- (Informations-)Bedürfnisse zusammentragen. Hilfsmittel: Google Keyword-Recherche, Kundenbefragungen
- Content-Strategie an Zielgruppen-Eigenheiten (und -bedürfnissen) ausrichten. Mögliche Orientierungen: Persönliche Herausforderungen (durch Befragung), Sinus-Milieus, usw.

Die Konzepte für die jeweiligen Kanäle, die genutzt werden sollen, um die Kunden zu erreichen - wurden dann vom Marketing allein erarbeitet.

Damit das Marketing anschließend den Ball auf den Elfmeterpunkt legen kann!

Aber jetzt, nachdem ich von der Marketing-Strategiefindung meines Unternehmens berichtet habe, würde ich gerne Sie fragen:

Wie kommen Sie und Ihr Unternehmen zu Ihrer Marketing-Strategie?
- Sind Sie den gleichen Weg gegangen? Oder haben Sie mehr Punkte beachtet – oder Zwischenschritte weggelassen?
- Wie ist es um die Zusammenarbeit Ihres Vertriebes mit dem Marketing bestellt?

Ich freue mich über Ihren Kommentar!

Interessieren Sie sich für Marketing-Strategien allgemein? Oder wollen Sie Ihre Vertriebsmitarbeiter fit machen? Wir unterstützen Sie gerne in allen Bereichen rund um #Strategie, #Führung und #Vertrieb. Schauen Sie doch direkt in unseren neuen Akademie-Katalog [Link im Kommentar]: https://lnkd.in/ebdn5ZgN

Abb. 2.31 (Fortsetzung)

Praxisbericht eines Kunden vom 4. März 2022
Hallo Herr Milz, (…)

natürlich bin ich noch am Üben und habe die letzten beiden Wochen ein wenig herumprobiert. Zwei eigene Posts und zwei geteilte Posts.

A. Ein gut vorbereiteter, aber nur geteilter und mit Kommentaren versehener Post (also kein eigener) hatte zwar Klicks, aber quasi keine Resonanz. Ich hatte versucht, mit einem anderen Unternehmen, das zu unseren Produkten ergänzende Produkte herstellt, einen Kontakt aufzubauen (einen Ansprechpartner dort kenne ich seit Jahren), darüber hinaus hatte ich noch einen Anlagenhersteller ins Boot geholt und wollte das Thema „Multiplikatoren" austesten. Leider ist der Versuch prompt versandet – auch weil ich mir potenzielle Partner herausgesucht hatte, die auf LinkedIn ähnlich wenig aktiv sind, wie ich es selbst bis zu unserem Workshop gewesen bin.

 # Lesson learned: Für den nächsten Versuch suche ich mir von vornherein Partner, die LinkedIn auch tatsächlich nutzen.

Eine Idee ist schon in der Pipeline, und ich bin gerade dabei, Kontakte hierfür zu suchen und mich zu vernetzen. Wahrscheinlich wird es den zugehörigen Post aber erst nach Ostern geben.

B. Da der als mein Nachfolger gedachte Kollege vorrangig die Aufgaben von Frau xxx übernehmen wird, hatte ich einen etwas ketzerischen Post gesetzt und meine eigene Stelle beworben. Das ergab viele Klicks (für meine Verhältnisse) und auch viel Resonanz. Es haben sich tatsächlich Interessenten aus meinem Netzwerk gemeldet und auch ein aus meiner Sicht vielversprechender Kandidat, der sich in der kommenden Woche bei meinem Vorgesetzten melden will. (…) Als Nebeneffekt hat sich ein Recruiter gemeldet und mir eine Stelle angeboten, die sogar ganz gut passen könnte. Das erste Vorstellungsgespräch ist bereits überstanden und ein zweites Gespräch ist am kommenden Dienstag.

   # Lesson learned: Es muss nicht die 08/15 Stellenausschreibung sein und Posts dürfen gerne auch von der Norm abweichen.

C. Mein erster ZDF-Post. Ein ewig langer Text, von dem ich geglaubt hatte, den liest kein Mensch. Zudem war die gebotene Datenmenge eher übersichtlich. Aber dieser Post hat (…) regelrecht eingeschlagen. Es gab (…) enorm viele direkt an mich gerichtete Nachrichten, Gespräche und Diskussionen. Wenn ich nicht aus der Branche aussteigen würde, dann wäre dieser Post eine Art Türöffner in Bereiche, an die ich bislang nicht gedacht hätte. Offensichtlich fehlt der „Community" ein XXX-spezialist – und der eine Post hat schon gereicht, mich als solcher zu positionieren.

   # Lesson learned: Zahlen/Daten/Fakten sind für Leser interessant. Content vor Floskeln, Phrasen und netten Bildchen.

Fazit: LinkedIn funktioniert. Es ist für mich eigentlich schon erschreckend, dass ich diesen Weg so lange unbeachtet gelassen hatte und nie genutzt habe – vielen Dank noch einmal für Ihre Anregungen!!!

Mit den besten Grüßen aus XXX

Vorname Nachname

Die nächsten Punkte aus der Dos-Liste lauteten:

3. **Über und mit Menschen sprechen**
4. **Regelmäßig nutzen (Redaktionsplan)**
5. **Interagieren: Kollegen und vor allem Kunden unterstützen**
6. **Storytelling und Kampagnen**

Darüber, dass Menschen mit Menschen interagieren sollten (Punkt 3), statt dass Unternehmen oder Marken Werbung machen, darüber haben wir bereits gesprochen. Ebenso darüber, dass man dies unterhaltsam tun sollte – plaudernderweise, indem Geschichten erzählt werden (Punkt 6). Lassen Sie uns nun auf die Punkte 4 und 5 eingehen – was soll „Regelmäßigkeit" und „interagieren" bedeuten, wie kann ich dies bestmöglich in die Umsetzung bringen?

„Social Media ist kein Sprint, sondern ein Marathon" haben Sie sicherlich schon häufig gehört. Da ist was dran. Nicht der eine wahnsinnig originelle Post verhilft Ihnen zu Aufmerksamkeit, einem Expertenstatus und treuen Followern, sondern die Tatsache, dass Sie kontinuierlich „dran" bleiben. Das bedeutet nicht zwingend, dass jeder jeden Tag etwas posten muss. Aber es bedeutet schon, dass Sie sich als Team im Unternehmen darüber Gedanken machen – und den LinkedIn-Algorithmus kennen sollten.

Wenn Sie etwas posten, so spielt LinkedIn Ihren Beitrag im Feed von etwa 5 bis 10 % Ihrer Follower aus. Wenn Ihr Beitrag gut ankommt, Ihren Followern gefällt, und diese ihr Gefallen *in den ersten 120 Minuten nach Ausspielen Ihres Posts durch Teilen, Kommentieren oder Liken zum Ausdruck bringen*, so erkennt der Algorithmus, dass dieser Post offensichtlich für weite Teile der User nützlich zu sein scheint, Mehrwert enthält – und spielt ihn breiter aus. Zudem haben, wenn Ihren Followern Ihr Beitrag gefällt und sie ihn kommentieren, dann deren Follower ebenfalls die Möglichkeit, Ihren Post bzw. den Kommentar als Reaktion darauf wahrzunehmen – und Ihr Beitrag hat die Chance „viral zu gehen".

Wenn wir das Gehörte zusammenfassen und in eine Handlungsempfehlung bringen wollen, so ergibt sich nun folgender *Plan:*

So nutzen Sie Business-Plattformen effizient
- Vernetzen Sie sich mit Ihren Zielkunden und beginnen Sie, mit diesen zu interagieren.
- Interagieren bedeutet in diesem Sinne „deren Beiträge zu teilen" (= für den Algorithmus „wertvollste" Interaktion), zu kommentieren (= zweitwertvollste) bzw. zu liken (= drittwertvollste Interaktion). Sie haben unterschiedliche Möglichkeiten zu „liken" (s. Abb. 2.32). Durch die unterschiedlichen Symbole haben Sie als Likender die Möglichkeit, sich etwas „von den anderen" abzuheben. Je häufiger Sie mit Ihren Zielkunden interagieren, umso wahrscheinlicher wird Ihr Post umgekehrt auch im Post Ihres Zielkunden ausgespielt – und umgekehrt. Sie haben also hier die Chance, „Teil der Blase Ihrer Zielkunden" zu werden.
- Legen Sie im Team fest, wer aktiv etwas posten möchte – und wer dies nicht möchte. Denen, die dies nicht möchten, fällt sodann die Aufgabe zu, die Kollegen zu unterstützen.
- Stellen Sie einen wöchentlichen Redaktionsplan auf, aus dem ersichtlich ist, wann welcher Kollege etwas zu welchem Thema postet. Machen Sie diesen Redaktionsplan allen im Team zugänglich.
- Diejenigen, die nun ihrerseits Beiträge zu den vereinbarten Zeiten aussenden, tun dies – der Rest unterstützt die Kollegen zeitnah durch Interaktion wie in 2. beschrieben. Die Aussendenden ihrerseits wiederum kommentieren die Kommentare auf ihre Posts fleißig zurück.

Abb. 2.32 LinkedIn-Profil Möglichkeit zu „liken"

Beispiel

In einem Social Media Training hatten wir vor einiger Zeit die Probe aufs Exempel gemacht: Wir hatten noch in der Präsenzveranstaltung ein Selfie mit der Gruppe erstellt und dazu einen Text verfasst. Zwei Teilnehmer mit identisch vielen Followern (188) hatten sodann diesen gleichlautenden Post versendet. Gemäß Versuchsanordnung wurde *einer* der aussendenden Kollegen nun mit Kommentaren und Likes unterstützt – der andere nicht. Mit dem Ergebnis, dass nach einer Stunde die Aussendung des nicht-unterstützten Kollegen 80 Ansichten hatte – die andere fast 900! ◀

Zu Punkt 7 der To-do-Liste – kontinuierlich Netzwerk vergrößern – werden wir auch in Abschn. 3.5.7 noch ausführlicher zu sprechen kommen.

2.7.2   Weitere Plattformen wie Facebook, Instagram, Pinterest, Snapchat, TikTok, Twitter und YouTube

Grundsätzlich gilt für alle Plattformen das bereits oben unter Punkt 2.7.1 Gesagte: Es ist *die* Plattform zu bespielen, auf der meine Zielkunden „zu Hause" sind. Um unter dieser Devise die genannten Plattformen kurz vorzustellen, gehören *Facebook* und *Instagram* zwar der Muttergesellschaft Meta (ehemals Facebook) an, sind jedoch zwei verschiedene Plattformen, die sich in einigen Aspekten unterscheiden. So hat Facebook fast drei Milliarden aktive Nutzer, während Instagram nur eine Milliarde hat. Aktive Nutzer bedeuten hierbei Nutzer, die die Plattform mindestens einmal pro Quartal nutzen. Und während auf Instagram der Schwerpunkt auf den Bildern und Videos, auf dem Messenger und auch den Werbeanzeigen liegt (aus Nutzersicht ist das jeder fünfte Beitrag) sind auf Facebook zusätzlich ein viel genutzter Marktplatz ebenso wie eine eigene Messenger-App und weit vernetzte Facebook-Gruppen zu finden. Die meisten Nutzer beider Plattformen sind in Indien, gefolgt von den USA und schließlich anderen asiatischen, europäischen und amerikanischen Ländern. Nur in China befinden sich aufgrund der Sperrung dieser Plattformen durch die Regierung im Prinzip keine Nutzer. Die beiden Schwestermedien unterscheiden sich zudem in der Zielgruppe: Instagram spricht vor allem jüngere Erwachsene und Jugendliche an und hat somit eine jüngere Zielgruppe als Facebook, dessen Zielgruppe generell jeden einschließt.

Pinterest spricht überwiegend junge Erwachsene an, hat jedoch mit 431 Millionen weniger aktive Nutzer. Auch der Umsatz ist deutlich geringer. Mit 1,7 Milliarden Dollar liegt der Jahresumsatz deutlich unter dem Niveau des Meta-Konzerns in Höhe von 86 Milliarden Dollar. Zudem findet der Nutzer hier nur Bilder, die größtenteils zu externen Seiten führen, was die meisten anderen Plattformen zu verhindern versuchen. Die meisten Nutzer von Pinterest finden sich in den USA.

Snapchat hat mit 319 Millionen aktiven Nutzern die wenigsten in dieser Liste, doch profiliert sich Snapchat etwa gegenüber Pinterest mit einem Jahresumsatz von 4,1 Milliarden Dollar. Die Plattform zeichnet sich durch den Messenger-Dienst aus, der überwiegend Fotos und Videos – die nach dem Anschauen verschwinden – zwischen den Nutzern austauscht. Außerdem ist Snapchat die erste und renommierteste Plattform mit einer 24h-Story, also Bildern und Videos, die alle Kontakte für genau 24 Stunden anschauen können. Wenn auch deutlich weniger Nutzer, hat Snapchat die gleiche Zielgruppe wie Instagram und erreicht damit überwiegend Menschen in Indien, den USA und anderen Ländern. Wie auch bei Instagram, Facebook, Pinterest und Twitter finden sich keine Nutzer in China. Aufgrund der verschwindenden Bilder und Nachrichten und dem damit verbundenen Image der „hohen Privatsphäre" fühlen sich auf dieser Plattform die Nutzer besonders sicher.

Die wohl neuste Plattform richtet sich vor allem an die Generation Z und an Millenials und kommt aus China. *TikTok* hat in Rekordzeit eine Milliarde Nutzer gewonnen und ist berühmt für einen sehr individuellen Algorithmus, der jedem Nutzer interessengenau schier unendlich viele Kurzvideos anzeigt. Auch hier finden sich viele Werbeanzeigen. So erreichte die Plattform zuletzt einen Jahresumsatz von rund 58 Milliarden Dollar. Obwohl die Plattform aus China kommt und über die Hälfte der Nutzer in China wohnen, zeichnen sich einige (überwiegend US-amerikanische) Influencer für fast die ganze Generation Z als Vorbilder aus und haben dadurch viel Einfluss auf das Konsum-, Mode-, Sprach- und Freizeitverhalten vieler westlich geprägter Jugendlicher und junger Erwachsener.

Eine etwas ältere Zielgruppe spricht *Twitter* an. Anstelle der Generation Z bei TikTok spricht Twitter Millenials und Erwachsene an – viele Redakteure und Journalisten nutzen die Plattform. Mit rund einem Drittel der aktiven Nutzer im Vergleich zu TikToks – also 330 Millionen – erwirtschaftet Twitter nur ein Zehntel des Umsatzes – 5,1 Milliarden Dollar. Twitter ist die erste westliche Plattform in der Liste, die auch in Japan gut vertreten ist. Durch Kurztexte, Bilder und Videos werden hier weniger persönliche Kontakte gepflegt als bei Facebook, Instagram oder Snapchat und mehr Nachrichten oder Ankündigungen in eine breite Masse von Nutzern „geworfen".

Die Suchmaschine mit den weltweit zweitmeisten Nutzern ist gleichzeitig ein Soziales Medium: *YouTube*. Mit fast 2,3 Milliarden aktiven Nutzern und 28,8 Milliarden Dollar Jahresumsatz hat die Suchmaschine, die zu Google bzw. zum Alphabet-Konzern gehört, spezielle Eigenschaften. Hier findet der Nutzer Videos zu jedem erdenklichen Thema, von Bildung bis zu Unterhaltung, was einer der Gründe für die große Zielgruppe „jeder" ist. Auf der Plattform gibt es aber auch nichts anderes als Videos. Bis auf Kommentare werden hier keine Texte ausgetauscht, ebenso wenig wie Bilder. Weit verbreitet in Indien und den USA findet sich vor fast jedem Video eine Werbeanzeige, die sich jeder Nutzer einige Sekunden lang anschauen muss, bevor das gewünschte Video abgespielt wird.

An dieser Auflistung ist zu erkennen, dass alle sozialen Medien Gemeinsamkeiten wie auch Unterschiede aufweisen. So haben alle gemein, dass sehr viele Nutzer eine kleine Gruppe von Influencern als Vorbild, teilweise sogar als Standard sehen, was neue Möglichkeiten eröffnet. Facebook und Instagram zeichnen sich aus Usersicht besonders durch die vielen Daten, die über die Nutzer gesammelt werden, negativ aus. Beim Schalten von Werbeanzeigen können sehr spezifische Zielgruppenkriterien ausgewählt werden. Gleichzeitig zeichnet Snapchat sich durch das Gegenteil aus, nämlich sehr viel Wert auf die Privatsphäre gelegt wird.

Nutzen Sie diese Informationen für Ihren individuellen Bedarf und entscheiden Sie, „die Plattform zu bespielen, auf der Ihre Zielkunden zu Hause sind".

2.7.3 Messengerdienste

Ich weiß, dass dieser Punkt unter den Aspekten „Sicherheit" und „Standardisierung" ein schwieriger ist. Nichtsdestotrotz weise ich bei diesem Thema gerne auf das berühmte Zitat des ehemaligen RTL-Fernsehchefs Helmut Thoma hin, der – auf sein in den 80er-Jahren oft unterirdisches und von Nacktheit geprägtes Programm angesprochen meinte „Der Köder muss dem Fisch schmecken, nicht dem Angler!"

Ähnlich sehe ich es hier: Natürlich hat WhatsApp entsprechende Sicherheitslücken – auch mit dem Schutz personenbezogener Daten nehmen Messengerdienste es sicherlich oftmals nicht so genau. Andererseits kenne ich persönlich viele Unternehmen und Branchen (z. B. in vielen Bereichen des Handwerks oder des Großhandels), in denen sich WhatsApp als Kommunikations- und Bestelltool zwischen z. B. Dachdecker und seinem Fachgroßhandel durchgesetzt hat. Folgerichtig ist für den Großhändler die WhatsApp-Story bzw. der Status ein hervorragendes Werbemittel, um „seine" Kunden zumindest für 24 Stunden (so lange ist eine entsprechende Story jeweils sichtbar) über Neuheiten und Aktionen zu informieren.

Also, machen Sie sich mit den verschiedenen Messengerdiensten vertraut und fragen Sie Ihre Kunden, was sie nutzen bzw. über welchen Kanal sie mit Ihnen kommunizieren wollen. Wem WhatsApp zu unsicher ist, der sollte sich einmal mit Threema, Signal, Telegram oder Element auseinandersetzen.

▷ **Praxistipp** Nutzen Sie den WhatsApp-Status, um Ihren Kundenkreis über spannende Neuheiten, Aktionen oder andere wichtige Informationen auf dem Laufenden zu halten – eine WhatApp-Story wird auch sonntags wahrgenommen. Analoges gilt für die in Abschn. 2.7.2 beschriebenen SoMe-Tools!

2.7.4   Blogs, Blogging und Vlogs

Die bei Suchmaschinen beliebten Online-Tagebücher bieten Unternehmen eine kostengünstige Möglichkeit, mit Konsumenten in Kontakt zu treten. Blogs müssen allerdings
regelmäßig und gut gepflegt werden und eignen sich nur für Unternehmen, die auch „etwas zu sagen haben", also zum Beispiel regelmäßig Aktionen durchführen oder neue Produkte auf den Markt bringen.

   Die Idee hinter einem Blog – der im Übrigen auch verfilmt werden kann, womit dann
aus einem Blog ein Vlog – ein Video-Blog – wird, ist es, über persönliche oder fachliche
Berichte, die eine Art „Tagebuch-Charakter" besitzen, andere Menschen am eigenen oder
am unternehmerischen Geschehen teilhaben zu lassen. Blogs können und sollten – wie
alle beschriebenen SoMe-Tools – für den interessierten Leser oder Zuschauer einen Mehrwert bringen. Auch hier kann dieser wieder aus Unterhaltung oder Information oder einer
Mischung beider Elemente (Infotainment) bestehen.

Beispiel

Vor einiger Zeit haben wir etwa ein Unternehmen aus dem IT-Umfeld dabei unterstützt,
sein – variables und leistungsabhängiges – Vergütungs- und Entlohnungssystem zu
überarbeiten. Unter anderem hatten wir hierbei eine monetäre Incentivierung von
„Bloggen" vorgesehen. Die Blogger des Unternehmens – Programmierer und IT-
Consultants – waren allesamt „Tech-Nerds", die einen sehr fachlich-technisch-
spezifischen Blog betrieben, es damit aber immerhin schafften, dass monatlich knapp
50.000 Menschen aus dieser Tech-Community deren Homepage besuchten und
regelmäßig die neuesten Blogs lasen. Der Blog war in diesem Unternehmen *das* Nr.-1-
Tool zur Neukundengewinnung! ◄

▷   **Praxistipp** Entscheiden Sie entsprechend Ihrer Zielgruppe, welche Art Blog für
     Ihr Geschäft nützlich sein könnte.

2.7.5   Audiomarketing mit Podcasts und Audio Images

Podcasts oder Audio Images produzieren und zum kostenlosen Download über Streaming-
plattformen wie insbesondere iTunes oder Spotify anzubieten ist eine weitere wirkungsvolle Maßnahme, um die Beliebtheit Ihrer Website und den Markenwert Ihres Unternehmens zu steigern. Gerade viele Entscheider haben wenig Zeit und laden sich, statt Texte zu
lesen, gern Audiodateien herunter, die sie dann in Situationen wie langen Autofahrten oder
beim Sport hören können.

   Grundsätzlich gilt zur Wirkungsweise dasselbe wie bei Blogs: Auch hier sind Zielgruppe und ausgespielter Content in Übereinstimmung zu bringen. Der Vorteil bei einem

Podcast, der über einen Streamingdienst abgespielt wird, ist insbesondere, dass Sie Ihre Reichweite und damit Ihre Markenbekanntheit durch eine wachsende Zahl Ihrer Abonnenten – die hoffentlich größtenteils sämtlich Ihrer Zielgruppe zugehörig ist – kontinuierlich steigern können.

Zu Beginn des Jahres 2020 hatte die Social Audio App *Clubhouse* ihre „große Zeit": Clubhouse ist eine Audio-Plattform, bei der in digitalen „Räumen" Menschen live miteinander diskutieren können. „Registrierte Nutzer können sich ein Profil anlegen, gemeinsam neue ‚Räume' eröffnen und ihre Gespräche in einem Kalender ankündigen, sodass andere zuhören können", wie Wikipedia schreibt. „Dabei leitet ein Moderator die Diskussionen, indem er Zuhörer zu Sprechern macht oder sie wieder stummschaltet. Zuhörer können dem Moderator ein Handzeichen geben, wenn sie zum Sprecher ernannt werden wollen."

Nachdem insbesondere im Jahr 2020 die Corona-Pandemie und die damit verbundenen Lockdowns Menschen weltweit ins Homeoffice verbannte und sie durch Ausgangssperren teilweise gezwungen waren, zu Hause zu bleiben, erschien die damals neue App Clubhouse vielen als eine willkommene Abwechslung und verursachte zeitweise sogar einen Hype. Mittlerweile ist dieser Hype wieder weitestgehend abgeklungen. Die Gründe dafür sind vielfältig. Zum einen steht die App wegen mangelnden Datenschutzes, fehlender Moderation und rechtlicher Mängel in der Kritik. Zum anderen macht aus meiner Sicht insbesondere die grundsätzlich fehlende Möglichkeit, Gespräche aufzuzeichnen (Clubhouse ist als reines Live-Audio-Format konzipiert), das Format aus Marketinggesichtspunkten unattraktiv: Das Format bzw. der wertvolle Inhalt – Content – ist nicht für andere Formate zweitverwertbar. Nach Stattfinden des Gesprächs sind die Inhalte „weg" und „verloren".

Solange den Machern von Clubhouse keine neuen Monetarierungselemente und technische Features einfallen, die das Format für Gewerbetreibende „wirtschaftlicher" machen, gebe ich der App keine große Zukunft. Doch macht es zumindest Sinn, die weitere Entwicklung des Tools im Auge zu behalten.

2.7.6 Influencer-Marketing

Viele Leser, die bei diesem Abschnitt angekommen sind, werden abwinken und denken: „*Das* ist nun wirklich ein reines B2C-Thema." Falsch – ganz im Gegenteil: Corporate Influencer Marketing ist lediglich die Fortführung und Zusammenfassung dessen, was wir bereits besprochen haben: Menschen, die für Unternehmen arbeiten oder auch Selbstständige, Hochschuldozenten oder auch Privatpersonen, die sich eine gewisse Expertise und Glaubwürdigkeit in „*ihrem*" jeweiligen Bereich erarbeitet haben, nennt man *Corporate Influencer* – zumindest dann, wenn sie auf Social Media eine gewisse Followerschaft haben. „Es findet gerade ein regelrechter Run auf Micro- und Nano-Influencer statt. Diese werden unter ihren Followern als deutlich glaubwürdiger wahrgenommen als die Mega-Stars", so Karsten Kilian, Professor für Marken- und Medienmanagement an der Hochschule für angewandte Wissenschaften in Würzburg-Schweinfurt (Kilian 2021)

Kilian unterscheidet hierbei zwischen

- Mega-Influencer (> 1 Mio. Follower),
- Macro-Influencer (100.000 bis 1 Mio. Follower)
- Micro-Influencer (10.000 bis 100.000 Follower) und
- Nano-Influencer (1000 bis 10.000 Follower).

Der Grund, warum Nano- und Micro-Influencer als glaub- und vertrauenswürdiger wahrgenommen werden ist, dass man ihnen zum einen abnimmt, dass sie einen Teil ihrer Follower persönlich kennen, dies tatsächliche „Freunde" oder zumindest „Bekannte" sind, die man nicht anlügen oder vor denen man nicht als „käuflich" dastehen will.

Prüfen Sie für Ihr Unternehmen, ob Influencer Marketing Sinn macht. Prüfen Sie zunächst, ob es Menschen in Ihrer Belegschaft gibt, die eine Affinität zu diesem Thema und zu Social Media haben und mit ihrem Namen für ihre eigene persönliche Namensmarke *und* für Ihr Unternehmen bzw. dessen Produkte und Leistungen zur Verfügung stehen. Unterstützen Sie diese Menschen in ihrem Vorhaben, soweit diese die Werte Ihres Unternehmens teilen sowie Ihnen loyal und glaubwürdig erscheinen. Möglicherweise haben Sie auch selbst als Vorstand, Geschäftsführer oder Vertriebs- oder Marketingleiter ein Interesse daran, Markenbotschafter Ihres Unternehmens zu werden.

▷   Übrigens gibt es auch in diesem Bereich zahllose Dienstleister, die Sie in Ihrem Vorhaben unterstützen, sofern Sie diese Arbeit ggfs. outsourcen möchten (s. z. B. Agentur Reach-on https://reach-on.de/influencer-marketing-agentur/ oder Insight Consulting https://insight.berlin/).

2.8   Verbandsarbeit

Deutschland ist mit über 15.000 Verbänden weltweit „das" Land der Verbände (Stand Februar 2022). Auch wenn es der erste Blick nicht vermuten lässt: Hieraus ergibt sich ein enormes Potenzial für den Vertrieb. Denn Verbände können als „Kontaktbörsen" genutzt werden, um neue Kunden oder interessante Geschäftspartner kennenzulernen, sich über die Trends und Entwicklungen der Branche zu informieren und vieles mehr.

Die Zugehörigkeit zu einem Verband ist in der Regel kostenpflichtig, die Beiträge richten sich vorwiegend nach dem Umsatz des Mitglieds. Die Wirtschaftsverbände vertreten die wirtschaftlichen Belange der Mitgliedsunternehmen. Sie sind auch für die regelmäßige Beobachtung des Marktes, die Beratung der Branchenunternehmen in technischen und ökonomischen Fragen, die Organisation von Messen und Ausstellungen sowie für die Öffentlichkeitsarbeit der gesamten Branche zuständig.

▷   **Praxistipp** Suchen Sie einen zu Ihrer geschäftlichen Tätigkeit passenden Verband. Knüpfen Sie Kontakte zu anderen Verbandsmitgliedern, tauschen Sie Erfahrungen aus und nehmen Sie die Beratung und Fortbildungsmöglichkeiten in Anspruch.

Aus Vertriebssicht ist eine Mitgliedschaft in Verbänden Ihrer Kunden besonders interessant, da Sie hier potenzielle Käufer mit deren Wünschen und Anforderungen kennenlernen. Auf Veranstaltungen wie Stammtischen, Tagungen oder Empfängen kommen Sie mit anderen interessanten Verbandsmitgliedern in einer angenehmen Atmosphäre zusammen und können ganz unkompliziert neue Kontakte generieren, aus denen anschließend Kunden werden können. Diese Veranstaltungen sind auch ideale Gelegenheiten, um Ihren „Match Pitch" in der Praxis zu erproben (vgl. Abschn. 1.5).

Zu den wichtigsten *Branchenverbänden* Deutschlands gehören (neben vielen weiteren) die in der folgenden Übersicht aufgelisteten Verbände:

Die wichtigsten Branchenverbände in Deutschland

Maschinenbau

VDMA – Verband Deutscher Maschinen- und Anlagenbau e. V. in Frankfurt (ca. 3400 Mitgliedsunternehmen), Tel. + 49 69 66 03 0, www.vdma.org

Metallerzeugung und -bearbeitung

WSM – Wirtschaftsverband Stahl und Metallverarbeitung e. V. in Düsseldorf (Dachverband; unter den jeweiligen Einzelverbänden viele Unternehmen), Tel. + 49 211 957 868 22, www.wsm-net.de

Gummi- und Kunststoffe

HDH – Hauptverband der Deutschen Holzindustrie und Kunststoffe verarbeitenden Industrie und verwandter Industrie- und Wirtschaftszweige e. V. in Bad Honnef (Dachverband; unter den jeweiligen Einzelverbänden viele Unternehmen), Tel. + 49 2224 9377 0, www.holzindustrie.de

Elektronik

ZVEI e. V.– Verband der Elektro- und Digitalindustrie in Frankfurt a. M. (ca. 1600 Mitgliedsunternehmen), Tel. + 49 696 302 0, www.zvei.org

Lebensmittel

BDSI – Bundesverband der deutschen Süßwarenindustrie e. V. in Bonn (ca. 200 Mitgliedsunternehmen), Tel. + 49 228 260 07 0, www.bdsi.de

BÖLW – Bund Ökologische Lebensmittelwirtschaft e. V. (BÖLW) in Berlin (Dachverband; unter den jeweiligen Einzelverbänden viele Unternehmen), Tel. + 49 30 284 8230 0, www.boelw.de

Lebensmittelverband Deutschland e. V. in Berlin (ca. 250 Mitgliedsunternehmen und 80 Verbände), Tel. + 49 3020 614 30, www.lebensmittelverband.de

Chemie

VCI – Verband der Chemischen Industrie in Frankfurt a. M. (ca. 1600 Mitgliedsunternehmen), Tel. + 49 69 2556 0, www.vci.de

Automotive

VDA – Verband der Automobilindustrie e. V. in Berlin (ca. 650 Mitgliedsunternehmen), Tel. + 49 308 978 42 0, www.vda.de

Informations- und Kommunikationstechnologien (IKT)

Bitkom e. V. – Branchenverband der deutschen Informations- und Telekommunikationsbranche (ca. 2.000 Mitgliedsunternehmen), Tel. + 49 30 27576 0, www.bitkom.org

Groß- und Einzelhandel

BGA – Bundesverband Großhandel, Außenhandel, Dienstleistungen e. V. in Berlin (ca. 143.000 Mitgliedsunternehmen), Tel. + 49 30 59 00 99 5 0, www.bga.de

WGM – Wirtschaftsverband Großhandel Metallhalbzeug e. V. in Berlin (ca. 100 Mitgliedsunternehmen), Tel: + 49 30 259 37 38 10, www.wgm-berlin.de

VEG – Bundesverband des Elektro-Großhandels e. V. in Bonn (ca. 70 Mitgliedsunternehmen), Tel. + 49 228 22 777 0, www.veg.de

VCH – Verband Chemiehandel e. V. in Köln (ca. 130 Mitgliedsunternehmen), Tel: + 49 221 258 1133, www.vch-online.de

Sonstige Dienstleistungen

BVD – Bundesverband Deutscher Dienstleistungsunternehmen e. V. in Köln (ca. 800 Mitgliedsunternehmen), Tel: + 49 221 99 77 101, www.bvddeutschland.de

Kontaktadressen der Verbände und Organisationen weiterer Branchen finden Sie im Internet auf der Webseite www.verbaende.com/linkliste-verbaende_a-z.

2.9   Pressearbeit (PR)

Was ist eigentlich PR? Diese Frage lässt sich ideal mit folgendem Beispiel illustrieren: „Wenn du sagst, dass du ein toller Kerl bist, ist das *Angeberei*. Wenn ein anderer sagt, dass du ein toller Kerl bist, ist das *Werbung*. Wenn jemand zu deiner Traumfrau sagt, sein Freund habe gesagt, dass du ein toller Kerl bist, dann ist das *PR*.“

Vielen kleinen und mittelständischen Unternehmen stehen nur geringe Marketingbudgets zur Verfügung. Deshalb müssen sie zu kostengünstigen Maßnahmen greifen, um Aufmerksamkeit am Markt zu gewinnen. Public Relations (PR) ist ein gutes Beispiel dafür, wie man kostengünstig langfristige Wirkung erzielt. Mithilfe von PR verbessern Sie Ihre Bekanntheit und die Beliebtheit Ihrer Marke und sorgen so für nachhaltige Erinnerungswerte. Zum Bereich PR gehören Artikel und Presseberichte in Zeitungen, Zeitschriften und im Internet sowie Radio- und Fernsehbeiträge. Kurz, jede Art der öffentlichen Berichterstattung über Sie oder Ihr Unternehmen. Das Ziel aller PR-Maßnahmen ist es, in das sogenannte „Relevant Set" des Verbrauchers oder auch Ihres Gewerbekunden zu gelangen, also in die Auswahl der Marken, die der Verbraucher oder Ihr Zielkunde kennt und die für einen Kauf in Frage kommen. Dies kann auf verschiedene Arten geschehen.

▶ **Praxistipp** Nutzen Sie kostenlose Online-Presseportale wie etwa OpenPR, um Ihre Meldungen zu publizieren. Es bietet auch kleinen Unternehmen die Möglichkeit, jederzeit mit ihren Pressemitteilungen kostenlos an die Öffentlichkeit zu gelangen.

Beim Veröffentlichen von Pressemitteilungen ist die Regelmäßigkeit entscheidend. Ein einzelner Artikel wird keinen Erfolg haben, doch wenn Ihr Name in Zusammenhang mit dem von Ihnen repräsentierten Spezialthema immer wieder auftaucht, können Sie sich so allmählich einen Platz im Bewusstsein Ihrer Zielgruppen erarbeiten. Diese Methode ist auch aus SEO-Sicht eine hervorragende Maßnahme, da Sie so neue Backlinks für Ihre Website erhalten.

Die Möglichkeit, kostenlos Pressemitteilungen zu veröffentlichen, haben Sie beispielsweise unter (sortiert nach Traffic – als Alexa Rank ermittelt):

- www.openpr.de
- www.firmenpresse.de
- www.fair-news.de
- www.perspektive-mittelstand.de
- www.trendkraft.io

▶ Online lassen sich viele interessante Checklisten für die Pressearbeit finden, die kostenlos heruntergeladen werden können. Hier eine kleine Auswahl: www.pr-journal.de/checkliste-professionelle-pressearbeit.html oder www.darmstadt.ihk.de/produktmarken/beraten-und-informieren/festigung-wachstum/public-relations/pressearbeit-2538120

Bei der Öffentlichkeitsarbeit ist es von enormer Bedeutung, sich von Mitbewerbern zu unterscheiden. Suchen Sie sich deshalb ein besonderes Thema aus (ideal sind spezielle Nischenthemen, zu denen wenig veröffentlicht wird), dass Sie immer wieder öffentlich kommentieren und dass die Assoziation zu Ihrem Unternehmen oder Ihren Produkten wachhält. *Vermeiden Sie direkte Werbung!* Auf diese Weise wird Ihr Unternehmen – kostenlos – mit positiver Publicity versorgt und kann bei anschließend ansetzenden Werbemaßnahmen auf ganz anderen Bekanntheits- und Beliebtheitswerten aufbauen.

Sponsoring
PR, Sponsoring und Online-Marketing lassen sich erfolgreich miteinander kombinieren. Gerade für regional aktive KMUs hält das Sponsoring gute Möglichkeiten bereit.

Beispiel

Einer unserer Kunden spendete Sand für den neuen Spielplatz in seiner Gemeinde. Diese Spende war für ihn mit einem minimalen Kostenaufwand verbunden. Zur Einweihung des Spielplatzes lud er einen Landtagsabgeordneten ein, was ein gewisses Presseaufgebot zur Folge hatte. Unser Kunde erhielt so ohne großen Aufwand ein großartiges Medienecho und positive Resonanz aus der Bevölkerung. ◀

Storytelling

Ein beliebtes Instrument in der PR-Arbeit ist das Storytelling. Dabei gilt es, wie der Name schon sagt, eine Geschichte zu erzählen und damit Emotionen zu vermitteln.

Beispiele

Ein Beispiel für Storytelling in der Werbung ist das Unternehmen Steiff, das mit seinen Teddybären Weltruhm erlangte. Immer wieder verweist Steiff auf seine bewegende Entstehungsgeschichte und die familiäre Tradition, in der das Unternehmen nach eigenen Angaben bis heute geführt wird. Der Vorteil von Storytelling gegenüber Werbung liegt in seiner Glaubwürdigkeit und Authentizität, die beim mit Informationen überfluteten Verbraucher besonders gut ankommt.

Ebenfalls gelungenes Storytelling betreibt das Unternehmen Fritz-Kola. Auf seiner Website ist unter „Geschichte" zu lesen, wie sich die Unternehmensgründer, die sich schon als Kinder bei den Pfadfindern kennengelernt hatten, ohne Kapital, aber dafür mit viel Kreativität zum erfolgreichen Kola- und Limonadenhersteller hocharbeiten. ◄

Sie glauben, Sie haben keine besondere Geschichte zu erzählen? Ich denke, hier irren Sie sich: Jeder kann Geschichten erzählen (Guber 2011). Vielleicht können die folgenden Fragen Sie inspirieren:

Ansatzpunkte für ein erfolgreiches Storytelling
- Sie sind ein Familienunternehmen mit langer Tradition?
- Oder ein junges Startup-Unternehmen mit mehr Leidenschaft als Kapital?
- Sie feiern ein Jubiläum? Zum Beispiel: 50 Jahre Unternehmen XY? Die 100.000.000ste Schraube? Der 10.000ste Kunde?
- Sie haben einen Wettbewerb gewonnen?
- Sie haben einen Rekord aufgestellt?
- Sie haben eine Innovation auf den Weg gebracht?
- Ihr Produkt ist bei einem Großevent im Einsatz?
- Sie haben einen Großauftrag gewonnen, einen bedeutenden oder prominenten Kunden?
- Sie sind Experte in Ihrem Bereich?

All diese Umstände und viele mehr lassen sich für eine gute Geschichte wunderbar nutzen. Das Geheimnis guten Storytellings besteht darin, dass Sie selbst an die Geschichte glauben. Dann wird auch das Publikum Ihrer Geschichte Glauben schenken.

2.10   Messen, Ausstellungen und Events

Dieses Thema ist spätestens seit Ausbruch der Pandemie im Jahr 2020 sehr ambivalent zu beurteilen. Bereits „vor Corona" habe ich in einem Interview auf einem Online-Kanal die provokante These nach vorne getragen: „Kaltakquisen und Messen sind tot – mindestens aber nicht mehr effizient und zeitgemäß!" Damals wusste ich noch nicht, dass das Corona-Virus das Messegeschehen weltweit für (bis heute mindestens) zwei Jahre stilllegen oder zumindest drastisch herunterfahren würde. Was mich aber zu meiner Aussage bewogen hatte, war die Beobachtung, dass die meisten Geschäftsführer, die ich nach dem Erfolg einer bestimmten Messeteilnahme befragte, diese Frage meist nicht konkret beantworten konnten. Ich hörte Antworten wie: „es waren mehr/weniger Besucher/Aussteller als im Vorjahr da" oder „wir haben viele Gespräche geführt/Kontakte geknüpft" oder Ähnliches. Allerdings hörte ich fast nie eine Antwort, die mich als Ergebnis- und Zahlenmenschen befriedigt hätte, wie beispielsweise:„Ja, sie war erfolgreich. Denn wir haben inkl. Stand-, Reise- und Personalkosten 1 Mio. Euro investiert und es sind x Neukontakte sowie y Nachmesseterminvereinbarungen und z Aufträge in einem Gesamtwert von 4 Mio. Euro entstanden!"

Das heißt, zum einen fehlte mir bei den meisten Messeausstellenden eine konkrete vorher ausgegebene Zielsetzung der Messe, anhand derer man den Erfolg hätte messen können. Zum anderen aber erschien mir in all den Fällen, in denen ich gemeinsam mit meinen Kunden einmal den Versuch startete, diese zahlenmäßige Kosten-Nutzenrechnung aufzumachen, eine Messeausstellung in vielen Fällen nicht lukrativ. Wobei man dieses Ergebnis dann meistens lächelnd mit dem Argument beiseiteschob: „Aber wir müssen trotzdem weiter ausstellen, sonst denken Kunden und Wettbewerb, uns gibt es nicht mehr oder wir können uns das nicht mehr leisten."

Wie gesagt, schon vor Corona riet ich meinen Kunden, eine Messeausstellung noch einmal genau vor dem Profitabilitätshintergrund zu überdenken (im Gegensatz zu einem Messebesuch, der meistens äußerst sinnvoll ist) (s. auch Abschn. 9.4).

Seit uns nun die Pandemie gezwungenermaßen gezeigt hat, dass Vertrieb anscheinend auch ohne Messen funktionieren und man vieles in die digitale Welt verlagern kann, wird dieses Thema sicherlich noch einmal ganz neu zu bewerten sein. Ich bin der festen Überzeugung, dass die Pandemie das Messegeschehen weltweit komplett verändern wird. Rein technisch kann man fast alles virtuell-digital darstellen, vieles sogar besser und kostengünstiger als ein mehrere hundert oder tausend Quadratmeter großer Messestand allemal. Messegesellschaften werden große Teile ihrer Flächen zukünftig nicht mehr benötigen und können heute bereits über Alternativverwendung ihrer meist in zentraler Bestlage befindlichen Immobilien nachdenken.

Allerdings werden Menschen weiterhin den persönlichen Kontakt zu Menschen suchen – sei es, um die persönliche Beziehungsebene zu stärken, sei es um zu Networking zu betreiben, um informelle Informationskanäle zu nutzen – oder auch nur, weil sie persönlich Spaß und Lust dazu haben, Abwechslung suchen. Das heißt, dass es sehr sicher einen großen zukünftigen Bedarf für persönliche Begegnungen geben wird – doch ob dies im Rahmen einer „großflächigen Messe" oder auch in einem „Hotel- oder Eventambiente" geschieht, ist und bleibt offen. Da jedoch zu erwarten ist, dass sich die internationalen Messegesellschaften auf genau diese Entwicklungen einstellen und entsprechende Angebote schaffen werden, will ich im Folgenden weiter über „Messen" als solche sprechen, auch wenn sich deren Charakter sicherlich ändern wird. In diesem Sinne bitte ich meine weiteren Ausführungen zu verstehen.

Die Teilnahme als Aussteller oder Besucher auf einschlägigen Messen und Ausstellungen Ihrer Branche ist ein international und auch in Deutschland beliebter Kommunikationskanal. Hier ergeben sich nicht nur Möglichkeiten der Kontaktaufnahme zu neuen Kunden sowie zu direkten Verkaufsabschlüssen, vielmehr können dort auch wichtige Kontakte beispielsweise mit Fachverbänden Ihrer Branche sowie potenziellen Kooperationspartnern geknüpft werden. Unter anderem ist es auch eine sehr einfache und – *zumindest als Besucher (!!!)* – verhältnismäßig kostengünstige Art der Wettbewerbsbeobachtung. In einer Umfrage des Ausstellungs- und Messeausschusses der Deutschen Wirtschaft e. V (AUMA) im Jahr 2011, für die 500 Unternehmen verschiedenster Branchen nach den Zielen ihrer Messebeteiligung gefragt wurden, wurde deutlich, dass sowohl Vertragsabschlüsse (69 %) als auch Kundengewinnung (91 %) im zentralen Fokus der Unternehmen stehen und diese Messebeteiligungen deshalb zu einem wichtigen Vertriebskanal machen. Vor allem für den Besuch internationaler Messen im Ausland gibt es die Möglichkeit, Fördermittel zu beantragen.

Der *Ausstellungs- und Messeausschuss der Deutschen Wirtschaft e. V. (AUMA)* liefert alle Informationen zum Thema Messen und Ausstellungen. Unter www.auma.de finden Sie eine Datenbank aller in Deutschland stattfindenden sowie aller wichtigen internationalen Messen. Die komplexe und auch sehr komfortable Suche ermöglicht es, Messen genau für Ihre Branche und/oder in Ihrer Region zu finden (*AUMA Berlin:* Tel. + 49 30 240 00-0).

Darüber hinaus bietet die Website https://www.auma.de/de

- detaillierte Informationen zu allen Messen: statistische Angaben (Besucher- oder Ausstellerzahlen, Besucherstruktur etc.),
- Branchenkennzahlen,
- Tipps zur Fördermöglichkeiten für in- und ausländische Messen,
- Informationen des Instituts der deutschen Messewirtschaft,
- Informationsbroschüren, beispielsweise für eine erfolgreiche Messebeteiligung,
- den „MesseNutzenCheck": eine kostenlose Software zur Planung, Berechnung und Bewertung einer Messebeteiligung als Aussteller,
- die „MyFairs" Messedaten-App, mit der Sie sich regelmäßig über wichtige Messen informieren lassen können
- und viele weitere Informationen.

Wichtige deutsche Messen und Ausstellungen nach Besucherzahl (Branchenauswahl)

Die wichtigsten deutschen Messen und Ausstellungen nach Besucherzahl sortiert nach Branchen finden Sie in den folgenden Abbildungen:

- Maschinenbau (s. Abb. 2.33)
- Metallerzeugung und -bearbeitung (s. Abb. 2.34)
- Elektronik (s. Abb. 2.35)

Messe	Branche	Ort	Besucherzahl
bauma	Bergbau- und Baumaschinen	München	627.603 (2019)
Agritechnica	Landwirtschaftstechnik	Hannover	446.871 (2019)
drupa	Papier- und Drucktechnik	Düsseldorf	260.165 (2016)
Hannover Messe	Automation, Werkzeug, Elektrik, Maschinenbau, etc.	Hannover	211.338 (2017)
ACHEMA	Prozessindustrie für chemische Technik, Verfahrenstechnik und Biotechnologie	Frankfurt a. M.	144.628 (2018)
IFAT	Wasser-, Abwasser, Abfall- und Rohstoffwirtschaft	München	142.472 (2018)
Holz-Handwerk	Holzbe- und verarbeitung	Nürnberg	111.021 (2018)
R+T	Rolladen, Tore und Sonnenschutz	Stuttgart	65.603 (2018)
INTERNATIONALE EISENWARENMESSE	Eisenwaren, Bautechnik, Baumaschinen	Köln	47.424 (2018)
SMM	Schiffbau, Schifftechnik	Hamburg	45.604 (2018)
automatica	Intelligente Automation und Robotik	München	45.584 (2019)

Abb. 2.33   Messen Maschinenbau. (Quellen: Auma und eigene Websites)

Messe	Branche	Ort	Besucherzahl
EMO	Metallbearbeitung und Werkzeugmaschinen	Hannover/Mailand	116.706 (2019)
AMB	Metallbearbeitung und Werkzeugmaschinen	Stuttgart	91.016 (2018)
EuroBLECH	Blechbearbeitung	Hannover	56.307 (2018)
GIFA	Gießerei, Hüttenwesen	Düsseldorf	45.597 (2019)
SCHWEISSEN & SCHNEIDEN	Metallbearbeitung, Schweißen	Essen/Düsseldorf	44.530 (2017)
BlechEXPO	Blechbearbeitung	Stuttgart	41.152 (2019)
METAV	Metallbearbeitung und Werkzeugmaschinen	Düsseldorf	26.753 (2018)
ALUMINIUM	Aluminiumverarbeitung	Düsseldorf	23.019 (2018)
METEC	Hüttentechnik, Eisen und Stahl	Düsseldorf	17.821 (2019)

Abb. 2.34   Messen Metallerzeugungen und -bearbeitung. (Quellen: Auma und eigene Websites)

Messe	Branche	Ort	Besucherzahl
IFA	Unterhaltungselektronik	Berlin	238.721 (2019)
electronica	Elektrotechnik, Elektronik	München	81.471 (2018)
productronica	Elektrotechnik, Elektronik	München	43.697 (2019)
eltefa	Elektrotechnik & Industrie-Elektronik	Stuttgart	22.469 (2019)
elektrotechnik	Gebäude-, Industrie-, Energie- und Lichttechnik	Dortmund	20.537 (2019)

Abb. 2.35 Messen Elektronik. (Quellen: Auma und eigene Websites)

Messe	Branche	Ort	Besucherzahl
Grüne Woche	Ernährungswirtschaft	Berlin	374.901 (2019)
interpack	Nahrungsmittel- und Verpackungsmaschinen	Düsseldorf	170.899 (2017)
Anuga	Nahrungsmittel	Köln	169.653 (2019)
INTERGASTRA	Gastronomie	Stuttgart	98.677 (2018)
INTERNORGA	Gastronomie und Hotellerie	Hamburg	96.353 (2019)
FRUIT LOGISTICA	Ernährungswirtschaft, Verpackung, Logistik	Berlin	78.269 (2019)
drinktec	Abfüllanlagen, Verpackungstechnik	München	77.603 (2017)
IFFA	Nahrungsmittel- und Verpackungsmaschinen im Fleischhandwerk	Frankfurt a. M.	66.340 (2019)
Anuga fOODtEC	Nahrungsmittel- und Verpackungsmaschinen (Zulieferer)	Köln	50.627 (2018)
Brau Beviale	Getränkeautomaten	Nürnberg	40.021 (2019)
ISM	Süßwaren	Köln	39.432 (2019)

Abb. 2.36 Messen Lebensmittel. (Quellen: Auma und eigene Websites)

- Lebensmittel (s. Abb. 2.36)
- Chemie (s. Abb. 2.37)
- Automotive (s. Abb. 2.38)
- Investitionsgüter (s. Abb. 2.39)
- Konsumgüter (s. Abb. 2.40)

Messe	Branche	Ort	Besucherzahl
K	Kunststoff- und Gummi-verarbeitung	Düsseldorf	224.116 (2019)
ACHEMA	Prozessindustrie für chemische Technik, Verfahrenstechnik und Biotechnologie	Frankfurt a. M.	144.628 (2018)
Fakuma	Kunststoff- und Gummiver-arbeitung	Friedrichshafen	47.650 (2019)
FAF Farbe, Ausbau & Fassade	Oberflächentechnik, Bautechnik, Baumaschinen	Köln	45.861 ()2019)

Abb. 2.37 Messen Chemie. (Quellen: Auma und eigene Websites)

Messe	Branche	Ort	Besucherzahl
IAA PKW	PKW	München	561.600 (2019)
Essen Motor Show	PKW & Tuning	Essen	366.200 (2019)
IAA Nutzfahrzeuge	LKW, Busse, etc.	Hannover	250.000 (2018)
CMT	Tourismus und Caravan	Stuttgart	263.448 (2019)
Caravan Salon Düsseldorf	Caravan	Düsseldorf	270.567 (2019)
Automechanika	Fahrzeugbau & Komponenten	Frankfurt a. M.	134.622 (2018)
Tuning World Bodensee	Tuning	Friedrichshafen	82.300 (2018)

Abb. 2.38 Messen Automotive. (Quellen: Auma und eigene Websites)

Messe	Branche	Ort	Besucherzahl
ILA Berlin	Luft & Raumfahrttechnik	Berlin	180.000 (2018)
Light + Building	Licht & Gebäudetechnik	Frankfurt a. M.	220.864 (2018)
Hannover Messe	Automation, Werkzeug, Elektrik, Maschinenbau, etc.	Hannover	211.338 (2017)
EuroShop	Gastronomie, Marketing, Ladeneinrichtungen	Düsseldorf	113.906 (2017)

Abb. 2.39 Messen Investitionsgüter. (Quellen: Auma und eigene Websites)

Messe	Branche	Ort	Besucherzahl
Gamescom	Computerspiele	Köln	372.764 (2019)
Frankfurter Buchmesse	Bücher	Frankurt a. M.	302.000 (2019)
CMT	Tourismus und Caravan	Stuttgart	263.448 (2019)
Boot Düsseldorf	Wassersport	Düsseldorf	247.789 (2019)
IFA	Unterhaltungselektronik	Berlin	238.721 (2019)
INFA	Konsumgüter	Hannover	162.906 (2019)
Ambiente	Wohnen	Frankfurt a. M.	136.081 (2019)

Abb. 2.40 Messen Konsumgüter. (Quellen: Auma und eigene Websites)

Gewusst wie: Verkaufen auf Messen

Eine großartige Möglichkeit, von Messen doppelt zu profitieren, ist es, diese als Verkaufsplattform zu nutzen. Das klingt erst einmal ungewöhnlich, denn verkaufen will doch jedes Unternehmen mithilfe von Messen. In der Praxis ist es aber häufig so, dass der Verkauf auf Messen eher ein mittelfristiges Ziel darstellt, der Fokus zunächst auf „informieren", „beraten" und „Kontakte generieren" gelegt wird. Das Ziel eines Messebesuches kann durchaus darin bestehen, möglichst viele Verkaufsabschlüsse vor Ort zu tätigen. Das spart im Nachgang viel Arbeit.

Für gewöhnlich sehen Aussteller wie beschrieben ihre Rollen vor allem darin, über Produkte zu informieren und Kontakte zu generieren. Dabei wird das Potenzial, Verkaufsabschlüsse am Messestand zu tätigen, oft unterschätzt. Einige Kunden haben sich durchaus zum Zeitpunkt des Messebesuchs bereits für einen Anbieter entschieden und wollen nur noch einmal schauen, ob die Konkurrenz nicht doch etwas Besseres zu bieten hat. Einer unserer Kunden bereitete sich vor einer Messe mit unserer Hilfe gezielt darauf vor zu verkaufen: Das Ergebnis waren 24 Aufträge und ein Umsatzschub von über 600.000 € direkt auf der Messe. Zwei Jahre vorher waren es noch 0 € gewesen, weil man sich damals darauf beschränkt hatte zu informieren, Visitenkarten auszugeben, später nachzufassen und erst dann zu verkaufen. Stellen Sie also sicher, dass auf Messen immer alle nötigen Materialien und Unterlagen für einen Verkaufsabschluss vorhanden sind.

Doch auch ohne einen teuren Messestand können Sie Ihr Unternehmen vorstellen. Optimal vorbereitet gelingt es auch als Besucher, Kontakte zu knüpfen, zu informieren und sogar zu verkaufen. Denn vor allem im Mittelstand sind Geschäftsführer ausstellender Unternehmen meist persönlich auf Messen vertreten. Mit diesen lohnt es sich, ins Gespräch zu kommen und so Kontakte zu knüpfen, die entweder sofort oder nach der Messe zu Kunden gemacht werden können. Wie Sie einen Messebesuch als Anlass zum Nachfassen nutzen können, erfahren Sie in Abschn. 3.5.10 unter „Pressemonitoring und Scherenmarketing". Weitere Informationen zum Thema „Verkaufen auf Messen" finden Sie in Kap. 7!

2.11 Guerilla Marketing

Guerilla Marketing ist in aller Munde, aber was verbirgt sich eigentlich hinter diesem Begriff, der bereits in den 60er-Jahren des letzten Jahrhunderts geprägt wurde? Ist das Ganze nur ein Trend, den Global Player wie Apple nutzen, um ihre Coolness zu unterstreichen und Kunden zu begeistern, oder handelt es sich dabei um eine ernst zu nehmende Strategie, die auch im Mittelstand Erfolge verspricht?

Guerilla bezeichnet eine militärische Taktik mit kleinen, selbstständig operierenden Kampfeinheiten. Diese führen „nadelstichartige" militärische Operationen aus, die den Gegner nicht vernichten, sondern zermürben sollen. Beim Guerillakampf handelt es sich um eine „Waffe der Schwachen" gegen einen militärisch überlegenen Gegner. Die entscheidenden Kennzeichen von Guerillakämpfern sind Mobilität und Flexibilität (vgl. Wikipedia 2022d).

Genau diese Elemente macht sich das Marketing zu Nutze. Mit geringem finanziellem Aufwand, dafür aber umso mehr Kreativität, wird das Interesse der Öffentlichkeit geweckt. Tatsache ist, dass der mit Werbung völlig übersättigte Verbraucher sehr gut auf die außergewöhnlichen Maßnahmen des Guerilla Marketing reagiert. Tatsache ist aber leider auch, dass einzigartige Ideen gar nicht so einfach zu generieren sind. Nicht umsonst haben sich zahllose Werbeagenturen auf genau diesen Bereich spezialisiert. Dennoch ist diese Form des Marketings für kleine und mittelständische Unternehmen ideal geeignet. Da beim Guerilla Marketing Schnelligkeit und unkonventionelle Ideen mehr zählen als das Budget, haben KMUs hier einen klaren Vorteil gegenüber großen Unternehmen mit komplexen Strukturen und langen Entscheidungswegen.

Die wichtigsten Schlagworte und Beispiele aus dem Guerilla Marketing
- *Ambient Marketing:* Werbung auf öffentlichem Raum wie zum Beispiel auf Fahrzeugen und öffentlichen Toiletten, Aufkleber, Gratispostkarten in Clubs und Cafés. Beispiel: Riesige Red Bull-Getränkedosen auf im Red Bull-Design gestalteten Autos.
- *Ambush Marketing:* Auch als „Trittbrett Marketing" bezeichnet; beschreibt Marketingaktionen, die im Umfeld eines größeren Events stattfinden, bei dem das aktive Unternehmen eigentlich keine Rolle spielt. Beispiel: kostenlose Fußballhüte für Fans, die die Amstel Brauerei bei einer Fußball Europameisterschaft verteilte, deren Sponsor die Carlsberg Brauerei war. Einer unserer Kunden nutzte eine Frankfurter Maschinenbaumesse für seine Zwecke: Er parkte einen Planenanhänger mit seinem Unternehmenslogo auf einem Parkplatz in der Nähe des Messeeingangs. So lasen täglich mehrere Tausend Messebesucher seine Werbung. Ein toller Erfolg, zumal die Aktion für ihn fast kostenfrei war.
- *Sensation Marketing:* Hierbei handelt es sich um eine meist einmalige, spektakuläre Aktion an stark frequentierten Orten wie Bahnhöfen, Flughäfen oder in Einkaufszonen, die die Aufmerksamkeit der Wartenden oder Passanten auf sich zieht. Im Idealfall berichten die Medien über die Aktion oder sie wird von Passanten fotografiert und gefilmt und anschließend viral weiterverbreitet. Beispiel: Unser Kunde YOC, ein Mobile Marketing-Anbieter aus Berlin, ließ 2001 einen brandneuen Porsche von einem Kran fallen, nachdem Kunden per Handy über das Schicksal des Autos abgestimmt hatten. Die Berichterstattung in den Medien war gewaltig.

- *Virales oder Buzz Marketing:* Ziel ist es, eine Marketingmaßnahme wie beispielsweise einen Videoclip oder ein kleines Online Game so zu gestalten, dass diese sich per „Weitersagen" und in sozialen Netzwerken, auf Blogs oder via Twitter etc. wie ein Virus verbreitet. Kampagnen können auf diese Weise Reichweiten entwickeln, die jedes Werbebudget bei weitem übersteigen würden. Die Kunden werden dabei zu Kommunikationsinstrumenten bzw. Multiplikatoren, die die Werbebotschaft unbewusst und kostenlos verbreiten, da in der Maßnahme meist nicht das Produkt selbst kommuniziert. Beispiel: Das mittelständische Unternehmen „Blendtec" aus den USA stellt Haushaltsmixer her. Nachdem der Firmenchef die Idee hatte, auf YouTube so gut wie alles (Getränkedose, iPhone, Murmeln) in seinen Mixer zu stecken, erlangten das Unternehmen und seine Produkte innerhalb kurzer Zeit weltweite Bekanntheit. Ein Video, bei dem ein neues iPad zu Pulver zermahlen wird, wurde bereits mehr als 14 Mio. Mal angesehen. Heute hat der Spruch „Will it blend?" Kultstatus erreicht.

Seien Sie kreativ! Schon mit kleinen Maßnahmen können Sie die lokale Presse auf sich aufmerksam machen oder bei potenziellen Kunden im Gedächtnis bleiben. Gibt es etwas gratis, sei es Informationen, Geschenke oder Gewinnchancen, ist Ihnen das Interesse der Öffentlichkeit schnell sicher. Nutzen Sie regionale Veranstaltungen wie Sportevents oder Feste, kooperieren Sie mit anderen Unternehmern oder Institutionen und öffentlichen Einrichtungen. Gemeinnützige Aktionen bergen hohe Potenziale: Unterstützen sie Vereine oder Einrichtungen für Kinder oder Senioren auf kreative Weise und rücken Sie sich damit in ein positives Licht. Aber übertreiben Sie es nicht! Guerilla Marketing lebt von Spontanität und Einzigartigkeit. Was nicht wirklich kreativ ist wirkt schnell peinlich, auch sollten gewisse ethische Grenzen nicht überschritten werden. Zeigen Sie Feingefühl für Ihre Zielgruppe: Was Sie selbst als unproblematisch ansehen, kann vielleicht die Gefühle Ihrer Kunden verletzen.

▶ **Praxistipp** Unter dem Suchbegriff „Guerilla Marketing" finden Sie besonders bei der Bildersuche im Internet zahllose Beispiele für verrückte und einfallsreiche Aktionen.

2.12   Weitere Marketinginstrumente

Neben den bereits vorgestellten gibt es noch unzählige sonstige Marketinginstrumente. Ein weiteres Beispiel dafür, welche Instrumente aus unserer Sicht im Mittelstand häufig deutlich verbesserungsfähig wären, sind *Unternehmens- und Imagemappen oder Produktflyer* – sei es aus Papier oder in digitaler Form auf einem Tablet oder einem anderen Device. Letztere kennen Sie sicher bereits aus vielen Hotelzimmern, wo es lediglich noch einen „elektronischen Hotelkatalog mitsamt aller Serviceangebote" gibt. Diese können zu Kundenterminen mitgenommen oder bei Messen und Ausstellungen ausgelegt werden. Dies ist eine einfache, aber wirkungsvolle Möglichkeit, Ihr Unternehmen professionell zu präsentieren. Seien Sie aber vorsichtig: eine unprofessionell gestaltete Unternehmensbroschüre mit vielen Leistungsmerkmalen statt Nutzenargumenten kann mehr negative Auswirkungen haben als positive! Oft erleben wir den Fall, dass auf den ersten Blick ansprechend gestaltetes Werbematerial völlig unverständlich ist, gespickt mit in der Branche gebräuchlichen Fachausdrücken, unter denen sich kein Laie etwas vorstellen kann. Um einen solchen Fehler zu vermeiden, können Sie folgendes Tool einsetzen:

Tool: Der „Oma-Faktor"
Der „Oma-Faktor", auch als „Friends & Family-Faktor" bezeichnet, beschreibt ein simples, aber sehr wirkungsvolles Vorgehen: Geben Sie Ihre Werbetexte und -materialien Ihrer Großmutter (Ehepartner, Onkel, Nachbarn) zu lesen. Wenn diese fachfremde Person versteht, worum es geht, haben Sie gute Arbeit geleistet. Muss Ihre Großmutter bei jedem zweiten Satz nachfragen, was dieser oder jener Ausdruck bedeutet, so sollten Sie das betreffende Dokument noch einmal grundlegend überarbeiten lassen.

Als ich neulich bei einem neuen Kunden, einem IT-Unternehmen, in seinen Produktflyern nachlas, was das Unternehmen eigentlich produziert, musste ich gestehen, dass ich das Produkt nicht verstand. Auf meine diesbezügliche Bemerkung hin entgegnete mir der Geschäftsführer, „Herr Milz, Sie sind ja auch nur Kaufmann, kein Techniker." Ich erwiderte ihm daraufhin „stimmt, ich bin nur Kaufmann. So wie der Finanzchef Ihres Kunden, der ja vielleicht auch verstehen möchte, für welche Leistung Ihrerseits er eigentlich 200.000,- € ausgeben soll ..."

Falls Sie in Ihrem Unternehmen nicht die nötigen Möglichkeiten haben, lassen Sie sich im Zweifelsfall von einem externen Anbieter unter die Arme greifen, zum Beispiel bei der grafischen Gestaltung.

Dann gibt es natürlich noch die *klassische Werbung*, zum Beispiel in *Printmedien*, im (lokalen) *Radio* oder *TV*. Diese nimmt immer noch eine wichtige Stellung im Marketing ein und ist vor allem für große Unternehmen unerlässlich. Für den Mittelstand muss allerdings immer individuell entschieden werden, ob das Kosten-Nutzen-Verhältnis bei solchen Maßnahmen stimmt.

Eine Auswahl weiterer Akquisetools:

- *Rechnungen* können als Marketingmaßnahme genutzt werden, indem ihnen weitere Informationen beigelegt werden. Auch kann im Anschreiben auf weitere Angebote/Produkte/Dienstleistungen verwiesen werden.
- Ein Eintrag in den *(online) Gelben Seiten* kann für viele Branchen immer noch sinnvoll sein.

- *Visitenkarten,* besonders die Rückseiten, können kreativ zu Werbezwecken genutzt werden.
- *Regionale Kinowerbung* ist oft schon mit kleinem Budget möglich. Überlegen Sie, ob auch Ihre Zielgruppe dort vertreten ist.
- Mit *Promotionteams* ziehen Sie die Aufmerksamkeit der Öffentlichkeit auf sich, besonders wenn die Damen und Herren etwas zu verschenken haben. Neben professionellen Promotionagenturen bieten auch schwarze Bretter an Universitäten und Hochschulen eine Möglichkeit, geeignetes Personal zu akquirieren.
- *Street Art, Graffiti und Reverse Graffiti* liegen im Trend. Beachten Sie aber unbedingt die rechtlichen Bedingungen für derlei Maßnahmen.
- Kunden zu einem *Vortrag, Event* oder *Essen einladen.* Laden Sie doch einmal Ihre absoluten Wunschkunden zu einem exklusiven Essen (eventuell bei Ihnen zu Hause) ein und engagieren Sie für diesen Abend einen Sternekoch. Ihre Kunden werden beeindruckt sein und noch öfter von diesem Event erzählen! Aber Achtung: Bestechung ist ein absolutes Tabu. Vor allem in Konzernen haben sich entsprechende Compliance-Regeln eingebürgert, die „Geschenke" oft schon ab einem Wert von fünf Euro verbieten.
- *„Persönliche" Ansprache* bei Briefen kann ausschlaggebend dafür sein, ob dieser überhaupt gelesen wird.
- *„Schwarze Bretter",* beispielsweise in Supermärkten, sind eine großartige Möglichkeit, um Endverbraucher zu erreichen.
- *Bartergeschäfte* (eine Form des Tauschgeschäfts) können im B2B-Bereich eine Überlegung wert sein.

Zum Abschluss möchte ich Ihnen noch einige grundsätzliche Empfehlungen für erfolgreiches Marketing auf den Weg geben:

Zwölf Geheimnisse eines erfolgreichen Marketings
1. Zeigen Sie Engagement für Ihr Marketingprogramm, üben Sie sich in Geduld, damit Ihr Engagement nicht schwindet.
2. Betrachten Sie das Marketingprogramm als Investition.
3. Achten Sie auf ein hohes Maß an Wiedererkennungswert.
4. Bauen Sie bei potenziellen Kunden Vertrauen in Ihre Unternehmung auf.
5. Marketing muss für Sie im Grunde nichts anderes als ein Waffenarsenal sein. Lernen Sie, mit den Waffen, der Technologie eines Guerillas umzugehen.
6. Bieten Sie Ihren Kunden einen möglichst hohen Komfort.
7. Sorgen Sie mit Ihrem Marketingkonzept für Verblüffung.
8. Unterziehen Sie die Wirksamkeit Ihrer Waffen einer Kontrolle.
9. Beweisen Sie Ihre Verbundenheit mit Kunden und Interessenten, gehen Sie gegenseitige Abhängigkeiten mit Kooperationspartnern ein.
10. Sichern Sie sich mithilfe des Marketings das Einverständnis potenzieller Kunden.
11. Bieten Sie Substanz statt Äußerlichkeiten.
12. Wenn Sie ein gutes Marketingprogramm haben, so arbeiten Sie es weiter aus.

Die Regeln der Kommunikation ändern sich

Die Frage, die sich nun stellt, lautet: „Was bringen all diese Kommunikationsmittel?" Die Universität St. Gallen hat 2011 in einer Studie die Effektivität und die Effizienz der gängigsten Kommunikationsmittel bewerten lassen. Dabei konnte gezeigt werden, dass das Internet weiterhin einen Spitzenplatz hinsichtlich der Wirksamkeit und Wirtschaftlichkeit gleichermaßen einnimmt – seitdem wird der Wert sicherlich noch um einiges gestiegen sein. Der Nutzen der klassischen Public Relations (PR) hat nicht abgenommen, das Thema Messebeteiligung wird wieder wichtiger. (Marketing Review St. Gallen 2011)

Die Zeit der Direct Mailings scheint noch nicht ganz vorbei zu sein: Eine aktuelle Studie des World Advertising Research Center WARC von März 2022 kommt zu dem Ergebnis, dass 70 % aller untersuchten Verbraucher eine Online-Aktivität durchführen – wenn man sie Offline (z. B. durch einen QR-Code auf einem Werbebrief) dazu motiviert – bei den 15- bis 24-Jährigen betrug der Anteil wohl gar 84 %. Dies veranlasst die Forscher zu der Aussage, dass „gerade die Generation Smartphone sich (wieder) für Haptisches begeistern lässt." (WARC 2022)

Die Bewertung von Promotion, Events und klassischer Werbung hat sich kaum verändert. In Abb. 2.41 sind die erfolgreichsten Kommunikationsmittel oben rechts zu finden, die wenig Erfolg versprechenden befinden sich unten links.

Die Untersuchung macht deutlich, wie schnell sich die Regeln im Kommunikationsbereich ändern können. Daher gilt es, die eigenen Marketingmaßnahmen entsprechend laufend zu überprüfen und ggfs. anzupassen.

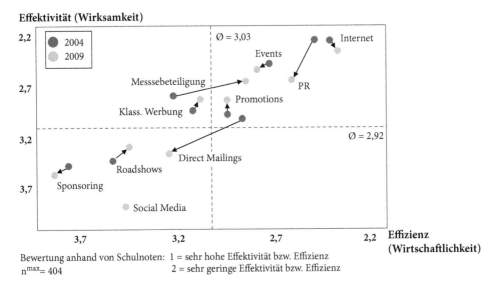

Abb. 2.41 Effektivitäts- und Effizienzvergleich der Instrumente im Kommunikationsmix. (Aus Marketing Review St. Gallen 2011, mit freundlicher Genehmigung von © Marketing Review St. Gallen 2022. All Rights Reserved)

▶ Eine vollständige Liste der Lektüre finden Sie im geschützten Bereich unserer Homepage unter: www.milz-comp.de/download

Literatur

Deges, Prof. Dr. F. 2022. *Gabler Wirtschaftslexikon*. https://wirtschaftslexikon.gabler.de/definition/e-mail-marketing-119012/version-367735. Zugegriffen am 14.09.2022, Wiesbaden: Springer Gabler.

Drucker, P. 1973. *Management*. New York: Harper & Row.

Fiverr. 2022. https://www.fiverr.com/. Zugegriffen am 03.06.2022.

Gabler Wirtschaftslexikon. 2022. Wiesbaden: Springer Gabler.

Gitomer, J. 2010. *Das kleine rote Buch für erfolgreiches Verkaufen*. München: Redline.

Guber, P. 2011. *Tell to win*. Heidelberg: mitp.

Harvard Business Manager. 2017. *Den Umsatz verdreifacht*. (Nov. 2017), S. 48 ff. Hamburg: Harvard Business Manager.

Inc., H. 2022. *Social Media Marketing & Management Dashboard – Hootsuite*. https://www.hootsuite.com. Zugegriffen am 03.06.2022.

Ionos.de. 2022. *IONOS by 1&1 » Ihre Marke für Mail, Domain & Website*. https://www.ionos.de/. Zugegriffen am 03.06.2022.

Kilian, K. 2021. Wider den Zeitirsinn. *manager Seminare* 280. [online] Zugegriffen am 02.06.2022.

Leadinfo. 2022. *Transform anonymous website visitors into customers – Leadinfo*. https://www.leadinfo.com/en/. Zugegriffen am 03.06.2022.

Linkedin. 2022. *LinkedIn*. https://www.linkedin.com/feed/. Zugegriffen am 03.06.2022.

Marketing Review St. Gallen. 2011. Ausgabe 02/2011, Universität St. Gallen, St. Gallen.

Peters, T. 2011. *The little big things – 163 Wege zur Spitzenleistung*. Offenbach: Gabal Verlag GmbH.

Provenexpert.com. 2022. *Kundenbewertungen für mehr Umsatz | ProvenExpert.com*. https://www.provenexpert.com/de-de/. Zugegriffen am 03.06.2022.

Schwarz, T. 2009. *Leitfaden E-Mail Marketing 2.0*. Waghäusel: Marketing-BÖRSE GmbH.

Smith, T. 1885. *Successful advertising*. Anoka: Smith's Printing and Publishing Agency.

Wikipedia. 2022a. *Chatbot – Wikipedia*. https://en.wikipedia.org/wiki/Chatbot. Zugegriffen am 03.06.2022.

Wikipedia. 2022b. *Avatar (Internet) – Wikipedia*. https://de.wikipedia.org/wiki/Avatar_(Internet). Zugegriffen am 03.06.2022.

Wikipedia. 2022c. *Online-Marketing*. https://de.wikipedia.org/wiki/Online-Marketing. Zugegriffen am 02.06.2022.

Wikipedia. 2022d. Guerilla. http://de.wikipedia.org/wiki/Guerilla. Zugegriffen am 13.05.2022.

XING. 2022. *XING – Ideas for a new world of work*. https://www.xing.com/en. Zugegriffen am 03.06.2022.

Zum Weiterlesen

Binckebanck, L., und R. Elste. 2016. *Digitalisierung im Vertrieb*. Wiesbaden: Springer Gabler.

Gentsch, P. 2018. *Künstliche Intelligenz für Sales, Marketing und Service*. Wiesbaden: Springer Gabler.

Homburg, C. 2020. *Marketingmanagement*. Wiesbaden: Springer Gabler.

Kreutzer, R. T., und K.-H. Land. 2016. *Digitaler Darwinismus*. Wiesbaden: Springer Gabler.

Lammenett, E. 2019. *Praxiswissen Online-Marketing*. Wiesbaden: Springer Gabler.

Levinson, J. C. 2018. *Guerilla Marketing des 21. Jahrhunderts*. Frankfurt: Campus.

Scherer, H., und J. Halene. 2015. *Marketing jenseits vom Mittelmaß*. Offenbach: Gabal Vertrag.

Scheuer, T. 2015. *Marketing für Dienstleister*. Wiesbaden: Gabler.

Spindler, G.-I. 2016. *Querdenken im Marketing*. Wiesbaden: Springer Gabler.

Vollmert, M., und H. Lück. 2020. *Google Analytics. Das umfassende Handbuch*. Bonn: Rheinwerk.

(Neukunden-)Akquise

3

Zusammenfassung

Auch wenn Sie über eine befriedigende Anzahl zuverlässiger Bestandskunden verfügen, ist in den allermeisten Fällen ein dauerhafter und aktiver Prozess der Neukundengenerierung zu empfehlen. Dieses Kapitel beschäftigt sich mit allen Abläufen und Maßnahmen bis zu dem Punkt, an dem Sie Ihrem potenziellen Kunden persönlich oder im Videocall gegenübersitzen – bzw. mit ihm ein intensives Telefonat führen. Das kurzfristige Ziel der Neukundenakquise ist es zwar, einen Verkauf zu tätigen – auf lange Sicht aber sollte es darum gehen, sich vom „Lieferanten" für ein spezifiziertes Produkt oder eine Leistung über die Position eines „Beraters" zum „Geschäftsfreund" des Kunden zu entwickeln. Wir klären den Unterschied zwischen aktivem, passivem und Multiplikatoren-Verkauf und erläutern, wie Sie Ihre Kunden ansprechen, nachdem Sie Ihre Zielkunden definiert haben.

Dieses Kapitel widmet sich der dritten Disziplin, der Neukundenakquise (s. Abb. 3.1). In Abb. 3.2 finden Sie die wichtigsten zehn Statements zum Thema Akquise, deren Erfüllungsgrad in Ihrem Hause Sie wie in den vorigen Kapiteln über eine „Ja/Nein"-Antwort oder über eine Prozentangabe überprüfen sollten. Wir beschäftigen uns mit allen Abläufen und Maßnahmen bis zu dem Punkt, an dem Sie Ihrem potenziellen Kunden persönlich oder im Videocall gegenübersitzen – bzw. mit ihm ein intensives Telefonat führen. Wie es dann weitergeht, wird in Kap. 4 erläutert.

Ergänzende Information Die elektronische Version dieses Kapitels enthält Zusatzmaterial, auf das über folgenden Link zugegriffen werden kann [https://doi.org/10.1007/978-3-658-38343-5_3]. Die Videos lassen sich durch Anklicken des DOI Links in der Legende einer entsprechenden Abbildung abspielen, oder indem Sie diesen Link mit der SN More Media App scannen.

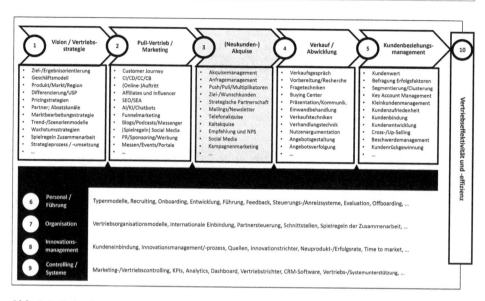

Abb. 3.1 Dritte Disziplin: (Neukunden-)Akquise. (Quelle: Milz & Comp. GmbH)

		Ja	Nein	Zu prüfen
1.	Wir machen kontinuierlich und regelmäßig pull- UND push-Vertrieb und haben funktionierende Multiplikatoren und Affiliates installiert.			
2.	Wir machen sowohl hochwertigen qualitativen Vertrieb (unsere wenigen „Ziel- oder Wunschkunden") als auch intelligenten quantitativen Vertrieb („viele").			
3.	Wir sind in unseren wichtigsten Geschäftsbereichen bei unseren Kunden als „Geschäftsfreund" angesehen – nicht nur als „Lieferant".			
4.	Unsere Zielkunden sind eindeutig und konkret definiert, Quantität und Qualität unserer Leads sind ausreichend und gut.			
5.	Unsere Kernprozesse Akquisemanagement, Umgang mit eingehenden Anfragen, Angebotsverfolgung und Kampagnenmanagement sind eindeutig definiert; alle Vorgänge laufen immer – unabhängig von handelnden Personen – gleich ab und orientieren sich am Best Practice.			
6.	Für die telefonische Kundenansprache sind sowohl Verantwortlichkeiten als auch Prozess, Inhalt und Gesprächsleitfäden definiert und existent; die Mitarbeiter sind entsprechend qualifiziert. Die Terminquote liegt bei über 25%.			
7.	Eine Kundenerstansprache via Brief, Newsletter oder digitalem Funnel wird massiv und permanent genutzt; die Erfolgsquote liegt bei über 0,5%.			
8.	Eine aktive Kundenerstansprache via Social Media wird kontinuierlich genutzt; Verantwortlichkeiten als auch Prozess, Inhalt und Gesprächsleitfäden sind definiert und existent; die Mitarbeiter sind entsprechend qualifiziert.			
9.	Die wichtigsten Veranstaltungen, auf denen wir potenzielle Neukunden persönlich treffen könnten, sind bekannt; intern sind Mitarbeiter definiert und geschult, die diese Veranstaltungen regelmäßig und gut vorbereitet besuchen. Dies ist ein wesentlicher Neukundenakquisekanal in unserem Hause.			
10.	Alle vertrieblichen Kernprozesse und Standards, insbesondere Anfragemanagement, Bestandskundenmanagement, Innovationsmanagement und Neukundenakquise, sind präzise definiert; die Ergebnisse in jedem Teilprozessschritt werden auf jeder Stufe gemessen und wo notwendig regelmäßig optimiert; Abweichungen hiervon werden nicht toleriert.			

Abb. 3.2 Mastercheckliste: Zehn Statements zum Thema Akquise. (Quelle: Milz & Comp. GmbH)

„*Jeder hat die Kunden, die er verdient*" lautet eine meiner Lieblingsprovokationen, die ich in Seminaren und Workshops äußere, wenn sich Seminarteilnehmer lautstark über zu preissensitive Kunden beschweren. Gleichzeitig trifft es die Realität oft sehr gut. Viele Kunden sind nicht gleich gute Kunden, denn was nutzt es Ihnen, wenn diese jeden Cent umdrehen, ständig ungerechtfertigte Beschwerden und Reklamationen äußern oder vielleicht versuchen, selbst beim besten Angebot immer noch etwas mehr herauszuschlagen. Deshalb sollten Sie versuchen, *sich nicht nur finden zu lassen* („passiver" oder „Pull-Vertrieb"; wie das geht, wurde in Kap. 2 dargestellt), *sondern aktiv nach den Kunden zu suchen, die SIE sich wünschen* (und die Sie in Kap. 1 für sich definiert haben).

Auch wenn Sie über eine befriedigende Anzahl zuverlässiger Bestandskunden verfügen, ist in den allermeisten Fällen ein dauerhafter Prozess der Neukundengenerierung zu empfehlen. Dieser Prozess beginnt – nachdem in der Vertriebsstrategie das Zielkundensegment definiert und entsprechende Marketingmaßnahmen festgelegt wurden (s. Kap. 1 und 2) – mit der Identifikation der Kunden und der anschließenden Ansprache der gewählten Zielkunden. Die Identifikation der Kunden kann beispielsweise mithilfe einer *Wunschkundenliste* festgehalten werden.

Tool: Wunschkundenliste
Eine Wunschkundenliste können Sie grundsätzlich auf zwei Arten entwerfen:

1. Setzen Sie sich mit Ihrem Vertriebsteam zusammen. Jeder Ihrer Mitarbeiter soll fünf Wunschkunden aufschreiben (die er im Laufe des Jahres zu akquirieren gedenkt). Anschließend diskutieren alle gemeinsam die Ergebnisse und wählen die am häufigsten genannten/besten Unternehmen aus.
2. Analysieren Sie Ihre attraktiven (d. h. profitablen und potenzialstarken) Bestandskunden: Wie groß sind die Unternehmen? Aus welchen Branchen stammen sie? Was haben diese Unternehmen an weiteren Gemeinsamkeiten? Versuchen Sie, aus den Antworten gewisse Kriterien abzuleiten (Abschn. 1.7- Zielkundensegmentierung). Mithilfe dieser Kriterien können Sie, beispielsweise in Adressdatenbanken, nach potenziellen Kunden, so genannten Leads, suchen. Aus diesen generieren Sie dann Ihre Wunschkundenliste.

Eine Wunschkundenliste können Sie ganz einfach mit Excel erstellen. Beschriften Sie zwölf Spalten beispielsweise wie folgt:

- *Verkäufer* (Martin Assmann)
- *Firma* (Maschinenbau Extravagant GmbH)
- *PLZ, Ort* (50933, Köln)
- *Branche* (Verarbeitendes Gewerbe, Maschinenbau, WZ-Code C28120)
- *Entscheider 1* (Josef Schleicher, Geschäftsführer)
- *Entscheider 2* (Stefan Grimm, Einkaufsleiter)
- *Umsatzpotenzial* p. a. (> 50.000 € – geschätzt)
- *Akquisechance* (50 %)
- *Umsatz real* letztes Jahr (0 €)
- *Empfehlungspotenzial* (mittel)
- *Weiteres* (…)
- *letzter Stand* (Besuch am 17. August 2012)

Tragen Sie für jede Firma die erforderlichen Daten in die jeweilige Spalte Ihrer Abbildung ein.

Machen Sie beides – regelmäßig und kontinuierlich: qualitative und quantitative Akquise

Wir empfehlen die folgende Vorgehensweise, wenn man einen dauerhaften und erfolgreichen Prozess der Neukundengenerierung im Unternehmen implementieren möchte:

- Was immer Sie machen – machen Sie es regelmäßig! Es gibt keine „schlechten Zeiten" Vertrieb zu machen. Häufig handelt es sich um Ausreden Ihrer Mitarbeiter und Kollegen („wegen der Jahreswende/Karneval/der Feiertage/der Urlaubszeit/der Sommermonate/der Messen/des Weihnachtsgeschäfts/… konnte ich niemanden erreichen")
- Machen Sie Vertrieb in schlechten *und* in guten, voll ausgelasteten Zeiten – auch wenn Sie eigentlich keine Zeit dafür haben. Auch in den besten Zeiten können Sie davon ausgehen, dass schlechte Zeiten wiederkommen werden. Und es könnte zu spät sein, dann erst auf Kundensuche zu gehen!

Machen Sie beides:

- Hochwertigen *qualitativen Vertrieb*: Sprechen Sie sehr personalisiert, individuell und strategisch die wenigen von Ihnen definierten Wunschkunden (s. Ziffer 1. in Abb. 3.2) an.
- Intelligenten *quantitativen Vertrieb*: Adressieren Sie ebenfalls eine Vielzahl von Ihnen (s. Ziffer 2. in Abb. 3.2) z. B. per Adressdatenbanken oder Dienstleister, per Suchkriterien gefilterten und genannten „passenden" Zielkunden an – weniger personalisiert – dafür pfiffig und Interesse weckend („AIDA"!).

3.1   Ziel: Vom Lieferanten zum Geschäftsfreund

Das kurzfristige Ziel der Neukundenakquise ist es zwar, einen Verkauf zu tätigen – auf lange Sicht aber sollte es darum gehen, sich vom *„Lieferanten"* für ein spezifiziertes Produkt oder eine Leistung über die Position eines *„Beraters"* zum *„Geschäftsfreund"* des Kunden zu entwickeln, wie in Abb. 3.3 gezeigt (zeitlich gesehen von rechts nach links zu lesen).

Als *Lieferant* haben Sie so gut wie keine Einflussmöglichkeiten. Der Kunde weiß bereits ganz genau, was er möchte, wendet sich mit einem konkreten Bedarf an Sie und Ihre Aufgabe besteht lediglich darin, diesen Bedarf zu decken. In der Regel geht die Anfrage nicht nur an Sie, sondern auch an weitere Anbieter. Sie können, da es vermutlich eine konkrete Spezifikation der benötigten Leistung gibt, den Auftrag nur über den Preis oder eine hervorragende Kundenbeziehung bzw. verkäuferische Leistung für sich gewinnen.

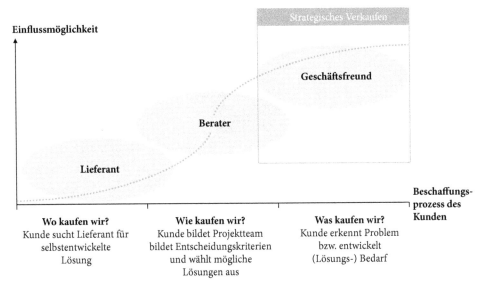

Abb. 3.3 Langfristiges Ziel der Neukundenakquise. (Quelle: Milz & Comp. GmbH)

Als *Berater* stehen Ihre Einflussmöglichkeiten schon etwas besser. Der Kunde hat viel-leicht schon des Öfteren mit Ihnen zusammengearbeitet und Vertrauen in Sie aufgebaut. Sie können Ihm nun mehrere Lösungen anbieten, aus denen er die für ihn passende aus-wählt. Der Konkurrenzdruck ist etwas gemindert, möglicherweise können Sie hier einen höheren Preispunkt erzielen.

Die beste Position haben Sie demgegenüber als *Geschäftsfreund*: Gemeinsam mit dem Kunden identifizieren Sie proaktiv Probleme bzw. Optimierungspotenziale und entwi-ckeln die passende Lösung. Sie sind aktiv in den Entwicklungs- und Entscheidungspro-zess eingebunden und haben maximale Einflussmöglichkeiten. Der Preis spielt auf dieser Ebene kaum eine Rolle, da Sie a) mit dem Kunden partnerschaftlich zusammenarbeiten, es b) praktisch keinen Wettbewerb gibt und c) die von Ihnen entwickelte Lösung auch mit nichts vergleichbar wäre. Das ist der Bereich des „strategischen Verkaufens", in dem Sie (mit-)bestimmen, wo, was und wie der Kunde kauft.

Die Situation lässt sich vielleicht mit dem in Abb. 3.4 gezeigten Beispiel anschaulich illustrieren (zeitlich gesehen von oben rechts nach unten links zu lesen).

Das Ziel einer jeden Geschäftsbeziehung sollte es somit sein, vom einfachen Lieferan-ten über eine Beraterrolle zum Geschäftsfreund des Kunden zu werden. Denn solang die Lösung nicht – unter Ihrer Mithilfe – konkretisiert wurde, ist sie noch veränderbar! Wenn der Kunde erst „Vanille-, Erdbeer- und Zitroneneis" bestellt, haben Sie keine Einflussmög-lichkeiten mehr. Gleichzeitig ist dies eines der stärksten Argumente, vertrieblich aktiv zu werden, Kunden proaktiv anzusprechen: Wenn Sie passiv darauf warten, gefunden zu wer-den (Modul 2: „Marketing"), werden Sie sich zumeist in der Rolle des Lieferanten wie-derfinden!

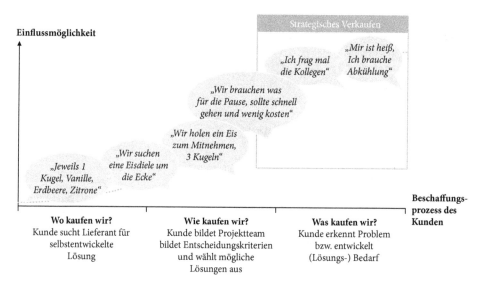

Abb. 3.4 Optimale Entwicklung einer Geschäftsbeziehung. (Quelle: Milz & Comp. GmbH)

3.2 Wer sind meine Zielkunden – und wie finde ich sie?

Wen möchte ich von meinen Produkten und Leistungen begeistern, wer sind die „richtigen" Kunden? Diese Frage schlüssig beantwortet zu haben, ist eine zentrale Voraussetzung für den eigenen Vertriebserfolg. Eine homogene Zielgruppensegmentierung erlaubt es beispielsweise, Vertrieb und Marketingaktionen spezifisch auf die jeweiligen Zielgruppen auszurichten und Kunden effektiver und effizienter anzusprechen. Dies führt zu besseren Ergebnissen bei gleichzeitig reduzierten Vertriebskosten.

In der Praxis sollte die Definition des Zielsegmentes aus der Unternehmensstrategie beziehungsweise der unternehmerischen Vision resultieren. Sind Sie ein Premiumanbieter, der mit der Qualität seiner Produkte und Dienstleistungen in seiner Branche einen neuen Standard setzt? Oder versuchen Sie, mithilfe von Anstrengungen im Produktionsprozess kontinuierlich die Kosten zu senken, um sich als günstigster Anbieter auf dem Markt zu etablieren? Möchten Sie vertrieblich unmittelbar den Endverbraucher ansprechen („Business to Consumer – B2C") oder ein Unternehmen beziehungsweise einen Absatzmittler („Business to Business – B2B")?

Wen suchen Sie als Kunden?

Im B2B-Bereich gibt es verschiedene Methoden, um sogenannte „Käufertypen" zu kategorisieren. Eine Unterteilung, die ich gerne verwende, ist die Folgende:

- Es gibt *Perfektionisten*: Diese sind bereit, für einen besseren Service höhere Preise zu zahlen. Gute Kunden!

- *Dann gibt es die Puristen*: Sind preissensibel, legen aber keinen Wert auf Liefer- oder Kundenservice. Auch gut!
- *Und last but not least gibt es noch den Typ Schnäppchenjäger*: Sind sehr preissensibel UND legen einen hohen Wert auf Kundenservice. Gar nicht gut – *diese* Art von Kunden möchte niemand, zumindest aber ist es nicht leicht, mit diesem Kundensegment gutes Geld zu verdienen!

Welche Kunden sind die Ihren? Sind es die, die Sie wollen?

Im B2C-Bereich sind die Kunden Privatpersonen beziehungsweise Endverbraucher. Diese lassen sich anhand spezifischer Merkmale und Kriterien unterscheiden, wie etwa:

- demografische Merkmale (Alter, Geschlecht, Familienstand, …),
- soziografische Merkmale (Einkommen, Beruf, Wohnverhältnisse, …),
- psychografische Merkmale (Werte, Glaubenssätze, Einstellungen, Verhalten, Lebensstil, …),
- regionale Merkmale (Wohnort, Wohngegend, …),
- verhaltensorientierte Merkmale (Preisorientierung, Mediennutzung, Wahl der Einkaufsstätte, …).

Aktuell führende Adressanbieter in Deutschland sind u. a. Schober, Bertelsmann und Axciom. Der Handel mit Firmenadressen ist auf Grund gesetzlicher Regelungen in Deutschland und der EU, insbesondere der Datenschutzgrundverordnung (DSGVO) generell verbreiteter als der mit Privatadressen. Schober verlässt sich aufgrund dessen auf Daten aus eigenen Erhebungen. Jährlich werden die Lifestyle Marktanalyse und Konsumentenbefragung durchgeführt und damit das Konsum- und Kaufverhalten der Deutschen unter den oben genannten Aspekten analysiert. Zusammen mit Partnern stellt Schober einen umfangreichen B2C und B2B Datenpool dar. Wer neben einem Clustersystem zur Segmentierung auch nach konkreten Adress-/Umzugs-/Verstorbenen-Informationen sucht, kann beispielsweise die Dienste von Axciom in Anspruch nehmen.

Im gewerblichen Umfeld (B2B) können wie beschrieben etwa die Merkmale Branche, Anwendung, Unternehmensgröße oder Region als erste Anhaltspunkte zur Definition der eigenen Ziel- und Wunschkunden herangezogen werden. In den meisten Datenbanken kann auch nach eben diesen Kriterien gefiltert werden.

So können Sie *beispielsweise* festlegen, Ihre Erstansprache zunächst nur an a) Geschäftsführer von b) Werkzeug- und Maschinenbauunternehmen in c) Bayern mit d) bis zu 500 Beschäftigten zu richten. So haben Sie vier Kriterien definiert, mit deren Hilfe Sie in Adressdatenbanken nach den passenden Kontakten suchen können.

Wie erhalte ich die richtigen Adressen?

Nach der Zielkundendefinition stellt sich die Frage, wie und woher Sie die relevanten Kontaktdaten erhalten. Seit Mai 2016 ist in Deutschland die Datenschutzgrundverordnung in Kraft und seit Mai 2018 ist sie zwingend anzuwenden. Dieser Umstand zog mitunter eine Veränderung des Adresshandels nach sich. Auch wenn in Deutschland noch immer eine Vielzahl von Anbietern und elektronischen Datenbanken für diese Zwecke zur Verfügung stehen, sind sie in ein weniger gutes Licht gerückt. Besonders im B2C Bereich gibt es eine schier undurchsichtige Anzahl an Klauseln und mindestens genauso viele Schlupflöcher. Viele Unternehmen zogen sich unter diesen Umständen zurück und der Handel mit Privatadressen hat stark abgenommen. Firmenadressen auf der anderen Seite blieben davon weitgehend unberührt. Letztlich gilt, wenn durch einen Adresshändler Daten gekauft werden, so hat jedes Unternehmen selbst die Verantwortung, sich über die Legalität seiner Werbemaßnahmen zu informieren.

Es gibt eine Reihe von Anbietern, wobei in der Regel die Qualität der Adressbestände mit dem Preis des Anbieters korreliert, da die Qualität der Einträge von dem Aufwand abhängt, den der Datenbankanbieter in die laufende Aktualisierung und Pflege steckt. Dabei gibt es recht unterschiedliche Preismodelle: vom einmaligen Kauf oder Mietoptionen über einen Preis, der sich nach einem Punktesystem nach Anzahl der Zugriffe und der Anzahl der abgefragten Merkmale in der Datenbank richtet, bis hin zu Abonnementmodellen mit regelmäßigen Nachlieferungen und Updates.

Auch Branchenverbände und die verschiedenen Industrieverbände sowie die Industrie- und Handelskammern (IHK) verfügen über branchenbezogene oder regionale Datenbankinformationen, die sie Dritten zur Nutzung anbieten. Diese Daten sind oft nicht schlechter als die der anderen Anbieter und teilweise deutlich preisgünstiger bis kostenfrei. Da die Daten der IHK beispielsweise auf den Angaben der in der Region angemeldeten Unternehmen basieren, sind diese auch relativ aktuell. Auch Businessplattformen eignen sich für die Suche nach den richtigen Ansprechpartnern. Die Qualität einer eigenen Recherche über Internet und Telefonbuch ist in der Regel nicht zufriedenstellend. Vor allem aber – und dies wäre für alle B2B-Kunden meine Empfehlung:

▷   **Praxistipp** Nutzen Sie Social Media – und hier insbesondere die Business-Premium Version von LinkedIn und sein Plug-In „Sales Navigator"!

In Abb. 3.5 erhalten Sie eine Übersicht der wichtigsten Quellen für die Beschaffung von Kundenadressen.

Auf nationaler Ebene haben wir mit der *Datenbank „Markus"* der Anbieter Creditreform/Bureau van Dijk (markusneo.bvdep.com) sehr gute Erfahrungen gemacht. Diese liefert valide Daten zu 860.000 deutschen Unternehmen. Das gleiche Unternehmen bietet auch die Datenbank „*Amadeus"* an, die über Daten zu 13 Mio. Unternehmen aus 41 europäischen Ländern verfügt. Die Suchfunktionen oder Suchkriterien der „Markus"-Datenbank sehen etwa wie in Abb. 3.6 dargestellt aus.

Unabhängig davon, woher die Originärdaten stammen, gilt:

▷   **Praxistipp** Qualitativ gute Adressen, die detaillierte Angaben bezüglich der Ansprechperson (Vorname, Name, Position, Funktion, Abteilung, Durchwahl

Quellen	Vorteile	Nachteile	Adressen
Adressen kaufen Elektronische Datenbank	Genaue Spezifizierung nach Branche, Region, Umsatz, MA-Zahl, Verbandszugehörigkeit, Kapital, Professionelle Suche nach den Ansprechpartnern	Kostenpflichtig Qualität der Einträge hängt von dem Aufwand ab, den der Datenbankanbieter in die laufende Aktualisierung steckt	https://www.creditreform.de https://www.adressdatenbanken.de/ https://www.axciom.de/adressermittlung/ https://www.best-adress.de/ https://www.address-base.de/ https://www.bvdinfo.com/de-de/unsere-losungen/daten/nach-landern/markus https://www.bvdinfo.com/de-de/unsere-losungen/daten/international/amadeus https://www.hoppenstedt-firmendatenbank.de/ https://www.schober.de/ https://www.databyte.de/ https://www.mailcom-firmenadressen.de https://www.firmenliste.net/ https://www.die-deutsche-wirtschaft.de/rankings-der-wichtigsten-deutschen-unternehmen/ https://www.trebbau.com/leistungen/listbroking/b2c-adresse https://beaddress.de/selektion
Branche-/ Adressbücher	Kostengünstig Verschaffen den Überblick Geeignet für anfängliche Suchen	Lückenhaft Nicht genau spezifiziert Keine Zusatzinformationen Benötigen eine Ergänzung	https://www.dastelefonbuch.de/ https://branchenverzeichnis24.de/ https://www.11880.com/ https://www.gelbeseiten.de/ https://www.dasoertliche.de/ https://www.goyellow.de/
Branchen-/ Berufsverbände Register	Zugang zu Mitgliedsdaten Branchen- und regionalspezifische Suche möglich Viele aktuelle Zusatzinfos Gut strukturierte, zuverlässige Infos	Teilweise gebührenpflichtig Nicht alle Informationen zugänglich Zeitaufwendig	https://www.dastelefonbuch.de/ https://branchenverzeichnis24.de/ https://www.11880.com/ https://www.gelbeseiten.de/ https://www.dasoertliche.de/ https://www.goyellow.de/
Empfehlungen	Kostengünstig Vertrauenswürdig Kunden, Geschäftspartner Lieferanten als Quelle für Adressen	Zu klären, ob Ihre Informationsquelle damit einverstanden ist, dass Sie ihren Namen aktiv für die Akquise nutzen	
Fachzeitschriften/ Zeitungen	Aktuelle, regional-, branchenspezifische Adressen als Anhaltspunkt	Notwendigkeit eigener Nachrecherche	
Messen/ Veranstaltungen	Individuelle Kontaktaufnahme Gezielte Ansprache Messekatalog bietet Adressen und Ansprechpersonen	Hoher Kostenaufwand Lange Vorbereitungsphase Beschränkte Besucherzahl	https://www.auma.de/de
Suchmaschinen Businessplattformen	Eignen sich zu Eigenrecherche Stellen schnell große Mengen an Informationen zur Verfügung Suche nach Einzelstichworten und Stichwortkombinationen sowie Einschränkungen möglich Suche nach Branchen und Regionen	Qualitativ fraglich Unüberschaubar Schwer auswertbar Erweiterte Suche gebührenpflichtig	https://www.firmenadressen-direkt.de/ https://www.wlw.de/ https://www.dievertriebsmanager.de/ https://www.firmenwissen.de/index.html https://www.business-wissen.de/ https://www.aroundhome.de/ https://www.deutsche-exportdatenbank.de/

Abb. 3.5 Quellen der Zielkundenrecherche. (Quelle: Milz & Comp. GmbH)

etc.) beinhalten, sollten Sie sorgfältig in Ihrer eigenen (CRM-)Datenbank pflegen. Die separat erfassten Datenbankfelder werden Ihnen Ihre Akquise- bzw. Marketingaktivitäten erheblich erleichtern und bilden ein wertvolles Vertriebspotenzial.

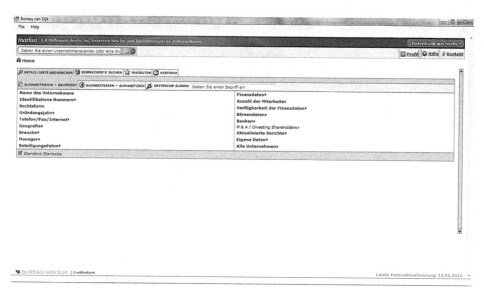

Abb. 3.6 Screenshot der „Markus"-Datenbank. (Mit freundlicher Genehmigung von © Bureau van Dyke 2012. All Rights Reserved)

Denn kaufen können Sie nur Basisdaten, deren Aktualität häufig unsicher ist. Detailinformationen müssen immer selbst eingepflegt werden, da sich Positionen, Durchwahlen und Namen stetig ändern können.

Sinnvolle weitere Kategorien bei der Adressanlage bzw. bei der Einpflegung in Ihr CRM-System sind:

- Branchen (Anlagen-, Werkzeug- und Maschinenbau, Industrielle Dienstleistungen, verarbeitendes Gewerbe etc.). Genaue Branchenbezeichnungen finden Sie in der „Klassifikation der Wirtschaftszweige" des Statistischen Bundesamtes unter: https://www.destatis.de/DE/Publikationen/Verzeichnis/KlassifikationWZ08.html
- Unternehmenszahlen (Umsatz, Mitarbeiter etc.)
- allgemeine Informationen (Kontaktdaten, Produktionsflächen etc.)
- Dienstleistungen (Entwicklung, Bestückung, Test, After-Sales etc.)
- Kunden des Kunden/Wettbewerbers
- verwendete Technik (Bestückungsautomaten, Lötanlagen etc.)
- Zulassungen (ISO, TS etc.)
- u. v. a. m.

Diese Informationen können Sie über verschiedene Quellen generieren, beispielsweise

- Datenbanken
- Website des Unternehmens
- Sonstige Internetrecherche

- E-Bundesanzeiger (www.e-bundesanzeiger.de)
- Telefonat/Erstgespräch
- Fachpresse/Marktübersichten
- Stellenanzeigen

3.3 Die drei Äste der Akquise

Gemäß unserer nicht akademischen Definition von „Vertrieb" unterscheiden wir generell drei Bereiche (s. Abb. 3.7 und 3.8):

- *Aktiver Vertrieb*: Vertrieb im „eigentlichen" Sinne und
- *Passiver Vertrieb*: Marketingmaßnahmen, gefunden werden sowie
- *Multiplikatorenvertrieb:* als dritter Ast

▷ Unsere Workshops zum Thema Vertrieb starten häufig mit der Frage: Woher kommen eigentlich Ihre Kunden? Um diese Frage zu beantworten, geben wir den Workshop-Teilnehmern einen Fragebogen (den Sie auf unserer Homepage (www.milz-comp.de/download) downloaden können).

Nach der Auswertung dieses Fragebogens oder Tests kommt es bei den Teilnehmern häufig zu einem „Aha-Erlebnis", denn in den meisten Fällen geht das Ergebnis eindeutig (manchmal mit bis zu 95 %) zugunsten des passiven Vertriebes aus – sprich: die Kunden haben sich den Lieferanten ausgesucht und nicht umgekehrt (s. Abb. 3.9).

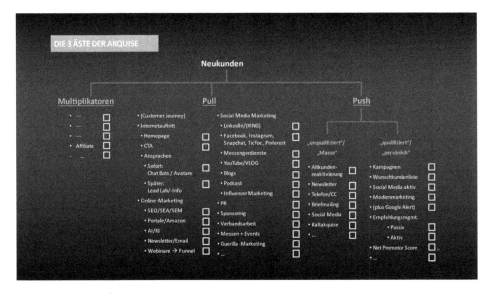

Abb. 3.7 Die drei Äste der Akquise. (Quelle: Milz & Comp. GmbH)

Abb. 3.8 Pull- und Push-Methode ((▶ https://doi.org/10.1007/000-7ce))

	geschätzt in %	davon über	(geschätzt in %)
A) Eher „passiver" Vertrieb/ Marketing („pull"): Kunden bzw. (Projekterst-)Anfragen kommen auf Sie zu über …	32%	1. Homepage (direkt)	10%
		2. SEO/SEA	?
		3. PR	3%
		4. Messen	14%
		5. (sonst.) Werbung	1%
		6. Bestandskunden	3%
		7. Partner/Multiplikator	1%
		8. (sonst.) Empfehlung	0%
		9. (Guerilla/sonst.) Marketing	0%
		10. …………………	…………
B) Eher „aktiver" Vertrieb („push") Kunden bzw. (Projekterst-) Anfragen werden generiert durch …	68%	1. Außendienst	34%
		2. Telefonakquise	12%
		3. Mailings/Medienmarketing	1%
		4. Social Media Marketing	1%
		5. Aktives Empfehlungsmgmt.	2%
		6. Networking/Lobbying	?%
		7. Vortragsmarketing/Webinare	?%
		8. Aktive Altkundenaktivierung	10%
		9. Plattformen/Ausschreibung	8%
		10. …………………	…………
Summe in %:	100%		100%

Abb. 3.9 Antworten auf die Fragen „Woher kommen eigentlich Ihre Kunden?". (Quelle: Milz & Comp. GmbH)

Was ist das Ergebnis Ihres Tests? Ist Ihr Vertrieb eher ausgeglichen oder tendiert er stark zu einer der beiden Kategorien? Wenn Sie in einem Bereich schon erfolgreich unterwegs sind, zeigt Ihnen dieser Test vielleicht wertvolle Hinweise, wie Sie auch den anderen Bereich auf Touren bringen können. Sollten in Ihrem Unternehmen beide Bereiche gleich gut funktionieren, so werden unsere Praxistipps sicherlich dazu beitragen, dass Sie sich in beiden Bereichen noch steigern können.

Der Schwerpunkt des zweiten Kapitels lag auf passiven Vertriebsaspekten, während sich dieses und das folgende Kapitel vorrangig mit aktiven Vertriebsthemen befassen werden.

Wir haben in Abschn. 1.1 bereits über Effektivität und Effizienz gesprochen und darüber, dass es wichtiger ist „die richtigen Dinge" zu tun als „die Dinge richtig" zu tun. Übertragen auf unser Thema „Akquise" bedeutet dies:

Effektivität vor Effizienz bei der Akquise

Setzen Sie sich einmal im Jahr mit Ihrem Vertriebsteam oder mit einem externen Berater zusammen und sprechen im ersten Schritt *nicht* darüber, wie Sie Ihr vertriebliches Vorgehen verbessern können. Sie würden sonst nur über die Optimierung Ihres Telefonakquiseprozesses oder Ihres Gesprächsleitfadens diskutieren, über effizientere Terminplanung oder darüber, wie man mit diesen oder jenen Kunden umgeht. Nein, diskutieren Sie im ersten Schritt *ausschließlich* darüber, ob Sie die richtigen Dinge tun (s. Kap. 1 – Wer sind meine Kunden – und wer *sollten* meine Kunden sein – und wer nicht?). Im Kontext, über den wir gerade sprechen, wäre es v. a. die Frage „Was sollten unsere aktuellen Akquisekanäle sein – und welche nicht (mehr)?"

Wenn uns eine Anfrage erreicht, in der wir gebeten werden, ein Team in Telefonakquise fitter zu machen, so lautet unsere Antwort sinngemäß „Wenn Sie darauf bestehen, so können wir dies gerne tun. Aber lassen Sie uns doch vielleicht zuerst einmal darüber diskutieren, ob Telefonakquise für Ihre Branche überhaupt noch der beste Vertriebsweg ist."

Sprechen Sie erst dann über Effizienz, wenn Sie sich in der Diskussion darauf geeinigt haben, welche (wenigen) Vertriebskanäle Sie ab sofort – dafür aber effizient und perfekt – bedienen wollen – und welche nicht mehr.

3.4   Vertrieb über Multiplikatoren und Affiliates

Mit welchen Partnern arbeiten Sie aktuell zusammen? Gewinnen Sie von Zeit zu Zeit neue Kunden, die auf Grund von Empfehlungen Ihrer Partner zustande gekommen sind? Vielleicht, weil dieser Partner in ähnlichen – aber nicht in wettbewerblichen, sondern in komplementären – Gewerken arbeitet wie Sie? Als Klempner kennen und empfehlen Sie, falls danach befragt, den Elektroinstallateur Ihres Vertrauens, als Hersteller und Verkäufer energieschonender Anlagen oder Installationen empfehlen Sie sicherlich einen passenden Fördermittelberater, der Ihrem Kunden eine Kaufentscheidung zu Ihren Gunsten dank Subvention erleichtert. Es ist angenehm, wenn über diesen Kanal „quasi ohne eigenen Vertriebsaufwand" regelmäßig neue Kunden in Ihren Vertriebsfunnel „gespült" werden, stimmt's? Davon könnte es gerne noch mehr geben, oder?

Nun die entscheidende Frage: Wie sind diese Partnerschaften entstanden? Meist höre ich auf diese Frage Antworten wie „wir haben uns vor Jahren mal bei einem gemeinsamen Projekt kennengelernt", „wir kennen uns seit vielen Jahren und sind befreundet", „ein gemeinsamer Bekannter hat uns zusammengebracht" oder ähnliches. Mit anderen Worten: Hauptsächlich purer Zufall!

▶   **Praxistipp** Ersetzen Sie Zufall durch Systematik! Denken Sie strukturiert „auf der grünen Wiese" darüber nach, mit welchen Institutionen oder mit welchen Menschen eine Kooperation oder Partnerschaft nützlich und sinnvoll sein könnte. Erarbeiten Sie einen Prozess, der Sie dazu zwingt, diese Frage regelmäßig zu stellen und zu beantworten – und der Sie kontinuierlich in für beide Seiten nutzenstiftende Partnerschaften führt.

Ein in der Praxis bewährtes und von uns entwickeltes nützliches Tool, welches ich Ihnen hierzu an die Hand geben möchte, ist das

Tool: „House of Visitors"
Starten Sie im ersten Schritt mit einem Brainstorming. Sie kennen die Regeln des Brainstormings: Es werden *ausschließlich Ideen gesammelt*, es wird *nicht bewertet*, nichts wird von vornhinein als „gut" oder „schlecht" oder als „doofe Idee" aussortiert. Stellen Sie sich folgende Leitfrage, bei der Sie Ihren idealen Kunden in den Mittelpunkt stellen:

„Mit wem hat mein idealer Kunde, mein Ziel- und Wunschkunde, außer mit mir, noch zu tun? Mit wem macht er Geschäfte, wen beauftragt er als Dienstleister, *wer geht in seinem Haus ein und aus?*"

So wurden hier, um ein *Projektbeispiel* zu zitieren, im Falle eines unserer Kunden – ein IT-Dienstleister, der Hard- und Software sowie insbesondere IT-Dienstleistungen (Installation, Service, Wartung) an Ärzte verkaufte, im Brainstorming folgende „denkbare Partner" genannt (in der Reihenfolge ihrer Nennung im Workshop):

- Ärztekammer
- Spezialmöbelhersteller (z. B. für das Wartezimmer)
- Kassenärztliche Vereinigung
- Berater/Steuerberater
- Versicherungsgesellschaften
- Immobilienmakler

- Architekten
- Innenarchitekten
- Praxisausstatter
- Banken, insbesondere die Deutsche Ärzte- und Apothekerbank
- Großhändler für Medizintechnik
- Hersteller für Medizintechnik
- Pharmareferenten/Pharmaunternehmen
- U. v. w. m.

In einem *zweiten Schritt* sollten Sie sodann eine *Bewertung vornehmen*, sich über Bewertungskriterien und deren Gewichtung bzw. Ausprägung in Ihrem speziellen Fall Gedanken machen.

Folgende *Kriterien* könnten Sinn ergeben:

- *Bedarfserkennung*: Bei wem entsteht frühzeitig Wissen darüber, dass möglicherweise ein Bedarf an Ihren Produkten oder Leistungen entstehen könnte?
- *Kundenkontingent*: Über wie viele Kontakte zu potenziellen Kunden verfügt der Multiplikator?
- *Eignung für Win-win-Partnerschaft:* Wie gestaltet sich das Verhältnis zwischen der
- eigenen angebotenen Leistung zu der des Multiplikators?
- *Produktpalette/Wettbewerbssituation*: Kann die eigene Produktpalette eine sinnvolle Ergänzung zu der des Multiplikators sein?
- *Marketing/Presseeffekt:* Wie öffentlichkeitswirksam wäre eine Partnerschaft mit dem Multiplikator?
- *Enge Bindung/Vertrauensperson:* Wie wertvoll ist eine Empfehlung durch diesen
- Partner?
- *Reichweite:* Ist der Wirkungskreis regional, national oder international – klein oder groß?
- …

In einem *dritten Schritt* bringen Sie diese beiden Dimensionen zusammen und *bewerten* die als Ideen gesammelten potenziellen Partner *anhand Ihrer Kriterien* beispielsweise in einem Punkteschema, das von −3 (in diesem Kriterium überhaupt nicht geeignet) bis +3 (in diesem Kriterium optimal geeignet) reicht und visualisieren das Ergebnis entsprechend.

Im Beispiel des IT-Dienstleisters für Ärzte zeigte sich etwa als Ergebnis, das sich als optimale Partner „auf Ärzte spezialisierte Steuerberatungskanzleien" ergaben: Steuerberater, die sich in der Regel gegen Ende eines Geschäftsjahres in Mandantengespräche mit ihren Ärztekunden begeben, um über steuerliche Gestaltungsmöglichkeiten zu sprechen, erfahren in der Regel als erstes, das eine Rückstellung für Investitionen in IT gebildet werden muss. Eine Bemerkung seitens des Steuerberaters „ich könnte Ihnen hier jemanden empfehlen …" fällt in einem solchen Gespräch sehr oft auf fruchtbaren Boden. Im Gegenzug kann der IT-Dienstleister, der oft Tage oder Wochen an der Installation eines neuen Systems in einer Arztpraxis arbeitet und anschließend die Mitarbeiter schult auf ein

Lfd. Nr.	Möglicher Multiplikator	Bedarfs-erkennung	Kunden-kontingent	win-win-Eignung	komplementäre Produkte?	Marketingeffekt	Wert der Empfehlung	Reichweite	Summe
				Bewertungslegende: -3 (schlechtestmöglich), -2, -1, 0 (neutral), 1, 2, 3 (bestmöglich)					
1	Zertifizierungsgesellschaften	-1	-1	-3	-3	0	0	0	-8
2	Landwirt	-2	-2	-3	-3	0	0	0	-10
3	Spedition	-2	-2	-3	-3	0	0	0	-10
4	Verpackungslieferant	-2	-2	-3	-3	0	0	0	-10
5	Anlagenbauer	1	1	1	0	1	1	1	6
6	Nachbarmolkerei	0	1	2	0	1	3	2	9
7	Lohnhersteller	2	2	3	0	1	2	2	12
8	Aromenhersteller	2	2	3	0	2	2	2	13
9	Rohstofflieferanten	2	2	2	0	1	2	2	11
10	Institute/Verbände	0	1	0	0	1	1	1	4
11	Vertretungen	3	3	3	2	2	3	3	19
12	Show Küchen/Köche	-1	-1	0	0	2	2	3	5
13	Messebauer	0	1	0	0	0	0	1	2
14	Tochterunternehmen	3	3	3	2	2	3	3	19
15	Messeveranstalter	-1	1	-1	-3	2	0	1	-1
16	Einkaufsabteilung	0	1	0	0	0	0	1	2
17	Social Media	-3	0	0	0	2	0	3	2
18	Werbung in Fachzeitschriften	-3	1	0	0	2	1	3	4
19	Entwicklungspersonal einlad.	-3	0	1	0	1	2	2	3
20	Hochschulen/Unis	-3	-2	1	0	2	1	1	0
21	Händler	3	3	3	2	1	2	3	17

Abb. 3.10 Projektbeispiel Multiplikatoren. (Quelle: Milz & Comp. GmbH)

Klagen der Mitarbeiter oder des Arztes, dass man unzufrieden mit seinem Steuerberater sei, analog reagieren.

Und wenn beide Partner – dies könnte ein *vierter Schritt* sein – dann noch ein kaufmännisch sinnvolles *Provisionssystem* für Empfehlungen dieser Art installieren, dann wird das Thema rund. Visualisiert könnte ein solches Ergebnis wie in Abb. 3.10 dargestellt aussehen. In diesem Projektbeispiel suchte ein Lebensmittelhersteller entsprechende Partnerschaften und wurde insbesondere im Segment „Lohnhersteller", „Aromenhersteller" und „Rohstofflieferanten" fündig (wenn von bereits existierenden Partnerschaften mit bestehenden Vertretungen und Händlern und konzerneigenen Tochtergesellschaften abgesehen wird).

▷ Wenn Sie die entsprechenden darstellten Tools und Bewertungsmatrizen für Ihre eigene Arbeit nutzen möchten, so finden Sie diese als Download auf unsere Seite www.milz-comp.de/downloads

Übrigens können Sie diese hier dargestellten Ansätze auch nahtlos auf den digitalen Vertrieb übertragen – hier nennt man diese Art des Vertriebs Affiliate-Marketing. Wikipedia definiert Affiliate-Systeme als „internetgestützte Vertriebsarten, bei denen in der Regel ein kommerzieller Anbieter seinen Vertriebspartnern Provisionen anbietet. Der Produktanbieter stellt hierbei Werbemittel zur Verfügung, die der Affiliate auf seinen Websites verwendet oder über andere Kanäle wie Keyword-Advertising oder Emailmarketing einsetzen kann." (Wikipedia 2022)

▷ **Praxistipp** Akquirieren Sie Partner – nicht nur Kunden. Und dies systematisch!

3.5   Kundenansprache

Nachdem nun ein ausreichender Bestand an Kontaktdaten von Zielkunden vorhanden sein sollte, gilt es im nächsten Schritt, die geeignete Methode zur Erstansprache potenzieller neuer Kunden zu erarbeiten. Neben dem Produkt selbst entscheiden vor allem das passende Medium zur Kundenansprache sowie insbesondere die Anspracheart bzw. deren intelligente Verknüpfungen zu Kampagnen und die Ansprachehäufigkeit über den gewünschten Erfolg.

In unseren Projekten, in Beratung oder Training, nutzen wir derzeit über 100 alternative Methoden der Kundenakquise. Diese lassen sich in die Bereiche passiv, aktiv und Multiplikatorenvertrieb aufteilen. *Passive Maßnahmen,* wie die eigene Website, Messen, PR, Blogs und Social Media wurden bereits in Kap. 2 besprochen. Die unserer Meinung nach *zwölf* gängigsten *Methoden* der *aktiven Kundenakquise* möchten wir Ihnen in diesem Kapitel vorstellen:

1. Altkundenreaktivierung
2. (Legaler) Newsletter
3. Telefonakquise
4. Akquise per Brief („Mailing")
5. Akquise per E-Mail oder Fax
6. Kaltakquise
7. Akquise via Social Media
8. Persönliche Akquise
9. Empfehlungsmarketing
    a. passiv
    b. aktiv
    c. Net Promotor Score
10. Pressemonitoring und Medienmarketing inkl. Google Alert
11. Kampagnenmarketing
12. Alternative Verkaufstechniken

Welches für Ihr Unternehmen die geeignete Strategie ist, hängt von einer Reihe unterschiedlicher Faktoren ab. So wird es Ihnen kaum gelingen, ein erklärungsbedürftiges Produkt mit einer hohen Investitionssumme lediglich mithilfe eines Telefonats oder mittels eines Briefmailings zu verkaufen. Versuchen Sie es also gar nicht erst – „verkaufen" Sie in diesem Falle nur einen Termin.

Umso wichtiger ist es, sich eine klare und schlüssige Strategie für die Kundenansprache zu erarbeiten. Denken Sie daran: Der Köder muss nicht dem Angler schmecken, sondern dem Fisch. Nicht das, was *Sie* an Ihrem Produkt spannend finden ist entscheidend – was der mögliche *Interessent* an Ihrem Angebot wahrnimmt und für interessant befindet, zählt!

▷   **Praxistipp** Legen Sie bereits im Vorfeld fest, was genau Sie mit der Akquisemethode erreichen wollen (zum Beispiel in 15 Telefonaten mindestens einen Prä-
sentationstermin – online oder real – akquirieren oder in 50 Telefonaten mindestens einen Produktverkauf am Telefon erreichen). Messen Sie den Erfolg
Ihrer Kundenansprache kontinuierlich und trauen Sie sich, zu experimentieren
(reines Mailing, Mailing mit Beilage/Flyer, Mailing mit Nachtelefonie etc.).

3.5.1   Altkundenreaktivierung

Eines der meist unterschätzten, zumindest aber häufig vergessenen Potenziale in der Neukundenakquise sind Alt-, Ex- oder Schläferkunden: Kunden, mit denen man bis vor wenigen Jahren erfolgreich zusammengearbeitet hat, die aber aus irgendeinem Grund vor einiger Zeit die Bestellungen eingestellt bzw. die Geschäftsbeziehung aufgegeben haben.

In Abschn. 5.7 – und nicht hier an dieser Stelle – werden wir uns im Detail mit diesem
Segment auseinandersetzen, da es sich streng genommen ja nicht um die Gewinnung
neuer Kunden, sondern um die reaktivierende Betreuung eigentlich bestehender Kundenbeziehungen handelt. Es sei dennoch hier erwähnt als eine der Methoden, mit der oft
„niedrig hängende Früchte" geerntet werden können. Sobald klar ist, welchem Grund das
Ende der Kundenbeziehung zugrunde lag, kann geklärt werden, ob der Grund nach wie
vor vorliegt oder nicht mittlerweile beseitigt wurde oder werden kann. Personen und Be-
teiligte, die möglicherweise nicht miteinander „können", wechseln auf beiden Seiten,
Preise ändern sich, Qualitäten möglicherweise auch – über andere Gründe kann man sprechen. Zumindest gab es mal ein Grundvertrauen – was der Grund für das Zustandekom-
men der Geschäftsbeziehung ursprünglich war. Dieses gilt es wiederherzustellen; der Zugang sollte leicht sein, Kontaktdaten sind bekannt. Und auch der Debitor existiert schon in
der Buchhaltung – lediglich muss daran gearbeitet werden, aus der „0", die dort seit Jahren
steht, wieder eine große schwarze Zahl zu machen.

3.5.2   (Legaler) Newsletter

Ebenso wie die Altkundenreaktivierung gehört auch die Akquise via Newsletter – wie in
Abschn. 2.6.5 erwähnt – nur bedingt zur Neukundenakquise. So ist doch Voraussetzung
für deren legale Anwendung, dass der Potenzialkunde, den ich erreichen möchte, zumindest per Double-opt-In bereits zweimal zugestimmt hat, Ihren Newsletter zu empfangen.
Dennoch sei dieser Kanal als „Massenansatz der Push-Maßnahmen" an dieser Stelle noch
einmal gesondert erwähnt, da er eine Menge Vorteile in sich birgt:

1. Er „zwingt" Unternehmen in einer Zeit des starken Datenschutzes dazu, einer regulier-
   ten DSGVO dazu, kontinuierlich darüber nachzudenken, wie der eigene Datenbestand
   an legalen, am eigenen Produkt interessierten Zielempfänger, kontinuierlich gesteigert

werden kann. Je konsequenter Unternehmen „Daten sammeln", die sie legal abspeichern und verwenden dürfen, umso größer die zukünftigen Geschäftserfolge. Denn: Größe und Qualität des Adressbestandes ist *eine* zentrale Ressource, die den Zukunftswert des Unternehmens bestimmt – was auch im Falle eines eventuellen Unternehmensverkaufs nicht uninteressant sein dürfte.

2. Je größer der Kontaktdatenbestand und je besser die Qualität, ausgedrückt zum einen in Deckungsgleichheit mit der definierten Zielgruppe und zum anderen in der Abdeckung der jeweiligen relevanten Buying Center (s. Abschn. 4.2), umso leichter wird eine regelmäßige intelligente (Potenzial-) Kundenansprache auf allen Ebenen ihrer Customer Journey fallen. Ob sie die Ansprache in Ihrem Newsletter nun gut (wäre anzuraten) oder schlecht machen – Ihr Vertriebserfolg wird ceteris paribus unmittelbar linear von Ihren Daten abhängen: Je mehr und besser die Daten – umso mehr Kunden lesen ihr Angebot – und werden kaufen.

3. Im Gegensatz zur Nutzung von Pull-Strategien, zu „geliehenen Adressdaten" oder auch generell zu Social Media: Ihre Daten gehören Ihnen! Dies bedeutet, dass sie Ihre Kunden in eigenem Ermessen segmentieren und anschreiben können. Dies bedeutet aber auch, dass Sie nicht etwa von der Willkür eines großen Social Media Anbieters wie LinkedIn respektive Microsoft abhängig sind, Ihnen die Verwendungsmöglichkeiten per Reglementierung oder Neugestaltung des Algorithmus zu oktroyieren. Ich zumindest bemühe mich stets darum, Daten, die ich nicht „besitze" (wie etwa meine LinkedIn-Follower) in „mir eigene" Datenbestände zu transformieren.

Fünf Regeln für den erfolgreichen Newsletter-Versand
Sammeln Sie kontinuierlich legal Kontaktdaten Ihrer Zielgruppe, v. a. auf Entscheiderebene!

1. Strukturieren Sie diese gut, sichern sie – und legen Sie sie in einem entsprechenden (CRM-)System ab.
2. Clustern oder segmentieren Sie Ihre Leads sinnvoll, sodass Sie segmentgenaue Kampagnen und Ansprachen starten können.
3. Senden Sie regelmäßig aus – aber nicht zu oft. Wir haben uns bei Milz & Comp. für einen monatlichen Turnus entschieden.
4. Egal wie selten sie Ihre E-Mail-Datenbank anschreiben: Die Empfänger werden sich dennoch in Scharen abmelden und von der Mailingliste austragen, wenn Sie werben, nerven oder langweilig sind. Unterhalten Sie, informieren Sie, bieten Sie Nutzen – und am Ende darf dann gerne ein Call to Action (CTA) stehen.

Wenn Sie diese fünf Regeln einhalten, wird Ihre Adressdatenbank Gold wert sein – und Ihnen Jahr für Jahr satte Erträge versprechen und auch liefern.

3.5.3 Telefonakquise

Trotz des gesetzlichen Verbots der telefonischen Ansprache von Privatpersonen (die keine Kunden sind und einen Anruf nicht ausdrücklich gestattet haben) und obwohl die telefonische Erstansprache von Geschäftskunden gesetzlich erschwert wurde, bleiben die telefonische Ansprache und der Verkauf am Telefon im B2B-Bereich für bestimmte Produkte eine Erfolg versprechende Erstanspracheform.

Telefonakquise eignet sich insbesondere für die (erneute) Kontaktaufnahme mit Geschäftskunden, zur Adressenqualifizierung und Kontaktvertiefung sowie das Nachfassen. Sie erlaubt einen schnellen, kostengünstigen Kontaktaufbau, ist ohne großen Aufwand einsetzbar, stellt ein direktes Feedback sicher und ist darüber hinaus delegierbar (zum Beispiel per Outsourcing an einen externen Dienstleister).

Wenn Sie Ihren Gesprächspartner (im B2B-Bereich) nicht erreichen, vereinbaren Sie feste Rückrufzeiten. Auch wenn Ihr Gesprächspartner gerade keine Zeit für Sie hat, sollten Sie einen festen Gesprächstermin ausmachen.

Das richtige Timing für Verkaufsgespräche

Der Montagvormittag hat sich als ungünstige Telefonzeit erwiesen: Alle Entscheider versuchen ihre Woche zu organisieren oder befinden sich in Meetings. Alle anderen Termine scheiden nicht von vornherein aus, wobei die Wahrscheinlichkeit, einen Entscheider nach 17 Uhr oder Freitagnachmittag direkt ans Telefon – ohne vorherige Assistenz – zu bekommen, hoch ist. Der ultimative Verkaufstipp von Jeffrey J. Fox (2000), ein von mir sehr geschätzter amerikanischer Vertriebstrainer und -berater, hierzu lautet übrigens:

„Die besten Verkaufszeiten sind *täglich vor acht Uhr morgens und freitagnachmittags*. Letzteres insbesondere aus vier Gründen: Erstens gibt es zu diesen Zeiten weniger Unterbrechungen, zweitens ist das Einverständnis des Kunden zu so einer ungewöhnlichen Zeit ein Verkaufsgespräch zu führen ein starkes Kaufsignal. Drittens hofft der Kunde häufig, die Angelegenheit noch vor dem Wochenende „erledigt" zu haben oder zumindest am Wochenende noch einmal darüber nachdenken zu können. Und viertens arbeitet der Wettbewerb zu diesen Zeiten nicht!"

Recherchegespräche und Zielgespräche

Diese beiden Gesprächstypen sollten unterschieden und bewusst voneinander getrennt werden. Wenn Sie diese Regel vernachlässigen kann Folgendes passieren: Sie rufen ein Unternehmen an und landen in der Telefonzentrale bzw. am Empfang. Sie fragen, wer für Ihr Anliegen zuständig ist und erhalten die Antwort: „Moment, da verbinde ich Sie weiter." Nach einem Moment in der Warteschleife meldet sich entweder niemand (dann müssen Sie erneut den Weg über den Empfang gehen) oder eine Stimme meldet sich mit „Hallo?" oder dem undeutlich ausgesprochenen Namen („Schmitt"). Über die Person am anderen Ende der Leitung wissen Sie in diesem Moment absolut gar nichts, weder den vollständigen und korrekt geschriebenen Namen noch die Position, und vor allem nicht, ob diese Person der Entscheider ist, den Sie suchen. Das nochmalige Erklären wer Sie sind und was Sie wollen nimmt zudem wieder Zeit in Anspruch und ist ineffizient.

Was auch passiert, Sie verschwenden auf diese Weise unnötig Zeit und Energie. Die oben genannte Aufteilung in zwei Telefonate hingegen hat für Sie nur Vorteile:

Das *Recherchegespräch* dient zunächst nur dem Sammeln von Informationen. Sagen Sie gleich zu Anfang des Gespräches, *dass Sie nicht verbunden werden möchten*. Fragen Sie stattdessen nach

- dem für Ihr Anliegen *verantwortlichen* Ansprechpartner,
- seinem Vor- und Zunamen,
- der Position,
- der Durchwahl
- und wann er oder sie am besten erreichbar ist.

Vielleicht erfahren Sie ja noch weitere interessante Informationen, die Sie dann später im Zielgespräch verwenden können.

Ein Recherchegespräch könnte wie folgt aussehen:

Tool: Vorlage Gesprächsleitfaden Recherchegespräch
„Guten Tag Frau Schiefer,
    wir aktualisieren derzeit unsere Kunden- und Lieferantendatei. Ich möchte im Moment nicht verbunden werden, ich brauche nur kurz Ihre Hilfe!
    Wer ist bei Ihnen verantwortlich für den Bereich Messen (z. B.)?
    …
    Und Herr Strauß (z. B.) ist Ihr Marketingleiter (z. B.)?
    …
    Wie ist sein Vorname?
    …
    Wann ist Herr Strauß denn am besten erreichbar?
    …
    Eine Durchwahl hat er nicht, oder?
    …
    (Ggfs.:) Wie ist der Name seiner Assistentin?
    …
    Vielen Dank für Ihre Unterstützung!"
(Vgl. Dietze und Mannigel 2007)

Auch wenn diese kleine Vorlage für ein Recherchegespräch so unscheinbar aussieht – sie hat es in sich – und deshalb sollten Sie sich auch *möglichst wortgetreu an sie halten:*

- *„... wir aktualisieren derzeit unsere Kunden- und Lieferantendatei ..."* – wenn der Mitarbeiter in der Telefonzentrale nicht weiß, ob wir Kunde oder Lieferant sind, kann er uns kaum leichtfertig abwimmeln.
- *„Ich möchte im Moment nicht verbunden werden, ich brauche nur kurz Ihre Hilfe!"* Aus den oben beschriebenen Gründen wollen wir nicht verbunden werden. Und wer appelliert schon an die Hilfe des Empfangs? In 90 % der Fälle möchte ein Anrufer nur schnell durchgestellt werden.
- *„Wer ist bei Ihnen verantwortlich für den Bereich ...?"* Verantwortlich – nicht zuständig. Verantwortlich ist der Entscheider, zuständig könnte jeder in der Abteilung sein.
- *„Und Frau/Herr ... ist Ihr ... Leiter? ... Wie ist ihr/sein Vorname? ... Wann ist Frau/ Herr ... denn am besten erreichbar?"* Hier erfragen wir all die Dinge, die wir für eine vollständige und korrekte Ansprache z. B. in einem Anschreiben benötigen.
- *„Eine Durchwahl hat er nicht, oder?"* Es hat sich gezeigt, dass diese Frage so formuliert häufiger eine hilfreiche Antwort „provoziert" als die Frage *„Welche Durchwahl hat sie/er?"*. Selbstverständlich hören wir auch hierauf manchmal die Antwort *„Doch, aber die darf ich Ihnen nicht geben."* – aber häufiger erfahren wir die korrekte Durchwahl.

▶ **Praxistipp** Lassen Sie sich Personennamen im Zweifelsfall buchstabieren! Mit einer falschen Anrede verschenken Sie bei Ihrem Gegenüber wertvolle Sympathiepunkte.

Ein weiterer Vorteil der Trennung von Recherche- und Zielgespräch ist zudem, dass Sie Recherchegespräche vollständig delegieren können. So haben Sie mehr Zeit für die wichtigen Zielgespräche.

Im *Zielgespräch*, das Sie im Rahmen eines weiteren Anrufes mit der recherchierten Person führen, sprechen Sie dann mit eben dieser Person. Mit den Informationen, die Sie im Recherchegespräch einholen konnten, wird es nun leichter sein, zu Ihrem Ansprechpartner durchgestellt zu werden und anschließend einen guten Gesprächsstart zu erzielen. Es folgen einige Tipps zur gelungenen Gesprächsführung und -vorbereitung.

1. Bereiten Sie sich auf das Telefongespräch sorgfältig vor. 90 % aller Vertriebstelefonate und -gespräche werden gewonnen oder verloren, bevor das Gespräch überhaupt stattfindet. Drei Stunden Planung für ein fünfzehnminütiges Vertriebstelefonat können durchaus verhältnismäßig sein – wenn denn das Ergebnis stimmt.
2. Notieren Sie sich die wichtigsten Punkte vorab und sorgen Sie für eine Möglichkeit, während des Gespräches Notizen zu machen.
3. Bei allen Gesprächen gilt: Machen Sie sich im Voraus klar, was das Ziel des Gespräches sein soll. Möchten Sie den richtigen Ansprechpartner im Unternehmen für Ihr Produkt herausfinden oder direkt einen Verkauf tätigen? Geht es um die Vereinbarung eines Termins oder um die Einladung zu einer von Ihnen organisierten Veranstaltung?
4. Nehmen Sie sich zunächst nicht mehr als die Klärung dieser vorab definierten Fragen vor. In den meisten Fällen helfen Ihnen Gesprächsleitfäden dabei, während Ihres Telefonates die Struktur und Übersicht zu behalten.

In Anlehnung an Fox (2000) schlagen wir folgende Checkliste für die Planung eines Verkaufsgesprächs vor:

Tool: Checkliste schriftliche Planung Akquisetelefonat/-gespräch
1. Was ist das Ziel des Gesprächs?
2. Welche Fragen müssen zur Analyse gestellt werden?
3. Was kann ich zeigen oder nennen (Referenzkunden, Empfehlung, Beispiele, Beweise)?
4. Welche Bedenken und Einwände wird es geben?
5. Was ist unsere Differenzierung zum Wettbewerb?
6. Welchen bedeutenden Kundennutzen gibt es?
7. Kann ich den Kundennutzen in Geldeinheiten ausdrücken? Wie hoch ist er?
8. Welche Strategien habe ich, um mit Einwänden umzugehen?
9. Welche Strategien habe ich, um ein verbindliches Ende herbeizuführen?
10. Welche Überraschungen könnte es im Gespräch geben?

Punkt 9 erwähnt das Gesprächsende. Fassen Sie die wichtigsten Punkte noch einmal kurz zusammen und halten Sie gemeinsam mit dem Gesprächspartner verbindlich die nächsten Schritte (Termin, Angebot, nächstes Telefonat) fest. Im Falle einer Kaltakquise mit dem Ziel der Terminvereinbarung sollte das Gespräch nicht mehr als zwei bis drei Minuten dauern: Wenn es eben Ihr Gesprächsziel ist, einen Termin zu vereinbaren (statt am Telefon eine teure Maschine oder eine erklärungsbedürftige Software verkaufen zu wollen, was eh nicht gelingt), sollten Sie dies auch gar nicht erst versuchen. Verfolgen Sie Ihr Ziel, und das heißt in diesem Fall „Termin" und nicht „Verkaufen".

Ein Zielgespräch mit einem Entscheider mit der Absicht einer Terminvereinbarung könnte wie folgt aussehen:

Tool: Vorlage Gesprächsleitfaden Zielgespräch
„Guten Tag Frau/Herr …, Musterfirma GmbH, Vorname Zuname*!*
   Sie kennen die Musterfirma GmbH?!*
   …
   Wir haben speziell für (Branche des Kunden) *ein* (Vorteil 1) *Konzept entwickelt. Und ich möchte Ihnen in einem kurzen Gespräch erläutern, wie Sie* Vorteil 2 *realisieren können und zusätzlich* Vorteil 3 *erreichen* (alternativ: Nachteil 3 vermeiden)*!*
   Spannendes Thema. Wann können wir das tun?
   … (Terminvereinbarung)
   Vielen Dank für das angenehme Gespräch und einen schönen Abend!"
   (Vgl. Dietze und Mannigel 2007)

Im Falle unserer Schwesterunternehmung BERGEN GROUP GmbH, die sich auf die Akquisition von Fördermitteln im Kundenauftrag spezialisiert hat, könnte der Leitfaden dann etwa so aussehen:

Beispiel

„Guten Tag Herr ..., Firma BERGEN GROUP, Max Mustermann. Sie kennen die BER-GEN GROUP?! ... Wir haben speziell für den Sondermaschinenbau ein Konzept zur Finanzierung und Realisierung von Innovationen entwickelt. Und ich möchte Ihnen in einem kurzen Gespräch erläutern, wie Sie regelmäßig echte Zuschüsse in sechsstelliger Höhe generieren können, wobei wir 100-prozentig erfolgsabhängig für Sie arbeiten. Spannendes Thema! Wann können wir das tun?“

Auch hier haben wir wieder eine Vorlage, diesmal für ein Zielgespräch (Terminvereinbarung!), das a) im Detail zu erarbeiten ist und an das Sie sich b) ebenfalls wenn einmal erarbeitet und für gut befunden dann möglichst wortgetreu halten sollten:

„Guten Tag Frau/Herr ..., Musterfirma GmbH, Vorname Zuname!“ Ihr Name ist das, was Ihr Gesprächspartner sich vor allem merken soll. Deshalb nennen Sie ihn als Letztes.

Es ist für den Akquiseerfolg nicht so wichtig, dass Ihr Kunde mit Ihrem Arbeitgeber Geschäfte macht. Wichtiger ist, dass er sie mit Ihnen macht!

„Sie kennen die Musterfirma GmbH?!“ Die Antwort hierauf ist uns eigentlich egal. Hauptsache wir sind im Gespräch!

„Wir haben speziell für (Branche des Kunden) ein (Vorteil 1) Konzept entwickelt ...“ Nun wird es ein wenig schwieriger, wir brauchen in unseren Workshops manchmal einen ganzen Tag, um hier bzw. für die folgenden drei Vorteile eine individuell passende Formulierung zu finden. Einfach ist es noch mit der Kundenbranche: Zielsetzung hier ist es zunächst, dem Adressaten zu vermitteln, dass wir (als Berater oder gar zukünftiger Geschäftsfreund) ihm eine sehr individualisierte, auf seine Branche angepasste Leistung verkaufen möchten, und keine Massenware, kein Commodity.

„... Und ich möchte Ihnen in einem kurzen Gespräch erläutern, wie Sie Vorteil 2 realisieren können und zusätzlich Vorteil 3 erreichen (alternativ: Nachteil 3 vermeiden)! Spannendes Thema. Wann können wir das tun?“ Sie machen Kaltakquise. Derjenige, den Sie gerade anrufen, hat auf Ihren Anruf nicht gewartet, er ist im Moment Ihres Anrufs mit etwas anderem beschäftigt und Sie stören ihn. Seine Aufmerksamkeitsspanne ist ausgesprochen gering, seine Haltung Ihnen gegenüber nicht freundlich. Bevor Sie ihn mit Floskeln wie „Störe ich gerade? – Wollen wir es zu einem anderen Zeitpunkt versuchen?“ (ja, Sie stören – und ein anderer Zeitpunkt passt ebenfalls nicht) behelligen, nutzen Sie *den einen Satz*, um Ihren Telefonpartner zu fesseln. Das heißt, Ihre Aufgabe ist es, in diesen einen Satz mindestens drei starke Nutzenargumente für den Kunden hinein zu formulieren. Dies können sowohl direkte Vorteile (mehr Sicherheit, höhere Produktivität, höherer Umsatz, ...) wie das Vermeiden von Nachteilen (geringere Kosten, weniger Ausschuss, weniger Unfälle, ...) sein. ◄

So unglaublich es klingt – aber wenn Sie sich im Entscheidertelefonat auf Ihr Ziel – in diesem Falle die Terminvereinbarung – konzentrieren und sich maximal eng an den so erarbeiteten Gesprächsleitfaden halten – werden Ihre Erfolgsquoten, so unsere Erfahrung, je nach Branche zwischen 50 und 90 % liegen.

Was bei der Terminbestätigung zu beachten ist

Es hat sich in der Vertriebspraxis gezeigt, dass es sehr sinnvoll ist, nach der telefonischen Terminvereinbarung eine schriftliche Terminbestätigung an unseren Gesprächspartner zu versenden, die u. a. *folgende drei Merkmale* aufweist:

1. Sie ist höflich, freundlich, korrekt adressiert (inkl. Vor- und Zuname sowie Position unseres Gesprächspartners) und bringt zum Ausdruck, dass wir uns auf das Gespräch freuen.
2. Sie gibt Ihrem Gesprächspartner zur Vorbereitung des Termins kleine „Hausaufgaben" auf. Keine großen Hausaufgaben, um die Hürden nicht zu hoch zu setzen bzw. einen Anreiz zu schaffen, den bereits vereinbarten Termin wieder zu stornieren, sondern kleine To-dos aufgeben, um a) die Verbindlichkeit des Termins zu steigern und b) dafür Sorge zu tragen, dass Ihr Gesprächspartner in dem Moment, in dem das Gespräch beginnt, exakt weiß, worum es geht, da er sich ja entsprechend auf diesen Termin vorbereitet hat. Beispiele hierfür können sein, dass Ihr Gesprächspartner zum Termin entsprechende Unterlagen und Berichte vorbereiten soll, Produktproben zurechtlegt oder auch nur vorsieht, dass Sie noch einen gemeinsamen Betriebsrundgang machen.
3. Versenden Sie die Terminbestätigung als Brief, nicht als E-Mail! Auch dies steigert die Verbindlichkeit des Termins merklich. In 80 % aller Erstgespräche, in denen ich sitze, hat mein Gegenüber meine briefliche Terminbestätigung, versehen mit einem Eingangsstempel, zum Gespräch vor sich liegen und hat sich bereits im Vorfeld unseres Gesprächs damit beschäftigt – und beginnt unser Gespräch somit informierter und offener. Ein Termin begleitender Brief ist zu wertvoll, um ihn wegzuwerfen, er gehört zum Termin – eine E-Mail ist i. d. R. zu unwichtig, um sie auszudrucken, sie ist demgegenüber flüchtig und wird kaum registriert. Denken Sie einmal darüber nach, wie viele E-Mails Sie wirklich ausdrucken und was für eine Wertschätzung es bedeutet bzw. wie hilfreich das für Ihre Terminvorbereitung ist!

Lassen Sie uns, bevor wir zur nächsten Akquisemethode – der Briefakquise – kommen, noch über einige allgemeine Dinge in Zusammenhang mit Telefonie und mündlicher Kommunikation sprechen:

Der Klang der Stimme

Bei Telefonaten sind nicht nur die richtigen Worte, sondern auch der Klang der Stimme entscheidend. Ihre eigene Stimmung beeinflusst diesen Klang enorm. Bei guten Freunden oder Familienmitgliedern können Sie meist schon an der Stimme erkennen, ob etwas nicht stimmt, Ihr Gesprächspartner traurig, enttäuscht oder wütend ist. Auch bei Verkaufsgesprächen funktioniert dies. Achten Sie deshalb darauf, sich vor dem Telefonat in eine positive Stimmung zu bringen. Nehmen Sie dazu eine *aufrechte Sitzposition* ein oder stehen Sie auf. Es kommt darauf an, sich nicht „hängenzulassen". Versuchen Sie außerdem, während des Gespräches zu *lächeln*. Dadurch klingt Ihre Stimme ganz automatisch freundlicher, man „hört ein Lächeln"!

Wichtige Gespräche sollten nicht gleich zu Beginn des Arbeitstages geführt werden. Es ist hilfreich, sich erst „warm zu telefonieren". Das tut auch der Stimme gut!

Zusammenfassend können Sie anhand der Checkliste in Abb. 3.11 überprüfen, ob Sie oder Ihre Vertriebsmitarbeiter oder -kollegen beim Telefonieren – eingehendenden Telefonaten ebenso wie ausgehendenden Telefonaten – die wichtigen Grundlagen beherzigen:

Anbei finden Sie noch einige Beispiele für gute und schlechte Formulierungen während des Telefonats (s. Abb. 3.12). Eine Grundregel sollte im Vertrieb immer beherzigt werden: Vermeiden Sie negative Formulierungen!

1.	Nehmen Sie hereinkommende Anrufe schnell entgegen	
2.	Belassen Sie Anrufe nicht länger als 30 Sekunden in der Warteschleife	
3.	Melden Sie sich freundlich erst mit dem Firmen- und dann Ihrem eigenen Namen	
4.	Sprechen Sie Ihren Gesprächspartner immer mit seinem Namen an	
5.	Verzichten Sie auf spontane und unvorbereitete Anrufe	
6.	Sprechen Sie selbstbewusst und deutlich	
7.	Halten Sie wichtige Unterlagen immer griffbereit	
8.	Fallen Sie dem Gesprächspartner nicht ins Wort	
9.	Halten Sie Vereinbarungen ein	
10.	Hören Sie genau hin und bestätigen am Ende des Telefonates noch einmal alle Hauptgesprächspunkte	
11.	Nehmen Sie schriftlich Notizen auf	
12.	Gehen Sie mit der Zeit des Gesprächspartners respektvoll um	
13.	Kommen Sie einer Rückrufbitte möglichst innerhalb von 20 Minuten, in jedem Falle noch am selben Tag nach	
14.	Bedanken Sie sich für das Gespräch und beenden Sie es mit einer Wertschätzungsformel und einem freundlichen Abschiedsgruß	

Abb. 3.11 Checkliste: Erfolgreiche Telefonate. (Quelle: Milz & Comp. GmbH)

Vermeiden Sie Formulierungen wie ...	Sagen Sie stattdessen ...
„Ich bin dafür nicht zuständig."	„Ich werde mich sofort darum kümmern."
„Heute kann ich da nichts mehr machen."	„Ich werde mich gleich morgen darum kümmern."
„Das haben Sie falsch verstanden."	„Da habe ich mich missverständlich ausgedrückt."
„Ich habe die Unterlagen nicht zur Hand."	„Einen Moment bitte, ich hole mir die Unterlagen dazu."
„Dieses Produkt hat momentan eine lange Lieferzeit."	„Für dieses Produkt haben wir momentan eine unerwartet starke Nachfrage."

Abb. 3.12 Gute und schlechte Formulierungen. (Quelle: Milz & Comp. GmbH)

Wenn Sie sich unsicher fühlen, nutzen Sie die zahlreichen Schulungsangebote, um Ihre Gesprächsführung zu trainieren. Sollte dies nicht möglich sein, so bieten sich auch Rollenspiele mit Kollegen an, um die eigene Gesprächstechnik zu verbessern. Mehr Informationen hierzu erhalten sie u. a. auf der Website www.vertriebsqualifizierung.de

3.5.4   Akquise per Brief („Briefmailing")

Die schriftliche Akquise (häufig einfach auch als „Mailing" bezeichnet) gibt Ihnen die Möglichkeit, eine Vielzahl potenzieller Kunden zu erreichen. Qualitativ sorgfältig, individuell und personalisiert formulierte Mailings sind nach wie vor als Erstkontakt im B2B-Bereich empfehlenswert. Sie heben sich von der Masse ab, da viele Unternehmen mittlerweile auf kostengünstigere Akquisemethoden (beispielsweise E-Mails) umgestiegen sind.

Direktmailingexperten bezeichnen eine Erfolgsquote von drei Prozent als ein exzellentes Ergebnis. Seien Sie sich darüber im Klaren, dass selbst erfolgreiche Mailings eine Erfolgsquote von oft unter einem Prozent aufweisen. Das bedeutet, dass 99 von 100 angeschriebenen potenziellen Kunden nicht reagieren werden. Es bedeutet aber auch, dass Sie vielleicht *einen* Verkaufsabschluss mit diesem Mailing erzielt haben. Ob sich ein Mailing lohnt, hängt von der Kosten-Nutzen-Relation ab. Bei einem Mailing mit 100 Briefen entstehen Portokosten von 58 €. Verhilft Ihnen dieses Mailing auch nur zu einem Auftrag, so ist das Verhältnis Kosten-Nutzen, je nach Preisgestaltung Ihrer Produkte, zufriedenstellend. Aber dies ist es nur, wenn es wirklich zielgerichtet ist und bestimmte Kriterien erfüllt.

Einer unserer Kunden, ein Personaldienstleistungsunternehmen, startete vor einiger Zeit, im Juli 20199 ein Mailing mit 2500 Aussendungen. Die Kosten dafür betrugen in Summe – inkl. Papier, Druckkosten, Porto und Personalaufwand – etwa 2500 €. Für einige der Angeschriebenen kam das Angebot genau zum rechten Zeitpunkt und es kamen Aufträge über ca. 30.000 € zustande. Auch wenn nur einige nennenswerte Aufträge bzw. dauerhafte Neukunden mithilfe des Mailings gewonnen werden konnten, so rechtfertigte die Kosten-Nutzen-Rechnung diese Maßnahme. ◄

Selbst eine nur mäßige Adressqualität kann Erfolg versprechend sein, s. hierzu etwa unser nächstes Praxisbeispiel, indem wir zur Neukundengewinnung einen Geschäftsführer versehentlich inkorrekt angeschrieben hatten.

Betreff: Ihr Werbeschreiben „Professionalisierung Strategie & Vertrieb"
Sehr geehrter Herr Milz,

vielen Dank für die „Einladung" zu Ihrem Projekt „Professionalisierung Strategie & Vertrieb". Ein Schlüssel zur Neukundenakquise sind mit Sicherheit sorgfältig recherchierte Adressen. Da Sie Dienstleistungen im Bereich Vertriebsprofessionalisierung anbieten, sollte dies auch für Ihre eigene Akquise gelten.

Das uns zugegangene Webeschreiben (s. Anhang) offenbart jedoch genau hier offensichtliche Mängel. Abgesehen von der sehr unwahrscheinlichen Konstellation, dass es sich bei einer Hannelore um einen Herrn handelt (Ausnahmen soll es geben), ist dieser Name in unserem Unternehmen gänzlich unbekannt. Eine entsprechende Recherche des richtigen Ansprechpartners wäre problemlos z. B. über das Impressum unserer Internetpräsenz oder über öffentlich zugängliche Register möglich gewesen.

Deshalb möchte ich anregen, die für Ihr Haus tätige Vertriebsstruktur als Teilnehmer Ihres Projektes aufzunehmen. Es sei denn ich interpretiere die Ihrer Internetpräsenz entnommene Grafik richtig in der Aussage „Man muss nur oft genug schießen, um auch mal zu treffen!". In diesem Falle wurde die Vorgabe ausreichend umgesetzt. Unser Motto ist jedoch eher „Knapp vorbei ist auch daneben". In diesem Sinne möchten wir dann von Ihrem Angebot doch eher keinen Gebrauch machen.

Mit freundlichen Grüßen

XXX, Geschäftsführer

Meine Antwort hierauf lautete wie folgt:

Betreff: AW: Ihr Werbeschreiben „Professionalisierung Strategie & Vertrieb"
Sehr geehrter Herr XXX,

ich danke Ihnen – und zwar vollkommen ironiefrei – für Ihr sehr pointiertes und im Grunde zutreffendes Schreiben, zeigt es mir doch, dass wir an unserem Adressdatenmanagement durchaus noch arbeiten müssen. Darüber hinaus mag ich Ihre Art von

Humor und Ihren Schreibstil – ob es daran liegt, dass wir fast der gleiche Jahrgang sind (ich bin 1967 geboren), einen ähnlichen unternehmerischen Werdegang haben oder in ähnlichen Branchen unsere Schwerpunkte haben …

Ich bitte Sie jedoch, Ihre kritische Haltung unserer vertrieblichen Expertise gegenüber noch einmal zu überdenken: Die Tatsache, dass wir Sie fälschlich angeschrieben haben und dieser Fehler leicht über eine Internetrecherche zu vermeiden gewesen wäre, stimmt zwar. Wenn Sie unsere Direktmarketingaktionen (als einer von 14 in unserem Hause definierten und genutzten Vertriebskanäle) jedoch unter Vertriebseffizienzgesichtspunkten beurteilen, so werden Sie zu folgender Kosten-Nutzen-Betrachtung kommen:

Variante a) Vornahme einer aufwändigen Recherche, um die Mailings weitgehend fehlerfrei (Fehlerquote unter einem Prozent) zu gestalten und den Streuverlust gering zu halten. Kosten pro 100 Anschreiben: ca. 1676,50 € (Ø 808,- € Porto und Materialeinsatz, Ø 87,50,- € Personalaufwand (3,5 Min. je Anschreiben inkl. Recherche/Fehlerkorrektur (drei Min.), Druck, Unterschrift, Kuvertieren × Ø 15,- €/Stunde)). Responsequote bei angekommenen Sendungen ca. zwei Prozent, dies bedeutet ca. zwei Interessenten = = > Kosten je Interessent = 1676,50/2 = 838,25 €

Variante b) Vornahme keiner Recherche, lediglich Nutzung vorhandener fehlerbehafteter Datenbanken (Fehlerquote bei ca. acht Prozent). Kosten pro 100 Anschreiben: ca. 929,50 € (Ø 808,- € Porto und Materialeinsatz, Ø 12,50,- € Personalaufwand (0,5 Min. je Anschreiben für Druck, Unterschrift, Kuvertieren × Ø 15,- €/Stunde)). Responsequote bei angekommenen Sendungen ca. zwei Prozent, dies bedeutet ca. 1,8 Interessenten = = > Kosten je Interessent = 929,50/1,8 = 516,395139 €

Wir haben uns für die Neukundenansprache (für die Datenpflege und die Behandlung unserer Bestandskunden gelten selbstverständlich andere Gesetzmäßigkeiten!) für die kostengünstigere Variante b) entschieden …

Herr XXX (anonymisiert), Sie schreiben bei XING, dass Sie „Kooperationen, Netzwerke, Projekte, Kunden und Herausforderungen" suchen. Nun, exakt dies bieten wir in unseren Verbundprojekten. Wesentliche Kunden von uns sind etwa der YYY (anonymisiert) selbst (sicherlich haben wir hier gemeinsame Bekannte?) und viele seiner Mitglieder; viele Unternehmen der Verpackungstechnik sowie viele andere, die mutmaßlich Affinitäten zu bzw. Bedarfe für Ihre(n) Leistung(en) haben. Aus diesem Grunde würde ich Sie wirklich gerne persönlich kennenlernen, Herr XXX, und mache Ihnen folgenden Vorschlag: Ich lade Sie ein (ohne Anführungszeichen!) zum nächsten Treffen unseres Erfahrungsaustausches, welches am ZZZ (anonymisiert) stattfindet. Das Thema, zu dem wir uns an diesem Tage auf Geschäftsführerebene austauschen werden und das ich moderiere, lautet „Marktbearbeitungsstrategien und Vertriebssteuerung". Was die Kosten Ihrer Teilnahme angeht, so biete ich Ihnen an, uns nach der Teilnahme den Betrag zu überweisen, den Ihnen der Tag wert war – bis hin zu der nicht eintreffenden Option, dass er Ihnen gar nichts wert war.

Ich freue mich auf Ihr Feedback, wünsche Ihnen noch ein schönes Wochenende und verbleibe mit den besten Grüßen

Milz & Comp.

Markus Milz

P.S.: Ich habe Ihnen – nur für den Fall, dass es Sie vielleicht doch interessiert – eine Presseberichterstattung über unseren in diesem Jahr gestarteten „Erfahrungsaustausch weltmarktmarktführender Unternehmen" beigefügt – hier werden Nutzen und Vorgehen recht zutreffend beschrieben und einige der Teilnehmer kommen zu Wort.

Ergebnis: Nach einem sehr angenehmen und langen Telefonat entschloss sich der zunächst falsch angeschriebene Geschäftsführer, doch Kunde bei uns zu werden! ◄

Die Beispiele machen in jedem Fall deutlich, dass entsprechend viele Briefe versendet werden müssen. Kontinuität und Regelmäßigkeit tragen massiv dazu bei, den Wiedererkennungswert zu steigern und eine Reaktion zu erzeugen. Bei der sich in Deutschland in Umlauf befindenden Menge an Werbepost besteht natürlich die Gefahr, dass Ihre Werbung den Entscheider entweder gar nicht erreicht oder von ihm nicht wahrgenommen wird. Demzufolge eignen sich für diese Form der Werbung Produkte, die bei dem potenziellen Käufer entweder einen besonders hohen Produktnutzen, hohe Begehrlichkeit oder einen hohen Innovationsgrad aufweisen. Dies sollten Sie in Ihrem Anschreiben für den Kunden unbedingt kenntlich machen sowie Ihre Alleinstellungsmerkmale sorgfältig herausgearbeitet haben und zentral präsentieren.

Empfehlung zum Akquisebrief

1. Personalisieren Sie Ihren Werbebrief, Ihr Anschreiben, so weit wie möglich. Je direkter und persönlicher sich der Kunde angesprochen fühlt, umso höher sind Ihre Erfolgschancen.
2. Ebenso sollten Sie in Ihrer Betreffzeile und ggfs. im Postskriptum den größten Kundennutzen Ihres Angebotes hervorgehoben platzieren, um die Aufmerksamkeit des Lesers einzufangen.
3. Um die Wahrscheinlichkeit zu erhöhen, auf den Schreibtisch des Entscheiders zu gelangen, ist es sinnvoll, für das Anschreiben – das ein, maximal zwei Seiten umfassen darf – wertiges Briefpapier und eine seriöse, auf keinen Fall marktschreierische, Formulierung zu verwenden.

Kleinere Unternehmen bedienen sich bei der Ausformulierung eines Briefes gern professioneller Texter, die für ein geringes Budget (etwa 15–30 € pro Seite) Werbebriefe erstellen oder überarbeiten. Wenn Sie bereits mit einer Agentur zusammenarbeiten, werden Sie dort ein entsprechendes Angebot erhalten. Passende Dienstleister finden Sie aber auch, indem Sie einen Eintrag auf Projektbörsen für Selbstständige, zum Beispiel auf Freelancer Projektbörsen, vornehmen.

Bei Briefmailings empfiehlt es sich, ähnlich wie bei Katalogen, sich bei der Deutschen Post sowie bei regionalen Anbietern über die verschiedenen Preismodelle zu informieren.

1.	Achten Sie darauf, dass Ihre Adressen immer vollständig und auf dem neusten Stand sind (Titel, Vor- und Nachnahme, Funktion)	
2.	Fragen Sie Fachleute, lassen Sie Texte und Inhalte überprüfen und bearbeiten	
3.	Lassen Sie Ihre Texte von Laien auf ihre Verständlichkeit überprüfen („Oma-Prinzip")	
4.	Planen Sie Ihre Aussendung genau, denken Sie an Urlaubs- und Feiertage	
5.	Beachten Sie zwingend Gewichte und Formate	
6.	Fassen Sie gegebenenfalls nach spätestens einer Woche nach	

Abb. 3.13 Checkliste: Mailings. (Quelle: Milz & Comp. GmbH)

> **Praxistipp** Portooptimierte Massenaussendungen sind zwar kostensparend, werden aber in der Regel sofort als Werbung identifiziert. Die Investition in eine klassische 85 Cent Briefmarke (Stand 2022), insbesondere in solche mit einer schönen bzw. „zum Thema passenden" Gestaltung (als „richtungweisende Beratung" nutzen wir hier häufig das Motiv des Leuchtturms …), zahlt sich nach unserer Erfahrung aus.

Um hier auch ökologischen Belangen zu genügen, bietet z. B. die Deutsche Post die Möglichkeit, Briefe CO_2-neutral zu versenden. Entsprechende GoGreen-Aufkleber, klimafreundliche Versandprodukte sowie die zugehörige Beratung erhalten Sie in den Filialen der Deutschen Post. Abb. 3.13 gibt einen Überblick über wichtige zu beachtende Punkte beim Versand von Mailings. Hier einige weitere Hinweise:

- **Beilagen:** Verzichten Sie auf Beilagen (Flyer, Folder, Give-aways, …) zu Ihrem Brief. Erstens wird dieser dann sofort als Werbung identifiziert und erreicht in den wenigsten Fällen den Schreibtisch eines Entscheiders, zweitens verspielen Sie damit vielleicht die Möglichkeit, einem interessierten Kunden im zweiten Schritt weiteres Informationsmaterial zuzusenden, da Sie mit der ersten Beilage Ihr „Pulver vielleicht bereits verschossen" haben. Drittens besteht ein weiterer Nachteil im Anstieg der Kosten durch das Porto (durch ein größeres Format oder ein höheres Gewicht) und die Kosten der Beilage selbst.
- **„Falsche" Incentives:** Bei Mailings, die etwas gratis versprechen, besteht die Gefahr, dass Sie zwar eine hohe Trefferquote haben, sich aber die „falschen" Kunden ins Boot holen. Falsche Kunden sind solche, die nur auf den einmaligen Rabatt oder die Gratisleistung/das Geschenk reagieren und danach nie wieder bei Ihnen kaufen werden. Incentives können den Mailingerfolg bis zu einer Antwortquote von 60 % steigern. Sicher haben Sie schon von Geschichten gehört, bei denen sich Unternehmen auf diese Weise erheblichen Schaden zugefügt haben. Machen Sie sich bewusst: Solche „falschen" Kaufanreize können für Sie im schlimmsten Fall ein großes Verlustgeschäft bedeuten. Sie sollten deshalb davon Abstand nehmen.

- **Zeitpunkt:** Überlegen Sie sich genau, wann Ihr Brief den Kunden erreichen soll. Eine Auslieferung an einem Montag oder nach Feiertagen ist beispielsweise ungünstig, da sich dann viel Post angesammelt hat und die Gefahr besteht, dass Ihre Zusendung untergeht. Freitag kann hingegen ein guter Termin sein, da dann die Möglichkeit besteht, dass der Entscheider Ihren Brief mit ins Wochenende nimmt, um ihn in Ruhe zu lesen.
- **Nachfassen:** Eine Kontaktaufnahme per Mailing erfordert häufig eine telefonische Nachfassaktion, die für eine angemessene Rücklaufquote sorgen kann. Ob das Nachfassen wirklich Sinn macht, ist aber wiederum erst mithilfe der Kosten-Nutzen-Rechnung zu klären. Wenn Sie sich zu einem telefonischen Nachfassen entschließen, was vor allem bei einer kleineren Anzahl (< 500) Aussendungen Sinn macht, sollten Sie in der Regel innerhalb einer Woche nachfassen, da sonst die Erinnerung an Ihren Brief zu sehr verblasst.

Versenden Sie den gleichen Brief ruhig mehrmals! Schriftstücke gehen im Tagesgeschäft nur allzu leicht unter und werden schnell vergessen: Beim ersten Mal denkt der Empfänger vielleicht „Das klingt interessant", das Schreiben verschwindet aber in irgendeinem Stapel. Kommt der gleiche Brief ein paar Wochen später erneut, so erinnert sich der Empfänger vielleicht und macht sich diesmal eine Notiz dazu, die er nach ein paar Tagen aber wieder vergisst. Kommt der Brief kurz darauf ein drittes Mal, weiß der Empfänger sofort, worum es geht, und wird nun mit größerer Wahrscheinlichkeit sofort darauf reagieren, wenn ihn das Thema denn interessiert.

Mithilfe folgender Checklisten (angelehnt an Mills 2008) können Sie noch einmal überprüfen, ob Ihr Brief die erforderlichen Voraussetzungen für ein Erfolg versprechendes Akquiseanschreiben erfüllt:

Checkliste: Akquiseanschreiben
- Es ist klar und präzise
- Es ist interessant
- Es ist kurz
- Es ist glaubwürdig
- Es ist freundlich
- Es folgt der AIDA-Formel (s. Abschn. 2.1)

3.5.5 Akquise per E-Mail oder Fax

Aktive E-Mail- und Faxakquise bieten theoretisch eine kostengünstige Möglichkeit Ihren Kundenkreis zu erweitern. Allerdings ist dieses Vorgehen – wenn der potenzielle Kunde es nicht ausdrücklich erlaubt hat – wie bereits erwähnt *in Deutschland gesetzlich verboten*! Hat er Ihnen jedoch etwa im Rahmen einer Messe, einer bereits bestehenden Kundenbeziehung oder in sonstiger Form die Erlaubnis zur Zusendung von Mails und Faxen gegeben, so bieten Newsletter, E-Mails und Faxe eine kostengünstige Chance zur massiven Kundenansprache und insbesondere zur Kundenbindung. Weiterhin ergänzen sie die verfügbaren weiter oben genannten Instrumente. Durch Anhänge und Links ist es möglich, schnell und kostengünstig umfassende Informationen zu verschicken. Der Erfolg in Form von Kundenreaktionen lässt sich somit gut messen.

> **Praxistipp** Hängen Sie an jede E-Mail, die Sie verschicken, eine aussagekräftige Signatur mit Ihren kompletten Kontaktdaten, einem Hinweis auf Ihre Webseite oder aktuelle Informationen über Termine, Veranstaltungen und Angebote. Ganz wichtig ist auch eine Möglichkeit, sich aus Ihrem Verteiler auszutragen, gewöhnlich durch einen Abmeldelink am Ende der E-Mail.

Berücksichtigen Sie, dass die meisten E-Mail-Postfächer permanent voll sind. Ihre E-Mail ist eine von vielen, deshalb achten Sie neben den unter Abschn. 3.5.5. genannten Aspekten – die alle auch auf E-Mail- und Fax-Akquise zutreffen – insbesondere auf

- ausreichenden Nutzwert für den Kunden
- wenige zentrale Botschaften
- korrektes Erscheinungsbild (Aufbau, Rechtschreibung, Grammatik)
- Verlinkung mit eigenen und anderen relevanten Websites
- Erscheinungsweise und -häufigkeit

3.5.6 Kaltakquise

… muss man nicht mehr machen! Wer die Ausführungen zu Beginn dieses Kapitels aufmerksam gelesen hat, wird festgestellt haben, dass es effektivere Möglichkeiten, Kunden zu gewinnen gibt, als ohne Termin durch Industriegebiete zu fahren, sich vorzustellen und Unterlagen und Kataloge zu hinterlassen. Diese Methode der Neukundengewinnung ist eigentlich schon seit mindestens den 2000er-Jahren nicht mehr „state of the art". Aber spätestens seit der Corona-Pandemie und der damit verbundenen Digitalisierung und dem – meist sehr sinnvollen – „Switch" auf Teams- und Zoom-Termine im Erstgespräch macht Kaltakquise aus Effizienzgründen gar keinen Sinn mehr!

Natürlich funktioniert es nach wie vor. Doch gibt es unzählige wirtschaftlichere Methoden, als Arbeits- und Reisezeit inkl. -kosten aufzuwenden, um in einem Erstgespräch vor Ort relevante Ansprechpartner zu recherchieren und festzustellen, dass diese „gerade nicht im Hause sind oder keine Zeit haben". Ein Zweit- oder Folgegespräch mag dann durchaus – je nach Komplexität, Volumen und Potenzial des zukünftigen Kunden – entweder digital oder persönlich vor Ort Sinn machen. Wie in diesem Falle umzugehen ist, dies schauen wir uns in Kap. 4 an.

3.5.7 Akquise via Social Media

Sehr häufig hören wir in unseren Vertriebsseminaren von gestandenen Verkäufern, dass Social Media „nichts bringt", dass dies nur eine Art Freizeitvergnügen sei. Dem widerspreche ich heftigst. In unseren Workshops, Trainings und Seminaren zu den Themen „Digital und Social Selling" stellen wir eingangs gerne zwei Fragen und bitten die Teilnehmer, meist Teams, bestehend aus zehn bis 15 Mitarbeitern, sich auf *zwei Gedankenspiele* einzulassen:

Gedankenspiel

Angenommen, *jeder* von Ihnen würde sich mit *all seinen* Kundenkontakten über ein soziales Netzwerk wie XING oder LinkedIn (bzw. beide) vernetzen … wie viele Kontakte kämen dann zusammen? 5000? 10.000? 20.000?

- Angenommen, die durchschnittliche Fluktuation von Mitarbeitern in Unternehmen beträgt 3 % (d. h. 3 von 100 Mitarbeitern wechseln p.a. ihren Arbeitgeber). Dann würden bei insgesamt 10.000 Kontakten 300 Mitarbeiter jedes Jahr ihren Arbeitgeber wechseln. Das heißt – eine entsprechende Vernetzung und Einstellung von Suchagenten vorausgesetzt – Social Media würden Ihnen jeden Monat 300/12 = 25 neue „warme oder heiße" Leads ausgeben, die Sie zur Netzwerk-/Kundenerweiterung/Neukundenakquise nutzen könnten. Wie interessant wäre es, dies systematisch zu nutzen?
- Angenommen, *jeder* ihrer Netzwerkkontakte hat seinerseits selbst wieder durchschnittlich 200 Kontakte und wir können der These folgen, dass „Menschen sich gerne in gleichen Kreisen bewegen", so betrügen die „Kontakte ihrer Kontakte" (= Kontakte 2. Grades) bei angenommenen 10.000 Kontakte 2.000.000 Menschen, die vorzugsweise Geschäftsführer, Manager und andere Mitarbeiter in höheren Positionen mit ähnlichen Interessen sind. Das heißt, zwischen Ihnen und Ihrem Ihnen heute noch nicht bekannten Zielkunden steht nur jeweils ein weiterer Ansprechpartner (= Ihr Kontakt), der Ihnen Zugang zu diesen insgesamt 2 Millionen Leads verschaffen könnte. Sie müssten nur dies erstens *wissen* und zweitens Ihren Kontakt darum bitten oder ihn danach *fragen*.

Wie interessant wäre es, dies systematisch zu nutzen? Spätestens hier sagen die meisten Befragten: Sehr interessant!

Die derzeit im Businessumfeld gebräuchlichsten und wichtigsten beiden Social-Media-Plattformen, die sich für aktive Akquise nutzen lassen, sind – wie in Kap. 2 bereits besprochen – LinkedIn und XING. Wie lassen sich nun diese und andere Plattformen für eine erfolgreiche Akquise nutzen bzw. mit anderen Kanälen sinnvoll kombinieren?

Es gibt eine Vielzahl guter Ratgeber (s. Literaturverzeichnis), die im Detail beschreiben, wie sich LinkedIn & Co. nutzen lassen. Darüber hinaus haben wir uns in Abschn. 2.7.1 Businessplattformen wie LinkedIn und XING bereits mit den Pull-Möglichkeiten von Social Media befasst und eine Dos- und Don'ts-Liste als „Gebrauchsanleitung" vorgeschlagen. Aus diesem Grunde möchte ich mich an dieser Stelle auf die aus meiner Sicht für aktive Akquise wesentlichen *drei Aspekte* beschränken und insbesondere noch auf den offenen Punkt 7 der To-do-Liste aus Abb. 2.28 eingehen: Kontinuierlich Reichweite/Netzwerk vergrößern:

Netzwerk und Empfehlungen
Da wir über *Social* Media sprechen, steht das Thema *Netzwerk* natürlich an erster Stelle. Zwar geht im Vertrieb nichts über ein qualifiziertes und belastbares *persönliches* Netzwerk, doch haben auch virtuell geführte Netzwerke deutliche Vorteile.

So, wie in Abb. 3.14 dargestellt, sah in der ersten Auflage dieses Buches mein Netzwerk bei XING aus. Mein damaliger Stand (Juli 2012) an direkten Kontakten betrug 344 Personen – fast alle sind Entscheider (Vorstände, Geschäftsführer, Vertriebsleiter) im Bereich Vertrieb und Marketing. Da sich Menschen gerne in gleichen Kreisen bewegen, ist davon auszugehen, dass die Mehrheit der Kontakte meiner Kontakte – immerhin 57.614 Menschen – ebenfalls Leitungsbefugnisse in für mich interessanten Unternehmen besitzen. Und deren Kontakte ebenfalls, hier schon 1.629.234.

In Abb. 2.23 hatten wir gesehen, dass aktuell (März 2022) meine XING-Kontakte 1400 betragen, meine LinkedIn-Kontakte rund 9000 (s. Abb. 2.25). Mittlerweile zeigen sowohl XING als auch LinkedIn beide nicht mehr die Anzahl der Zweit- oder Drittkontakte an – aber es ist offensichtlich, dass das hieraus erkennbare Potenzial riesig sein muss.

Bezogen auf das Thema aktive Akquise ergeben sich nun zwei mögliche Handlungsalternativen. Entweder, ich schaue mir bei XING oder LinkedIn konkret an, wer die Kontakte meiner Kontakte sind, um dann auf *meinen* Kontakt zuzugehen mit der Bitte, eine Empfehlung bei *seinem* Kontakt für mich auszusprechen. Oder ich nehme meine Wunschkunden-

Abb. 3.14 Zahl der Kontakte. (Mit freundlicher Genehmigung von © XING 2012. All Rights Reserved)

Ihr Netzwerk

| 493 | 171.555 | 2.234.683 |
| Direkte Kontakte | Kontakte von Kontakten | Kontakte 3. Grades |

> Erweitern Sie Ihr Netzwerk!

liste, gebe das entsprechende Unternehmen bei XING oder LinkedIn ein, um zunächst zu recherchieren (s. hierzu auch Abschn. 3.5.7), wer die für mich relevanten Entscheider (Geschäftsführung? Leitung Technik? Leitung Einkauf?) sind. Hierzu ein *Beispiel*:

Beispiel

Nehmen wir einmal an, mein Wunschkunde wäre die Deutsche Bahn und ich würde versuchen herauszufinden, wie ich dort einen sinnvollen Erstkontakt generieren könnte. Nicht nur stelle ich fest, dass aktuell (März 2022) 8271 XING-Mitglieder bzw. 53.562 LinkedIn-Mitglieder bei der Bahn arbeiten, sondern auch, wer von meinen direkten Kontakten dies tut. Wenn ich mir die Mitarbeiter im Einzelnen anschaue (alternativ kann ich aber auch nach speziellen Funktionen wie „Vertrieb" suchen), so erhalte ich mehrere Trefferseiten, wo ich die für mich interessantesten Mitglieder anklicken kann. Ich habe dies, während ich diese Worte hier schreibe – parallel durchgeführt und habe mehrere „Bereichsleiter Marketing/Vertrieb" gefunden, auch relevante Geschäftsführer. In 12 Fällen kenne ich diese Kontakte persönlich, teilweise flüchtig. In 17 Fällen, die ich mir angeschaut habe, sind Kontakte dieser Bereichsleiter und Geschäftsführer Personen, die ich persönlich gut kenne. Es wäre mir nun ein Leichtes, die mir bekannten Personen, teilweise Freunde von mir, anzurufen und sie zu bitten, den für mich relevanten Bereichsleitern oder Geschäftsführern, die ich noch nicht kenne, zu avisieren, dass ich in den nächsten Tagen telefonisch auf sie zukäme. ◄

Bei LinkedIn funktioniert diese Art von Recherche, sofern ich wenigstens einen Business-Premium-Account besitze, noch besser. Habe ich sogar in das LinkedIn-Plug-In SalesNavigator investiert, so steht mir hier eine vollständige Suchfunktion mit vielen Möglichkeiten zur Verfügung. Der SalesNavigator funktioniert im Grunde wie ein riesiges Online-Adressbuch. Dieses Feature bringt Social Selling auf die nächste Ebene und erleichtert Ihnen die Suche und Ansprache von qualifizierten Kontakten, um Ihre vertrieblichen Ziele zu erreichen. Den vollen Umfang der Funktionen darzustellen, würde leider hier den Rahmen sprengen, doch möchte ich es nicht versäumen, Ihnen trotzdem einige in diesem Abschnitt vorzustellen.

Zunächst erwartet den Nutzer die personalisierte Landing Page des SalesNavigators (s. Abb. 3.15). Dort werden Ihnen beispielsweise aktuelle Entwicklungen und Veränderungen der für Sie interessanten Leads und Accounts dargestellt. So wäre es z. B. interessant zu sehen, wer von meinen Leads (denen ich folge) in letzter Zeit den Job gewechselt hat (s. Kasten unten links). Diese Tatsache könnten Sie nun wunderbar als Gesprächseinstieg nutzen. Je nach Version können Sie 20, 30 oder 50 sog. InMails im Monat verschicken und sie mithilfe Ihrer Recherche personalisieren.

Der größte Nutzen des SalesNavigators liegt in seiner Suchfunktion. Diese erlaubt es Ihnen, nach Personen (Leads) oder Unternehmen (Accounts) gezielt zu suchen. Diese Sucheinstellungen können anschließend natürlich für spätere Aktionen gespeichert werden (s. Abb. 3.16). Speichern können Sie nicht nur einzelne Suchen, sondern auch Leads und Accounts in hierfür eigene Listen (s. Abb. 3.17). Ich demonstriere Ihnen eine solche Suche gern anhand eines Beispiels.

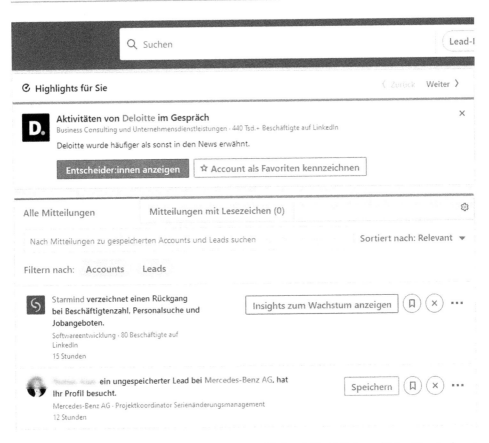

Abb. 3.15 Landing Page Sales Navigator von Herrn Markus Milz. (Mit freundlicher Genehmigung von © LinkedIn 2022. All Rights Reserved)

Name	Neue Ergebnisse ⑦	Zuletzt angesehen am ⑦	Erstellt am:
USA Suche 2	1.362 neu	15.7.2022	15.7.2022
Ex-Vorstände USA	742 neu	11.7.2022	11.7.2022
Kampagne Pricing C-Teile 2	2 neu	15.9.2022	21.4.2022

Abb. 3.16 Gespeicherte Suchen. (Mit freundlicher Genehmigung von © LinkedIn 2022. All Rights Reserved)

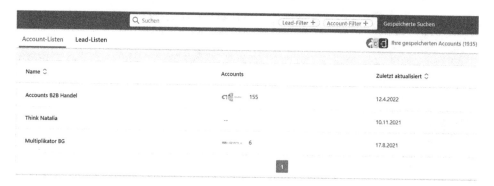

Beispiel

Angenommen, wir sind Anbieter einer Software, die für die Rechtsabteilung Verträge verwaltet. Wer ist nun ein interessanter Kontakt für uns? Wir haben etliche Filtermöglichkeiten zur Verfügung, die wir entweder ein- oder ausschließen können (s. Abb. 3.18).

Für uns interessant wären nun eventuell Personen, die in den Bereichen Recht, Verwaltung und IT tätig sind. Überdies suchen wir solche mit einer gewissen Entscheidungsmacht, sprich Geschäftsführer, Vice Presidents, Direktoren oder Manager. Wir beschränken uns auf Deutschland und auf direkte Kontakte, mit denen wir bereits vernetzt sind. Natürlich kann jede Suche noch weiter, beispielsweise nach Personalbestand oder Branche, eingegrenzt werden. So könnten wir auch Unternehmen ganz bewusst ausschließen, die für uns nicht in Frage kämen. Ganz wichtig für die Suche ist neben den Filtern dann noch die Keyword-Funktion (s. Abb. 3.19). Hier können Sie mit Operatoren (wie AND, OR oder NOT) glasklare „Keywords" in den Profilen Ihrer Leads oder Accounts suchen bzw. ausschließen. Ob Sie dies nun auf Deutsch oder Englisch tun, liegt bei Ihnen. Meiner Erfahrung nach produziert Englisch im Zweifel mehr Ergebnisse.

Unsere Suche hat in meinem Netzwerk nun 35 Menschen gefunden, die für mein Vorhaben in Frage kämen (s. Abb. 3.20). Würde ich meine Suche nun auch auf Kontakte 2. Grades ausweiten, würde ich schon bei mehr als 6,5 Tausend Ergebnissen landen. ◄

Neben der Suche nach Leads können Sie natürlich auch Unternehmen suchen und wieder sehr vielfältige Filterfunktionen nutzen (s. Abb. 3.21). Haben Sie eine zufriedenstellende Anzahl an Unternehmen gefunden, haben Sie die Möglichkeit, diese anschließend (unter „Aktuelle Beschäftigte anzeigen") nach Leads zu durchsuchen (s. Abb. 3.22). Leider ist es technisch nicht möglich, alle Unternehmen auf einmal zu durchsuchen, lediglich 25, was die ganze Sache ziemlich mühsam machen kann und man im Kopf behalten sollte.

Lead	Account		‹ Ausblenden

0 angewendete Filter   Alle entfernen

Unternehmen   **Persönlich**

Aktuelles Unternehmen	+	Kontakt	+
Früheres Unternehmen	+	Kontakte von	+
Personalbestand im Unternehmen	+	Region	+
Unternehmenstyp	+	Gruppen	+
Firmensitz	+	Branche	+
		Vorname	+

Rolle

Tätigkeitsbereich	+	Nachname	+
Jobbezeichnung	+	Profilsprache	+
Karrierestufe	+	TeamLink-Kontakte von	+
Jahre im aktuellen Unternehmen	+	Hoch-/Berufsschule	+
Jahre in der Position	+	Berufserfahrung	+

Abb. 3.18 Filter der Lead-Suche. (Mit freundlicher Genehmigung von © LinkedIn 2022. All Rights Reserved)

Mein Vorschlag wäre: Toben Sie sich im SalesNavigator aus, schauen Sie, welche Filter und Einstellungen Früchte tragen, speichern Sie diese anschließend und nutzen Sie die Informationen für Ihre Ansprache!

Nicht nur sind diese digitalen Netzwerke wie beschrieben hervorragend dazu geeignet, vorhandene Kontakte für ein entsprechendes aktives Empfehlungsmarketing zu nutzen, auch sehe ich ständig, welche *Veränderungen* es in meinem Netzwerk gibt. Da Menschen, die ihr berufliches Profil bei LinkedIn oder XING hinterlegen, dies in aller Regel auch aktuell halten, werde ich beispielsweise unmittelbar informiert, wenn mein Ansprechpartner auf Kundenseite, bisher Vertriebsleiter bei Unternehmen X, auf einmal Geschäftsführer oder Vertriebsleiter bei Unternehmen Y geworden ist. Neben guten Wünschen zu seiner beruflichen Veränderung, ist mein kurzfristiger Anruf bei ihm natürlich ein hervorragender Anlass zu prüfen, ob sein neuer Arbeitgeber nicht möglicherweise ebenfalls an unseren Dienstleistungen interessiert ist …

Neben der beschriebenen Möglichkeit, Kontakte meiner Kontakte zu nutzen, kann ich weiterhin fast beliebig programmseitig „*Suchagenten*" einsetzen, die mich via Mail darüber informieren, wenn es in diesem Netzwerk etwas für mich interessantes Neues gibt. So könnte ich beispielsweise festlegen, dass ich stets darüber informiert werden möchte, wenn es innerhalb der LinkedIn- oder XING-Community einen neuen Vertriebsleiter im Maschinenbau in NRW gibt. Unmittelbar nach seiner Registrierung oder aber Positionsänderung könnte ich diesen für mich neuen Kontakt wie oben beschrieben also ansprechen.

Bei XING ist es lediglich möglich, 100 Netzwerkanfragen zu stellen, was bedeutet, dass ich maximal 100 Menschen ein Angebot zur Vernetzung unterbreite. Solang diese 100 Anfragen unbeantwortet bleiben, kann ich keine weiteren stellen, sondern erst wieder

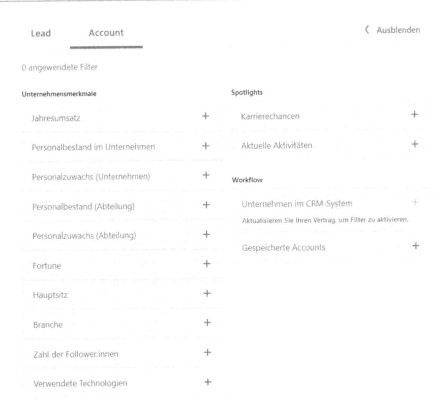

Abb. 3.21 Filter der Account-Suche. (Mit freundlicher Genehmigung von © LinkedIn 2022. All Rights Reserved)

Abb. 3.22 Aktuelle Beschäftige anzeigen. (Mit freundlicher Genehmigung von © LinkedIn 2022. All Rights Reserved)

in dem Umfang, in dem entweder die Angefragten meine Anfrage annehmen – oder ich meine Anfrage zurückziehe. Dies ist bei LinkedIn anders:

▷   **Praxistipp** Bei LinkedIn können Sie wöchentlich 100 Anfragen stellen. Nutzen Sie dies! Planen Sie in Ihrer täglichen Routine ein Zeitfenster von (mindestens) 20 Minuten ein, in dem Sie mit LinkedIn arbeiten: Suchen Sie Ihre Kunden, suchen Sie Zielkunden bei LinkedIn – und machen „Vernetzung" zu einer Routine, einer permanenten Angewohnheit. Ihr Netzwerk wird kontinuierlich wachsen – und Ihr Zugang zu relevanten Entscheidern Ihrer Wunschkunden via Social Media mit jeder Woche einfacher!

Personifizierung und Kombination mit anderen Vertriebskanälen

Ein weiterer nicht zu unterschätzender Vorteil ist die Tatsache, dass man sich mithilfe von Social Media ein Bild zu einem bis dahin unbekannten Namen machen kann. Es ist in der Qualität der Wahrnehmung schon ein Unterschied, ob Sie etwa einen Brief von einem Ihnen unbekannten Absender z. B. namens Markus Milz erhalten – oder ob Sie zusätzlich wissen, wie der Absender aussieht.

Sie können dies etwa vertrieblich dadurch nutzen, dass Sie mehrere Vertriebskanäle sinnvoll miteinander kombinieren, z. B. zunächst ein Briefanschreiben senden, dann die XING-/LinkedIn-Verlinkung suchen, etwa mit dem Begrüßungsbegleittext *„Sehr geehrter Herr Kunde, ich habe in Ihrem Profil gesehen, dass Sie Informationen zu dem Thema XXX suchen. Ich würde mich freuen, wenn wir uns hier verlinken; vielleicht können wir uns ja gelegentlich zu diesem Thema austauschen."* Sie werden sehen, dass die Wahrscheinlichkeit, dass man Ihrem Verlinkungswunsch zustimmt, sehr hoch ist – nach meiner Erfahrung je nach Attraktivität Ihres eigenen Profils zwischen 30 und 80 %. Und wenn Sie dann eine Woche später telefonisch nachfassen (häufig sind Ihnen die Kontaktdaten inkl. telefonischer Durchwahl bekannt, sobald Ihrem Verlinkungswunsch stattgegeben wurde) müssen Sie bei seiner Assistenz am Telefon nicht etwa sagen *„ich habe ihm ein Schreiben zukommen lassen"*, sondern können wahrheitsgemäß behaupten *„Herr Kunde kennt mich"* – und die Assistenz wird Sie durchstellen (oder zumindest bei ihrem Chef nachfragen).

Recherche

Der dritte große Vorteil in der Nutzung von Social Media im Vertrieb ist die Recherchefunktion. Es steht, denke ich, außer Frage, dass zumindest Termine mit designierten Neukunden oder sonstige wichtige Gesprächstermine sorgfältig vorzubereiten sind. Und die Mindestanforderung einer sorgfältigen Terminvorbereitung (s. hierzu Abschn. 4.1.1) ist sicherlich, ein möglichst vollständiges Wissen über meinen Gesprächspartner zu generieren, bevor das eigentliche Erstgespräch überhaupt stattgefunden hat. Wo hat mein Gesprächspartner in welchen Funktionen vor seiner jetzigen Tätigkeit gearbeitet? Wo hat er studiert oder seine Ausbildung absolviert? Welche Hobbys und Interessen hat er, welche Kontakte? All dieses Wissen kann mir dabei helfen, Gemeinsamkeiten herauszustellen und eine persönliche Beziehung zu meinem Gesprächspartner aufzubauen, wenn ich das erste Mal auf ihn treffe.

3.5.8   Persönliche Akquise

Zuletzt haben Sie die Möglichkeit, den direkten Kontakt zum Kunden über ein persönliches Gespräch herzustellen. Dabei ist die „reine Form", der Besuch ohne vorherige Terminabsprache, wie in Abschn. 3.5.6 beschrieben, in Deutschland immer weiter auf dem Rückzug. Diese Form der Akquise hat allzu oft einen negativen Ruf und meist werden Besucher ohne Termin nicht empfangen. Deshalb empfiehlt es sich, Besuche anzukündigen und einen Termin zu vereinbaren.

Neben den dargestellten Mailings oder Telefonaten eignen sich aber insbesondere folgende Anlässe oder Tätigkeiten für eine Terminvereinbarung, beziehungsweise für ein Kennenlernen interessanter potenzieller Kunden, also eine Erstanbahnung über ein persönliches Gespräch:

Orte zum Networken und Kundenkontakte knüpfen
- Kundenverbände und Kundenorganisationen
- Fach- und Verbrauchermessen der Kunden
- Kongresse und Symposien
- Seminare und Schulungen (z. B. Milz & Comp. Vertriebsseminare etc.)
- Veranstaltungen der Wirtschaftspresse (Vortragsabende, Bälle, Golfturniere etc.)
- Branchenbezogene Firmenausstellungen
- Veranstaltungen der Industrie-, Handwerks- und Handelskammern
- Alumninetzwerke und -veranstaltungen (von Schulen, Hochschulen und Universitäten, Studentenvereinigungen etc.)
- Karitative und ehrenamtliche Tätigkeiten (Amnesty, Greenpeace, Rotary Clubs, Lions Clubs, Kirchengemeinden etc.)
- Kulturelle und gesellschaftliche Veranstaltungen (Oper, Theater, Konzerte, Benefizveranstaltungen etc.)
- Geschäftsportale im Internet (in Deutschland vor allem die Businessplattform Xing, im internationalen Umfeld eher LinkedIn)
- Flugzeug und Bahn (Business Class, Flughafenlounges, DB Lounge etc.)
- Sportveranstaltungen (Reitturniere, Golfturniere, etc. Businesslogen bei allen Sportevents)
- Kaufen Sie sich einen Hund! Nicht-Hundebesitzer werden erstaunt sein, wie schnell und einfach Sie mit anderen Hundebesitzern in Kontakt kommen. Ob Sie diesen Kontakt dann beruflich oder privat nutzen, bleibt Ihnen überlassen …

Alle oben dargestellten Orte und Anlässe eignen sich hervorragend, um den in Abschn. 1.3 kennengelernten Match Pitch zu üben und anzuwenden. Die Fragen „In welcher Branche sind Sie tätig?" oder „Was machen Sie beruflich?" werden hier vermutlich Standardfragen werden – auf die Sie eine gute Antwort bereit haben sollten!

Hinweise zu Veranstaltungen
1. *Gehen Sie zu Veranstaltungen*: Sie haben nichts zu verlieren – außer Sie gehen nicht zu der Veranstaltung, dann haben Sie schon verloren, nämlich eine Vielzahl potenzieller Kontakte.
2. *Gehen Sie vorbereitet hin*: Machen Sie sich Ihre Ziele im Vorfeld klar: Mit wem wollen Sie sprechen? Was wollen Sie in den Gesprächen erreichen?

3. *Sprechen Sie mit Fremden*: Für (Networking-)Veranstaltungen sollten Sie sich immer vornehmen, zwei Drittel der Zeit mit Ihnen unbekannten Personen zu sprechen. Mit der Zeit werden Sie darin geübter werden und schon bald mehr und mehr Kontakte und Kunden auf diesem Weg hinzugewinnen können.

4. *Seien Sie offen*: Der größte Fehler, den Sie bei dieser Form der Akquise machen können, ist es, Ihr Gegenüber falsch einzuschätzen. Jemand, der Ihnen im ersten Moment unsympathisch erscheint oder auf Grund seines Äußeren von Ihnen als nicht relevanter Kontakt eingestuft wird, kann Ihnen sehr wohl nützlich sein. Machen Sie nie den Fehler, vorschnell über jemanden zu urteilen!

(in Anlehnung an Gitomer 2010)

Für die persönliche Akquise ist ein einwandfreies, sicheres und redegewandtes Auftreten wichtig. Sowohl die äußere Erscheinung als auch das Verhalten des Unternehmensrepräsentanten sollte dem Kunden bzw. dem Anlass angemessen und nicht zu aufdringlich sein. Während des persönlichen Kontakts können Sie die Chance nutzen, Ihren Gesprächspartner direkt zu beeinflussen und einen persönlichen Draht aufzubauen. Die Herstellung des persönlichen Kontakts verursacht relativ geringe Streuverluste und erlaubt eine unmittelbare Erfolgskontrolle. Diese Methode der Kontaktaufnahme ist dennoch zeit- und kostenaufwändig und benötigt einen hohen Vorbereitungsaufwand. Sie ermöglicht es, nur eine begrenzte Zahl von Kunden anzusprechen. Aus diesem Grund ist die Auswahl von potenziellen Kunden und eine gute Vorbereitung umso wichtiger. Es handelt sich hier eher um einen sehr qualitativen, keinen Massenvertriebsansatz!

3.5.9 Empfehlungsmarketing

Empfehlungsmarketing ist der Königsweg erfolgreichen Vertriebs, wobei sich hierbei *aktives* und *passives* Empfehlungsmarketing unterscheiden lassen:

Beim *passiven Empfehlungsmarketing* werden Sie einfach ohne Ihr Zutun von anderen Menschen, meist zufriedenen Kunden, weiterempfohlen. Das ist natürlich ideal, da Sie selbst nichts dafür tun müssen, außer Ihre Kunden zufriedenzustellen. Aber das ist sowieso Ihr Job. Der Nachteil dieser Akquisemethode ist, dass Sie hierbei nur wenig Einfluss besitzen, insbesondere können Sie nicht beeinflussen, ob, wann und an wen Sie empfohlen werden. Das Einzige, was Sie hier tun können, ist Ihre Produkte und Serviceleistungen sowie den Kontakt mit dem Kunden so zu gestalten, dass dieser von Ihnen begeistert ist und Sie ganz von allein weiterempfiehlt. Ganz klar ist, dass hier „Durchschnitt" oder schlichte „Zufriedenheit" eines Kunden nicht reicht. Der Kunde muss begeistert werden, um passiv zu einem Weiterempfehler zu werden (s. hierzu auch Abschn. 5.3.2).

Hiervon deutlich zu unterscheiden ist das *aktive Empfehlungsmarketing*, mit dessen Hilfe Sie Ihre Kunden gezielt nach Kontakten aus ihrem Umfeld fragen, für die Ihre Leistung/Ihr Produkt noch interessant sein könnte.

Aktives Empfehlungsmarketing wird in der B2B-Praxis – trotz einer schier unüberschaubaren Anzahl an Seminaren und Trainern, die sich auf diesen Bereich spezialisiert haben – *kaum genutzt.* Und dies, obwohl erwiesen ist, dass es ein bestens funktionierendes Instrument ist (u. a. deshalb, da Menschen sich stets in den gleichen Kreisen bewegen. Das heißt, Geschäftsführer kennen andere Geschäftsführer, Einkäufer kennen weitere Einkäufer, Entscheider kennen andere Entscheider). Warum wird es dann so selten genutzt? Nach Gründen hierfür befragt nennen unsere Kunden insbesondere die folgenden beiden Argumente: 1. *„Es ist mir peinlich, um Empfehlungen zu ‚betteln'"* und 2. *„Unsere Kunden möchten uns gar nicht weiterempfehlen, weil sie uns dann ihrem Wettbewerb empfehlen müssten"* (was sie natürlich nicht wollen). Was ist von diesen beiden Argumenten zu halten?

Denken Sie doch bitte zunächst einmal kurz darüber nach, mit welchen Dienstleistern oder Lieferanten Sie – ob im privaten oder beruflichen Umfeld – uneingeschränkt zufrieden sind: Sie halten das Leistungspaket und die Qualität vor dem Hintergrund des Preises für absolut in Ordnung, Ihr Partner ist zuverlässig, ehrlich und vertrauensvoll, Fehler werden schnell korrigiert und es gibt stets einen persönlichen Ansprechpartner, der sich um Ihre Belange kümmert. Und überdies ist Ihnen der Verkäufer noch sympathisch und begeistert Sie immer wieder aufs Neue mit kleinen Mehrleistungen oder Aufmerksamkeiten. Ich bin sicher, Sie werden nicht allzu viele Lieferanten dieses Typus kennen.

Nun, *unser Ziel*, sollte es sein, für unsere Kunden genau so eine Art Lieferant zu sein, damit Ihr Kunde a) zufrieden mit Ihnen oder gar begeistert von Ihnen ist, Ihnen b) langfristig erhalten bleibt und nicht beim kleinsten Preisvorteil sofort zur Konkurrenz wechselt und c) Sie weiterempfiehlt (s. hierzu auch Abschn. 5.3). Wissen Sie, ob Sie dies für Ihre Kunden sind? Ich schätze, Sie glauben es höchstens zu wissen oder ziehen Ihr Wissen aus formalisierten Kundenzufriedenheitsbefragungen. Die Aussagekraft hinter diesen Befragungen indes ist begrenzt (s. hierzu auch Abschn. 5.3.1). Jemand, der Sie allerdings tatsächlich an Freunde oder Geschäftspartner weiterempfiehlt, scheint wirklich sehr zufrieden mit Ihnen zu sein, sonst würde er es nicht riskieren, seinen guten Ruf auf Grund einer zweifelhaften Empfehlung aufs Spiel zu setzen (*„Wen hast du mir denn hier empfohlen?"*). Das heißt, mit einer Frage nach Weiterempfehlung führen wir somit in erster Linie eine gut funktionierende Kundenzufriedenheitsbefragung durch, von der wir sicher sein können, dass *wenn* wir empfohlen werden, unser Kunde auch sehr zufrieden mit uns ist. Und es ist gleichzeitig, wenn wir dieses Gespräch regelmäßig führen, ein sehr wirkungsvolles Instrument der Kundenbindung. Und erst in dritter Linie ein Akquiseinstrument.

Das heißt, um auf unser erstes Argument zurückkommen (*„es ist mir peinlich, um Empfehlungen zu betteln"*), so ist die Logik im aktiven Empfehlungsmarketing eigentlich vollkommen umgekehrt: Wenn wir einen dieser raren, uneingeschränkt empfehlenswerten Dienstleister oder Lieferanten kennen, so tun wir nicht *ihm* einen Gefallen, indem wir ihm neue Kunden zuführen. Sondern wir tun vor allem unseren Freunden und Geschäftspartnern einen Gefallen, indem wir ihnen einen solch wertvollen Partner nennen. Kein Grund zur Peinlichkeit also. Und wenn unser Kunde sich tatsächlich weigert uns weiterzuempfehlen, so scheint es sich hierbei wohl eher um einen Kunden zu handeln, der eben nicht uneingeschränkt zufrieden mit unserer Leistung ist – gut, dies rechtzeitig zu erfahren, um gegensteuern zu können.

Oder es handelt sich dabei um einen Kunden, für den das zweite Argument („*Kunden möchten uns nicht ihrem Wettbewerb empfehlen*") Gültigkeit besitzen könnte. An diesem Argument ist tatsächlich etwas dran. Doch gibt es selbst dann immer noch die Möglichkeit, dass Ihr Kunde Sie nicht seinem Wettbewerb, sondern entweder Geschäftspartnern empfehlen kann, die gar nicht aus der gleichen Branche kommen oder an Entscheider weiterempfiehlt, die im gleichen Gruppenverbund, im gleichen Konzern beheimatet sind (anderes Werk, andere Business Unit, Ansprechpartner in anderem Land etc.).

Wie kann dieses aktive Empfehlungsmarketing aber nun konkret genutzt werden? Im Idealfall findet ein solches Gespräch, in dem eine Empfehlung unter den oben beschriebenen Voraussetzungen eingeholt werden soll, entweder persönlich oder telefonisch im Rahmen einer „normalen" Kundenbetreuung, etwa im Nachgang zu einem erfolgreich abgeschlossenen Projekt oder einer pünktlich zugestellten Lieferung, statt. Beispiel:

Tool: Vorlage/Beispiel Empfehlungsgespräch mit Empfehler

„Guten Tag Frau/Herr Kunde, Musterfirma GmbH, Vorname Zuname!"

… (Führen des normalen Betreuungsgesprächs).

„Herr Kunde, hat mit der letzten Lieferung/dem letzten Projekt denn alles geklappt?"

Alternativ:

„Herr Kunde, ich wollte mal fragen, ob Sie mit unseren Leistungen insgesamt denn zufrieden sind, ob aus Ihrer Sicht in der Zusammenarbeit alles passt?"

…

„Das freut mich, so sollte es ja sein und so kennen Sie das ja auch von uns … Herr Kunde, wie Sie wissen, wollen auch wir weiter wachsen, und in diesem Zusammenhang hätte ich eine Frage: Für wen aus Ihrem Unternehmensumfeld könnten unsere Leistungen denn ebenfalls von Interesse sein?"

Hierauf gibt es für Ihren Kunden drei Möglichkeiten zu antworten:

1. „Ich möchte Sie niemandem empfehlen!" In diesem Falle ist es sehr wahrscheinlich, dass es einen triftigen Grund gibt, warum man Sie nicht weiterempfehlen möchte, der in Ihrer Zusammenarbeit begründet liegt. Erfragen Sie ihn – und haben Sie keine Angst vor der Antwort! Als ich einem unserer Kunden, einem Geschäftsführer aus der Automobilzulieferindustrie, der dringend neue Kunden benötigte, diese Form der Akquise empfahl, schimpfte er mich anschließend aus, dass dies ganz schrecklich gewesen sei. Er habe mehrfach die Frage nach einer Empfehlung gestellt und sehr oft habe er die Antwort bekommen „Ihr Unternehmen soll ich weiterempfehlen? Das kann ich nun beim besten Willen nicht tun, dafür passt zu Vieles nicht." Dennoch: Auch wenn unser Kunde nicht die Antworten erhalten hat, die er sich gewünscht hat – so war dies unter den gegebenen Umständen ein Ergebnis, mit dem man arbeiten konnte. Immerhin

wurde erstmals die Kundenunzufriedenheit sichtbar und man konnte daran arbeiten, die Gründe abzustellen und die ehemals gute Kundenbeziehung wiederherzustellen.

2. „Oh, da fällt mir niemand ein." Antwort: „Kein Problem, Herr Kunde, wann kann ich Sie denn dazu nochmal anrufen? Nächsten Freitag?"

3. „Hm, Herr x, Geschäftsführer der Firma y ist ein Freund von mir, für den könnte das auch interessant sein."

Erfragen Sie in diesem Falle alle relevanten notwendigen Informationen (vollständiger Name mit korrekter Schreibweise, Funktion, Kontaktdaten, Erreichbarkeit). Wenn Sie einen sehr guten Draht zu Ihrem Kunden besitzen, können Sie ihn ggfs. sogar bitten, Ihren Anruf zu avisieren:

„Herr Kunde, wäre es möglich, dass Sie Herrn x avisieren, dass ich in den nächsten Tagen auf ihn zukomme? Oder soll ich ihn lieber direkt anrufen?"

Vielleicht haben Sie ja auch schon einen Wunschkunden im Kopf, von dem Sie wissen, dass er mit Ihrem aktuellen Kunden zusammenarbeitet oder bekannt ist. Dann könnten Sie diesen um eine Empfehlung für Ihren konkreten Wunschkunden bitten. Über welche Kontakte Ihr möglicher Empfehlungsgeber verfügt, können Sie z. B. mithilfe der Businessplattform XING überprüfen: Wenn Ihr Empfehlungsgeber Sie bereits als Kontakt bestätigt hat, sollten Sie auch auf seine Kontaktliste zugreifen können bzw. sehen, wer für Sie als Neukunde interessant sein könnte.

Wie sieht nun das Gespräch mit dem Empfohlenen aus?

Tool: Vorlage/Beispiel Empfehlungsgespräch mit Empfohlenen

„Guten Tag Frau/Herr Neukunde, Musterfirma GmbH, Vorname Zuname!" „Frau/ Herr Neukunde, ich soll Ihnen einen schönen Gruß von Herrn x ausrichten." (Reaktion abwarten)

„… Herr x meinte, wir sollten uns unbedingt einmal kennenlernen, es gäbe einige Punkte, über die wir uns einmal austauschen sollten", alternativ „… es gäbe einige sinnvolle Anknüpfungspunkte zwischen uns. Wann können wir das tun?"

Oder:

„Wir arbeiten seit … Jahren sehr erfolgreich im Bereich … mit Herrn x zusammen und da er Sie kennt, meinte er, wir sollten uns zu diesem Thema unbedingt einmal zusammensetzen. Wann können wir das tun?", alternativ „Wann kann ich Ihnen unser Konzept einmal vorstellen?"

(Terminvereinbarung).

In jedem Fall sollten Sie den Kunden, der Ihnen den Neukunden empfohlen hat, über das Ergebnis des Gesprächs zeitnah informieren. Dies verlangt zum einen die Höflichkeit, zum anderen kann es Ihren Altkunden, sofern das Gespräch mit dem Empfohlenen erfolgreich verlaufen ist, dazu motivieren, Ihnen weitere Adresse bzw. Kontaktdaten zu nennen.

▷ **Praxistipp** Kombinieren Sie ein jährliches Kunden- oder Mandantengespräch
sinnvoll mit der Empfehlungsfrage! Nutzen Sie etwa den Net Promotor Score
(s. Abschn. 3.5.1), fragen Sie den Kunden nach seiner Zufriedenheit mit den
erbrachten Leistungen. Im Falle einer großen Zufriedenheit wäre es der richtige
Moment, aktiv nach Weiterempfehlungen, nach neuen Kunden zu fragen!

3.5.10 Pressemonitoring und Medienmarketing

Ein weiteres sehr effektives Medium zur Neukundenkontaktaufnahme ist die Bezugnahme
auf Presseinformationen über den jeweiligen Ansprechpartner bzw. das jeweilige Unternehmen. Zumal das Durchforsten von Zeitungen, Zeitschriften und elektronischen Medien nach Artikeln und Beiträgen über mögliche Kunden für jeden geeignet ist und im
Falle einer regelmäßigen Lektüre von Tages-, Fach- oder Wirtschaftspresse sowieso geschieht, sprich keinen Mehraufwand bedeutet.

▷ **Praxistipp** Nutzen Sie den Suchagenten Google Alert! Mithilfe dieses Google-
Tools (https://www.google.de/alerts) können Sie immer über aktuelle Entwicklungen der von Ihnen hinterlegten Menschen oder Unternehmen – Ihrer Kunden, Ziel- oder Wunschkunden – informiert bleiben. Stellen Sie Google-Alert so
ein, dass Ihnen relevante Informationen der für Sie interessanten Unternehmen
täglich in Ihr E-Mail-Postfach gesendet werden.

Alternativ können Sie diesen Prozess auch wie folgt institutionalisieren: Dabei werden
zunächst geeignete Medien (Tageszeitungen, Fachpresse, Pressemeldungen im Internet)
durchsucht – oder eben Google Alert genutzt; eine Aufgabe, die Sie ansonsten beispielsweise auch an eine Hilfskraft delegieren können. Im ersten Schritt wird bspw. in angelie-
ferten Fachzeitschriften das Inserenten- oder Unternehmensverzeichnis durchgesehen und
mit den eigenen Kontakten verglichen. Im zweiten Schritt wird die Zeitschrift durch-
geblättert und Artikel über aktuelle, potenzielle und ehemalige Kunden gesucht. Die relevanten Artikel können ausgeschnitten oder gescannt oder kopiert und gesammelt werden.
Der Artikel ist dann ein idealer „Aufhänger" zur ersten Kontaktaufnahme. Sie können den
ausgeschnittenen Artikel ggfs. auch Ihrem nachfolgenden Brief beilegen.

Folgende Gründe machen diese Maßnahme so Erfolg versprechend:

1. Indem Sie auf den Artikel verweisen, signalisieren Sie Ihr Interesse an Ihrem designierten Kunden und gegebenenfalls Ihren Branchen- oder regionalen Bezug. Weiterhin zeigen Sie dem Kunden, dass Sie über ihn gelesen haben – was jedem gefällt. Jeder liest
   gern etwas über sich selbst (Selbsttest: Wonach schauen Sie zuerst bei einem alten
   Klassenfoto, das Ihnen ein Schulkamerad zeigt? Nach sich selbst!)
2. Die persönliche Ansprache vermittelt Wertschätzung.
3. Der Vorschlag eines unverbindlichen Gesprächs ist gut begründet, hat einen aktuellen
   Bezug und erhöht damit die Akzeptanz.

Stellen Sie sich vor, Sie entwickeln Software. Über einen Ihrer Zielkunden, das große Autohaus Vierrad, steht ein Artikel in Ihrer Regionalzeitung. Das noch junge Autohaus feiert seinen eintausendsten Kunden. Grund genug für Sie, aktiv zu werden. Sie schreiben dem Geschäftsführer einen Brief, indem Sie auf den Artikel hinweisen und ihm zu seiner Vertriebsleistung gratulieren. Im weiteren Textverlauf weisen sie auf die Notwendigkeit einer professionellen CRM-Software bei einer solchen Kundenanzahl hin und bieten ein Gespräch hierzu an:

Autohaus Vierrad im Niederfränkischen Regionalboten

Sehr geehrter Herr Vierrad, hiermit möchte ich Ihnen herzlich zu Ihrem eintausendsten Kunden und Ihrer gelungenen Pressemeldung im Niederfränkischen Regionalbote gratulieren. Der Erfolg Ihres Unternehmens nur kurze Zeit nach Gründung zeigt, dass vorbildliches Unternehmertum in unserer Region auch heute noch geschätzt wird und von Erfolg gekrönt sein kann.

Im Zusammenhang mit Ihrer stetig wachsenden Kundenzahl stellt sich Ihnen möglicherweise die Frage, ob und inwiefern Sie professionelle Software bei dem Thema Kundenbeziehungsmanagement noch weiter unterstützen kann. Gern würden wir diese Frage in einem persönlichen Gespräch mit Ihnen unverbindlich diskutieren und werden uns aus diesem Grund in den kommenden Tagen mit Ihnen in Verbindung setzen. Sollten Sie vorab Fragen haben, erreichen Sie uns unter Tel. xxx.

Mit freundlichen Grüßen

Kurt Kreuzer

PUNKTDE Software GmbH – seit 15 Jahren auf das Thema CRM im Autohandel spezialisiert! ◄

Das gleiche Vorgehen können Sie beispielsweise auch nach einem *Messebesuch* anwenden. Beglückwünschen Sie Ihren Wunschkunden zu seinem gelungenen Messeauftritt/dem informativen Stand/den kompetenten Mitarbeitern etc. Führen Sie dann einen Kritikpunkt an, für den Sie sich selbst als Lösungsanbieter empfehlen. Der Vorteil bei einem Messebesuch ist, dass Sie – eine entsprechende Vorbereitung und checklistengestützte Messestandvisiten vorausgesetzt – eine homogene Vielzahl Ihrer potenziellen Zielkunden kompakt und anlassbezogen ansprechen können.

3.5.11 Kampagnenmarketing

Kampagnenmarketing ist keine *neue* oder *andere* Akquisemethode. Kampagnenmarketing bedeutet eine ganzheitliche Strategie, um mithilfe einer intelligenten und/oder kreativen Kombination bisher besprochener Akquisekanäle diese sinnvoll miteinander zu kombinieren und verknüpfen.

Ich persönlich halte Kampagnenmarketing im Mix der Methoden im B2B-Vertrieb für eines der mächtigsten Werkzeuge – und somit für unerlässlich.

Praxisbeispiel

Wir haben vor drei Jahren ein größeres mittelständisches Unternehmen – einen Schutz-
folienhersteller – bei diesem Thema unterstützt. In der gemeinsamen Zusammenarbeit
haben wir „Kampagnenmarketing" als „effektiven Akquisekanal" identifiziert, den es
somit deutlich auszubauen galt. Wir erstellten einen Kampagnenplan auf Mehrjahres-
basis, in dem pro Jahr zwei Bestandskundenkampagnen (d. h. Kampagnen mit dem
Ziel, innerhalb des bestehenden Kundensegmentes das Cross- und Upselling auszubauen) und drei Neukundenkampagnen definiert und durchgeführt wurden. Zwei der
Neukundenkampagnen waren an internationale Großkunden bzw. Konzerne adressiert,
eine Kampagne an regionale oder nationale, eher mittelgroße Unternehmen, gerichtet.
Für jede Kampagne wurden konkrete Ziele definiert und eine kurze Kosten-Nutzen-
Rechnung oder ein kleiner Businessplan erstellt.

Die Zielsetzung bei der zuletzt beschriebenen Kampagne lautete konkret „die Gewinnung von mindestens 10 KMU-Unternehmen p.a.", Ansprechpartner, die es zu erreichen galt, waren die jeweiligen Geschäftsführer.

Wir organisierten einen Tag der offenen Tür, den wir mit einem „Tag der Ideen"
kombinierten, an dem das Unternehmen als innovationsstarkes Unternehmen aus der
Region präsentiert werden sollte. Hierzu luden wir zum einen den zuständigen Landtagsabgeordneten ein, dem wir die Anwesenheit von Pressevertretern zusicherten. Mit
diesem Versprechen und der zu erwartenden Publicity war er gerne bereit zu erscheinen
und zu diesem Anlass eine Rede zu halten. Gleichzeitig luden wir einen prominenten
Fernsehkoch ein, der an diesem Tage zusätzlich „gemeinsam mit den und für die anwesenden Gäste" kochte. Um die Wahrscheinlichkeit einer Zusage auf die versandten Einladungen zu erhöhen, gingen die Einladungen nicht nur an die – allesamt männlichen –
15 Geschäftsführer raus, wir luden ebenso mit Schreiben an die jeweilige Privatanschrift
die Ehepartner ein – was anscheinend Wirkung zeigte: 14 der 15 angesprochenen Unternehmen sagten zu, aus Termingründen erschienen letztlich 12. Darüber hinaus luden
wir zusätzlich vier loyale und zufriedene Bestandskunden ein, die wir zwischen die
neuen Ansprechpartner platzierten und im Gespräch stets die gute Zusammenarbeit
betonten. Alle 12 Gäste wurden – in unterschiedlichem Umfang – binnen sechs Mona-
ten zu Neukunden. ◄

Nun mögen etwa eine Überregionalität Ihrer Kunden oder entsprechende Compliance-
Vorschriften dieses Beispiel für Sie unpassend erscheinen lassen. Aber ich denke, Sie verstehen, worauf ich hinauswill: Es gilt, Kreativität zu entwickeln, eine „Geschichte zu erzählen" – und über eine Kombination verschiedener Kanäle, Medien und Elemente
nachzudenken. Abb. 3.23 zeigt beispielhaft auf, wie eine solche Kampagne aussehen kann,
wobei sowohl die Reihenfolge der Schritte als auch die jeweiligen Elemente beliebig vari-
iert werden können.

Abb. 3.23 Beispiel Kampagnenmarketing. (Quelle: Milz & Comp. GmbH)

1. Ein Zielkunde erhält auf dem Postweg von Ihnen ein Paket mit einem originellen Inhalt (eine Schatztruhe, ein Schlüssel, ein Märchenbuch) – idealerweise ein Gegenstand, der zur Branche, Ihrem Kunden oder Ihrem Produkt- bzw. Leistungsangebot passt. Alternativ zum Paket kann es sich auch um einen – vielleicht sogar handgeschriebenen (es entwickeln sich in den letzten Jahren hier zusehends neue Dienstleister, die dies – handgeschriebene Briefe – als Dienstleistung anbieten) – Brief handeln. Oder der Kunde erhält eine aufmerksamkeitsstarke, farbige Postkarte mit nichts anderem als einer URL, einer Webseitenadresse darauf, die zu einer personalisierten Landingpage führt. Sie sehen – Ihrer Fantasie und Kreativität sind keine Grenzen gesetzt.
2. Danach erfolgt im Beispiel einer Vernetzung über Social Media – idealerweise über möglichst viele Kanäle und Plattformen, wobei der jeweilige Begleittext – sofern Sie einen verwenden – ebenfalls in Form, Höflichkeit und Tonalität variieren kann.
3. Es folgt entweder sofort ein Telefonanruf von Ihnen oder Ihrem damit beauftragten Mitarbeiter oder Dienstleister mit dem Vorschlag eines nachfolgenden Online-Erstgesprächs, in dem man die nächsten Schritte bespricht und festlegt, alternativ zuerst eine E-Mail, mit einem entsprechenden Terminvereinbarungsvorschlag.
4. Hierauf folgt ein (oder mehrere) persönliche(s) Treffen, die alternativ auch wieder als Teams- oder Zoom-Meeting stattfinden können,
5. worauf ein professionelles Protokoll oder ein Angebot oder gar ein Vertrag sich anschließen können.

Empfehlungen für ein erfolgreiches Kampagnenmarketing

1. Variieren Sie Ihre Kampagnen – probieren Sie aus, was besser oder schlechter funktioniert

2. Binden Sie Kampagnenmanagement in Ihre Gesamtakquisestrategie ein! Bauen Sie Kampagnen permanent in Ihre Jahresplanung ein, definieren Sie, welche und wie viele Neu- und Bestandskundenkampagnen Sie durchführen wollen.

3. Seien Sie in der Planung so konkret wie möglich: Definieren Sie Start- und End-zeitpunkte, Verantwortlichkeiten, Zuarbeitende und Dienstleister, benötigte (ma-terielle oder immaterielle) Materialien und Features, erwartete Erträge und Kos-ten aus der Maßnahme sowie – vor allem – Ihr ganz konkretes Ziel! Letzteres benötigen Sie allein deshalb, um im Nachhinein eine Erfolgsmessung Ihrer Maß-nahme durchführen zu können.

4. Geben Sie Ihren Kampagnen einen „knackigen" Namen – alle, die daran mitar-beiten, benötigen einen Bezug- und Orientierungspunkt sowie eine Identifikation mit dem Projekt!

5. Machen sie ein Follow-up oder ein Lessons Learned: Was hat gut funktioniert (und wiederholen wir beim nächsten Mal), was nicht, was müssen wir beim nächsten Mal besser machen. Feiern Sie Ihre Erfolge gemeinsam mit dem Team!

3.5.12 Alternative Akquisetechniken

Neben den in diesem Kapitel vorgestellten Maßnahmen gibt es eine große Zahl weiterer Verkaufstechniken, die im Rahmen Ihrer Vertriebstätigkeit Verwendung finden können. Einige davon sollen hier kurz vorgestellt werden:

- **Positionierung als Experte:** Verfassen Sie Fachartikel, Blogs oder ein Buch und erhö-hen Sie so Ihren Bekanntheitsgrad in Ihrer Branche. Führen Sie mit Ihrem Unterneh-men Studien oder Umfragen durch, mit deren Ergebnissen Sie anschließend an die Presse gehen. Halten Sie Vorträge, zum Beispiel an Hochschulen oder auf Fachkon-gressen. So machen Sie sich nicht nur einen Namen unter Fachleuten, sondern verbes-sern die Chance, dass Ihr Name bei Google angezeigt wird, wenn Kunden nach bestimmten Stichworten – nach Ihrem Produkt, Ihrer Dienstleistung, Ihrer Exper-tise – suchen.

- **Ungefragte Optimierung:** Überraschen Sie Ihren (potenziellen) Kunden ungefragt mit internen Verbesserungsvorschlägen. Diese Gratisleistung wird viele Unternehmen überzeugen. Nachdem Sie Ihre Verbesserungsvorschläge überzeugend vorgestellt ha-ben, sollten Sie natürlich Ihre Produkte oder Dienstleistungen als Lösung anbieten. Als Anbieter von IT-Dienstleistungen inklusive Webdesign können Sie sich beispielsweise die Website Ihres Wunschkunden genau anschauen. Oder den Messestand. Finden Sie

verbesserungsfähige Ansätze? Dann schicken Sie dem Unternehmen doch eine kostenlose Analyse seiner Website und führen dort alle Punkte auf, die verbessert werden
könnten. Ihr Wunschkunde wird sich sicher über diese kostenlose Analyse freuen und
im Idealfall Sie für die Überarbeitung beauftragen. Ansätze und Beispiele wie dieses
lassen sich in (fast) allen Branchen finden.

- **Aktives Referenzmarketing:** Mit Referenzen machen Sie Ihr Unternehmen glaubwürdiger und können Misstrauen auf Kundenseite reduzieren. Nennen Sie Unternehmen,
die mit Ihrem Kunden in Beziehung stehen. Sie können auch Zitate von Referenzkunden über Sie anbringen oder auf eine Zusammenarbeit verweisen. Wenn Sie einen guten Referenzgeber haben, können Sie diesen, natürlich nach dessen Einwilligung, von
Ihrem Kunden anrufen oder besuchen lassen, damit der Kunde aus einer „neutralen"
Quelle mehr über Sie erfahren kann.
- **Wettbewerbern Kunden abwerben:** Schauen Sie doch einmal, welche Kunden Ihre
Wettbewerber als Referenzkunden angeben. Notieren Sie sich diese Namen und inte-
grieren Sie die Kontakte in Ihre Akquisebemühungen. Besonders Erfolg versprechend
ist dieses Vorgehen bei Kunden von Wettbewerbern, von denen Sie wissen, dass die
Geschäfte aktuell schlecht laufen. Auch Skandale und schlechte Presse können ein An-
lass sein, die Kunden des Wettbewerbers zu kontaktieren.
- **(Vorgetäuschte) Personalsuche:** Ein Berater findet eine Stellenausschreibung, in der
Einkaufspersonal gesucht wird. Dies kann er als „Aufhänger" nutzen, um mit dem
Unternehmen in Kontakt zu treten und dort seine Beratungsleistungen für den Einkauf
anzubieten.

3.5.13 Ampelmodell

Bei Beratungsprojekten zum Thema Akquise nutzen wir gern das so genannte Ampelmo-
dell, mit dessen Hilfe wir aus unseren über 100 Methoden der Akquise, die für unseren
Kunden geeignetsten herausarbeiten.

In einem Brainstorming oder einer Diskussionsrunde werden (in diesem Fall Akquise-)
Methoden gesammelt und aufgelistet. Anschließend werden die einzelnen Methoden mit
Ampelfarben bewertet. Gut umsetzbare Methoden erhalten die Farbe Grün, eventuell geeignete Methoden erhalten Gelb und unbrauchbare Methoden Rot. Anschließend wird geprüft, welcher Aufwand mit den einzelnen Maßnahmen verbunden ist. Schließlich werden
für die in Frage kommenden Methoden die Verantwortlichkeiten geklärt. Ein solches Vorgehen kann wie in Abb. 3.24 dargestellt aussehen.

Mithilfe dieser Methode lassen sich schnell passende Methoden aus einer größeren
Anzahl von Ideen herausfiltern. Sie ist außerdem hervorragend geeignet, um eine grobe
Vorauswahl zur weiteren Bearbeitung zu treffen.

▷ Eine vollständige Liste der Lektüre finden Sie im geschützten Bereich unserer
Homepage unter: www.milz-comp.de/download

Alternative Methoden der Neukundenakquise (Auswahl)
Ergebnisse erste Diskussion

	Zu prüfen		Aufwand?	Wer?
Persönliche (Kalt-)akquise	⬤	+		
Telefonakquise	⬤	+		
Messeakquise als Besucher und Aussteller	⬤	◯		
Mailings Brief, Fax, XING etc.	⬤	+		
Aktives Empfehlungsmarketing	⬤	◯		
Fachbuch, -aufsätze	⬤	-		
Studien, Umfragen	⬤	-		
Kundenveranstaltungen, -events	⬤	◯		
PR	⬤	+		
Interne Verbesserungsvorschläge	⬤	◯		
Verbände, Vereine	⬤	+		

Abb. 3.24 Alternative Methoden der Neukundenakquise. (Quelle: Milz & Comp. GmbH)

Literatur

Dietze, U., und C. Mannigel. 2007. *TQS – Total quality selling*. Offenbach: Gabal.

Fox, J. J. 2000. *How to become a rainmaker*. London: The Random House Group.

Gitomer, J. 2010. *Das kleine rote Buch für erfolgreiches Verkaufen*. München: Redline.

Linkedin.com. 2022. *LinkedIn*. https://www.linkedin.com/feed/. Zugegriffen am 03.06.2022.

Mills, H. 2004. *The Rainmakers Toolkit*. New York: AMACOM.

Wikipedia. 2022. *Affiliate-Netzwerk*. https://de.wikipedia.org/wiki/Affiliate-Netzwerk. Zugegriffen am 16.05.2022.

XING. 2022. *XING – Ideas for a new world of work*. https://www.xing.com/en. Zugegriffen am 03.06.2022.

Zum Weiterlesen

Bröer, H. 2012. *Schnecken hüpfen nicht. Erfolgreich Neukunden gewinnen mit System*. München: Redline.

Fischer, C. 2011. *Telefonpower. Grundregeln für erfolgreiche Businesstelefonate*. Offenbach: Gabal.

HyderHyder, S. 2016. *The zen of sozial media marketing*. Dallas: BenBella Books.

Levinson, J. C. 2018. *Guerilla Marketing des 21. Jahrhunderts*. Frankfurt: Campus.

Reinke, M. I. 2011. *30 Minuten Neukunden-Gewinnung*. Offenbach: Gabal.

Scheuer, T. 2015. *Marketing für Dienstleister*. Wiesbaden: Gabler.

Schulte, T., und M. Pradel. 2006. *Guerilla Marketing für Unternehmertypen*. Sternenfels: Verlag.

Skambraks, J. 2010. *30 Minuten für den überzeugenden Elevator Pitch*. Offenbach: Gabal.

Taxis, T. 2018. *Heiß auf Kaltakquise*. Freiburg: Haufe-Lexware.

Weinberg, T. 2014. *Social Media Marketing – Strategien für Twitter, Facebook & Co*. Köln: O'Reilly.

Verkauf & Verhandlung

4

Zusammenfassung

Ein typisches Verkaufsgespräch lässt sich – inkl. Vor- und Nachbereitung – in sieben Phasen unterteilen. Ein strukturiertes Verkaufsgespräch ist nicht mit dem Abschluss eines möglichen Verkaufes beendet, sondern geht weit darüber hinaus, um auch in Zukunft weiter erfolgreich zu verkaufen. Jede Phase wird hier ausführlich beleuchtet. Übrigens hat sich diese Struktur auch in digitalen Zeiten nicht geändert. Ganz im Gegenteil ist es noch wichtiger geworden einer Struktur zu folgen – denn Improvisation ist im Zoom- oder Teams-Chat schwieriger als im persönlichen Gespräch ... Mit der richtigen Form der Kommunikation zeige ich, wie Sie den Kundennutzen aufzeigen und dem Kunden das Gefühl geben, bei Ihnen kein Risiko einzugehen. Weiterhin wird das Buying Center definiert, damit Sie die Rollen Ihrer Ansprechpartner beim Kunden korrekt identifizieren. Unternehmen kaufen nämlich nichts. Nie. Sondern immer nur Menschen, die für das Unternehmen arbeiten. Dies ist ein kleiner – aber sehr wichtiger Unterschied für einen erfolgreichen Vertrieb, den viele vergessen, wenn sie von ihren „Kunden" sprechen.

Dieses Kapitel widmet sich der vierten Disziplin, dem Verkauf & Verhandlung (s. Abb. 4.1). In Abb. 4.2 finden Sie die wichtigsten zehn Statements zum Thema Verkauf & Verhandlung, wobei Sie die Prüfung des Erfüllungsgrads in Ihrem Unternehmen hiermit vornehmen können.

Ergänzende Information Die elektronische Version dieses Kapitels enthält Zusatzmaterial, auf das über folgenden Link zugegriffen werden kann [https://doi.org/10.1007/978-3-658-38343-5_4]. Die Videos lassen sich durch Anklicken des DOI Links in der Legende einer entsprechenden Abbildung abspielen, oder indem Sie diesen Link mit der SN More Media App scannen.

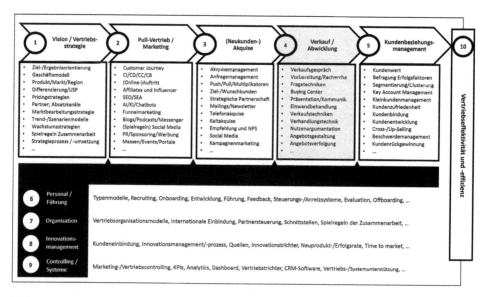

Abb. 4.1   Vierte Disziplin: Verkauf & Verhandlung. (Quelle: Milz & Comp. GmbH)

		Ja	Nein	Zu prüfen
1.	Die sieben Phasen des Verkaufsgesprächs sind unseren Verkäufern – ebenso wie Fragen der Etikette, der Körpersprache und der Stimme - bekannt, werden regelmäßig in Rollenspielen und Videoübungen trainiert und Checklisten, Gesprächsleitfäden und Regiepläne sind vorhanden und werden genutzt.			
2.	Unsere Verkäufer kennen und nutzen die dreizehn wesentlichen to-do's und Tools einer Gesprächs- und Verhandlungsvorbereitung, insbesondere die Akquisespinne (inkl. der notwendigen Recherchewege) und den Dreiklang „1) technische Leistungsmerkmale, 2) qualitative und 3) monetäre Nutzenargumentation".			
3.	Wir haben deutlich vom Wettbewerb differenzierte Möglichkeiten erarbeitet, das Kaufrisiko des Kunden zu senken oder zu eliminieren.			
4.	In den Disziplinen Verkaufsrhetorik, Einwandbehandlung und Erkennen und Nutzen von Kaufsignalen sind unsere Mitarbeiter gut ausgebildet.			
5.	Die mit Abstand wichtigste Methodik guter Verkäufer – Fragetechnik – ist bei allen Mitarbeitern perfekt geschult; beste Auswirkungsfragen sowie „Killer-Sales-Questions" sind formuliert und allen Mitarbeitern bekannt.			
6.	Buying-Center- sowie Motivanalysen sind bekannte und standardisiert genutzte Instrumente im Verkaufsprozess; Coaches sind bei allen wichtigen Neukunden implementiert und werden genutzt; personenbezogene Nutzenargumentationen sind regelmäßig im Einsatz.			
7.	Relevante nützliche Verkaufshilfen - insbesondere Rendite- oder Amortisationsberechnungen, Testimonials, Testurteile/Studien o.ä. - sind definiert und werden unternehmensweit genutzt.			
8.	Unsere Angebotstrefferquote beträgt zwischen 25 und 70% - aus mindestens jedem vierten Angebot, das wir schreiben, resultiert ein Auftrag.			
9.	Ein Vorangebotsgespräch wird von allen Mitarbeitern vor jedem Angebot geführt, es existieren hierfür etablierte Standards, Checklisten und Gesprächsleitfäden.			
10.	Alle vertrieblichen Kernprozesse und Standards, insbesondere Anfragemanagement, Bestandskundenmanagement, Innovationsmanagement und Neukundenakquise, sind präzise definiert; die Ergebnisse in jedem Teilprozessschritt werden auf jeder Stufe gemessen und wo notwendig regelmäßig optimiert; Abweichungen hiervon werden nicht toleriert.			

Abb. 4.2   Mastercheckliste: Zehn Statements zum Thema Verkauf & Verhandlung. (Quelle: Milz & Comp. GmbH)

In Kap. 2 und 3 haben Sie die wichtigsten Tools und Methoden zur Adressenbeschaffung, Neukundenakquise und Kundenansprache kennengelernt. In diesem Kapitel wird es ernst: Sie stehen dem Kunden gegenüber – entweder persönlich oder im Online-Call. Nun geht es um das eigentliche Verkaufsgespräch und darum, wie es danach weitergeht.

Sie haben es geschafft, haben endlich einen Termin beim Kunden. Doch haben Sie den Termin wirklich mit einem Entscheider, jemandem, der darüber bestimmen kann, ob und wie viel Budget für Ihr Projekt zur Verfügung gestellt wird? Diese Frage sollten Sie sich stellen. Im Vertrieb definieren wir einen *Termin* stets als „ein Gespräch, das mit einem *Entscheider* stattgefunden hat". Denn wenn es sich nicht um einen Entscheider handelt, dann handelt es sich nach Meinung vieler nicht um einen „Termin" sondern lediglich um einen „Besuch" oder einen „Call" bei oder mit einem Interessenten.

4.1   Strukturiertes Verkaufsgespräch

Wie bereits im vorangegangenen Kapitel besprochen ist die „richtige" Kommunikation für die Übermittlung der Botschaft, die Sie überbringen wollen – in diesem Falle Ihre Verkaufsabsicht – von ganz entscheidender Bedeutung. Deshalb sollten Sie sich bei Verkaufsgesprächen und -präsentationen – egal ob persönlich oder digital – immer professionell vorbereiten und nichts dem Zufall überlassen. Sprache, Stimmung, Wortwahl, Tonfall, Körper – alle diese Faktoren spielen beim Gesprächsverlauf eine Rolle. Der US-amerikanische Psychologe Mehrabian hat schon 1967 (Wikipedia 2022a) festgestellt, dass die Wirkung einer Botschaft nur zu 7 % vom Inhalt abhängig ist, zu 93 % aber von nonverbaler Kommunikation (zu 55 % von der Körpersprache (Bewegung, Gestik, Mimik usw.), zu 38 % von der Stimme).

Sicher wissen Sie, dass Sie mit der richtigen Kommunikation ein Gespräch in die Richtung lenken können, die Sie verfolgen möchten. Fragetechniken und Verkaufsrhetorik werden in den meisten Vertriebsseminaren trainiert. Versuchen Sie jedoch nicht, Ihren Kunden auf plumpe Weise zu manipulieren. Die Gefahr, dass er dies merkt und daraufhin jede weitere Zusammenarbeit verweigert, ist groß!

Übrigens hat sich diese Struktur auch in digitalen Zeiten nicht geändert. Ganz im Gegenteil ist es noch wichtiger geworden einer Struktur zu folgen – denn Improvisation ist im Zoom- oder Teams-Chat schwieriger als im persönlichen Gespräch … Wer sich genauer für die Unterschiede zwischen einem persönlichen und einem digitalen Gespräch interessiert, dem sei das Buch von Andrea Heitmann „Online-Meetings, die begeistern. Digitale Rhetorik mit Spaß und Struktur" ans Herz gelegt. Darin erläutere ich, was die Besonderheiten eines Online-Vertriebscalls sind. (Heitmann 2021)

Ein typisches Verkaufsgespräch lässt sich – inkl. Vor- und Nachbereitung – in sieben Phasen unterteilen (s. Abb. 4.3). Hierbei soll die „Bauchigkeit" oder das Volumen der nebenstehenden Ovale im Wesentlichen den Zeitanteil darstellen, den die jeweilige Phase im Gesamtgespräch einnimmt – Phasen 1 (Vorbereitung) und 7 (Nachbereitung) mal außer Acht gelassen, da diese im Regelfall den Gesprächsumfang selbst um ein Vielfaches übersteigen werden. Berücksichtigt man weiterhin – hierzu kommen wir später noch genauer – dass der Gesprächsanteil eines guten Verkäufers in der zeitanteilig intensivsten Phase 3 lediglich 20–30 % betragen soll (umgekehrt in Phase 4; in den Phasen 2, 5 und 6 kann der Anteil zwischen Käufer und Verkäufer ausgeglichen sein), so ist der Gesamtredeanteil eines Top-Verkäufers in Summe deutlich geringer als der des Käufers. Die einzelnen Phasen werden im Folgenden erläutert (s. auch Abb. 4.4).

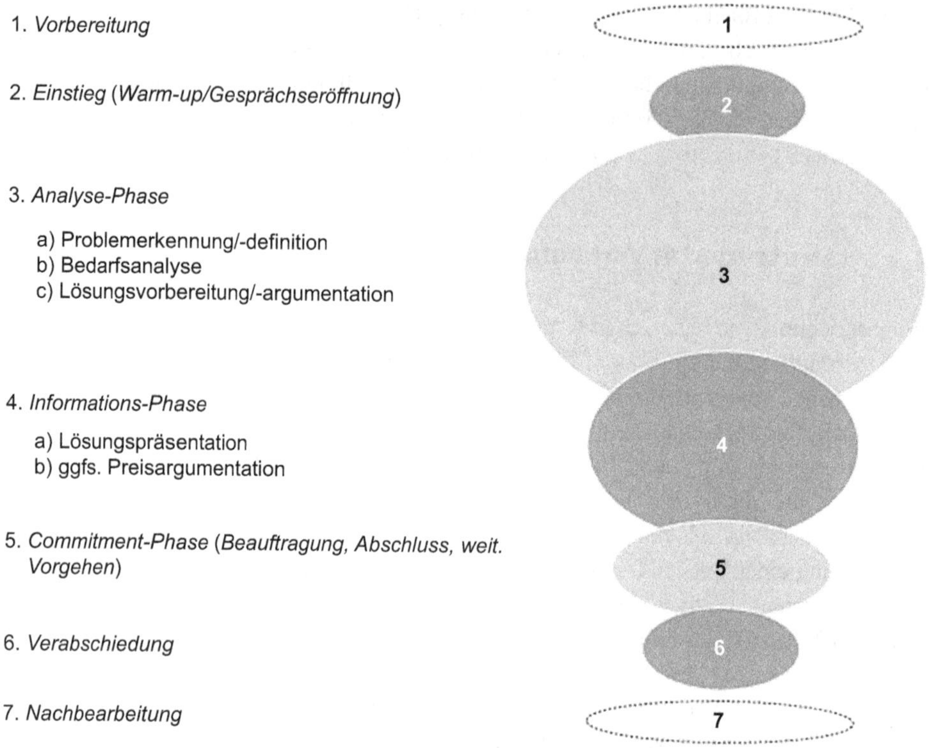

1. *Vorbereitung*
2. *Einstieg* (*Warm-up/Gesprächseröffnung*)
3. *Analyse-Phase*
a) Problemerkennung/-definition
b) Bedarfsanalyse
c) Lösungsvorbereitung/-argumentation
4. *Informations-Phase*
a) Lösungspräsentation
b) ggfs. Preisargumentation
5. *Commitment-Phase* (*Beauftragung, Abschluss, weit. Vorgehen*)
6. *Verabschiedung*
7. *Nachbearbeitung*
1
2
3
4
5
6
7

Abb. 4.3 Die sieben Phasen des Verkaufsgesprächs. (Quelle: Milz & Comp. GmbH)

Milz&Comp.
Sales Champions Strategy für Führungskräfte
SalesDrive 360

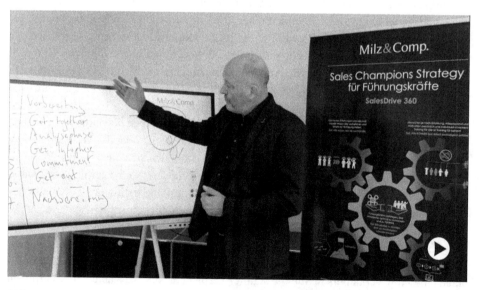

Abb. 4.4 Video Verkaufsgepräch ((▶ https://doi.org/10.1007/000-7cg))

4.1.1 Vorbereitung

Stellen wir uns zu Beginn dieses und der nächsten sechs Unterkapitel immer die Frage, die man sich im professionellen Umfeld *stets* stellen sollte: die Frage nach dem „warum", dem „Ziel". „Warum sollte ich mich vorbereiten, was ist das Ziel einer professionellen Vorbereitung?" Wer jemals aus einem Gespräch gekommen ist mit dem Gedanken „das hätte ich mir eigentlich auch denken können, dass er diese Frage stellt oder mit diesem Einwand kommt" oder „wenn ich gewusst hätte, dass mein Gesprächspartner dies gar nicht entscheiden kann, dann hätte ich mir das Gespräch auch schenken können" oder „der wollte mich anscheinend nur als Alibianbieter sprechen, damit mein niedrigeres Angebot für einen besseren Preis bei seinem bestehenden Lieferanten sorgt" oder ähnliches denkt – der sollte begreifen, dass er schlecht vorbereitet war. *Das Ziel einer professionellen Vorbereitung sollte somit sein,*

- dem Effektivitäts- und Effizienzprinzip maximal zu entsprechen und
- alle notwendigen und verfügbaren Informationen zusammenzutragen, um
- „Glück" oder „Zufall" einer erfolgreichen Akquisition weitestgehend zu eliminieren.

Im Vorfeld sowie erst recht am Ende eines jeden Gesprächs sollte immer ein mathematischer Erwartungswert bzw. eine Wahrscheinlichkeit berechnet werden können, der/die darüber Auskunft geben kann, wie sinnvoll ein weiteres Verfolgen der Akquisebemühungen ist oder ob es im Gegenzug sinnvoll sein könnte, seine Verkaufsabsichten möglichst schnell einzustellen, da der zu erwartende Aufwand, die Akquise erfolgreich zu absolvieren den erwarteten Projektnutzen übersteigt (s. hierzu auch Frage 12 der nachfolgenden Checkliste).

Jedes erfolgreiche Gespräch, das einen bestimmten Zweck verfolgt, sollte mit einer sorgfältigen Vorbereitung beginnen. Ob ein Gespräch, eine Verhandlung oder eine Präsentation erfolgreich oder nicht erfolgreich verlaufen, entscheidet sich nur äußerst selten in den ein bis zwei Stunden der Veranstaltung selbst. In 90 % der Fälle wird der Grundstein über Erfolg oder Misserfolg in der Vorbereitung gelegt. Und in 90 % aller Verkaufsgespräche oder -verhandlungen, die ich kenne, wird genau auf diese Vorbereitung zu geringen oder gar keinen Wert gelegt, wobei dies zumeist mit den Argumenten „Zeitmangel" oder „das entscheide ich mit meiner Erfahrung aus dem Bauch heraus" begründet wird. Doch genau diese beiden Argumente sind ein fataler Trugschluss:

„Zeitmangel": Macht es Sinn, dass ich den ganzen Weg durch die SALESTOOL-BOX®-Schritte 1 bis 3 (Vertriebsstrategie wurde erarbeitet, Marketing ist definiert, Terminakquise hat funktioniert) gegangen bin, um den bisher investierten Aufwand für eine ungenügende Vorbereitung im entscheidenden Schritt 4 (Kundenakquise im Gespräch) aufs Spiel zu setzen? Nein, denn im Grunde entspricht es unserem Ansatz, in jedem der logisch aufeinanderfolgenden Schritte genau so viel Aufwand wie nötig zu investieren, um das definierte Ziel – in diesem Falle die Gewinnung des neuen Kunden – zu erreichen. Lasse ich mit meiner Investition in Schritt 4 nun nach, so wäre es eher logisch gewesen,

schon in den Schritten 1 bis 3 zu „sparen". Wenn ich in den ersten drei Schritten bestmöglich vorgegangen bin, so sollte dies erst recht für den so sehr wichtigen letzten Schritt vor Gewinnung des neuen Kunden gelten!

„Erfahrung kompensiert Vorbereitung": Der Verhandlungsprofi Schranner (2011) beschreibt in seinem Buch „Teure Fehler", S. 75, eindrucksvoll, wie mangelnde Vorbereitung sich – zumindest in Verhandlungssituationen (und für wichtige Verkaufsgespräche gilt Analoges) in der entscheidenden Situation rächen kann: *„Es ist unstrittig, dass eine Entscheidung unter Stress immer emotional – und somit nicht rational – ausfällt. In der ... Verhandlung sind emotionale Entscheidungen leider immer falsch. Damit Sie sich nicht während der Eskalation entscheiden müssen, sollten Sie sich bereits in der Vorbereitungsphase festlegen: Wo werden Sie aussteigen, wann werden Sie die Verhandlung abbrechen? ... Wenn ich ... in der Vorbereitung frage „Wie weit werden wir gehen?" so kommen meist Antworten wie „das sehen wir dann" oder „so schlimm wird es schon nicht kommen." Meine Erfahrung sagt, es wird so schlimm kommen, vielleicht sogar noch schlimmer als erwartet."* Wobei wichtig ist hinzuzufügen, dass mit Vorbereitung nicht nur inhaltliche Vorbereitung gemeint ist.

Vor jedem Verkaufsgespräch und jeder Verhandlung sollten deshalb insbesondere die folgenden Fragen beantwortet bzw. vorbereitet werden, die im weiteren Verlauf des Kapitels näher erläutert werden:

Checkliste: Verkaufsgesprächs-/Verhandlungsvorbereitung
1. Was wollen Sie erreichen? Was sind Ihre Ziele?
2. Was ist Ihr Minimal-, was Ihr Maximalziel (z. B. sich vorstellen, Termin vereinbaren, Verkauf tätigen, Zielpreis erreichen etc.)?
3. Was sind Ihre Alternativen (wenn Ihr Gespräch nicht zufriedenstellend verläuft)?
4. Mit wem wollen und müssen Sie reden? (Entscheider etc. Abschn. 4.2)
5. Nehmen diese Personen (s. 4.) auch tatsächlich alle an dem Gespräch teil?
6. Was sind die Ziele und Motive Ihres/r Gesprächspartner(s)? Was erwartet/n er/sie?
7. Wer und was sind seine Alternativen (z. B. alternative Lieferanten)?
8. Was wissen Sie über ...
   a. das Unternehmen/die Abteilung/die Funktion/die Unternehmensprozesse/ den Sachverhalt/die Kalkulationen/...? (z. B. Historie/Hintergrund, s. auch Tool „Akquisespinne")
   b. Ihre Gesprächspartner? (z. B. Gesprächstyp, Funktion, Hierarchie, Entscheidungsbefugnisse/Kompetenzen, Verhältnis der Personen untereinander, Eigenarten, Werte und Motive, Hobbys, ...)

9. Auf welchem Weg können Sie Ihr Ziel erreichen? (Festlegung Strategie, Agenda, Rollenverteilung, Dramaturgie; ggfs. (in Verhandlungen) „walk-away-Punkt", Argumente, Bedeutung Ihres Hauses für Ihren Gesprächspartner, OPAL-Fragen (s. Abschn. 4.1.3))

10. Nutzenargumente und -berechnungen (für Sie selbst und für Ihren Gesprächs-partner; Beweise, Belege, Studien ⇒ „show-me-the-money"; (s. Abschn. 4.1.1))

11. Wie können Sie das „Kaufrisiko" für Ihren potenziellen Kunden senken?

12. Genehmigungskompetenzen: Wollen Sie in diesem Gespräch entscheidungsfä-hig sein? Wird Ihr Gesprächspartner im Gespräch entscheidungsfähig sein?

13. Führe ich die Akquisitionsbemühungen fort oder stelle ich sie ein gemäß SCOTSMAN?

14. Wie und wo recherchiere ich die benötigten Informationen möglichst effizient?

Diese Checkliste steht auch als Download unter www.milz-comp.de/download zur Verfügung.

Schauen wir uns einige der Fragen ein wenig genauer an:

Wenngleich *Frage 1* eigentlich selbstverständlich sein sollte, schauen uns Verkäufer, die wir im Wege einer Mitfahrstudie oder des Coaching-on-the-Job bei ihrer Außendienst-tätigkeit begleiten, sehr häufig erstaunt an, wenn wir ihnen diese Frage stellen. *„Na, unsere Produkte verkaufen"* oder ähnlich lautet oft die Antwort. Dass dazu aber ein mehrstufiger Prozess gehört, der beim komplexen Investitionsgüterverkauf vielleicht ja damit beginnt, zunächst ein Erstgespräch wahrzunehmen mit der Zielsetzung, ein Zweitgespräch zu ver-einbaren, zu dem dann alle relevanten Entscheider am Tisch sitzen und die Gesprächsstra-tegie zunächst genau darauf auszurichten, diese Antwort hören wir recht selten. Damit korreliert *Frage 5 – „Was erwartet Ihr Gesprächspartner vom Gespräch"* – und verfolgen Sie beide eigentlich die gleiche Zielsetzung? Dies zu klären bzw. hierfür die entsprechen-den Voraussetzungen zu schaffen (z. B. mit einer vorher versandten Terminbestätigung, die eine Agenda vorschlägt sowie dem Gesprächspartner eine kleine „Hausaufgabe" auf-gibt), muss Ihre Aufgabe sein.

Fragen 4, 5 und 12 beziehen sich u. a. auf das sog. „Buying Center" des Unternehmens, worüber wir in Abschn. 4.2 ausführlich berichten.

Handelt es sich bei dem Unternehmen, das Sie besuchen werden, um „einen alten Be-kannten" (z. B. ein Bestandskunde, ein ehemaliger Kunde, ein Interessent, bei dem Sie bereits mehrfach vorstellig waren o. ä.), so sollten Sie gemäß *Frage 7* selbstverständlich die entsprechende digitale Kundenakte bemühen und sich die Historie anschauen, welche Vorgeschichte gab es, eben alles, was für ein Gespräch interessant und relevant sein könnte. Handelt es sich aber um einen Erstbesuch, so hat sich zur Terminvorbereitung das Tool „Akquisespinne" oder „Akquisitionsspinne" (anpassbare Vorlage downloadbar auf unserer Homepage www.milz-comp.de/download) als sehr nützlich erwiesen:

Tool: Akquisitionsspinne

In die übersichtliche Struktur (z. B. ein DIN-A4-Blatt) der Akquisitionsspinne (s. Abb. 4.5) können Sie stichwortartig alle wichtigen Informationen zu Ihrem potenziellen Kunden, den Sie gewinnen möchten, notieren. Das Tool eignet sich ideal zur inhaltlichen Vorbereitung eines Ersttermins, es zwingt Sie, sich alle wesentlichen netzwerkrelevanten Informationen vor einem Gespräch zu erarbeiten. Kurz vor Ihrem Termin müssen Sie dann nur noch einen kurzen Blick auf die „Spinne" werfen und haben alle Fakten für Ihr Gespräch zur Hand, was insbesondere für die ersten 20 Minuten Ihres Erstgesprächs von besonderer Bedeutung ist: In dieser Anfangsphase testet Ihr Gesprächspartner in der Regel Ihr Know-how, Ihre Markt- und Branchenkenntnisse. Wenn Sie demonstrieren können, dass Sie die relevanten Marktplayer namentlich kennen, die Lieferanten, Kunden und Wettbewerber Ihres Gesprächspartners, so wird er Sie als Insider wahrnehmen und gerne bereit sein, ein Gespräch mit Ihnen auf Augenhöhe zu führen.

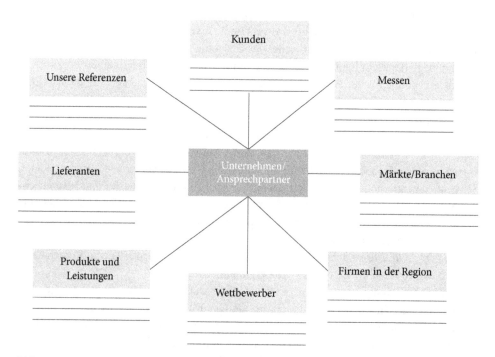

Abb. 4.5   Die Akquisitionsspinne. (Quelle: Milz & Comp. GmbH)

In der Akquisitionsspinne sollten wir etwa (kann angepasst werden) die folgenden Fragen beantworten:

- Wer sind die Kunden des Unternehmens?
- Auf welchen wichtigen Messen ist das Unternehmen vertreten und welche weiteren (Leit-)Messen sind interessant?
- Auf welchen Märkten/in welchen Branchen ist es aktiv?
- Welche Firmen in der Region/in der Nachbarschaft des Unternehmens können Ihrerseits als Referenz angeführt werden?
- Welche relevanten Branchenreferenzen können Ihrerseits als Referenz angeführt werden?
- Wer sind die Wettbewerber?
- Welche Produkte und Leistungen bietet das Unternehmen an?
- Mit welchen Lieferanten arbeitet es zusammen?

Was wissen wir sonst über das Unternehmen und insbesondere die Ansprechpartner, mit denen wir sprechen? Wenn Sie diese Informationen im Gespräch verwenden, geben Sie Ihrem Kunden ein gutes Gefühl. Sie signalisieren: „Wir haben uns detailliert mit dir und deiner Situation beschäftigt!" bzw. „Wir kennen uns in der Branche aus und interessieren uns für dich". Dieses Interesse schafft Vertrauen. Auch lassen sich Verweise auf Referenzen aus der Nachbarschaft, Region oder Branche, also gezieltes „Name-Dropping", hervorragend hierfür nutzen.

Was *Frage 9* angeht – „*Welche Nutzenargumente bereiten Sie vor und welche Berechnungen stellen Sie an, um Ihren designierten Kunden zu überzeugen?*" –, so könnte die Diskussion darüber, welche Möglichkeiten es hier gibt, sicherlich ganze Bücher, Trainings oder Workshops füllen. In der Tat herrschen hier in der Praxis erhebliche Defizite. Zwar haben fast alle Unternehmen, die ich kenne, für sich eine mehr oder weniger professionelle Darstellung der Leistungsmerkmale und technischen Spezifikationen ihrer Produkte und Dienstleistungen erarbeitet. Diese liegen dann entweder in Form von Unternehmens- und Produktflyern, technischen Datenblättern, PowerPoint-Präsentationen, Homepagedarstellungen oder gar mobilen Apps vor. Doch wird diese technische Stärkenargumentation nur selten durch Marketing oder Vertrieb in eine qualitative und/oder technische Kundennutzenargumentation übersetzt. Und noch viel seltener in eine finanzielle Vorteilsargumentation für den Kunden. Wenn dann doch einmal – viel zu selten – Nutzenargumente für den Kunden vorhanden sind, gehen diese häufig in der Aufzählung der Leistungsmerkmale des Produktes oder der Dienstleistung unter bzw. werden mit diesen vermischt. Viel stringenter ist es daher, zunächst einmal, sozusagen in einer „ersten Spalte", die wichtigsten technischen Features und Leistungsmerkmale des jeweiligen Angebotes zu sammeln, um dann in einer „zweiten Spalte" die qualitativen oder technischen Nutzenargumente aufzuführen. Bei der Überleitung von „Spalte 1" zu „Spalte 2" können etwa die folgenden Formulierungen helfen:

- „Das bedeutet für Sie …"
- „Das hat für Sie den Vorteil, …"
- „Der Nutzen besteht für Sie darin, …",

wobei „das" jeweils das technische Argument (Drehzahl, Lebenserwartung, Härte, Wider-
stand, …) meint, das es in einen konkreten qualitativ-technischen und auch finanziellen
Kundennutzen zu übersetzen gilt.

Selbst wenn Unternehmen eine „saubere" Nutzendarstellung gelungen ist, stellen wir
sehr häufig fest, dass diese einhergehen mit Formulierungen wie „Wir bieten Ihnen …"
oder „Unser Produkt/unser Haus leistet …" Viel besser bietet es sich hingegen an, die
„Sie"-Perspektive, die Kundenperspektive einzunehmen: „Sie erhalten …". Wenn dies gut
gelungen ist, kommt die schwierigste Aufgabe, sozusagen die „Kür".

> **Vertriebsgeheimnis „Show them the money!"**
> Alles, was wir oben beschrieben haben, bedeutet konkret – um auf die Vorbereitung
> des Kundentermins bzw. Frage 9 zurückzukommen – *dass wir den Prozess unserer
> jeweiligen Kunden kennen und verstehen müssen – und zwar nicht nur in techni-
> scher, sondern darüber hinaus auch in finanzieller Hinsicht.* Denn nur dann sind wir
> dazu in der Lage, unsere jeweiligen Produktvorteile in konkreten Kundennutzen zu
> übersetzen. Bzw. nur dann können wir darlegen, wie viel unser designierter Kunde,
> dem wir gerade gegenübersitzen, durch die Einführung unseres Systems oder unse-
> rer Produkte in Euro oder Prozent ausgedrückt zu sparen in der Lage ist.
>
> Anders ausgedrückt: Der Vorteil der Nutzung *meines* Produktes kann *immer* in
> Euro ausgedrückt werden. Diese konkrete – vielleicht auch geschätzte – Rendite-
> rechnung ist für unser Gespräch vorzubereiten. Fox (2000) nennt diese Fähigkeit die
> *„Dollarisierung"* oder die *„Show-them-the-money"-Kompetenz, die es dringend gilt
> auszubauen* – und die auch meiner Erfahrung nach bei deutschen Verkäufern bzw. in
> deutschen Vertriebsabteilungen nur sehr rudimentär vorhanden ist.

In Kundenworkshops, die die Erarbeitung dieser vertrieblichen Nutzenargumentation
zur Aufgabe haben und auch häufig *„Sales Enablement Workshops"* heißen, nutzen wir
hier häufig die nachfolgende Vorgehensweise in drei Schritten (s. Abb. 4.6, 4.7 und 4.11)
sowie die folgenden Templates (s. Abb. 4.8 und 4.9) und Hilfsformulierungen, um diese
Übersetzungsarbeit zu leisten:

• Schritt 1: Den Kunden verstehen
• Schritt 2: Den Kundennutzen übersetzen
• Schritt 3: Die Argumentation abstimmen

Bei Schritt 1 (s. Abb. 4.6) geht es im Prinzip um die „Abarbeitung der 13 Fragen der Vor-
bereitungscheckliste", bevor man zu Schritt 2: „Den Kundennutzen übersetzen"
(s. Abb. 4.7) kommen kann.

Den meisten Vertriebsteams fällt es, wie beschrieben, unter Anleitung noch halbwegs
leicht, den qualitativ-technischen Nutzen zu beschreiben. Den monetären Nutzen jedoch,

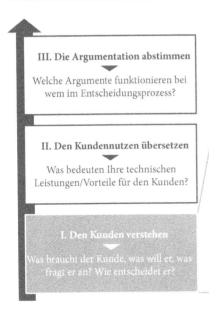

Abb. 4.6 Schritt 1: Den Kunden verstehen. (Quelle: Milz & Comp. GmbH)

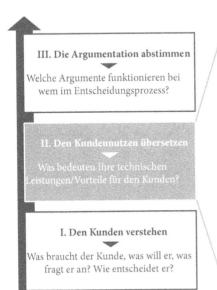

Abb. 4.7 Schritt 2: Den Kundennutzen übersetzen. (Quelle: Milz & Comp. GmbH)

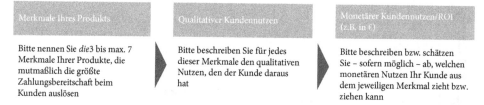

Abb. 4.8 Template Nutzenargumentation 1/2. (Quelle: Milz & Comp. GmbH)

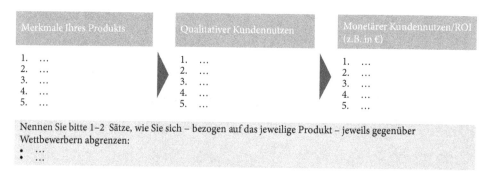

Abb. 4.9 Template Nutzenargumentation 2/2. (Quelle: Milz & Comp. GmbH)

vorbereitete Antworten auf Fragen wie *„Wie hoch ist die Rendite meiner Investition?"* oder *„Wann amortisiert sich die Anlage?"* oder *„Was genau habe ich in Euro von diesem oder jenem Feature?"* Um diese Antworten zu finden haben sich folgende Templates bewährt, die ggfs. im Vorfeld eines Workshops an die komplette Vertriebsmannschaft mit der Bitte um Beantwortung versandt werden können (s. Abb. 4.8 und 4.9).

Ein Praxisbeispiel: Ein Maschinenbauer, der Anlagen zur Separation von Abfällen herstellt – könnte wie in Abb. 4.10 aussehen (wobei wir aus Vertraulichkeitsgründen die Euro-Spalte weglassen und den Rest anonymisiert haben).

Ist dies geschehen, so gilt es in einem dritten Schritt lediglich noch, die entsprechenden Nutzenargumente und Vorteile auf den jeweiligen Gesprächspartner im Verkaufsprozess abzustimmen (s. hierzu auch „Buying Center", s. Abschn. 4.2) (Abb. 4.11).

Nachdem nun in der Vorbereitung wesentliche Fragen geklärt sind, bleibt *Frage 10* zu beantworten – die „Senkung des Kaufrisikos". Was ist hiermit gemeint?

Leistungsmerkmal	Erklärung	Kundennutzen
Durchsatz XYZ t/h	• Die Maschine kann XYZ t Rohmaterial pro Stunde verarbeiten • Wettbewerbsprodukte können nur YZX t/h	• Deutlich höhere Produktivität, mehr Umsatz pro Maschine • Gleiche Menge an Rohmaterial mit weniger Maschinen bearbeitbar, weniger Kosten insgesamt
Reinheit > XY %	• Das sortierte Material besteht zu > XY % aus Eisen • Wettbewerbsprodukte schaffen nur YZ % Reinheit	• Viel reineres Material • Kann zu höheren Preisen verkauft werden • Kostenintensive Nachbearbeitung entfällt
Wartungsintervalle > X Monate	• Die Maschine muss nur alle X Monate gewartet werden • Wettbewerbsprodukte dagegen Y mal häufiger	• Viel geringere Stillstandszeiten • Weniger Wartungskosten • Mehr Produktivität

Abb. 4.10 Beispiel einer Kundennutzenargumentation. (Quelle: Milz & Comp. GmbH)

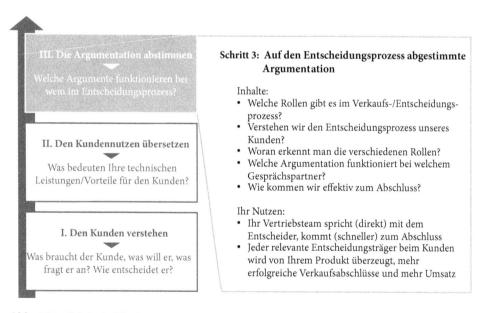

Abb. 4.11 Schritt 3: Die Argumentation abstimmen. (Quelle: Milz & Comp. GmbH)

Vertriebsgeheimnis „Senke das Risiko deines Kunden – und er wird kaufen."
In dieser Behauptung von Gitomer steckt viel Weisheit. Stellen wir uns als Praxisbeispiel folgendes Szenario vor: Sie besuchen einen großen Lebensmittelhersteller,
dessen Kunden im Wesentlichen aus dem Lebensmitteleinzelhandel kommen und
der Unmengen an Verpackungsmaterial bezieht. Sie sind ein Hersteller einer neuen,
innovativen Verpackungslösung, die preislich durchaus mit dem jetzigen Lieferanten des Lebensmittelherstellers konkurrieren kann, hierbei aber noch einen deutlichen Zusatznutzen liefert. Sollte eigentlich ein Selbstläufer sein. Ist es aber nicht.
Warum nicht? *Was ist der Hauptgrund, der gegen Sie als neuer Lieferant spricht?*

Fast immer ist es Angst – Angst vor Fehlentscheidungen. Welche Gedanken gehen dem Einkäufer des Lebensmittelherstellers möglicherweise durch den Kopf
(frei nach Gitomer 2010)?

- „Wer weiß, ob die neue Lösung wirklich besser ist als die alte?"
- „Es könnte eine finanzielle Fehlentscheidung oder ein finanzielles Risiko sein"
- „Eigentliche brauchen wir nichts Neues – die alte Lösung funktioniert gut."
- „Das Gleiche bekomme ich vielleicht woanders günstiger."
- „Das ist eigentlich gar nicht das, was ich möchte."
- „Das ist bestimmt nicht das, was ich zunächst dachte."
- „Die Produktqualität ist bestimmt nicht so gut, wie der Verkäufer verspricht."
- „Der Service (die Logistik, die Administration, …) wird bestimmt zu wünschen
  übriglassen."
- „Das Produkt wird nicht das leisten, was ich erwarte."
- „Es gibt bestimmt noch bessere Lösungen."
- „Die Technologie wird kurz nach dem Kauf schon überholt sein."
- „Ich könnte, wenn ich was falsch mache, wie ein Idiot dastehen."
- „Der Verkäufer lügt."
- „Mein Chef wird wütend auf mich sein, wenn ich hier einen Fehler mache."

Und noch hundert weitere Überlegungen. Fatalerweise wird Ihr Gegenüber sich
diese Gedanken in ähnlicher Form sogar machen, wenn er mit seinem bisherigen
Lieferanten unzufrieden ist (*„Lieferant xy arbeitet tatsächlich sehr unzuverlässig –
aber ich habe mich an seine Fehler und Schwächen gewöhnt und kann damit leben.
Zumindest weiß man dort was man bekommt – möglicherweise wird der neue Lieferant noch schlechter sein."*)

Das heißt für Sie, wenn Sie dabei sind, Ihr Verkaufsgespräch vorzubereiten, dass Sie
sich überlegen sollten, wie Sie das Kaufrisiko Ihres Kunden senken können, was Sie tun
können, um all jene oben aufgeführten Risikoüberlegungen Ihres potenziellen Kunden
obsolet werden zu lassen. Die üblichen hier verwendeten Mechanismen sind etwa Refe-

renzen und Testimonials, Tests und Proben, (verlängerte) Probezeiten und Rücknahmega-
rantien, Preisgarantien, Renditegarantien, Verfügbarkeitsgarantien, Geld-zurück-Garantien
usw. Dies bieten allerdings bereits viele Hersteller an. Das, was wir in Workshops gemeinsam mit unseren Kunden erarbeiten, sind hier passgenaue und finanzierbare Lösungen, die
sich von der breiten Masse abheben. Simon etwa beschreibt in „Die Wirtschaftstrends der
Zukunft" (S. 143 f.) ebendiese Entwicklung und nennt hier auch schöne Beispiele: *„Das
amerikanische Softwareunternehmen Infusionsoft gibt seinen Kunden eine Garantie, dass
sie mit Hilfe der Infusionsoft-Verkaufssoftware ihren Umsatz innerhalb eines Jahres verdoppeln. Die Software ist speziell auf kleine Firmen mit weniger als zehn Beschäftigten
ausgerichtet. ... Der Preis für die Software liegt bei 4000 Dollar, die gegebenenfalls zu-
rückerstattet werden. ... Auch Kunden, die die Verdopplung nicht ganz schafften, behielten
größtenteils die Software."* (Simon 2011)

Übrigens sind diese Garantien nicht nur bei Produktherstellern, sondern auch bei Dienstleistern möglich. Harry Mills beschreibt dies in „The Rainmaker's Toolkit – Power Strate-
gies for Finding, Keeping and Growing Profitable Clients" am Beispiel einer US-amerika-
nischen Anwaltskanzlei sehr anschaulich: „The Guarantee – We guarantee that as a client
of Ungaretti & Harris you will receive cost-effective legal services delivered in a timely
manner. We promise to involve you and communicate with you regularly. We cannot guarantee outcomes; we do guarantee you satisfaction with our service. If Ungaretti & Harris
does not perform to your satisfaction, inform us promptly. We will resolve the issue to your
satisfaction, even if it means reducing your legal fees." (Mills 2004, S. 52 f.)

Als diese Garantie in dem wirtschaftlich stagnierenden Jahr 1995 eingeführt wurde, so
Mills, stieg der Umsatz der Kanzlei um 50 %. Ebenso die nächsten fünf Jahre – während
der Markt der Anwaltskanzleien um lediglich 2 % p. a. wuchs. Kunden blieben der Firma
treu und die Presse berichtete überschwänglich über diese Art der Garantie.

Vertriebsgeheimnis „Risikosenker": Solche Tools gilt es zu entwerfen!
Was die Frage 14 der Checkliste Verkaufsgespräch-/Verhandlungsvorbereitung angeht – *„Führe ich die Akquisitionsbemühungen fort oder stelle ich sie ein gemäß
SCOTSMAN?"* – so möchte ich Ihnen hierzu eben dieses Tool, SCOTSMAN, vorstellen. In meinem Buch „Praxisbuch Vertrieb – Die Strategie für maximale Vertriebseffizienz" (Milz 2017, S. 121–126) habe ich anhand eines Beispielprozesses ausführlich dargestellt, wie sich diese Frage in den gesamten Akquiseprozess einbinden lässt.
SCOTSMAN ist ein Akronym und steht für folgende (Auszug) im Akquiseprozess
nützlich und sinnhaft zu beantwortende Fragen (und v. a. deren Antworten):

- **Solution:**
  - Gibt es eine passende Lösung, die Ihr Unternehmen anbieten kann?
  - Passt diese Lösung zum Produkt-/Leistungsportfolio Ihres Unternehmens?

- **Competition:**
  - Wissen Sie, wer Ihre Wettbewerber sind?
  - Wissen Sie, ob diese ebenfalls angefragt/bereits an Bord sind?
- **Originality:**
  - Können Sie etwas Einzigartiges anbieten? Was?
  - Wird Ihr Kunde Ihren USP verstehen und als solchen akzeptieren?
- **Timescale:**
  - Kennen Sie den Realisierungszeitplan?
  - Ist dieser Zeitplan realistisch?
- **Size:**
  - Ist der Wert oder das Budget den Aufwand wert?
  - Kann Ihr Unternehmen die Größe bewältigen?
- **Money:**
  - Gibt es ein definiertes Budget, ist dies bestätigt?
  - Ist das Budget angemessen, können Sie eine entsprechende Lösung anbieten?
- **Authority:**
  - Sprechen Sie mit der richtigen, also entscheidenden, Person?
  - Wer ist noch in den Entscheidungsprozess eingebunden?
- **Need:**
  - Kennen Sie alle relevanten Bedürfnisse?
  - Können sie diese befriedigen?

Die Beantwortung dieser Fragen kann mithilfe eines Scoringmodells zu einem Gesamtscore addiert werden, der Ihnen bei der Beantwortung der Frage hilft, ob es Sinn macht, in den Akquisebemühungen fortzufahren. S. hierzu den Ausschnitt des SCOTSMAN-Tools (Abb. 4.12), welches Sie gerne unter www.milz-comp.de/download als xls-Datei downloaden können.

Bleibt zuletzt in der Vorbereitung noch die Frage zu beantworten, wo und wie all diese Informationen recherchiert werden können (*Frage 13*). Zum Teil haben wir hierüber schon in Abschn. 3.4 gesprochen:

- Wie dort beschrieben, eignen sich Social Media Plattformen wie LinkedIn und XING, ggfs. auch Facebook oder Instagram hervorragend v. a. zur Personen- und Unternehmensrecherche.
- Immer eine gute – und vor allem zeitlose – Empfehlung ist es, in den aktuellen Suchmaschinen wie Google oder Bing nach „Personensuchmaschinen" zu suchen – und dort weiter zu suchen.

SCOTSMAN - Sales Opportunity Qualification

Please enter comments and specification in these fields!

| Account Manager: | Customer: | Project Name: | |
| Overall Opportunity Value: | Bid Delivery Date: | | |

Qualification Questions	Response		Score	Comments/Specifications
	Good	Bad		
AUTHORITY			1	
Am I talking to the decision makers/takers ?	● Y	○ N		
Is the client going to be affected by internal corporate policy?	● Y	○ N		
Is the client willing to championour solution corporately?	● Y	○ N		
Is the client responsible for defining the success criteria?	● Y	○ N		
Are the IT people involved in the decision process?	● N	○ Y		
Are consultants involved in the decision ?	● N	○ Y		
Do I have an inside Salesperson ?	● Y	○ N		
NEED			1	
Have I agreed a decision timetable with the customer ?	● Y	○ N		
Have we searched for further needs to strengthen our case ?	● Y	○ N		
Are we addressing their long term plans ?	● Y	○ N		
Total			7	

Prospect Status

The prospect looks good, but there is a little more work to do.

Scoring
Each of the 8 areas should be scored with either a '1' or '0'
Scoring a '1' indicates that we have no more work to do in that particular area
Scoring a '0' indicates that this a problem and that more work in this area is required.

6 - 8	The prospect looks good, but there is a little more work to do.
3 - 5	There is quite a lot work to do. Careful planning is required to move this opportunity into a more favourable position.
0 - 2	Should we be pursuing this opportunity? If so then plan VERY carefully.

Abb. 4.12 SCOTSMAN-Qualifizierung

Weitere Quellen:

- Google
- Bing
- Wikipedia
- Die Homepage des Unternehmens, hier v. a. die Rubriken „Impressum", „News", „Presse", „Investor Relations" u. a.
- www.bundesanzeiger.de oder www.unternehmensregister.de
- Auskunfteien, Kreditversicherungen oder Datenbanken (z. B. Creditreform, Hoppenstedt u. a.)
- Verbände
- Kunden und Geschäftspartner und last but not least:
- Ihr Gesprächspartner selbst – dies allerdings nur mit einer Einleitung, die zum Ausdruck bringt, dass Sie Ihre Hausaufgaben gemacht haben, wie z. B.: „Sehr geehrter Herr Gesprächspartner, wir sitzen ja nächste Woche Freitag um 10:00 Uhr zusammen, um über Kooperationsmöglichkeiten zu sprechen. Ich würde mich gerne intensiv auf unser Gespräch vorbereiten. Gibt es außer den allgemein öffentlich zugänglichen Quellen hinaus noch Informationen, die Sie mir im Vorfeld zu unserem Gespräch zukommen lassen könnten?" Ist das ungewöhnlich? Ja, vielleicht. Ist es unprofessionell? Im Gegenteil: Sie signalisieren a) außergewöhnliches Interesse, b) Professionalität und c) dass Sie alle anderen Möglichkeiten der Vorbereitung bereits ausgeschöpft haben. Und

suggerieren hiermit sozusagen „Wenn das Unternehmen immer und überall so gründlich arbeitet wie in der Vorbereitung auf ein Erstgespräch, dann scheint dies ein exzellenter Lieferant zu sein."

▶ **Praxistipp** Abonnieren Sie die Newsletter Ihrer Ziel-, Wunsch- und Ist-Kunden! Folgen Sie ebenso deren SoMe-Profilen! Vor allem aber – noch viel wichtiger als den Unternehmensprofilen Ihrer Kunden zu folgen bzw. sich mit ihnen zu vernetzen: Vernetzen Sie sich mit den Entscheidern dieser Unternehmer – und mit allen Menschen, die für diese Unternehmen arbeiten, mit denen Sie zu tun haben oder zu tun haben möchten!

4.1.2   Einstieg: Warm-up und Gesprächseröffnung

Zahlreiche empirische Untersuchungen haben gezeigt, dass Kaufentscheidungen in einem sehr frühen Stadium – bereits nach wenigen Minuten – *emotional* getroffen werden. Selbstverständlich können dann noch einmal Wochen, Monate oder gar Jahre vergehen, bis die emotionale Vorentscheidung rational verifiziert oder falsifiziert wurde und schließlich eine Bestellung ausgelöst wird – oder eben nicht. Das heißt aber auch, dass die Gesprächseröffnung für Ihren Verkaufserfolg von höchster Wichtigkeit, wenn nicht sogar mitentscheidend sein kann. *Es gibt keine zweite Chance für einen guten ersten Eindruck!*

Bereits in den ersten Minuten oder gar Sekunden eines Treffens stuft Ihr neuer Gesprächspartner Sie als „*Freund*" oder „*Feind*" ein, als „*kompetent*" oder „*inkompetent*", als „*sympathisch*" oder „*unsympathisch*". Die Wurzeln dieses Verhaltens liegen vermutlich Jahrtausende zurück: Für unsere steinzeitlichen Vorfahren war es (über-)lebenswichtig, sofort zu erkennen, ob ein Fremder ihnen freundlich oder feindlich gesinnt war. Dies geschieht in ähnlicher Form eben noch heute. *Der Verkauf beginnt somit bereits früher als Sie denken!* Sehr schön macht dies das Eisbergmodell (s. Abb. 4.13) deutlich, welches (sinngemäß und vereinfacht) besagt, dass wie bereits beschrieben, Kaufentscheidungen zu 20 % auf Basis der „sichtbaren ZDF-Fakten" (Zahlen, Daten, Fakten), zu 80 % aber auf Basis der (unsichtbaren) emotionalen Faktoren getroffen werden.

Beginnen wir wie immer: *Was ist das Ziel der Einstiegsphase?* Aus meiner Sicht gibt es hier im Wesentlichen *zwei Zielsetzungen*, die sich unmittelbar aus dem oben gesagten ableiten lassen:

• da wir unser Gegenüber für unser Vorhaben – unser Leistungsangebot – gewinnen wollen, müssen wir es ganzheitlich gewinnen – argumentativ auf der Sachebene UND auf der persönlichen Ebene. Konkret heißt es: *Eine positive gemeinsame Beziehungsebene gilt es herzustellen.*
• *„Wie tickt mein Gegenüber?"* *Das so früh wie möglich herauszufinden kann den Unterschied über Gewinn oder Verlust des Projekts, des Auftrags bedeuten.* Wir Menschen sind keine Maschinen, keine Roboter. Jeder Mensch ist anders, „tickt" anders. Und je-

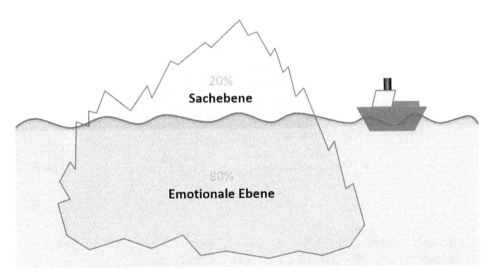

Abb. 4.13 Das Eisbergmodell

der Mensch benötigt somit auch eine unterschiedliche persönliche Nutzenargumentation: Um hier mal ein „politisch inkorrektes, plakativ-provozierendes" Beispiel zu bemühen: Für mein „hippes, Tesla fahrendes, Digital Native Gegenüber" wird das Argument, dass wir ein Traditionsunternehmen mit 100 Jahre Historie sind, in aller Regel ebensowenig zählen, wie für mein „sicherheitsbewusstes, Volvo fahrendes Gegenüber mit Hornbrille, der zwei Jahre von der Rente entfernt ist" das Argument, dass wir „technologisch immer state-of-the-art sind und uns als Innovationsavantgarde empfinden". Andersrum wird vielleicht eher ein Schuh draus …

Ach ja, und noch als – nicht wirklich wesentlichen – dritten Punkt, bietet sich hier noch eine ultrakurze Vorstellungsrunde an – die eigentliche Vorstellungsrunde sollte nämlich erst, wie wir sehen werden, in Phase 5 erfolgen.

Small Talk, Vorstellung und Etikette
Wie beschrieben, dient üblicherweise diese „Warm-up-Phase", neben der oben beschriebenen Funktion des „den anderen kennenlernen", dem Aufbau einer guten persönlichen Beziehung; was in einem Verkaufsgespräch umso wichtiger ist, wenn man bedenkt, dass Kaufentscheidungen – selbst bei hartgesottenen Konzerneinkäufern – zu über 80 % über die emotionale Beziehungsebene mitbeeinflusst werden. Hergestellt werden soll diese gute Beziehung i. d. R mithilfe des sogenannten Small Talks: Man spricht über die Anreise, das Wetter, die Technik (Vor- und Nachteile von Teams/Zoom oder was auch immer)

oder sonstige Belanglosigkeiten. Berücksichtigt man allerdings wie oben beschrieben, dass in den ersten Augenblicken des Kennenlernens eine Vorentscheidung Ihres Gesprächspartners über Ihre Kompetenz getroffen wird, so besteht bei Small Talk die Gefahr, dass Sie mit „inhaltslosem Geplapper" Ihre Kompetenz verwässern. Denken Sie an Ihren Arzt oder Ihren Notar, die sich als zeitknappe Experten auf ihrem jeweiligen Gebiet sehen. Sie verzichten häufig auf Small Talk oder bauen ihr Fachwissen schon vor dem eigentlichen Beratungsgespräch in die Konversation ein und erzeugen so sofort einen kompetenten und vertrauenswürdigen Eindruck.

Roger Rankel (2008) bezeichnet dieses Vorgehen als „*Straight Talk*" und beschreibt ein überzeugendes Beispiel:

Beispiel

Ein Anlageberater ... lässt seinen Kunden zu Gesprächsbeginn nicht nur exzellenten Kaffee servieren, sondern liefert ganz nonchalant dazu eine Probe seiner Kompetenz: ‚Wussten Sie eigentlich, dass allein auf dieser Tasse Kaffee sechs verschiedene Steuerarten lasten?' Der erstaunte Kunde erfährt dann, dass er mit jedem Schluck nicht nur die übliche Umsatzsteuer, sondern auch Kaffeesteuer, Lohnsteuer, Zollsteuer, Zuckersteuer und Getränkesteuer finanziert ... – eine super Selbstpräsentation und eine schöne Möglichkeit, unmittelbar vom ersten Moment des Kennenlernens an, Fachkompetenz zu beweisen. Denken Sie einmal darüber nach, welcher Straight Talk in Ihrer Branche, in Ihrem Unternehmen funktionieren könnte! ◄

Eine andere, perfekte Methode, Rapport zu Ihrem (Ihnen noch unbekannten) Gegenüber herzustellen – für eine perfekte Gesprächsatmosphäre zu sorgen – ist das vorherige Recherchieren nach Gemeinsamkeiten. Nutzen Sie die Möglichkeiten, die LinkedIn, XING oder andere Social Media Plattformen bieten:

- Haben Sie gemeinsame Bekannte? Das Eis wird sofort gebrochen sein, wenn Sie das Gespräch beginnen mit einem „Ich soll Ihnen übrigens einen schönen Gruß von ... bestellen!"
- Haben Sie an der gleichen Hochschule studiert?
- Haben Sie am gleichen Ort gewohnt – oder tun dies aktuell?
- Haben Sie einmal den gleichen Arbeitgeber gehabt?
- Usw.

Jede dieser gemeinsamen Stationen ist ein perfekter Gesprächseröffner für diese Phase – und Beziehungsfestiger!

In Abb. 4.3 ist diese Warm-up-Phase 2 – gemeinsam mit der Phase 6, der Verabschiedung – als die am wenigsten bauchigste und damit kürzeste dargestellt. In unseren Seminaren stellen wir gern die Frage, wie lange diese Phase dauern darf. Die Antworten hierauf lauten meist: *„Fünf bis zehn Minuten"*, *„So kurz wie möglich – dann sollten wir schnell zur Sache kommen"* oder *„Hängt davon ab, wie viel Zeit wir haben"*. Auf diese Frage gibt es eigentlich nur eine korrekte Antwort: *„So lange wie der Kunde will!"* – was u. a. auch abhängig vom jeweiligen Kulturraum ist. Würden wir etwa ein Erstgespräch im arabischen Raum führen, so würde es sicherlich als unhöflich erachtet, wenn wir innerhalb der ersten zwei Stunden, vielleicht sogar innerhalb der ersten beiden Tage sozusagen „mit der Tür ins Haus fallen" und anfangen über „Business" zu sprechen. Dort will man sich erst einmal kennenlernen und prüfen, ob man mit dem anderen überhaupt Geschäfte machen *möchte*.

Vor einiger Zeit befand ich mich in einem Akquisegespräch, einem Erstgespräch, mit dem Geschäftsführer eines größeren mittelständischen Metallverarbeiters. Ich hatte für dieses Gespräch eigentlich insgesamt eineinhalb bis zwei Stunden eingeplant. Nach zwei Stunden waren wir immer noch in der sogenannten „Small-Talk-Phase" und sprachen über Themen, die eigentlich in einer solchen Situation absolut tabu sind: Politik, Religion, Sex, Krankheit, Corona, Tod. Als mein Gesprächspartner kurz aus dem Raum musste, schickte ich meinem Büro eine WhatsApp mit der Bitte, meine nachfolgenden Termine zu verschieben oder abzusagen, denn ich hatte begriffen, dass ich mich gerade in einer Art „Assessment Center" oder einem „Kompetenz-Check" befand: Mein Gesprächspartner wollte herausfinden, ob er mich kompetent, vertrauenswürdig, authentisch und sympathisch fand, ob er Lust dazu hatte, langfristig mit mir „auf Augenhöhe" zusammenzuarbeiten und eine hohe Investition in meine Beratungsleistung zu tätigen. Dies hatte er in der Tat, wie er nach einem dreistündigen Gespräch bemerkte – und in der eigentlichen Sache, dem Geschäftlichen, waren wir uns dann in einer Viertelstunde einig. *Unterschätzen Sie bitte somit nie den Wert des ersten Kennenlernens!*

▷ **Praxistipp** Ein guter Match Pitch (s. Kap. 1) kann ebenfalls als Teil der Gesprächseröffnung genutzt werden.

Zum Kennenlernen dazu gehört selbstverständlich auch die (kurze) *Vorstellung der eigenen Person:* Ich höre häufig, dass Verkäufer in einem Erstgespräch ausführlich das repräsentierte Unternehmen vorstellen, zur eigenen Person aber maximal den Namen nennen. Wenngleich es hier weder notwendig noch zielführend sein dürfte, einen vollständigen Lebenslauf vorzutragen, so denke ich doch, dass es ein Akt der Höflichkeit ist, einige *relevante* Daten über die eigene Person zu nennen, so z. B. (wenn relevant) Ausbildung, Dauer der Unternehmenszugehörigkeit, Funktion und Position im Unternehmen usw. Bei weiteren Informationen ist nicht nur der zeitliche Rahmen, sondern auch die Erwartungshaltung des Gegenübers zu berücksichtigen, die man an dieser Stelle durchaus erfragen könnte.

Bestandteil des Vorstellens ist – zumindest im traditionellen persönlichen Gespräch der Visitenkartenaustausch, der – wenngleich im westeuropäischen Umfeld nicht ganz so zelebriert wie im asiatischen Raum – dennoch auch bei uns gewissen Regeln folgt: *Die*

Visitenkarte(n) des Kunden sollten Sie dankend annehmen, Ihre eigene überreichen und während des Gespräches in der Reihenfolge der Sitzordnung Ihrer Gesprächspartner auf dem Tisch liegen lassen (für den Fall, dass Sie Namen oder Funktionen Ihrer Gesprächspartner während des Gespräches vergessen sollten).

Verwahren Sie Ihre eigenen Visitenkarten *niemals* in der Hemd- oder Hosentasche, sondern in einer Verkaufsmappe oder einem Etui, das Sie als Herr etwa in der dafür vorgesehenen Tasche Ihres Sakkos, als Dame in der Handtasche oder Aktenmappe unterbringen können. Bieten Sie Ihrem Kunden die Visitenkarte im Stehen an, nicht im Sitzen. Die Schrift der Visitenkarte muss dabei dem Partner zugewandt sein.

Beispiel

Stellen Sie sich folgende Situation bei einem Kundenbesuch vor:

Die Assistentin Ihres Gesprächspartners, die Geschäftsführerin eines mittelständischen Unternehmens, führt Sie in den Besprechungsraum und fordert Sie auf: *„Nehmen Sie doch schon mal Platz und bedienen sich mit Kaffee, Frau Höfer kommt sofort."* Was machen Sie in diesem Fall?

Auch wenn Sie dazu aufgefordert werden, *setzen Sie sich nicht, bevor Ihr Kunde Platz nimmt.* Sie könnten sich aus Versehen auf ihren/seinen Stammplatz setzen und damit sofort wertvolle Sympathiepunkte verlieren. Ein Getränk können Sie annehmen, bevor Sie Platz nehmen. Dieses sollten Sie dann aber in der Hand behalten, denn schon, wenn Sie Glas oder Tasse abstellen, „markieren" Sie möglicherweise eines anderen Lieblingssitzplatz als den Ihren.

Bei einer Zweierbesprechung empfiehlt es sich, nach Möglichkeit über Eck und sich nicht frontal gegenüber zu sitzen. So können Sie nicht nur Ihre Unterlagen leichter präsentieren und gemeinsam lesen, mit dieser Sitzkonstellation schaffen Sie auch physische und emotionale Nähe. Zudem bildet der Tisch dann keine „Front", keine Barriere zwischen Ihnen und Ihrem Gesprächspartner. ◄

Körpersprache

Auch Ihre *körperliche Präsenz* sollten Sie nicht dem Zufall überlassen: Gestalten Sie Ihre *Kleidung* zielgruppengerecht, der Umgebung des Kunden angepasst – auch wenn das Meeting digital stattfindet. Beachten Sie: Im Zweifel lieber ein wenig over- als underdressed! Achten Sie auf Ihre *Körperhaltung:* Eine gerade und aufrechte Haltung strahlt Erfolg und Zuversicht aus. Halten Sie Ihre *Tasche* in der linken Hand, die rechte soll im realen Meeting für den Handschlag freibleiben – oder welche Geste auch immer in Pandemiezeiten aktuell jeweils medizinisch und politisch korrekt sein sollte ... Lassen Sie sich eine entsprechende Geste (Ghettofaust, Ellbogen aneinander, Hand zur Begrüßung nur heben bzw. winken – oder vielleicht doch ein Handschlag?) zur Begrüßung anbieten – und entscheiden dann selbst, ob Sie sie gleichermaßen erwidern möchten. Niemand zwingt Sie – nach meinem Gefühl ist hier seit Corona vieles möglich und erlaubt. NICHT erlaubt ist allerdings die Begrüßungsgeste zu ignorieren oder darauf zu verzichten – auch diese schafft Gemeinsamkeit und dient der Beziehungsfestigung. Schließen Sie die *Tür* nach dem Eintreten sicher und leise. Beim Schließen sollten Sie Ihrem Kunden immer die Vorderseite Ihres Körpers zuwenden. Bauen Sie sofort *Blickkontakt* auf. Ihr *Gesichtsausdruck* sollte freundlich sein, die Mimik lebhaft. Bleiben Sie auch nachdem Sie Platz genommen haben entspannt und authentisch. Ihre *Körperhaltung* sollte weder müde und schlapp noch steif und gekünstelt wirken.

Wir hatten weiter oben schon (s. Abschn. 4.1) über die Bedeutung der nonverbalen Kommunikation gesprochen und das Mehrabian-Modell (oder auch KSI-Modell: **K**örpersprache, **S**timme, **I**nhalt) erwähnt. Wir hatten ebenfalls festgehalten, dass sich in den ersten Minuten der Begegnung mit einem neuen Kunden entscheidet, ob Sie Zugang zu ihm finden oder nicht und dass hier ein gewaltiger und unvorstellbar schneller Meinungsbildungsprozess abläuft. Kommunikation läuft stets auf zwei Ebenen ab: auf der Inhaltsebene sowie auf der Beziehungsebene. Das gesprochene Wort spricht hierbei v. a. den rationalen Bereich, den Verstand, an, wobei der emotionale Sektor, die Beziehungsebene, wie beschrieben zu über 80 % eine Entscheidungsfindung maßgeblich beeinflusst.

Wichtig ist hierbei festzuhalten, dass wir über unsere Körpersprache stets eine Information über unseren jeweiligen Gemütszustand abgeben (s. Zitat Paul Watzlawick: *„Man kann nicht nicht kommunizieren!"*); glauben wir unserem Gesprächspartner nicht, so ziehen wir beispielsweise gerne eine Augenbraue unmerklich hoch, sind wir uns unsicher, so vermeiden wir z. B. gerne den Blickkontakt – Erkenntnisse, die Pantomimen (siehe etwa Samy Molchos berühmtes Buch „Körpersprache") wie professionelle Pokerspieler gerne für ihre berufliche Arbeit nutzen. (Molcho 1996) Die Botschaften, die wir hierbei aussenden, werden von unserem Kommunikationspartner unbewusst auf Kongruenz geprüft: *Stimmt das, was ich körpersprachlich oder über die Stimme wahrnehme, mit dem gehörten Inhalt überein? Stellt unser Gegenüber hier Unstimmigkeiten fest, so orientiert er sich im Zweifel an der nonverbalen Botschaft!*

Aus diesem Grunde ist auch die so häufig von vielen Vertriebstrainern propagierte Notwendigkeit der *„richtigen inneren Einstellung"*, der *„Begeisterung für das eigene Produkt oder die eigene Leistung"* unabdingbare Voraussetzung für einen erfolgreichen Verkäufer: Sind Sie selbst oder Ihre Verkäufer nicht absolut überzeugt von der Überlegenheit oder den Vorteilen Ihres Produkts – wie wollen Sie dann Ihre Kunden davon überzeugen? Ihr Kunde wird es merken, dass Ihre Begeisterung selbst zu wünschen übrig lässt – oder sie wird sich im positiven Falle auf ihn übertragen. Viele Verkäufer kennen diese Situation der „Sichselbst-erfüllenden-Prophezeiung": Sie gehen mit dem Gedanken *„ich finde ja auch, dass unsere Produkte im Vergleich zum Wettbewerb zu teuer sind – und auch noch schlechter"* ins Verkaufsgespräch, spiegeln diesen Gedanken in ihrer Körpersprache und können sich dann im Misserfolgsfalle – Kunde hat nicht gekauft – sagen *„hab ich's doch gleich gewusst!"*

Als wir kürzlich ein mehrtägiges Vertriebstraining für einen großen mittelständischen Konsumgüterhersteller, der bereits Marktführer in seinem angestammten Segment ist, nun aber – bislang mit mäßigem Erfolg – neue Produkte im Baumarktbereich einführen möchte, durchführten, stellten wir im Training genau diese beschriebene Situation fest: Die Verkäufer waren von ihren eigenen – neuen – Produkten alles andere als überzeugt. Zwar konnten wir hier nutzbringende vertriebliche Werkzeuge, Methoden und Techniken vermitteln, doch wertvoller als alle trainierten Inhalte war sicherlich unser Rat, die Mitarbeiter zunächst von den eigenen Produkten zu begeistern. Insbesondere für die Mitarbeiter selbst war es zu ihrer eigenen Verwunderung in den im Nachgang analysierten Kamera- und Tonmitschnitten anhand von Körpersprache und Stimme sehr offensichtlich, dass man im Verkaufsgespräch „auswendig gelernte Inhalte" wiedergab, anstatt leidenschaftlich über Produktvorteile und Kundennutzen zu verkaufen – weil man eben selbst keine Vorteile sah oder Leidenschaft verspürte.

Kommunikation im Verkauf

Stellen Sie sich bitte eine Situation vor, in der Sie nach einem romantischen Abendessen in einem schönen Restaurant alleine mit Ihrer neuen Bekannten oder Ihrem neuen Bekannten zu sich nach Hause kommen. Ihre Bekannte fragt Sie „*Wo ist das Bad – ich würde mich mal gerne frisch machen?*" Hätte Sie Ihnen wortgetreu beschrieben, was sie wirklich im Bad zu tun gedenkt, wäre die Romantik des Augenblicks sofort dahin.

Genau das Gleiche passiert im Verkaufsalltag täglich: Auch wenn wir wissen, dass das Leben riskant, schwierig und problembehaftet ist, ist es der „Romantik des Verkaufens" oder besser: dem „erfolgreichen Verkaufen" durchaus abträglich, im Verkaufsgespräch den potenziellen Verkäufer mit meiner Wortwahl darauf hinzuweisen.
Verwenden Sie *positive Reizworte* wie beispielsweise

- Design
- exklusiv
- Garantie
- hochwertig
- Kundendienst
- Marktanteil
- Qualität
- Sicherheit
- …

und vermeiden *negative Reizworte* wie

- kompliziert
- mühsam
- Problem
- Risiko
- Schaden
- schwer

- Schwierigkeit
- Unfall
- …

▶ **Praxistipp** Ersetzen Sie überall, wo es geht, negative durch positive Formulierungen. Dies mag am Anfang eine Herausforderung sein, doch wenn Sie sich
regelmäßig an diesen Grundsatz erinnern, zum Beispiel durch einen kleinen
Hinweis in Ihren Unterlagen oder auf Ihrem elektronischen Device, werden Sie
die Formulierungen schon bald verinnerlicht haben und ganz automatisch anwenden. Beispiele für Positivierungen finden Sie in Abb. 4.14.

Beachten Sie, wenn vorhanden, die einheitlichen Regeln der Unternehmenskommunikation, also des „*Corporate Wording*" (wie in Abschn. 2.3 beschrieben). Positive Formulierungen innerhalb des Corporate Wordings können beispielsweise mithilfe folgender
Formulierungen entwickeln:

Statt …	Sagen Sie …
befürchten	vermuten, bedenken, erwarten
belehren	beraten; vorschlagen; mitteilen; darlegen; darauf aufmerksam machen; davon in Kenntnis setzen; informieren
Einwand	Vorschlag; Anregung; Argument; Aspekt; Alternative
erfolglos	wenig Aussicht auf Erfolg; ohne zählbaren Erfolg; Anlaufschwierigkeiten
Fehler	Irrtum, Versehen, Missgeschick
fordern	wünschen; begrüßen; erbitten; würden gern; ist es Ihnen möglich; gehen wir davon aus
Konkurrenz	Wettbewerb, Marktdichte, Marktteilnehmer
minderwertig	ausbaufähig; wird ständig verbessert; weniger gut; qualitative Defizite; entwicklungsfähig
nicht beendet	wird in Kürze beendet; geht seinem Abschluss entgegen; fast vollendet; fast abgeschlossen
Tricks	neue Idee; neuer Lösungsweg; neue Variante oder Möglichkeit; unkonventionelles, unübliches Verhalten; klug durchdacht
unfähig	qualitativ verbesserungswürdig
kostet	Sie investieren…

Abb. 4.14 Positivierungen. (Quelle: Milz & Comp. GmbH)

- erleichtert …
- ermöglicht …
- führt zu …
- schafft …
- schützt vor …
- sichert …
- sorgt für …
- spart …
- verringert …
- …

Ergänzen Sie selbst diese Zeilen oder lassen Sie sie von Ihren Mitarbeitern in einem Workshop gemäß dieser Vorgaben vervollständigen. Lesen Sie die so ergänzten formulierten Sätze laut vor und hören sich an, wie gut diese klingen. Diese können Sie und Ihre Mitarbeiter immer wieder anwenden bzw. Sie können diese Liste weiter ergänzen und vervollständigen. Sie können selbst Teil Ihres Leitbildes oder Ihrer Unternehmensvision werden.

4.1.3   Analyse-Phase: Fragetechniken

„Wenn ich eine Stunde Zeit hätte, um ein Problem zu lösen, würde ich 55 Minuten damit verbringen, über das Problem nachzudenken und fünf Minuten über die Lösung" soll Albert Einstein einmal gesagt haben. Ich würde dies zwar nicht in ganz so extremer Ausprägung wie Einstein sehen, Fakt aber ist: Wir glauben viel zu schnell verstanden zu haben – sind aber meistens meilenweit davon entfernt. Wir glauben ganz genau zu wissen, was der Kunde will und braucht – und liegen meist daneben. Wir glauben zu wissen, wie es unserem Ansprechpartner geht, haben wir doch letzte Woche erst telefoniert. Nur hat sich gestern seine Frau von ihm getrennt oder er eine Krebsdiagnose erhalten – und die Welt unseres Gesprächspartners hat sich zwischen unserem Telefonat vor einer Woche und unserem Gespräch jetzt um 180 Grad geändert.

Damit hätten wir auch schon die Frage nach den *Zielen der Analysephase* geklärt: Es gibt aus meiner Sicht drei: Es geht darum,

- die gedankliche Welt des Gegenübers zu verstehen und seine aktuellen Probleme und Herausforderungen zu identifizieren, für die man selbst mit seinem Leistungsangebot hoffentlich ein Lösungsangebot bereitstellen kann und
- durch geschickte Fragen neue oder dem Kunden noch nicht bewusste Bedarfe zu wecken (und *nicht* nur – wie viele Verkäufer heute immer noch glauben – lediglich Kundenbedarfe zu *decken*).
- Das heißt also, es geht darum, mithilfe intelligenter Fragen die eigene nachfolgende Lösung „vorzubereiten".

Tim Taxis (2018) beschreibt in seinem Buch „Heiß auf Kaltakquise" am Beispiel eines Arztbesuches, wie die Analysephase *nicht* aussehen sollte: *Stellen Sie sich vor, Sie befinden sich im Behandlungszimmer eines Arztes und Sie sagen zu ihm: Guten Tag Herr Doktor, ich habe Knieschmerzen. Dieser antwortet darauf: Ich verstehe – zieht eine Morphinspritze auf und will sie an Ihrem Knie ansetzen. Doch davor rufen rufen Sie schnell Stopp – nein!* Aber genau dies erfolgt heute in allen Verkaufsgesprächen tausendfach: Der Verkäufer *glaubt* zu wissen was der Kunde braucht – und zieht die Spritze auf, zieht eine Schublade auf, in der die 0815-Lösung liegt.

Wie hätte die gleiche Untersuchung bei einem guten Arzt ausgesehen? Der Arzt hätte während der Untersuchung Fragen gestellt wie „Wo genau lokalisieren Sie den Schmerz? Wann trat es zum ersten Mal auf? Bei welchen Bewegungen genau?" Usw. Er hätte eine Anamnese durchgeführt. An diese Anamnese hätte sich eine Diagnose angeschlossen – der Befund bzw. die vermeintliche „Problem- bzw. Ursachebeschreibung" des Patienten, an die sich eine Therapieempfehlung angeschlossen hätte. Und genau so, wie ein guter Arzt in drei Schritten vorgeht: Untersuchung – Diagnose – Behandlung – genau dies sollte die Leitlinie für jeden guten Verkäufer sein.

Wenn wir in unseren Seminaren die Frage stellen, *welche Eigenschaften einen guten Verkäufer ausmachen,* so lauten die fünf häufigsten Antworten:

- sympathisch und angenehm
- kompetent mit großem Fachwissen
- kommunikativ und redegewandt
- selbstbewusst
- ehrlich

All diese Eigenschaften schaden sicherlich nicht, im Gegenteil. Doch sind es vermutlich nicht die wichtigsten Eigenschaften, die meiner Erfahrung nach eher die folgenden sind:

- denkt sich in Kunden individuell hinein und versteht deren Bedürfnisse
- hilft den Kunden, gute und richtige Entscheidungen zu treffen
- ist überzeugt und begeistert von seinem Produkt/seiner Leistung
- stellt die richtigen Fragen und hört zu
- stellt präzise individuellen Kundennutzen und Vorteile dar.

Gerade in der Analyse-Phase, die vom Zeitaufwand her den mit Abstand größten Anteil am gesamten Verkaufsgespräch ausmachen sollte, kommt es nämlich auf genau diese Eigenschaften an. Und problematischerweise können kommunikationsstarke Verkäufer hier häufig nicht der Versuchung widerstehen, den größeren Gesprächsanteil einzunehmen – was sie nicht tun sollten.

In dieser Phase geht es wie beschrieben darum, das Problem beim Kunden zu erkennen, seine Bedürfnisse sowie seine Anforderungen kennenzulernen (oder zu wecken) und zu prüfen, ob man hier möglicherweise eine Lösung anzubieten hat. Dies ist deshalb so schwierig, weil der Kunde diese oft selbst nicht kennt und im Gespräch mit dem Verkäufer lediglich Symptome beschreibt, nicht aber deren Ursache.

Aufgabe des Verkäufers ist es somit, das Gespräch hier mit minimalem Redeanteil zu führen, Fragen zu stellen, zuzuhören, Details zu erfassen. In fast all unseren Seminaren, in denen wir mit Rollenspielen und Videounterstützung arbeiten, können wir feststellen, dass dies den wenigsten Verkäufern gelingt: Bereits kurz nach dem Warm-up und einigen oft oberflächlichen Fragen werden Produkte und Lösungen mithilfe von Produktbroschüren oder PowerPoint präsentiert – unabhängig davon, ob man weiß, ob dies den Kunden überhaupt interessiert. Im schlimmsten Falle langweilt man den Kunden, der spätestens ab Seite 10 nicht mehr richtig zuhört, und verliert so eine gute Verkaufschance oder einen potenziellen A-Kunden.

Ganz wesentlich ist somit die Fähigkeit, Fragen stellen zu können, und zwar die richtigen Fragen an der richtigen Stelle. Viele Verkäufer sind der Meinung, dass „offene" oder „W-Fragen" (Fragen, auf die man nicht mit „ja" oder „nein" antworten kann und die meist mit „W-Worten" beginnen wie *„wer, wie, was, warum, womit, wohin, wie viel, ..."*) das Maß aller Dinge sind, doch sind gerade kurz vor Verkaufsabschluss auch „geschlossene Fragen" dazu geeignet, den Abschluss herbeizuführen (*„Können Sie sich vorstellen, dass wir die Lösung wie besprochen umsetzen?"*)

In unseren Seminaren trainieren wir diese Fragetechniken sehr ausführlich und sorgfältig und geben unseren Teilnehmern hierzu das folgende Handout an die Hand:

Tool: Fragetechniken
Es lassen sich prinzipiell mindestens sieben verschiedene Frageformen/-techniken unterscheiden:

1. **Offene Fragen**
   Offene Fragen geben keinen Antworthinweis vor. Sie eignen sich, um Informationen zu erhalten und stehen in erster Linie am Anfang des Gespräches. Beispiel: *„Welche Möglichkeiten bevorzugen Sie?"*

2. **Geschlossene Fragen**
   Die geschlossene Frage wird dazu verwendet, um beim Gesprächspartner eine Zustimmung oder Ablehnung zu einer bestimmten Sache zu erlangen. Beispiel: *„Können Sie sich vorstellen, das so umzusetzen?"*

3. **Alternativfragen**
   Mit Alternativfragen zeigen Sie dem Gesprächspartner die möglichen Varianten auf. Sie stellen eine Mischung zwischen geschlossener und offener Frageform dar.
   Beispiel: *„Legen Sie eher Wert auf eine besonders stabile oder eher auf eine besonders leichte Ausführung?"*

4. **Taktische Fragen**

   Suggestivfragen: *„Sie sind doch auch der Meinung, dass …?"*

   Rhetorische Fragen: *„Wer kennt denn nicht die aktuelle Entwicklung im Bereich …?"*

   Motivierungsfragen: *„Sie als Kenner wissen doch bestimmt auch …?"*

   Gegenfragen: *„Was genau meinen Sie mit …?"*

   Kontrollfragen: *„Haben wir damit alle offenen Fragen geklärt?"*

5. **Aktivierungsfragen**

   Diese Fragen fordern einen stillen Gesprächspartner auf, nachzudenken, seine Meinung zu äußern und Stellung zu beziehen.

   Beispiel: *„Was tun Sie bisher, um das Problem zu lösen?"*

6. **Zukunftsfragen**

   Mit Zukunftsfragen untersuchen Sie die Folgen von Entscheidungen und mögliche Hindernisse im Entscheidungsprozess. Beispiel: *„Was wird passieren, wenn …?"*

7. **NOA-Fragen**

   Alternativfrage mit gefühlter Verkleinerung einer Alternative; i. d. R. entscheidet man sich für die kleinere Variante

   Bsp. Frage: „Möchten Sie nur die Grundausstattung oder auch einen Wartungsvertrag?"

   Antwort: „Nein, ich brauche keinen Wartungsvertrag."

   Verkäufer: „Dann nehme ich nur die Grundausstattung in Auftrag."

Wiederholt versuchte man in der Vergangenheit bei verschiedenen empirischen Untersuchungen zum Thema „Fragetechniken" herauszufinden, *welche Techniken gute und welche Techniken schlechte Verkäufer anwenden.* Man fand hier keine signifikant schlüssigen Gemeinsamkeiten. Wohl aber ließ sich ein gemeinsames Muster finden, was die Art der Fragestellung sowie die Reihenfolge der Fragen anging, welche dem sogenannten OPAL-Muster als Akronym folgten:

Die meisten Verkäufer beginnen in der Analysephase, **O**rientierungsfragen zu stellen, wie etwa *„Wie viele Mitarbeiter beschäftigen Sie?"*, *„In wie vielen Schichten arbeiten Sie?"*, *„Mit wem arbeiten Sie im Bereich … zusammen?"* usw. Diese Fragen mögen notwendig sein, doch nutzen sie lediglich dem Verkäufer – nicht dem Käufer. Gute Verkäufer stellen hier – da die Antworten auf die meisten dieser Fragen mithilfe einer guten Vorbereitung eh schon hätten bekannt sein müssen – viel weniger Fragen – aber gezieltere.

Es folgen zumeist **P**roblemfragen, wie *„Ist dieser Lieferant denn nicht wahnsinnig teuer/unzuverlässig/arbeitet nur national?"*, *„Reicht hierzu denn Ihre Kapazität?"*, *„Bereiten Ihnen die strengen Exportkontrollen denn keine Probleme?"* etc. Diese Art der Fragestellung verschafft dem antwortenden Kunden bereits größeren Nutzen, nähern wir uns doch seinen eigentlichen Problembereichen und man beginnt gemeinsam konstruktiv

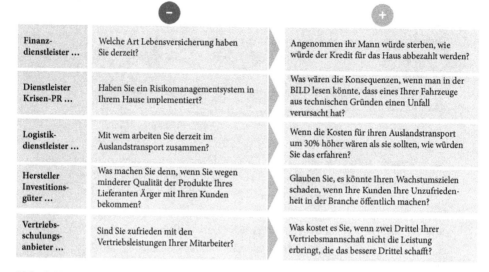

	–	**+**
Finanz-dienstleister …	Welche Art Lebensversicherung haben Sie derzeit?	Angenommen ihr Mann würde sterben, wie würde der Kredit für das Haus abbezahlt werden?
Dienstleister Krisen-PR …	Haben Sie ein Risikomanagementsystem in Ihrem Hause implementiert?	Was wären die Konsequenzen, wenn man in der BILD lesen könnte, dass eines Ihrer Fahrzeuge aus technischen Gründen einen Unfall verursacht hat?
Logistik-dienstleister …	Mit wem arbeiten Sie derzeit im Auslandstransport zusammen?	Wenn die Kosten für ihren Auslandstransport um 30% höher wären als sie sollten, wie würden Sie das erfahren?
Hersteller Investitions-güter …	Was machen Sie denn, wenn Sie wegen minderer Qualität der Produkte Ihres Lieferanten Ärger mit Ihren Kunden bekommen?	Glauben Sie, es könnte Ihren Wachstumszielen schaden, wenn Ihre Kunden Ihre Unzufrieden-heit in der Branche öffentlich machen?
Vertriebs-schulungs-anbieter …	Sind Sie zufrieden mit den Vertriebsleistungen Ihrer Mitarbeiter?	Was kostet es Sie, wenn zwei Drittel Ihrer Vertriebsmannschaft nicht die Leistung erbringt, die das bessere Drittel schafft?

Abb. 4.15 Beispiele für Auswirkungsfragen. (Quelle: Milz & Comp. GmbH)

nachzudenken. Unerfahrene Verkäufer fragen hier nicht genug, schlechte Verkäufer denken hier zu früh, dass bei den so erkannten Symptomen die Zeit reif für das Angebot einer *Lösung*, dem eigenen Produkt, sei.

Spitzenverkäufer haben allerdings erkannt, dass unverzichtbare Notwendigkeit für den erfolgreichen Verkauf zumindest von komplexen oder hochwertigen Produkten/Services die sogenannten *Auswirkungsfragen* (s. Abb. 4.15) sind und stellen den Schwerpunkt ihrer Verkaufsargumentation insbesondere auf diese Art Fragen ab. Anbei eine Auswahl an Auswirkungsfragen, die es individuell an die jeweilige Branche oder Situation anzupassen gilt.

In Summe ergibt sich somit OPAL:

- **O**rientierungsfragen,
- **P**roblemfragen,
- **A**uswirkungsfragen und die
- **L**ösungsfragen

Versuchen Sie selbst gemeinsam mit Ihren Vertriebsmitarbeitern Ihre besten Auswirkungsfragen in einem Workshop zu erarbeiten, in der Verkaufspraxis anzuwenden und stets zu erweitern. Fragen Sie sich, welche „Auswirkungsfrage" in Ihrer Branche Ihren Kunden trifft, zum Nachdenken bewegt. Sie werden erstaunt sein, wie gut sie wirken. Sie wirken vor allem deshalb so gut weil, wie Alexander Christiani (2009) in „Die Erfolgsstrategien der weltbesten Verkäufer" feststellte, dass *„Menschen sich allem verweigern können, was andere sagen. Aber Sie sind offen dem ausgeliefert, was sie zu sich selber sagen. Verkäuferargumente sind immer nur zweitklassig – Kundenargumente sind immer besser."* Und weiter *„Kunden entscheiden sich nicht während wir sprechen – sondern im inneren Dialog nachdem wir schweigen."* Dies bedeutet, dass der Kunde sich die Lösung selbst verkaufen muss, es gar selbst aussprechen muss. Sie müssen dann nur noch dasitzen, schweigen und nicken.

Tool: „Killer Sales Questions"

Jeffrey J. Fox beschreibt in „How to become a Rainmaker" sehr plastisch, wie wirkungsvoll Fragen über den gesamten Verkaufsprozess funktionieren, er hat seine sechs besten Fragen „Killer Sales Questions" genannt, beginnend mit

- Frage 1, bei der telefonischen Terminvereinbarung: „*Haben Sie Ihren Terminkalender zur Hand?*" Diese Frage löst beim Gegenüber meist die Reaktion aus, tatsächlich eher über Terminmöglichkeiten nachzudenken als darüber, ob man eigentlich überhaupt einen Termin wahrnehmen möchte.
- Die rhetorische Frage 2, nachdem Sie Ihrem skeptischen Kunden den monetären Nutzen und die Vorteile Ihres Produktes erläutert haben: „*Würden Sie sich bitte die Fakten anschauen und selbst entscheiden?*" Natürlich entscheidet der Kunde selbst, was er auch entweder denkt oder sogar laut ausspricht. Wenn er allerdings zustimmt, dass er das tut, beraubt er sich der Option sich nicht zu entscheiden. Er hat sich damit quasi dazu committed, sich der Vorteilsargumentation des Verkäufers zu widmen und kann die entsprechenden Fakten nicht ignorieren. Wenn die Fakten stimmen, muss er kaufen – schließlich entscheidet er selbst.
- Erwähnt der Kunde im Verkaufsgespräch, dass man sich gerade mit dem Lieferanten X unterhält bzw. mit ihm bereits zusammenarbeitet oder von ihm kauft, da seine Produkte gut und die Preise niedrig sind (*eigentlich fragt der Kunde hier „Warum sollte ich von Ihnen kaufen?"*), so sollte die Frage 3 des Verkäufers lauten: „*Ja, das ist ein gutes Unternehmen. Möchten Sie wissen, wo wir uns unterscheiden?*" Der Kunde muss hier mit „*ja*" antworten, weil er eben genau danach fragte. Ihre Antwort hierauf sollte gut überlegt sein und eben genau diesen Unterschied benennen – und der Kunde wird sich diesen als unterscheidendes Merkmal zwischen Ihnen und Ihrem Wettbewerb ewig merken. Sind dies neue Informationen für Ihren Kunden, kann er sich auf dieser Basis neu – für Sie – entscheiden, ohne hierbei sein Gesicht zu verlieren.
- Wenn der Kunde nach einer Produktvorführung fragt, so sollten Sie – Frage 4 – wie folgt antworten: „*Wir würden sehr gerne eine Produktvorführung für Sie machen. Wenn der Test erfolgreich sein sollte, gibt es dann noch irgendwelche Gründe, die Sie von einer möglichen Investition abhalten könnten?*" Auf diese Frage werden Sie entweder tatsächliche Gründe zu hören bekommen, die Sie vielleicht bisher noch nicht kannten (und um die Sie sich dann schleunigst kümmern sollten). Oder Sie erhalten eine „bedingte Zusage".
- Um den Kauf zum Abschluss zu bringen, sagen Sie – in Frage 5 – „*Sie haben sich nun alle Vorteile angeschaut. Ich habe Ihre Bedenken ausräumen können. Sie haben meine Empfehlung gehört. Warum versuchen Sie es nicht einfach?*" „Es" ist Ihr Produkt. „*Warum versuchen Sie es nicht einfach?*" bedeutet etwas anderes als „*Testen Sie es doch mal*", was eine Teststellung bedeutet, sozusagen eine In-

terimslösung, zu der der Kunde später immer noch „nein" sagen kann. Hier ist der Unterschied zu dieser Frage: Menschen *versuchen* nichts, sie *machen* etwas.

- Enden sollte ein gutes Verkaufsgespräch immer mit Frage 6: „*Welche Frage hätte ich Ihnen noch stellen sollen, die ich noch nicht gestellt habe?*" Oder, alternativ: „*Habe ich irgendwas vergessen? Haben wir an alle Aspekte und Details, die Ihnen wichtig sind, gedacht?*" Wenn Sie an alles gedacht haben, kommt hier ein ok. Ansonsten wird Ihnen der Kunde nun sagen, was ihm noch wichtig ist (Abb. 4.16).

Sie sehen, wie wichtig Fragen sind. Wenn wir am Ende unserer Seminare nach den wichtigsten Impulsen fragen, die die Teilnehmer aus dem Seminar mitgenommen haben, hören wir als Antwort sehr häufig: *fragen, fragen, fragen!*

4.1.4   Informationsphase: Einwandbehandlung und Kaufsignale

In dieser Phase geht es darum, gemeinsam Lösungsansätze zu entwickeln, Ideen zu generieren und diese zu strukturieren, zu diskutieren und zu bewerten. Vieles davon ist möglicherweise bereits in der Analyse-Phase geschehen; selbstverständlich ist eine so stringente Trennung zwischen den einzelnen Phasen, wie sie hier dargestellt wird, in der Praxis häufig nicht möglich, und die Übergänge zwischen den Phasen sind fließend. In jedem Falle kann und sollte in dieser Phase Ihr Gesprächsanteil als Verkäufer wieder zunehmen und wird den Redeanteil des Kunden übersteigen.

Abb. 4.16 Fragetechnik (inkl. Schrotgewehr)! ((▶ https://doi.org/10.1007/000-7cf))

Vor allem aber geht es in der *Informations-Phase* meiner Meinung nach um folgende *zwei Ziele*: Es geht darum,

* die *eigene Kompetenz zu demonstrieren*; die Kompetenz nicht nur für das eigene, dem Wettbewerb überlegene Lösungsangebot – sondern auch und noch viel wichtiger die Kompetenz auf den Kunden einzugehen, auf seine individuellen Probleme, Herausforderungen und Bedürfnisse, zu demonstrieren, dass man ihm zugehört und ihn persönlich verstanden hat sowie dann eben selbstverständlich auch sich
* *als der passende Lösungsanbieter zu positionieren.*

Wir können in dieser Phase dem Kunden, nachdem wir seine Bedürfnisse genau kennen, passgenaue und individuelle Nutzenargumente und Vorteile unseres Angebotes nennen sowie ihm die ausgewählten Lösungen aus unserem Angebot präsentieren, die für ihn geeignet sind (und zwar nur die!).

Wir sollten darauf achten, dass wir in unserer Verkaufsargumentation steigerungsfähig sind und somit nicht mit unserem stärksten Argument oder Vorteil beginnen und „unser Pulver zu schnell verschossen" haben. Der bedeutendste Vorteil kann gern erst am Ende erfolgen. Ebenso sollten wir darauf achten, dass die Nennung des Preises in unserem Verkaufsgespräch *nicht* erst am Ende erfolgt (außer es *ist* unser stärkstes Argument und der Preis ist konkurrenzlos günstig – was aber vermutlich nur selten so sein wird) sondern etwa im zweiten Drittel unseres Gesprächs: Dies gibt uns die Gelegenheit, den genannten Preis, der zunächst oft undifferenziert als „hoch" wahrgenommen wird, im weiteren Verlauf des Gesprächs zu begründen und zu rechtfertigen.

An dieser Stelle des Gesprächs werden wir häufig mit Einwänden seitens des Kunden konfrontiert. Viele Verkäufer fürchten „Einwände" und sehen diese als etwas Negatives, als würde der Kunde an dieser Stelle „nein" zu ihrem Angebot sagen. Dabei ist das Gegenteil der Fall: Einwände sind eher als starkes Kaufsignal, eine Stufe auf dem Weg zum Abschluss zu werten, die Gründe zu hören, die ihn derzeit noch von einem Kauf abhalten. Daher sind Einwände absolut ernst zu nehmen und auch so zu behandeln – dem Kunden fehlt einfach noch eine wichtige Information an dieser Stelle. In unseren Seminaren trainieren wir die zwölf Techniken im Umgang mit Einwänden sehr intensiv.

Tool: Einwandbehandlung

1. **Positive Aufwertung**

    Erst Verständnis zeigen, dann einschränken und klarstellen.

    Beispiele: „Sie sprechen da einen wichtigen Punkt an, doch ...", *„Prima, dass Sie sich noch einmal genauer informieren möchten ..."*

2. **Rückfrage**

    Mit einer Gegenfrage wird der Einwand präzisiert bzw. der Hintergrund ausgeleuchtet, auch um Zeit zu gewinnen.

    Beispiel: *„Verstehe ich Sie richtig? Meinen Sie, dass ...?"*

3. **Transformation**

Man wiederholt den Einwand, jedoch in Frageform, um diese Frage gleich selbst zu beantworten.

Beispiel: *„Hier ist also die Frage zu klären, ob/wie …"*

4. **Bekehrung**

Vermeiden Sie Widerspruch durch Nutzung von ähnlichen Fällen als positives Beispiel.

Beispiel: *„Das meinte Herr … anfangs auch. Nun hat er sich aber davon überzeugt, dass …"*

5. **Bumerang**

Umwandlung des angeblichen Nachteils in einen Vorteil.

Beispiel: *„Das ist aber teuer!"* → *„Genau deshalb können wir es uns leisten, die besten Materialien einzusetzen."*

6. **Anderer Gesichtspunkt**

Legen Sie den Fokus auf einen anderen Gesichtspunkt.

Beispiel: *„… dabei ist zu bedenken, dass auch …"*

7. **Vorwegnahme**

Sprechen Sie einen zu erwarteten Einwand selbst aus und beantworten Sie ihn sofort selbst.

Beispiel: *„An dieser Stelle kann man öfter den Einwand hören, dass …"*

8. **Verzögerungsmethode**

Gewinnen Sie Zeit und verlagern Sie die Beantwortung auf einen späteren Zeitpunkt.

Beispiel: *„Dieser Punkt ist so wichtig, dass wir ihn später noch gesondert behandeln sollten."*

9. **Öffnungsmethode**

Wir sprechen den Gesprächspartner direkt auf den Grund seines Zögerns an (seinen schweigenden Einwand).

Beispiel: *„Sie sind offensichtlich noch nicht ganz überzeugt. Darf ich fragen …"*

10. **Plus-Minus-Methode**

Geben Sie Einwände zu und betonen nochmals die Vorteile.

Beispiel: *„Jawohl, dass dieses Projekt riskanter ist, haben wir bewusst in Kauf genommen, aber bitte beachten Sie …"*

11. **Wunschtechnik**

Bestimmte Themen stehen der Kooperation im Weg. Man denkt sich diese Punkte als gelöst oder schlägt eine Lösung vor.

Beispiel: *„Was wäre, wenn wir die Qualität liefern könnten, und das sicher. Nehmen Sie das an?"*

12. **Lösungsfrage**

Fragen Sie den Gesprächspartner nach seiner Wunschlösung.

Beispiel: *„Was genau müsste ich tun, damit es Ihnen die Zeit wert ist?"*

Wir hatten oben im Zusammenhang mit Einwänden über „Kaufsignale" gesprochen, die von vielen Verkäufern oftmals tatsächlich nicht als solche erkannt werden. Kaufsignale sind verbale oder nonverbale Äußerungen von Kunden, die meist mit ihrer Frage nach Details im Angebot signalisieren, dass sie das Angebot interessant finden und kaufen möchten.

Häufig genannte verbale Kaufsignale sind etwa die Folgenden:

- Frage nach Lieferfristen,
- Frage nach Preisen/Rabatten,
- Frage nach Referenzen,
- Frage nach Garantien,
- Frage nach Service,
- formulierte Zustimmung,
- ...

Nonverbale Signale könnten etwa sein:

- ein zustimmendes Nicken,
- ein aufmerksamer Blick,
- gutes Zuhören,
- nach vorne lehnen,
- näher rücken,
- ...

Fox nennt als das seiner Meinung nach größte Kaufsignal überhaupt, „wenn der Kunde überhaupt bereit ist uns zu treffen und Zeit in ein Gespräch zu investieren." (Fox 2000)

Einwände sind – im Gegensatz zu Vorwänden – eine große Chance, die Gedankenwelt des Kunden zu erfahren und auf Kaufsignale zu hören. Im Grunde meint der Kunde, wenn er seine Bedenken äußert, so etwas wie *„eigentlich ist Ihr Vorschlag ja ok, aber ich sehe da noch ein Problem ..."* Gute Verkäufer lieben Einwände.

4.1.5 Commitment-Phase: Abschluss bzw. weiteres Vorgehen

In jedem zielorientierten Gespräch ist dies die wichtigste Phase, der Grund, warum wir dieses Gespräch führen. Jedes Verkaufsgespräch sollte mit einem Commitment enden – entweder einem Commitment zu einem „ja, ich kaufe", zu einer weiteren Terminvereinbarung bzw. Informationsvermittlung – oder zu einem „nein, ich kaufe nicht".

Allerdings bedeutet dies auch, dass man an dieser Stelle „den Sack zu machen muss", den Kaufvertrag zum Abschluss bringen muss – was dann auch schon die beiden *Ziele dieser Commitment-Phase* sind:

- eine *verbindliche Übereinkunft zu erzielen und zu dokumentieren* – sprich: das aktuelle (Zwischen-)Ergebnis festzuhalten und vor allem
- *klar festzuhalten, wie es für beide Seiten weitergeht – also einen „wer-macht-was-bis-wann-Plan"* zu verabschieden!

Wir haben die Erfahrung gemacht, dass viele Verkäufer mit dieser Phase Schwierigkeiten haben, wenig abschlusssicher sind. Der *eine* Grund hierfür liegt in der Tatsache begründet, dass die meisten hier vor allem deshalb Schwierigkeiten in ihrer Arbeit haben, weil sie insbesondere ihre Hausaufgaben in den Phasen 1 bis 3 nicht gut genug gemacht haben: Sie haben sich *nicht* ausreichend vorbereitet, haben es *versäumt*, eine belastbare persönliche Beziehung zum Gegenüber herzustellen und haben vor allem bei weitem *nicht* sorgfältig genug das eigentliche Problem, das innere – persönliche oder geschäftliche – Bedürfnis des Kunden verstanden. Darüber hinaus – und das ist der zweite Grund – gibt es im B2B-Vertrieb heute eigentlich gefühlt kaum noch Verkäufer: Es gibt vor allem Berater, Lösungsanbieter, Vertriebsingenieure etc. Das heißt, dass man bis zu dieser Phase vor allem beraten musste – nun muss man aber erstmals „wirklich verkaufen". Dies versteht sich mit dem heutigen Selbstverständnis vieler Berater oftmals nur schwer. Wir haben unten einige Abschlusstechniken aufgeführt, die je nach Branche Erfolg versprechend sein können:

Tool: Abschlusstechniken
- **Methode „Testabschluss":** Immer vor dem eigentlichen Abschluss ist folgende Frage zu stellen: „Gibt es irgendwelche Punkte, die wir noch nicht geklärt haben?" Wenn nicht – „Dann sollten wir jetzt zum Kaufmännischen kommen …" (s. auch „Killer Sales Question Nr. 6", Abschn. 4.1.3).
- **Methode „Einladungsabschluss":** „Wenn Ihnen gefällt, was ich Ihnen gezeigt habe, warum versuchen Sie es dann nicht einmal?" oder „Warum nehmen Sie es nicht einfach?" (s. auch „Killer Sales Question Nr. 5", Abschn. 4.1.3).
- **Methode „Alternativabschluss":** Eröffnung einer Wahlmöglichkeit, die in jedem Fall einen Abschluss beinhaltet: „Welches dieser beiden wollen Sie: A oder B" oder „Möchten Sie es nur für diesen Markt oder für alle Märkte/Filialen?"
- **Methode „Geführter Abschluss":** Kunde wird durch den Kaufprozess gelenkt: „Gut, dann besteht unser nächster Schritt darin …" oder „Der nächste Schritt ist, dass ich Ihre Einwilligung und einen Scheck bekomme und alles meiner Firma vorlege … bis … sollte der gesamte Prozess installiert und in Betrieb sein."
- **Methode „Sekundärabschluss":** Erleichterung der Entscheidung, indem der Kunde erst eine kleine Entscheidung trifft: „Möchten Sie, dass wir das Befestigungsmaterial mitliefern?" oder „Wollen Sie die Standardfelgen, oder sollen wir den Wagen gleich mit den Sportfelgen liefern?"
- **Methode „Bewilligungsabschluss":** „Bewilligen" klingt unverbindlicher als „unterschreiben": „Wenn Sie mir das hier bewilligen, können wir das Geschäft gleich in die Wege leiten."

- **Methode „Auftragsblattabschluss":** Man beginnt den Kaufvertrag (am Auf-
  tragsblatt/am Laptop/am Tablet) direkt live auszufüllen und hält inne, um eine
  indirekte Einwilligung durch Antwort auf eine formale Frage zu erhalten: „Wel-
  che Rechtsform hat Ihr Unternehmen? GmbH oder GmbH & Co. KG?" oder
  „Entschuldigen Sie, was haben wir heute für ein Datum?"
- **Methode „Kunden öffnen":** Kunde vertröstet und man muss wieder in das Ver-
  kaufsgespräch einsteigen: „Offenbar haben Sie einen triftigen Grund dafür, dass
  Sie noch einmal darüber nachdenken wollen. Darf ich fragen, welcher es ist?"
  Wenn es am Preis liegt: „Wie weit sind wir voneinander entfernt? Ist der Preis
  Ihre einzige Sorge, oder gibt es noch etwas anderes?" Oder „Darf ich ganz offen
  sprechen? Ich glaube, ich konnte Sie von meinem Angebot nicht überzeugen?"
  Antwort abwarten – und je nach Antwort noch einmal in Phase 3 oder 4 einsteigen.

Zusammenfassend bleibt für diese Phase festzuhalten,

- dass Sie Ihr Angebot und die besonderen Nutzenaspekte aus der Sicht Ihres Kunden
  noch einmal auf den Punkt zu bringen haben,
- dass Sie, wenn es ausgesprochene oder nonverbal signalisierte Bedenken seitens Ihres
  Kunden gibt, noch einmal eine Argumentationsrunde drehen müssen
- dass Sie das Ergebnis Ihres Gesprächs – unabhängig davon, wie es ausgeht – kurz zusammenfassen sollten und vor allem
- dass Sie verbindliche „next steps" mit Ihrem Kunden vereinbaren (oder – noch besser –
  gleich den unterschriebenen Vertrag mit nach Hause nehmen).

4.1.6 Verabschiedung

Hier werden die meisten denken „puh, ich bin durch – jetzt kommt nichts Wichtiges
mehr!" Weit gefehlt – diese Phase halte ich für eine der wichtigsten und am meisten unterschätzten Gesprächsphasen im Verkaufsgespräch überhaupt. Die älteren unter den Lesern
werden sich vielleicht noch an die amerikanische Fernsehserie „Inspektor Columbo" aus
den siebziger- und achtziger Jahren des letzten Jahrhunderts erinnern. Diese Serie war
dafür bekannt, dass ein leicht vertrottelt wirkender Inspektor die Gauner stets dadurch
überführte, dass er nach dem eigentlichen Verhör – schon im Gehen begriffen – noch einmal umdrehte und sagte „Eine Frage hätte ich noch …" Dies war deshalb geschickt, weil
die Verbrecher für die Dauer des Verhörs meist hochkonzentriert in der Lage waren, ihre
Lügengeschichten zu erzählen – und mit genau dieser Konzentration in dem Moment
nachließen, in dem sie dachten, das Verhör sei vorbei. Aus diesem Grunde sehe ich drei
wesentliche Zielsetzungen in der Verabschiedungsphase:

- eine kurze *Zusammenfassung und positive Verstärkung* des bisher Erreichten formulieren (schon, um eine eventuelle „Kaufreue" abzumildern),
- analog zu Phase 2 nochmal die *Beziehungsebene anzusprechen* – schließlich haben wir uns in den Phasen 3 bis 5 im Wesentlichen auf „ZDF" konzentriert und – sehr wichtig
- ein *Feedback des Kunden einzuholen*, wie denn aus *seiner* Sicht das Gespräch verlaufen sei.

Während der erste Eindruck bei Gesprächsbeginn einen emotionalen Rahmen für das Gespräch setzt, setzen Sie mit der Verabschiedung einen emotionalen Rahmen dafür, wie sich der Kunde an Sie und das Gespräch erinnert. Sie geben ihm gewissermaßen noch einmal eine *„emotionale Visitenkarte"* mit auf den Weg. Möglichkeiten, ein Gespräch positiv zu verstärken, könnten etwa noch ein kurzes und entspanntes privates Gespräch mit ihrem Kunden sein, den Sie anschließend persönlich bis zur Tür begleiten und ihn mit seinem Namen verabschieden (z. B. *„Vielen Dank, Herr Kunde, für Ihren Besuch, ich freue mich schon auf unser nächstes Gespräch. Ein Gesprächsprotokoll schicke ich Ihnen morgen zu. Jetzt wünsche ich Ihnen eine gute Fahrt."*)

In den meisten Fällen werden Sie ein gewisses Gefühl dafür haben, ob das vorangegangene Gespräch „gut" oder „schlecht" gelaufen ist. Manchmal hat man dieses Gefühl aber auch nicht, man ist sich unsicher ob der Güte des Gesprächs. In diesem Falle bietet es sich an, den Gesprächspartner zu einem Feedback einzuladen, etwa so: *„Herr Kunde, das Gespräch hat mir großen Spaß gemacht/fand ich sehr angenehm/sehr interessant; ich hoffe, Sie haben es ebenso empfunden?"* Hierauf wird Ihr Kunde Ihnen entweder heftig beipflichten – oder aber etwas antworten wie *„hm ..."* – dann wissen Sie allerdings auch Bescheid.

4.1.7   Nachbereitung

Hier ist zum einen die organisatorisch-inhaltliche Aufbereitung des vorangegangenen Gesprächs zu nennen. Das heißt insbesondere, dass Sie alle wichtigen Punkte, vor allem aber das Ergebnis Ihres Gesprächs und die vereinbarten nächsten Schritte, in einem Protokoll schriftlich festhalten und dem Kunden am Folgetag zukommen lassen sollten.

Hier sind aber zum anderen ebenso die vertriebsrelevanten Hausaufgaben durchzuführen: Pflegen Sie – datenschutzrelevante Vorschriften berücksichtigend – sämtliche die Kundenbeziehung und den Verkaufserfolg betreffende Daten bzw. sorgen durch eine Vernetzung via Social Media dafür, dass diese personenbezogenen Daten Ihnen legal zur Verfügung stehen. Dies sollten neben privaten Dingen Ihren Gesprächspartner betreffend (Hobbys, Interessen etc.) vor allem alle rationalen und emotionalen Faktoren sein, die die Kaufentscheidung Ihres Kunden betreffen. Auf dieser Basis sollten Sie abschließend Ihre kundenbezogene To-do-Liste pflegen (Wiedervorlagen, wer ruft wen wann mit welchem Ziel an? etc.).

Das bedeutet, die primären *Ziele der Nachbereitung* lauten

- auch nach dem Gespräch Demonstration Ihrer Professionalität sowie
- Sicherstellung, dass keine relevanten Informationen verloren gehen.

4.2 **Buying Center**

Ich bin seit 25 Jahren im B2B-Vertrieb tätig. Und ich habe noch nie einem Unternehmen etwas verkauft. *Unternehmen kaufen nämlich nichts. Nie.* Sondern immer nur Menschen, die für das Unternehmen arbeiten. Dies ist ein kleiner, aber sehr wichtiger Unterschied für einen erfolgreichen Vertrieb, den viele vergessen, wenn sie von ihren „Kunden" sprechen. Wen genau meint man damit, wer ist der Kunde? Das Unternehmen? Der Einkäufer? Der fachliche Ansprechpartner? Oder ist „der Kunde" all das vorgenannte und noch mehr?

Kennen Sie folgende Situation: Ihr Vertriebsmitarbeiter kommt vom Besuch eines vielversprechenden neuen Zielkunden zurück ins Büro, und Sie fragen ihn, wie das Gespräch war und wie er die Verkaufschancen einschätzt. Der Mitarbeiter berichtet begeistert, dass er ein tolles Gespräch mit Herrn Schmitz geführt habe und der Kunde begeistert von der angebotenen Lösung sei. Die Verkaufschancen schätze er daher mit 75 % ein. Doch der Auftrag kommt nicht. Was ist passiert?

Es kann hierfür selbstverständlich viele Gründe geben. Einer der wahrscheinlichsten ist, dass Ihr Mitarbeiter sich zu sehr auf sein Gespräch mit „Herrn Schmitz" fokussiert hat. Wer ist Herr Schmitz? Der Geschäftsführer? Der Einkaufsleiter? Ein Projektleiter? Oder, oder, oder …

Welche Personen auf Kundenseite sind relevant für Erfolg oder Misserfolg unserer Verkaufsbemühungen? Unsere bestehenden Kontakte im laufenden Verkaufsprozess (z. B. Herr Schmitz)? Oder sogar all diejenigen, die sonst noch an der Kaufentscheidung beteiligt sind? *Es sind all diejenigen, die Ihre Erfolgschancen positiv oder negativ beeinflussen können – unabhängig davon, ob Sie diese Personen persönlich kennen oder nicht, das sogenannte „Buying Center"* (BC).

Als *Buying Center* wird somit die Gruppe aller an einer Einkaufsentscheidung beteiligten Personen, also das Einkaufsgremium, bezeichnet. Innerhalb des Buying Centers werden unterschiedliche Rollen besetzt. Hierfür gibt es verschiedene Modelle, wir favorisieren eine Einteilung in die fünf Rollen „Genehmiger, Entscheider, Anwender, Prüfer und Coach". Ein Zusammenhang zwischen hierarchischer Stellung und Rolle im Buying Center besteht nicht zwangsläufig. Idealerweise können Sie all diese Rollen identifizieren und Ihre Nutzenargumentation auf jede Person oder Gruppe gemäß ihrer Rolle anpassen. Kennen Sie auch nur eine dieser Funktionen innerhalb des Buying Centers nicht, so beeinträchtigt dies Ihre Erfolgschancen erheblich.

Der *Genehmiger* ist meist – aber nicht immer – der Ranghöchste im Buying Center. Er trifft die endgültige Entscheidung, das heißt genehmigt oder lehnt die Entscheidungsvorlage ab. Auch hat er die Autorität, das Budget herauf- oder herunterzusetzen. Beim Genehmiger kann es sich sowohl um eine Einzelperson als auch um ein Gremium handeln.

Ich kenne Vertriebsleiter, die antworten auf die Entschuldigung ihrer Mitarbeiter, dass das Projekt nicht geklappt habe „weil kein Budget mehr da gewesen sei" mit „*Dann hast du deine Hausaufgaben nicht gemacht und warst nicht beim Genehmiger. Der macht nämlich die Budgets!*"

Der *Entscheider* empfiehlt dem Genehmiger die für Ihn überzeugendste „Lösung". Er ist für den Erfolg des Projektes verantwortlich und verfügt in der Regel über ein Projektbudget. Auch der Entscheider kann eine Einzelperson oder ein Gremium sein.

Der *Prüfer* ist für die Evaluation alternativer Lösungen verantwortlich. Er kann zwar selbst keine endgültige positive Entscheidung treffen, darf den Anbietern aber Absagen erteilen. Er wird meist aufgrund seines Fachwissens oder persönlicher Beziehungen hinzugezogen und tendiert oft dazu, seinen Einfluss größer darzustellen als er ist. Häufig blockiert er Ihnen den Zugang zu anderen Personen.

Er ist leider derjenige, mit dem man zumindest am Anfang am häufigsten spricht. Er ist derjenige, der Ihnen E-Mail-Anfragen mit der Bitte um Übersendung eines Angebotes schickt. Vermutlich war „Herr Schmitz" ein „Prüfer" – und somit leider jemand ohne wirkliche Entscheidungskompetenz.

Die *Anwender* sind direkt von der gesuchten bzw. angebotenen Lösung betroffen. Sie betrachten das Projekt aus operativer Sicht und spielen bei der Implementierung eine kritische Rolle. Im Beschaffungsprozess repräsentieren sie den Benutzer wie etwa die entsprechende Fachabteilung (IT-User, Maschinenführer, …)

Ein *Coach* unterstützt Sie und führt Sie durch den Verkaufsvorgang. Er hilft Ihnen, die informelle Organisation zu verstehen und verschafft Ihnen Zugang zu den anderen Personen des Buying Centers. Er gibt Ihnen Ratschläge und verifiziert Annahmen, respektiert Sie und vertraut Ihnen. Solche Coaches können Sie auch außerhalb des Buying Centers suchen!

Immer dann, wenn wir insbesondere in größeren und komplexeren Konzernstrukturen erstmalig anbieten, ist dieser Coach einer der wichtigsten Personen, die wir identifizieren und finden müssen. Er ist quasi Ihr Freund und ist Ihr „Türöffner" zu den Mitgliedern des Buying Centers.

Um ihn zu finden, ist wiederum der Nutzen von sozialen Netzwerken (s. Abschn. 3.5.7) nicht zu unterschätzen: Wenn ihr Netzwerk z. B. bei Xing oder LinkedIn groß genug ist, so ist die Wahrscheinlichkeit hoch, dass Sie zumindest „jemanden kennen der jemanden kennt, der beim Zielkunden arbeitet". Diesen sprechen Sie an und bitten ihn, Ihnen zu helfen, Ihr Coach zu sein.

Zusammenfassend bleiben somit die folgenden sieben „Hausaufgaben" festzuhalten, die ein erfolgreicher Verkäufer von komplexen oder hochwertigen Produkten und Dienstleistungen vorzunehmen hat:

Tool: Buying-Center-Analyse
1. Stellen Sie fest, wie gut Sie den Entscheidungsprozess des Kunden verstehen.
2. Identifizieren Sie einflussreiche Personen des BC, zu denen Sie mangelhaften Kontakt haben.
3. Identifizieren Sie zusätzliche Personen, die den Entscheid beeinflussen können.
4. Stellen Sie fest, ob die so identifizierten Personen Ihnen bzw. Ihrem Angebot gegenüber pro oder contra eingestellt sind.

5. Kennzeichnen Sie die formellen und informellen Beziehungen zwischen diesen Personen.
6. Erarbeiten Sie die notwendigen Maßnahmen, um Ihnen kritisch gesonnene entscheidungsrelevante Personen positiv zu beeinflussen.
7. Legen Sie fest, wer aus Ihrem Unternehmen wen im Einkaufsgremium bearbeiten soll.

Begehen Sie hierbei bitte nicht den Fehler anzunehmen, dass ein automatischer Zusammenhang zwischen Rolle, hierarchischer Stellung und Einfluss auf die Entscheidung besteht. Ich kenne mittelständische Unternehmen, da ist der „wahre Genehmiger" oft noch nicht einmal in einem Organigramm verzeichnet (z. B. die Ehefrau des Geschäftsführers). Um solche Informationen zu evaluieren, benötigen Sie einen Coach!

Auch sollten Sie den Einfluss Ihrer Befürworter nicht überschätzen oder annehmen, dass Personen, die Sie nicht kennen, keinen oder nur geringen Einfluss auf die Kaufentscheidung besitzen.

Was bedeutet das Wissen um das Buying Center nun für den weiteren Verkaufsvorgang? Wie erwähnt sind Kunden strenggenommen nicht Unternehmen, sondern Menschen in den Unternehmen. Um nun eine zielführende Verkaufs- und Nutzenargumentation aufbauen zu können, gilt es, die *Bedürfnisse* dieser auf Kundenseite am Kaufprozess beteiligten Menschen zu kennen, zu verstehen und darauf einzugehen. Ihre Produkte oder Argumente sind demnach niemals per se „gut" oder „schlecht", die Argumente sollten nur an den jeweiligen Menschen angepasst werden. Wir benötigen somit eine personenbezogene Nutzenargumentation. Einen Techniker werden Sie mutmaßlich eher mit technischen Leistungsspezifikationen beeindrucken als einen Controller, dem Sie vorrechnen, wie viel Geld sich mit der neuen Anlage sparen lässt, da beide ganz unterschiedliche Interessen haben und entsprechende Ansprüche an Ihre Leistung stellen.

Tool: Die vier Kategorien von Kundenbedürfnissen
1. **Handlungsbedarf bzw. – druck**
   Brauche ich es? Muss ich es haben, weil es der Wettbewerb auch hat?
2. **Geschäftliche Ziele**
   z. B. Umsatz steigern, Umschlagsgeschwindigkeit erhöhen, Profit steigern, …
3. **Persönliche Ziele und Motivation**
   Gefällt es dem Kunden? Was treibt den Kunden an? Was motiviert ihn? Wie kann ich ihn gut bedienen? …
4. **Entscheidungskriterien**
   Welcher der vorigen Punkte dominiert?

Unser vollständiges Tool zur Buying-Center-Analyse steht Ihnen als Download unter www.milz-comp.de/download zur Verfügung.

Lernen Sie, Ihre Kunden zu „lesen": Jeder Kunde, jede Person ist anders: Ein Verkaufsargument, das beim einen gut funktioniert, kann beim nächsten völlig scheitern. Wie also könnte man Kundentypen – Menschen – „charakterisieren"?

- Welche Rolle spielt sie/er im Buying Center (s. o., inkl. Hierarchie und Funktion im Unternehmen)?
- Was für ein Typ ist sie/er? sowie
- Welche Motive und Werte treiben sie/ihn an?

Zum Thema „Typologie von Menschen" ist eine Vielzahl von größtenteils neurowissenschaftlichen Abhandlungen verfasst worden, die wir hier nicht wiederholen müssen. Einige der im Mittelstand bekannteren Modelle sind hierbei etwa das DISG-Modell nach William Moulton Marston (Wikipedia 2022b), das Menschen im Wesentlichen in die vier Grundverhaltenstendenzen *D*ominant, *I*nitiativ, *S*tetig und *G*ewissenhaft einteilt. Auch das Vier-Quadranten-Modell des Gehirns nach Ned Hermann (Wikipedia 2022c), nach dem jeder Mensch in unterschiedlicher Ausprägung verschiedene „Ichs" beinhaltet (das rational-analytische Ich, das sicherheitsbedürftige-organisierende Ich, das fühlende-zwischenmenschliche Ich, das strategisch-visionäre Ich) begegnet uns häufiger, ebenso die sog. Reiss-Profile (oder auch „Theorie der 16 Lebensmotive") (Wikipedia 2022d).

Ob man sich mit diesen Modellen nun eingehend beschäftigen möchte oder nicht bzw. ob man deren Erkenntnisse als Grundlage heranziehen möchte oder lieber „gesunden Menschenverstand" zu Rate zieht, dies bleibt sicherlich jedem selbst überlassen. In jedem Falle macht die dahinterliegende Aufforderung *„lerne dein Gegenüber und das, was ihn motiviert und antreibt, kennen und einzuschätzen"* für vertriebliche Aufgaben sicherlich Sinn. Beispielhaft sei dies an der Werte- oder Motivationseinschätzung ausgeführt.

Werte oder Motivationen gibt es viele. Verschiedene Theorien wurden zu diesem Thema aufgestellt; die folgenden *typischen Käufertypmotivationen,* tauchen jedoch bei den meisten auf:

- Status
- Sparen/Ordnung
- Idealismus
- Eros
- Sicherheit
- Unabhängigkeit
- Hilfe
- Freizeit

An die Hauptmotivation Ihres Kunden sollten Sie Ihre Verkaufsargumente anpassen. Beispiel: An Ihrem neuen Gesprächspartner und Kunden fällt Ihnen die sehr ausgesuchte, hochwertige Markenkleidung inkl. Uhr und sonstiger Accessoires auf. Dies lässt Sie vermuten, dass bei seinen Entscheidungen „Statusdenken" möglicherweise eine Rolle spielt.

Natürlich gibt es noch etliche andere Gründe, die dazu geführt haben könnten, dass er diese Accessoires trägt. Aber es ist besser, Sie stützen Sich auf eine begründete Vermutung als auf gar nichts. Dementsprechend könnten Sie im Verkaufsgespräch erwähnen, dass Ihr Produkt bekannt und renommiert ist oder seinen Status direkt erhöhen wird und hierbei auf seine Reaktion achten. Dann werden Sie schnell herausfinden, ob Sie mit Ihrer Vermutung richtiglagen.

Weitere Beispiele, an denen Sie Käufermotivationen ablesen können, finden Sie in Abb. 4.17.

Beachten Sie, dass kaum ein Mensch nur eine Motivation hat. In der Regel finden Sie eine Mischung aus verschiedenen Motivationen, auf die die obigen Beispiele Hinweise geben können.

Passen Sie Ihre Argumente somit entsprechend an: Sie kommen zu einem Kundentermin und finden das Büro Ihres Gesprächspartners puristisch und aufgeräumt vor. An der Wand steht ein Regal voller penibel beschrifteter Ordner, die sowohl chronologisch als auch alphabetisch geordnet sind. Dies interpretieren Sie als Hinweise auf die Motivation Sparen/Ordnung und betonen in der anschließenden Verkaufspräsentation die Sparsamkeit und Langlebigkeit Ihrer Maschine oder die einfache Bedienbarkeit und Strukturiertheit Ihrer Software.

Status	Unabhängigkeit	Sparen/Ordnung
Teure, auffällige Luxusartikel wie Uhr, Schuhe etc. auch oder gerade als Accessoires	Tragen von Piercings oder eigenwilligem Schmuck, auffällige Kleiderwahl, versteht sich als „Trendsetter"	Sehr gepflegtes, aber eher unauffälliges Erscheinungsbild, keine oder wenige Accessoires wie Schmuck, aufgeräumter, leerer Schreibtisch
Eros	**Sicherheit**	**Idealismus**
Verwendung von Parfum, merkliche Aufmerksamkeit auf das äußere Erscheinungsbild, beispielsweise perfekt sitzende Frisur, passendes Make-up, leichte Bräune	Erscheinungsbild im „Biedermann"-Stil, beispielsweise keine Experimente bei der Kleiderwahl, eher konservativ, fährt ein Auto das Sieger der Sicherheitstests war	Wenig Aufmerksamkeit auf das äußere Erscheinungsbild, beispielsweise wenig oder kein Make-up, Parfum, Schmuck. Ökologisch korrekt, nutzt beispielsweise ungechlortes oder recyceltes Papier

Abb. 4.17 Beispiele, an denen Käufermotivationen abgelesen werden können. (Quelle: Milz & Comp. GmbH)

4.3   Verkaufspräsentationen

Bei einer Verkaufspräsentation handelt es sich im Prinzip um ein Verkaufsgespräch vor und mit mehreren Menschen, oftmals unter Zuhilfenahme diverser Präsentationstechniken wie PowerPoint. Es gilt somit grundsätzlich alles bisher Gesagte fort. Dennoch gibt es unter vertrieblichen Gesichtspunkten einige Besonderheiten zu beachten, wobei wir auf Layout-, grafische und Animationsaspekte im Folgenden nicht eingehen werden.

Gute Ideen und Produkte verkaufen sich in den seltensten Fällen von allein. Aus diesem Grunde sind eine gute Eigendarstellung sowie eine Präsentation der eigenen Leistungen, Produkte und Prozesse durchaus notwendig und angebracht. Ziel einer jeden Präsentation ist es somit, zu informieren, zu überzeugen und zu motivieren. Bei Verkaufspräsentationen gelten in der Regel alle drei Bestandteile.

In einer Befragung, die Infoteam Sales Process Consulting und das FAZ-Institut durchgeführt haben, wurde nach den „Merkmalen einer guten mündlichen Präsentation gefragt" (s. Abb. 4.18).

Wie zu sehen ist, rangieren hierbei „Kürze und Verständlichkeit", „Konzentration auf die spezifischen Kundenprobleme" sowie die „Berücksichtigung der Bedürfnisse der einzelnen Entscheidungsträger" auf den vordersten Plätzen. Dies bedeutet zum einen, dass es in einem Erstgespräch schwierig ist, eine gute Präsentation durchzuführen, weil man zu diesem Zeitpunkt eben diese spezifischen Kundenprobleme noch nicht kennt. Konsequenterweise sollte man somit in Erstgesprächen das Mittel der Präsentation – wenn überhaupt – nur sehr sparsam einsetzen, weil die Wahrscheinlichkeit hoch ist, dass die Präsentationsinhalte für das jeweilige Auditorium nur bedingt relevant und interessant sind. Zum

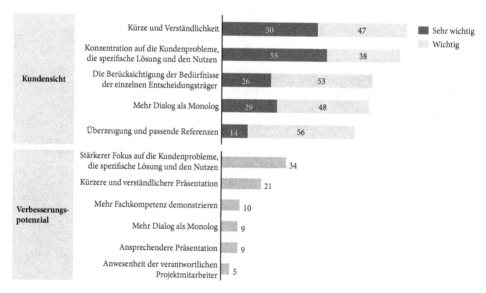

Abb. 4.18 Merkmale einer guten mündlichen Präsentation. (Mit freundlicher Genehmigung von © Infoteam Sales Process Consulting (2005). All Rights Reserved)

zweiten bedeutet es eine Abkehr oder ein Lösen von der „Standardpräsentation", die viele Vertriebsmitarbeiter „standardmäßig" zum Einsatz bringen. Im Folgenden finden Sie Checklisten für die Vorbereitung, Durchführung und Nachbereitung einer guten Verkaufspräsentation:

Checkliste I: Die Vorbereitung

1. **Ziel:**
   - Was will ich erreichen? Legen Sie die Ziele Ihrer Verkaufspräsentation fest (zum Beispiel: informieren, sich vorstellen, einen weiteren Termin abmachen, verkaufen etc.).

2. **Zielgruppe:**
   - Wie setzt sich der Teilnehmerkreis zusammen und wie sind die Rollen untereinander verteilt?
   - Welche Vorkenntnisse haben die Teilnehmer?
   - Welches „Wording" sollte verwendet werden?
   - Wie groß ist die Gruppe?
   - Wen in der Teilnehmergruppe muss ich erreichen?
   - Wie erreiche ich die Zielperson/-en?
   - Wie sind die Interessen der Teilnehmer verteilt?

3. **Inhalt:**
   - Sammeln und selektieren Sie mögliche Inhalte.
   - Verdichten sie den ausgewählten Stoff.
   - Visualisieren Sie die Inhalte.

4. **Ablauf:**
   - Eröffnung
     Mit welchen Worten wollen Sie beginnen?
     Was sagen Sie zu Ihrer Person/Ihrem Unternehmen?
     Was ist Präsentationsanlass/-thema/-ziel?
     Wie ist die Agenda strukturiert?
   - Hauptteil
     Ist der Stoff nachvollziehbar?
     Wird der Inhalt optisch gut dargestellt?
   - Schluss
     Fassen Sie die Kernpunkte noch einmal zusammen.
     Halten Sie eine Abschlussbotschaft bereit.

5. **Organisation:**
   - Ort und Raum: Wo findet die Präsentation statt?
   - Zeit (Wochentag/Uhrzeit): Wann findet sie statt?
   - Wann und wie sollte ich anreisen?
   - Kleidung: Gibt es einen Dresscode im Unternehmen? Welchen?
   - Sitzordnung: Ist diese bereits festgelegt oder wird sie Ihnen als Vortragendem überlassen?

- Welche Medien setzen Sie ein (Pinnwand, Flipchart, Beamer, Smartboard etc.)?
- Stehen diese Medien vor Ort zur Verfügung oder müssen sie mitgebracht werden?
- Haben Sie alle Unterlagen für die Teilnehmer bereit?
- Ist die persönliche Vorbereitung abgeschlossen (Generalprobe)?
- Haben Sie einen „Plan B", falls die Technik nicht funktioniert? (z. B. USB-Stick, Handouts in Papier, zweiter Laptop/Beamer etc.)

Checkliste II: Die Durchführung

1. **Eröffnung:**
   - Nehmen Sie schon vor Beginn Blickkontakt zum Publikum auf.
   - Halten Sie sich grundsätzlich an Ihr Konzept; wenn Fragen zum organisatorischen/inhaltlichen Ablauf gestellt werden, gehen Sie darauf ein.
2. **Hauptteil:**
   - Sprechen Sie „frei".
   - Formulieren Sie kurze und verständliche Sätze mit Pausen.
   - Besser als unkonkrete Redewendungen wie „man" sind Sätze mit „ich", „wir", „sie" etc.
   - Vermeiden Sie Füllwörter (also, halt) und Verzögerungslaute (ähm, hmm).
   - Korrigieren Sie Versprecher, um Missverständnisse zu vermeiden.
   - Nutzen Sie Variationen in Tempo, Lautstärke und Betonung.
3. **Abschluss:**
   - Zusammenfassung formulieren, enden Sie mit einer „knackigen" Botschaft.
4. **Umgang mit Medien:**
   - Metaplanwand:
     Machen Sie sich mit der Metaplanwand vertraut (Mechanik).
     Halten Sie einige Wände in Reserve.
   - Flipchart:
     Achten Sie darauf, dass alle Teilnehmer die Visualisierung gut sehen können.
     Wenden Sie sich beim Erklären den Zuhörern zu.
     Sorgen Sie für einen ausreichenden Vorrat an Blättern.
   - Beamer/Fernseher/Smartboard:
     Informieren Sie sich über die technischen Eigenschaften des Gerätes.
     Stehen Sie nicht im Bild, sprechen Sie zum Publikum und nicht zur Projektionsfläche.

Checkliste III: Die Nachbereitung

Nach Ihrer sicherlich erfolgreichen Präsentation lassen Sie alles noch einmal Revue passieren und beantworten Sie sich selbst folgende Fragen:

- Entsprach die inhaltliche Aufbereitung der Präsentation den Belangen der Zielgruppe?
- Hat sich der Ablauf bewährt? Wenn nein, in welchen Punkten muss er geändert werden?

- Wie sahen die einzelnen Phasen (Eröffnung, Hauptteil, Schluss) aus? Was war gut, was muss verbessert werden?
- Wo gab es kritische Situationen und wie können diese entschärft und vermieden werden?
- Wie war die Beziehung zu den Teilnehmern? Woran lag das?
- Wie bin ich mit Fragen, Antworten, Anmerkungen und Anregungen, wie mit Lob und Kritik umgegangen?
- Gibt es noch etwas zu tun? Was? Bis wann? Mit welchem Verteiler?
- Haben Sie den Termin protokolliert? Bis wann senden Sie wem das Protokoll?

Vertriebsgeheimnis: Zwölf Regeln für eine gelungene Verkaufspräsentation
1. Die Präsentation beginnt, bevor Sie den ersten Satz gesprochen haben.
2. Stehen Sie mit beiden Beinen fest auf dem Boden.
3. Suchen Sie umgehend den Blickkontakt zu den Zuhörern.
4. Halten Sie stets Kontakt zum Publikum.
5. Sprechen Sie immer den Zuhörern zugewandt.
6. Unterstützen Sie mit Ihrer Gestik Ihre Aussagen.
7. Geben Sie den Zuhörern Orientierung durch Gliederungspunkte.
8. Formulieren Sie einfache und kurze Sätze.
9. Sprechen Sie anschaulich.
10. Sprechen Sie deutlich und setzen Sie Pausen.
11. Hören Sie bei Zwischenfragen aktiv zu und antworten Sie kurz.
12. Beenden Sie die Präsentation mit einer „knackigen" Kernbotschaft.

Gehen Sie nach Möglichkeit nicht allein zu Präsentationsterminen. Erstens ist es höflich, wenn auf Kundenseite mehrere Ansprechpartner in der Runde sitzen, diesem Gremium eine gewisse Wertschätzung zu vermitteln. Zweitens ist es meist hilfreich, vor einem heterogenen Publikum diesem eine eigene Vielfalt an Fach-Know-how gegenüberzusetzen, sodass Sie „antwortfähig" sind. Und drittens ist in der Regel der Präsentierende derart auf das Präsentieren konzentriert, dass er nur schwer mitbekommt, wen aus der Runde er „gewonnen" hat und wen noch nicht – dies zu erkennen sollte dann Aufgabe eines Kollegen sein.

Was Sie allerdings auf keinen Fall tun sollten, ist mit einer größeren Mannstärke zu präsentieren als auf Kundenseite Mitarbeiter im Auditorium sitzen!

4.4 Verkaufshilfen

In unseren Seminaren fragen wir die Teilnehmer häufig, welche Hilfsmittel sie bei ihrer täglichen Arbeit unterstützen. Meist werden hier neben Laptop und Produktflyern Muster, Tischaufsteller und Referenzen genannt. Drei Hilfsmittel haben sich in der Praxis besonders bewährt, weil sie besonders vertrauensbildend wirken:

Referenzen: Natürlich sind Referenzen gut. Aber was bedeutet das genau? Namen und/ oder Logos seiner eigenen Kunden in die Unternehmensdarstellung einzubauen?

Befinden wir uns in einem Verkaufsgespräch mit einem kleinen mittelständischen Unternehmen, so werden Konzernreferenzen vermutlich fehl am Platze sein – und umgekehrt ebenfalls. Sitzen wir bei einem Automobilzulieferer, so wird unser Ansprechpartner vermutlich nach entsprechenden Referenzen fragen. Erwähnen wir hierbei, dass wir ebenfalls für seinen ärgsten Konkurrenten arbeiten, so spricht dies aus seiner Sicht vermutlich eher gegen als für uns. Auch hier gilt somit die Regel der Notwendigkeit der Fokussierung auf den jeweiligen Kunden; eine „Standardseite" mit vielen Logos kann eher kontraproduktiv wirken als förderlich. Dann sollten besser sehr individuelle „passende" Kundennamen inkl. der Kontaktdaten eines Ansprechpartners als Referenz genannt werden, ggfs. ergänzt durch eine anschauliche und ebenfalls passende „Fallstudie".

„Beweise" der eigenen Leistungsfähigkeit: Wenn ich mich als Privatkunde in Elektronikmärkten, Supermärkten oder Textilgeschäften nach Produkten umschaue, so werde ich – z. B. mithilfe meines Smartphones – für die meisten Artikel ein Testurteil von „Stiftung Warentest", „Ökotest" oder anderen vermeintlich unabhängigen Institutionen finden, die mich über die Qualität des jeweiligen Produktes informieren. Warum sollte dies im B2B-Umfeld nicht möglich sein? Wenn es nicht bereits existierende Testurteile etwa von Hochschulen zur Leistungsstärke des jeweiligen Produktangebotes gibt, so könnte man als Anbieter einen solchen Test ggfs. selbst initiieren.

„Renditeberechnungen/Amortisationspläne": Wir haben bereits in Abschn. 4.1.1 über die häufig nur mangelhaft ausgeprägte „Show-me-the-money-Kompetenz" der meisten Anbieter gesprochen. Gerade hier, als unterstützendes Hilfsmittel, sollten wir unbedingt ein Excel-Tool, eine Schätzung, ein Benchmark oder irgendein anderes Hilfsmittel zur Hand haben, das es uns ermöglicht, auf die Frage des Kunden *„Was bringt mir das?"* präzise zu antworten.

Bitte finden Sie unten – angelehnt an Detroy et al. (2007) – eine Übersicht über weitere nützliche Hilfsmittel im Vertrieb, die selbstverständlich an den jeweiligen Einzelfall anzupassen sind:

- Checklisten
- PC, Beamer, Handouts, Präsentationen, Prospekte
- Fotos, Zeichnungen, Skizzen, Videos
- Muster, Modelle
- Vorteilsargumentationen
- Analysen, Forschungsergebnisse, Gutachten
- Marktanteile, Umsatzzahlen
- Fallbeispiele

4.5   Anfragemanagement

In unseren Seminaren und Workshops hören wir häufig den Wunsch von Teilnehmern: *„Wir brauchen mehr Leads!"* Standardmäßig lautet daraufhin meine Rückfrage: *„Aus wie vielen Anfragen, die Sie erhalten, werden Aufträge, wie hoch ist Ihre ‚Hit-Rate'?"* Das Ergebnis ist sehr häufig ernüchternd: Je nach Branche und Teilnehmer wird eine Treffer-quote von oft nur zwischen zwei und 15 % als „normal" angesehen. Hierfür werden selbstverständlich auf den ersten Blick einleuchtend klingende Begründungen mitgelie-fert. Dennoch bedeutet dies, dass zwischen 85 und 98 von 100 Angeboten „für den Papier-korb" geschrieben werden – eine unglaubliche Ressourcenverschwendung!

Wenn unsere Kunden somit ihre vertrieblichen Prozesse optimieren möchten, beginnen wir zunächst damit, darüber nachzudenken, mit welchem Kernprozess wir sinnvoller Weise starten sollten, wo der kurzfristigste bzw. stärkste „Hebel" liegt. Wir lassen Ge-schäfts- und Vertriebsleitung sowie die Vertriebsmitarbeiter zunächst einmal – z. B. in Schulnoten – die aktuelle Qualität der Kernprozesse

- Anfragemanagement,
- Bestandskundenmanagement bzw. Kundenbeziehungsmanagement,
- Innovationsmanagement und
- Neukundenakquise

bewerten und spiegeln dies mit unserer Einschätzung. Wenn wir diese Bewertung mit nachfolgender Logik ergänzen, so ergibt sich häufig die folgende Konsequenz: Zwar wird das „Anfragemanagement" häufig noch als der „am wenigsten schlechte" Prozess angese-hen. Doch ist sowohl der Aufwand, diesen Prozess „auf Vordermann" zu bringen als auch der dahinter liegende Hebel, die Erfolgswirkung und -wahrscheinlichkeit, am größten. Aus diesem Grunde macht es meistens Sinn, mit einer Optimierung dieses Prozesses zu starten (s. Abb. 4.19).

Es macht noch aus einem zweiten Grunde Sinn mit dem Anfrageprozess zu starten: Bleiben wir bei dem oben skizzierten Beispiel und nehmen wir an, dass „unsere Hit-Rate" 10 % beträgt, dass also von zehn Anfragen eine zu einem Auftrag führt. Würden wir die Anzahl der Leads wie gewünscht verdoppeln, hätten wir also z. B. 20 Anfragen, so würden hieraus zwei Aufträge resultieren.

Würden wir es aber zunächst schaffen, die Hit-Rate auf 20 % zu verdoppeln – wobei eine Steigerung von zehn Prozent-Punkten in den meisten Prozessoptimierungen eher eine klein gegriffene Größe ist – und danach die Anzahl der Leads verdoppeln, so würden aus dem so optimierten Prozess bereits vier Aufträge resultieren. Wie man es auch dreht und wendet:

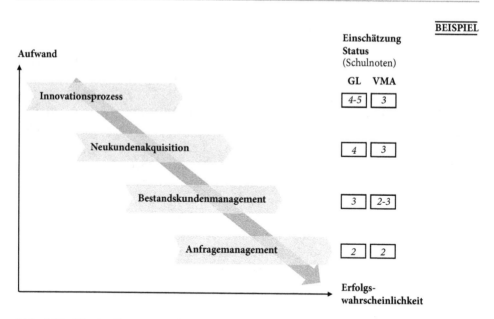

Abb. 4.19 Die vier Kernprozesse im Vertrieb. (Quelle: Milz & Comp. GmbH)

▷   **Praxistipp** Eine Optimierung mit dem Prozess rund um eingehende Anfragen, Angebotsgestaltung und -nachfassen zu beginnen, macht fast immer Sinn!

Von der Anfrage bis zum erfolgreichen Verkaufsabschluss und darüber hinaus gibt es verschiedene Schritte, die im Anfrageprozess definiert sind. Damit eine Anfrage zu einem Auftrag wird, sind alle diese Schritte wichtig. Mithilfe des Vertriebstrichters (s. Abschn. 9.3) kann gemessen und ermittelt werden, bei welchem dieser Schritte Optimierungspotenziale bestehen. Die Kernfrage Ihres Anfragemanagements muss jedoch lauten: *„Wie gut funktioniert in „unserem" Unternehmen jeder einzelne Teilschritt?"* Die Übersicht in Abb. 4.20, die wir in unseren Beratungsprojekten zur Optimierung nutzen, bildet einen „perfekten" Anfrageprozess ab.

▷   Diese Prozessübersicht zum Anfragemanagement können Sie auf unserer Homepage (www.milz-comp.de/download) downloaden, an Ihren eigenen Prozess anpassen und die entsprechenden Verantwortlichkeiten und Maßnahmen notieren.

In jedem Prozessteilschritt gibt es in der Regel Bereiche, die verbessert werden und damit den Vertriebserfolg steigern können. Auf einen Blick kann mittels dieser Übersicht visualisiert werden, zu welchem Grad die einzelnen Prozessschritte im jeweils betrachteten Unternehmen erfüllt werden (z. B. auf einer Skala von 0–100 %) und wie die jeweiligen Verantwortlichkeiten geregelt sind (in der Zeile darunter).

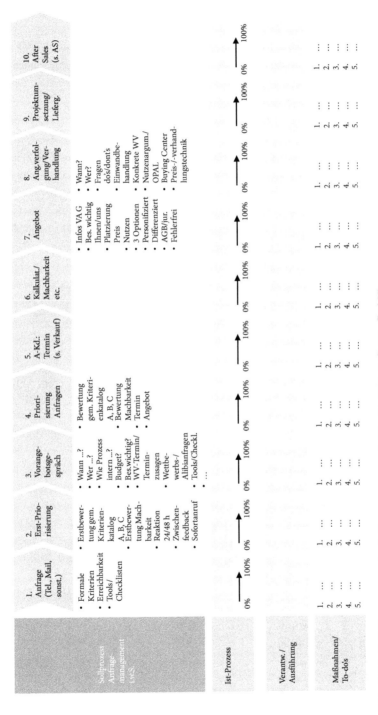

Abb. 4.20 Soll-Kernprozesse im Anfragemanagement. (Quelle: Milz & Comp. GmbH)

Unsere Projekterfahrung zeigt, dass eine solche Übersicht eine hervorragende Möglichkeit bietet, einen Prozess mit all seinen Schritten, Verantwortlichkeiten, Maßnahmen und Unterpunkten abzubilden. Anhand unserer Vorlage (s. Abb. 4.20) können Sie die entsprechenden Schritte für Ihr Unternehmen anpassen, Verantwortlichkeiten und To-dos eintragen und das Dokument anschließend allen am Prozess beteiligten Personen zugänglich machen.

4.5.1   Anfrageannahme und Erst-Priorisierung

Der Prozess beginnt mit der verlässlichen, professionellen und angenehmen Annahme der Anfragen. Es ist empfehlenswert, gemeinsam mit den Mitarbeitern eine Checkliste bezüglich der Anfrage oder Annahme zu erarbeiten und sie den entsprechenden Kollegen an die Hand zu geben. Auf diese Weise werden keine Informationen vergessen, die für die Erstellung eines Angebots wichtig sind. Auch wenn der Kunde grundsätzlich kaufwillig ist, kann auf dem Weg zum Verkaufsabschluss einiges schieflaufen, was nicht zuletzt von der Art der Anfrage geprägt sein kann. Erreicht Sie die Anfrage

- per Brief,
- per E-Mail,
- per Fax,
- per Telefon,

persönlich?

Für jede dieser Möglichkeiten sollten verbindliche Standards existieren. Anbei einige Beispiele von Sachverhalten, wie wir sie in der Praxis recht häufig beobachten:

Checkliste: Annahme von Anfragen und Erst-Priorisierung

- Die E-Mail-Postfächer und das Fax-Gerät werden (bei Urlaubsabwesenheit/Krankheit von Verantwortlichen) unregelmäßig geleert/überprüft – insbesondere, wenn Anfragen nicht an die zentrale Mailadresse gehen, sondern persönlich adressiert sind.
- Es gibt keine einheitliche Vorlage für „Out-of-Office"-E-Mails (oder gar keine).
- Der Anrufbeantworter (ggfs. auch die Mailboxes individueller Mitarbeiter) ist nicht angeschaltet, nur einsprachig besprochen und bietet keine Möglichkeit, nach Büroöffnungszeiten Nachrichten zu hinterlassen.
- Anfragen erreichen nicht oder nur auf Umwegen den richtigen Ansprechpartner.
- Es gibt keine verbindlichen Telefonleitlinien (z. B. Standards wie man sich meldet, wie oft ein Anrufer weiterverbunden werden darf, wie oft es klingeln darf, wann spätestens jemand zurückgerufen wird, …).
- Es gibt keine Standardregelung, die sicherstellt, dass bei telefonischen/Fax-/Mail-Anfragen gegebene Cross-Selling-Potenziale realisiert werden („*Soll ich Ihnen das zugehörige Befestigungsmaterial gleich mitliefern?*").
- …

▶ **Praxistipp** Geben Sie jedem Kunden ein gutes Gefühl, indem Sie ihm ein kurzes (Zwischen-) Feedback zu seiner Anfrage geben!

Klare Vorgaben sollten bezüglich des Umgangs mit Anfragen bestehen. Hat die Anfrage ihren Weg zum zuständigen Mitarbeiter gefunden, wie reagiert dieser darauf? Wird beispielsweise eine *Eingangsbestätigung* bzw. ein *Zwischenfeedback* versandt? Wenn ja, was soll darin stehen (Ansprechpartner? Durchwahl? Zeithorizont?) Wenn Sie im Internet eine Bestellung tätigen, bekommen Sie in der Regel sofort eine Auftrags- oder Bestellbestätigung per E-Mail. So gibt eine solche Nachricht doch das gute Gefühl, dass alles gut gegangen ist und die Bestellung nun bearbeitet wird.

Formulieren Sie eine Telefonnotiz (s. Abb. 4.21 und 4.22) – die Standardtelefonnotizblöcke diverser Büroartikelanbieter sind meist nicht wirklich geeignet, da sie zu viele Freitextfelder enthalten, die in der Praxis dann nur selten gefüllt werden. Entwerfen Sie ein Telefonnotizformular, das nur so viele Felder enthält wie nötig – welche dann aber auch immer zu füllen sind! Machen Sie genaue Angaben, wer angerufen hat. Versuchen Sie, mit den entsprechenden Fragen herauszufinden …

- … wer der Interessent ist (Firma, Person, Funktion, Kontaktdaten),
- … was der Grund des Anrufes ist,
- … was in welcher Menge benötigt wird,
- … welche Probleme aufgetreten sind,
- … wie der Interessent auf Sie aufmerksam geworden ist,
- usw.

Grundregeln: So melden wir uns am Telefon

✎ Wir nehmen den Hörer spätestens nach dem 5. Klingeln ab

✎ Wir melden uns freundlich mit „Milz & Comp." Vorname, Nachname, Guten Tag

✎ Wir sprechen den Anrufer immer mit Namen an

✎ Wir bieten jedem Anrufer an, dem Kollegen eine Nachricht für den Rückruf zukommen zu lassen

✎ Falls wir eine Nachricht aufnehmen, verwenden wir dafür die Vorlage

✎ Wir fragen nach, wenn wir den Namen nicht richtig verstanden haben

✎ Falls wir um Rückruf gebeten werden, machen wir das innerhalb von 20 Minuten

✎ Am Ende des Gesprächs fassen wir die wichtigsten Punkte noch einmal zusammen

✎ Wir beenden unsere Gespräche mit einem Dankeschön, einer Wertschätzungsformel und einem freundlichen Auf Wiederhören

Abb. 4.21 Grundregeln: So melden wir uns am Telefon. (Quelle: Milz & Comp. GmbH)

Milz&Comp.GmbH
Unternehmensberatung und Unternehmensbeteiligung

Telefonnotiz

Anruf für: _____

Datum: _____   Uhrzeit: _____

Name des Anrufers: _____

Firma: _____

Telefonnummer: _____
(alternativ: Emailadresse)

Grund des Anrufs: _____

_____

_____

aufgenommen von: _____

Bitte Notiz per E-Mail an den gewünschten Kollegen weiterleiten und telefonisch über den Anrufer (Handynummer lt. Telefonliste) informieren. Vielen Dank.
Alle Felder sind auszufüllende Pflichtfelder

Abb. 4.22 Telefonnotiz (Quelle: Milz & Comp. GmbH)

Im zweiten Schritt empfiehlt es sich, eingegangene Anfragen zu priorisieren und wichtige Projekte oder Kunden vorrangig zu bearbeiten. Dies ist weitaus effektiver als nach dem Prinzip „*first come, first served*" vorzugehen. Erfahrene Mitarbeiter werden dies ohnehin tun – neue Kollegen muss man möglicherweise darauf hinweisen. Eine Möglichkeit ist es, die eingehenden Anfragen (nicht die Kunden!) in Prioritätsklassen wie zum Beispiel A, B, C und Absagen zu unterteilen. Bei der Klassifizierung sollten Sie das Potenzial des Kunden, die Auftragsvolumina, den Referenzcharakter der Anfrage und die Machbarkeit berücksichtigen. Eine Regelung könnte dann beispielsweise lauten „*die wichtigsten (Priorität A) Anfragen werden sofort – binnen acht Stunden – bearbeitet. Bei B- und C-Anfragen wird ein Zwischenfeedback spätestens nach 24 Stunden sichergestellt*".

4.5.2 Vorangebotsgespräch und Priorisierung

Die meisten B2B-Unternehmen, die ich kenne, versenden auf eine erhaltene Anfrage, die technisch eindeutig spezifiziert ist, ihr Angebot. Telefonische Rückfragen werden zumeist nur bei technischen Unklarheiten vorgenommen. Die Unternehmen wundern sich dann, warum die Trefferquote so bescheiden ausfällt wie oben in Abschn. 4.5 beschrieben.

▶   **Praxistipp** Versenden Sie auf eine Anfrage hin nicht einfach Ihr Angebot!

Gerade in der Phase vor der Angebotsabgabe besteht eine große Chance, den Kunden positiv zu beeinflussen – und zwar vor allem dann, wenn er bei mehreren Unternehmen anfragt. Wer hat die größten Erfolgsaussichten auf den Auftrag, wenn ein Kunde mit konkretem Bedarf bei Ihnen und zwei Wettbewerbern anfragt? Der Günstigste? Der Schnellste? Der Letztabgebende? Wir können es nicht wissen, ohne dass wir den Kunden danach gefragt haben. Vermutlich hat der Anbieter die größten Chancen, der das größte, ehrliche Interesse an einer optimalen Lösung für den Kunden zeigt – und dieses demonstrieren wir nicht durch eine schnelle Angebotsabgabe (es sei denn das ist es, was der Kunde braucht).

▶   **Praxistipp** Führen Sie *vor* dem Angebotsversand ein ausführliches Gespräch
    mit dem Kunden – nicht (nur) hinterher!

Warum ist es im Regelfall sinnvoll, mit einem Kunden ausführlich zu sprechen, *bevor* wir das Angebot erstellen? Hierfür gibt es im Wesentlichen *fünf gute Gründe*:

1. Der *persönliche Draht* zum Anfragenden wird entweder erstmalig aufgebaut (bei Neukunden) oder er wird erneuert (bei Bestandskunden). Warum findet in persönlichen Gesprächen immer ein „Warmwerden", ein Small- oder Straight-Talk (s. Abschn. 4.1.2) statt? Aus Höflichkeit und um mithilfe der persönlichen Ebene die Erfolgschancen im Verkauf zu vergrößern. Warum verzichten wir also bei Anfragen hierauf?
2. Wir sind in der Lage, *Informationen einzuholen*, die eher vertrieblicher statt technischer oder kaufmännischer Natur sind und die es uns erlauben, das Angebot viel präziser auf die Kundenwünsche auszurichten.
3. An der Bereitschaft oder Fähigkeit, uns diese Informationen geben zu wollen oder zu können, lässt sich die *Ernsthaftigkeit der Anfrage* sowie
4. die *Kompetenz des Anfragers testen* (s. auch Buying Center, Abschn. 4.2)
5. Und last but not least: Der Kunde möchte ein Angebot von Ihnen – *wann also hat ein Kunde die größere Motivation mit Ihnen ein Gespräch zu führen* und Ihnen Informationen zu übermitteln – bevor oder nachdem er Ihr Angebot (und den Preis!) kennt? Selbstverständlich vorher!

(Quelle: angelehnt an Dietze und Mannigel (2007))

Was sind dies nun für vertrieblich relevante Fragen, die in einem Vorangebotsgespräch gestellt werden sollten? Wir sollten herausfinden,

- wann der angefragte Bedarf im Unternehmen konkret wird,
- wie der Entscheidungsprozess im Unternehmen abläuft und
- wer in die Kaufentscheidung involviert ist (s. Buying Center, Abschn. 4.2),
- für welchen Einsatzzweck die angefragten Materialien benötigt werden,
- welche Merkmale dem Kunden bei Auftragserfüllung besonders wichtig sind,
- welche Budgetgrößen zu berücksichtigen sind,
- wie man auf „uns" aufmerksam geworden ist (bei Neukunden),

- wann man sinnvollerweise erneut spricht (Kunde: „Wir sitzen nächsten Dienstag zu dem Thema zusammen." Wir: „Dann macht es also Sinn, dass wir Mittwoch wieder sprechen? Bzw. wenn es noch Fragen geben sollte, am Montag?")
- u. v. a. m.

(Quelle: nach Dietze und Mannigel 2007)

Welche Fragen dies im Einzelnen sind, ist branchen- bzw. unternehmensindividuell zu beantworten und wird gemeinsam in Workshops erarbeitet. Als Ergebnis liegt dann eine Art Checkliste oder Gesprächsleitfaden vor (Muster downloadbar auf unserer Homepage www.milz-comp.de/download), die abzufragen dann zukünftig – neben dem Commitment aller, dass *immer* ein Vorangebotsgespräch zu führen ist – fester Bestandteil des Anfrageprozesses wird.

Daneben ist es hilfreich, *weitere Vorlagen,* etwa für ein Terminbestätigungsschreiben zur Vor-Ort-Besichtigung oder sonstige Feedbackschreiben zu erstellen. Diese Vorlagen professionalisieren den Umgang mit Kunden und erleichtern Ihnen die tägliche Bearbeitung der Angebote. Sie stellen ein gewisses Qualitätsniveau und ein einheitliches Auftreten am Markt sicher.

Häufig hören wir an dieser Stelle den Einwand, dass die Zeit nicht ausreiche, um ein Vorangebotsgespräch zu führen. Tatsächlich haben wir die Erfahrung gemacht, dass sich mit diesem Vorgehen sogar Zeit sparen lässt, was *beispielhaft* vorgerechnet werden kann: Bei 100 Anfragen (zu denen bisher 100 Angebote erstellt wurden), stellen sich mithilfe des Vorangebotsgesprächs 20 entweder als „Alibianfragen" heraus (also Anfragen, bei denen gar kein echtes Kaufinteresse bestand und die nur aus Vergaberechtsgründen getätigt wurden), oder wir stellten fest, dass ein geforderter Liefertermin unsererseits nicht gehalten werden konnte. Weitere zehn Anfragen können vielleicht bereits am Telefon zu Aufträgen gemacht werden, ohne dass ein umfangreiches Angebot erstellt werden musste. In Summe müssen somit statt bislang 100 lediglich 70 Angebote verfasst werden, deren inhaltliche Qualität die der Angebote vorher bei weitem überragt.

Ebenfalls kann erst nach geführtem Vorabgespräch sinnvoll beurteilt werden, wie die Anfrage weiter behandelt werden sollte. Besteht ein echtes Interesse des Kunden? Wie hoch dürfte das Auftragsvolumen ausfallen? Über welches Potenzial verfügt der Kunde, auch über diese Anfrage hinaus? Um dann vielleicht zu entscheiden, vor Angebotsabgabe zunächst einen persönlichen Vor-Ort-Termin wahrzunehmen.

4.5.3 Angebotsgestaltung

Laut Dietze und Mannigel (2007) ähneln Angebote heute häufig einer „Mischung aus Gesetzesentwurf und Lieferschein": Sie schrecken Kunden eher ab als ihr Interesse zu wecken. Was der Kunde vorfindet, ist oft eine unpersönliche Anrede, gefolgt von vielen technischen Bezeichnungen, Mengenangaben, Preisen, Angebotsfristen und AGBs, die erklären, was passiert, wenn etwas schiefgeht.

Häufig steht der Preis an zentraler Stelle des Angebots – was nur Sinn macht, wenn Sie der günstigste Anbieter auf dem Markt sind. Der Nutzen eines solchen Angebotes ist für den Kunden gering. Wie kann ein Angebot aussehen, das zwar wichtige Zahlen, Daten und Fakten enthält, den Kunden aber nicht abschreckt oder verunsichert?

Tool: In zehn Schritten zum kundennutzenorientierten Angebot

1. **Fehlerfreie, persönliche Ansprache im Briefkopf/in der Anrede**
   Herr/Frau Titel, Vorname, Nachname, Funktion, Firma
   Klingt trivial, doch entsprechen grob geschätzt 70 % aller Angebote, die ich erhalte, nicht den oben beschriebenen Anforderungen.

2. **Freundliche Einleitung und Bezugnahme**
   „Vielen Dank für Ihre Anfrage und das freundliche Gespräch/Telefonat vom …"
   Positive Hervorhebung des eigenen Unternehmens bei Erstangeboten
   „Unser Unternehmen XY ist seit … ein zuverlässiger und leistungsstarker Partner für …"

3. **Kundenwünsche, die im Vorangebotsgespräch** (s. Abschn. 4.5.2) **erfragt wurden, berücksichtigen**
   „Wir haben die von Ihnen genannten Prioritäten wie folgt berücksichtigt:
   a. …
   b. …
   c. …"

4. **Technisch-kaufmännischer Part**
   ggf. mit Fotos/Zeichnungen/Alternativen/Finanzierungsvorschlägen

5. **Positiver Satz zum möglichen Auftragserhalt**
   „Wir würden uns freuen, diesen Auftrag zu erhalten und ein gemeinsames Projekt mit Ihnen durchzuführen."

6. **Verbindlichkeit/Wiedervorlagetermin**
   „Herr/Frau … wird sich wie besprochen am … mit Ihnen in Verbindung setzen, um die weitere Vorgehensweise abzustimmen."

7. **Erreichbarkeit**
   „Wir freuen uns auf Ihren Auftrag und stehen Ihnen für Fragen unter … gern zur Verfügung."

8. **Kundenindividuelle Verabschiedung**
   „Mit besten Grüßen nach Ort des Kunden (z. B. Hamburg/in den Schwarzwald/ in den Norden)"

9. **Auftragsanimation**
   Bestell- oder Auftragsabschnitt anfügen, der Kunde kann selbstständig den Auftrag auslösen.

(Näheres hierzu gut erläutert bei Dietze und Mannigel 2007.)

4.5.4   Angebotsverfolgung

Offenen Angeboten nachzufassen ist ein Muss! Viele Vertriebsmitarbeiter begehen den Fehler, alle Schritte bis zum Angebot zu meistern, viel Zeit zu investieren und ihre Arbeit mit der Aussendung des Angebots als erledigt anzusehen. Dies ist fatal: Der Kunde hat sich vielleicht schon für Sie entschieden und wartet nun darauf, dass Sie sich wieder melden. Er wird sich vielleicht sagen: *Warum sollte ich mich melden, das Unternehmen will doch MIR etwas verkaufen?* Oder: *Denen laufe ich nicht hinterher!* Vermeiden Sie diesen Fehler, indem Sie nachfassen.

Oftmals hört man den Einwand „Warum soll ich Angeboten nachfassen, wenn der Kunde Interesse hat, dann meldet er sich schon bei mir." Das ist sicherlich nicht grundsätzlich falsch. Natürlich gibt es Kunden, die sich nach Angebotsabgabe von selbst melden. Aber betrachten wir die Sache einmal aus dem Blickwinkel des Kunden. Was könnte einen Kunden davon abhalten, sich bei uns zu melden, obwohl er Interesse an unserem Angebot hat? „Viele Entscheider sind heute so *stark zeitlich eingebunden,* dass sie einfach nicht dazu kommen, sich um offene Angebote zu kümmern. Sie verschieben die Entscheidung. Wenn wir als Verkäufer dem Kunden diese ‚Mühe' abnehmen, kann das unsere Chancen nur verbessern." (Dietze und Mannigel 2007)

Was meinen Sie, was *geschulte Einkäufer* im Rahmen ihrer Ausbildung lernen, wenn es darum geht, bessere Preise zu erzielen. Dass sie permanent beim Anbieter anrufen sollen, um den Preis zu drücken? Das Gegenteil ist eher der Fall. Der Einkäufer lernt, den Anbieter im Unklaren zu lassen, er täuscht vielleicht sogar bis zu einem gewissen Maß Desinteresse vor, um die Verhandlungsbereitschaft des Verkäufers zu beeinflussen. Vielleicht erwartet er aber auch ein Stück weit, dass der Verkäufer sein Interesse unter Beweis stellt. Weiterhin kann es zu *Missverständnissen im Angebot* kommen sowie das *Angebot kann verloren gehen.* Deshalb an dieser Stelle noch einmal einen Appell:

▶   **Praxistipp**   Fassen Sie Ihren Angeboten nach!

Den Termin für ein Nachfassgespräch sollte bereits im Vorangebotsgespräch mit dem Kunden abgestimmt worden sein. Wenn Sie wissen, wann und wie die Entscheidung gefällt wird, gilt es sicherzustellen, dass Sie der letzte Ansprechpartner vor der Kaufentscheidung sind und das Nachfassgespräch dementsprechend terminieren.

Wie beginnen Sie ein Nachfassgespräch? Fragen Sie „einfach drauflos", in etwa „Haben Sie mein Angebot erhalten, hatten Sie schon Zeit, es zu lesen?" Ein klassischer Fehler: Wenn der Kunde keine Lust hat, mit Ihnen zu sprechen, wird er auf diese Fragen einfach mit „Nein" antworten.

Wie Sie es besser machen können, zeigt die Checkliste in Abb. 4.23.

▶   Eine vollständige Liste der Lektüre finden Sie im geschützten Bereich unserer Homepage unter: www.milz-comp.de/download

1. **Bereiten Sie das Telefonat vor.**

   Legen Sie sich alle nötigen Unterlagen in greifbare Nähe, damit Sie jederzeit reagieren und argumentieren können.

2. **Stellen Sie beim telefonischen Nachfassen „die richtigen" Fragen, z. B.**

   „Guten Tag, Herr Schumann. Ich hatte Ihnen am (Datum) ein individuelles Angebot zugeschickt und wollte mich nach dem Stand der Dinge erkundigen.
   Wie hat Ihnen unser Angebot gefallen?
   Wie Sie uns mitgeteilt haben, sind Ihnen die Punkte X und Y besonders wichtig. Wir haben dies in Ihrem Angebot auf die folgende Art berücksichtigt: ...
   Wie beurteilen Sie unseren Vorschlag?
   Wie kann ich Sie noch weiter unterstützen?"

3. **Schaffen Sie Verbindlichkeit.**

   Wenn der Kunde noch keine Zeit hatte, Ihr Angebot zu sichten, vereinbaren Sie einen festen Rückruftermin. Oder besser noch: Gehen Sie das Angebot am Telefon gemeinsam miteinander durch. Das schafft Verbindlichkeit und der Kunde merkt, dass Sie ihn ernst nehmen.

4. **Halten Sie Rückruftermine ein** – auch wenn der Kunde sich seinerseits nicht daran hält.

5. **Halten Sie möglichst kurze Zeitabstände zwischen den Kundenkontakten ein** – lassen Sie den Kunden in seiner Entscheidungsphase nicht allein. Wenn zwischen den vereinbarten Rückrufen Monate liegen, ist es sinnvoll, sich bereits vor dem vereinbarten Termin telefonisch zu melden.

6. **Sprechen Sie Ihre Befürchtungen offen aus.**

   „Wie müsste das Angebot aussehen, damit Sie es heute unterschreiben? Ich habe das Gefühl, ich habe Sie mit meinem Angebot nicht überzeugen können?"
   So erhalten Sie die wichtigsten Informationen, um Ihr Angebot gegebenenfalls neu zu kalkulieren und an die Wünsche des Kunden anzupassen.

Abb. 4.23 Professionelles Nachfassen offener Angebote

Literatur

Christiani, A. 2009. *Die Erfolgsstrategien der weltbesten Verkäufer*. Wien: Medien & Verlagsgruppe Informiert TV.

Detroy, E. N., C. Behle, und R. vom Hofe. 2007. *Die 200 besten Checklisten für Verkaufsleiter*. Landsberg am Lech: mi-Fachverlag.

Dietze, U., und C. Mannigel. 2007. *TQS – Total quality selling*. Offenbach: Gabal.

Fox, J. J. 2000. *How to become a rainmaker*. London: The Random House Group.

Gitomer, J. 2010. *Das kleine rote Buch für erfolgreiches Verkaufen*. München: Redline.

Heitmann, A. 2021. *Online-Meetings, die begeistern!* Freiburg: Haufe.

Mills, H. 2004. *The rainmakers toolkit*. New York: AMACOM.

Milz, M. 2017. *Praxisbuch Vertrieb*. Frankfurt/New York: Campus.

Molcho, S. 1996. *Körpersprache*. München: Goldmann.

Rankel, R. 2008. *Sales secrets*. Wiesbaden: Gabler.

Schranner, M. 2011. *Teure Fehler*. Berlin: Ullstein Buchverlage.

Simon, H. 2011. *Die Wirtschaftstrends der Zukunft*. New York: Campus.

Wikipedia. 2022a. *Albert Mehrabian – Wikipedia*. https://de.wikipedia.org/wiki/Albert_Mehrabian. Zugegriffen am 09.06.2022.

Wikipedia. 2022b. *DISG – Wikipedia*. https://de.wikipedia.org/wiki/DISG. Zugegriffen am 09.06.2022.

Wikipedia. 2022c. *Vier-Quadranten-Modell des Gehirns – Wikipedia*. https://de.wikipedia.org/wiki/Vier-Quadranten-Modell_des_Gehirns. Zugegriffen am 02.06.2022.

Wikipedia. 2022d. *Steven Reiss*. https://en.wikipedia.org/wiki/Steven_Reiss. Zugegriffen am 09.06.2022.

Zum Weiterlesen

Buhr, A. 2019. *Vertrieb geht heute anders*. Offenbach: Gabal.

Heitmann, A. 2021. *Online-Meetings, die begeistern!* Freiburg: Haufe-Lexware.

Hiemeyer, W.-D., und D. Stumpp. 2020. *Integration von Marketing und Vertrieb*. Wiesbaden: Springer Gabler.

Knauer, U. 2019. *Wahres Interesse verkauft*. Offenbach: Gabal.

Kutrzeba, M. 2019. *Best Seller. Von falschen Propheten im Verkauf und wie Verkaufen richtig geht*. Weinheim: Wiley-VCH.

Rankel, R. 2020. *Das kleine Buch vom großen Verkauf*. Offenbach: Gabal.

Rankel, R., N.-M. Weimar, und A. Weimar. 2020. *So geht Kundengewinnung heute*. Offenbach: Gabal.

Scheed, B., und P. Scherer. 2019. *Strategisches Vertriebsmanagement*. Wiesbaden: Springer Gabler.

Schuster, N. 2020. *Digitalisierung in Marketing und Vertrieb*. Freiburg: Haufe-Lexware.

Tembrink, C. 2020. *Verkaufspsychologie im Online-Marketing*. Wiesbaden: Springer Gabler.

Kundenbeziehungsmanagement

Zusammenfassung

Da es, wie verschiedene Studien übereinstimmend belegen, siebenmal schwerer und teurer ist, einen Neukunden zum Kauf zu bewegen (also zu gewinnen) als einen Bestandskunden, macht es Sinn, ist es also effektiv und effizient, bei der Marktbearbeitung mit dem bestehenden Kundenstamm zu beginnen. Dieses Kapitel beschäftigt sich deshalb mit der Frage, wie gewonnene Kunden gehalten werden und wie die Kundenbeziehung weiter ausgebaut werden kann, nachdem die Potenziale und die Bedeutung dieser Kunden hinreichend analysiert wurden. Eine potenzialorientierte Marktbearbeitungsstrategie benötigt eine Kundensegmentierung, die hier mit praktischen Handlungsanweisungen beschrieben wird. Anhand der vorgestellten Methoden zur Messung und Gestaltung der Kundenzufriedenheit, werden Sie in die Lage versetzt, Maßnahmen zur Nutzung aller Möglichkeiten des Cross- und Upselling zu definieren und umzusetzen.

Dieses Kapitel widmet sich der fünften Disziplin, dem Kundenbeziehungsmanagement (s. Abb. 5.1). In Abb. 5.2 finden Sie die wichtigsten zehn Statements zum Thema Kundenbeziehungsmanagement.

In den ersten vier Modulen oder Boxen ging es darum, den Vertriebsprozess von der Strategieerarbeitung über die erste Kontaktaufnahme bis zum erfolgreichen Geschäftsabschluss zu beleuchten. Kap. 3 hat gezeigt, wie „die richtigen" Kunden gefunden werden.

Ergänzende Information Die elektronische Version dieses Kapitels enthält Zusatzmaterial, auf das über folgenden Link zugegriffen werden kann [https://doi.org/10.1007/978-3-658-38343-5_5]. Die Videos lassen sich durch Anklicken des DOI Links in der Legende einer entsprechenden Abbildung abspielen, oder indem Sie diesen Link mit der SN More Media App scannen.

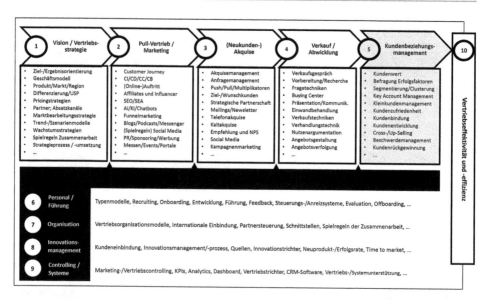

Abb. 5.1 Fünfte Disziplin: Kundenbeziehungsmanagement. (Quelle: Milz & Comp. GmbH)

		Ja	Nein	Zu prüfen
1.	Wir haben eine Kundensegmentierung all unserer Kunden – inkl. der inaktiven – durchgeführt v.a. nach den Kriterien „Potenzial" und „Marge".			
2.	Wir kennen das Potenzial all unserer Kunden. Dieses Kriterium ist, neben dem 1 – 3- 7- Prinzip - das beherrschende für die Priorisierung unserer Vertriebssteuerung und Marktbearbeitung.			
3.	Wir haben Normstrategien in der Kundenbearbeitung und –betreuung für alle Kundencluster definiert, insbesondere für die Bearbeitung unserer Entwicklungs- und Kleinkunden sowie für unsere Key Accounts.			
4.	Wir wissen bei den von uns definierten „wichtigen" Kunden, wie bedeutsam wir für diese Kunden sind. Key Account Management ist gegenseitig - und nicht bloße „Großkundenbetreuung".			
5.	Wir messen und erfragen die Zufriedenheit unserer Kunden immer und systematisch im Wege der laufenden Projektbetreuung und des NPS und werten sie entsprechend aus.			
6.	Wir haben entsprechende Maßnahmen definiert, dass unsere Kunden unsere Leistungen auch entsprechend wahrnehmen und wertschätzen können.			
7.	Wir haben für unsere Top-Kunden entsprechende Begeisterungsleistungen definiert. Diese führen dazu, dass wir unsere Kunden stets aufs Neue überraschen und diese „Wow! Das habe ich nicht erwartet" sagen.			
8.	Unabhängig hiervon haben wir entsprechende Wechselbarrieren sowie einen standardisierten Prozess mit geschulten Mitarbeitern im Beschwerdemanagement installiert.			
9.	Für das Thema „Cross-selling" ist jeder Mitarbeiter sensibilisiert und geschult; jeder Mitarbeiter kennt potenziell ergänzende Bedarfe von Bestellungen und spricht die Besteller – unabhängig von der Bestellweise – immer darauf an.			
10.	Wir haben einen turnusmäßig revolvierenden standardisierten Prozess der Kundenreaktivierung im Unternehmen implementiert.			

Abb. 5.2 Mastercheckliste: Zehn Statements zum Thema Kundenbeziehungsmanagement. (Quelle: Milz & Comp. GmbH)

In Kap. 4 wurde erläutert, wie diese Kunden gewonnen werden können. Aus einem Lead wurde ein Kunde. Aber wie geht es weiter? Aus diesem Grund beschäftigt sich dieses Kapitel mit der Frage: Wie halte ich meine gewonnenen Kunden und wie baue ich die Kundenbeziehung weiter aus? *Dieses Kundenbeziehungsmanagement, auch als Customer Relationship Management (CRM) bezeichnet, ist der Schlüssel zum langfristigen Unternehmenserfolg.*

So trivial dies auch klingen mag – es ist längst nicht jedem Mitarbeiter in Unternehmen oder Institutionen bekannt, dass es letztlich der Kunde ist, der sein Gehalt bezahlt. Fragen Sie sich als Verbraucher doch selbst einmal, wie oft Sie schon das Gefühl hatten, dass ein „Vertriebs" mitarbeiter den Wortsinn seines Jobs falsch zu interpretieren schien und anscheinend „Kunden vertreiben" wollte anstatt Waren und Dienstleistungen. Ich zumindest erlebe fast täglich entsprechende Beispiele – im B2C-Umfeld ebenso wie im B2B-Bereich. Neulich las ich ein Zitat eines unbekannten Autors, der meinte *„Mit Kunden ist es wie mit kleinen Hunden: Erst will sie jeder haben – doch wenn sie erst da sind, will keiner mit ihnen Gassi gehen …".* Ich denke, das trifft die aktuelle Unternehmenswirklichkeit ganz gut.

▷   **Praxistipp** Erinnern Sie Ihre Mitarbeiter stets daran, wie wichtig Kunden
    sind. Auch „interne" Kunden!

Um seine Mitarbeiter stets daran zu erinnern, hängt bei einem unserer Kunden im Eingangsbereich des deutschen Firmenhauptsitzes ein riesiges, für niemanden übersehbares Plakat mit einem Zitat, das Mahatma Gandhi im Jahre 1931 nachgesagt wird: *„Der Kunde ist der wichtigste Besucher in unserem Geschäft. Er ist nicht abhängig von uns – wir sind abhängig von ihm. Er unterbricht unsere Arbeit nicht, sondern ist ihr Zweck. Er ist kein Außenstehender, sondern Teil unseres Geschäftes. Wir tun ihm keinen Gefallen, wenn wir ihn bedienen. Er tut uns einen Gefallen, indem er uns die Gelegenheit dazu gibt."* Erinnern Sie Ihre Mitarbeiter, jeden, daran, *dass alle immer Vertrieb machen,* alle, die in irgendeiner Weise mit Kunden zu tun haben, vom Pförtner über die Debitorenbuchhaltung über die Technik.

Fox nennt als einfache und wichtigste Regel, um Kunden zu bekommen und sie zu halten „behandle jeden Kunden so, wie du selbst behandelt werden möchtest … Schau dich stets selbst aus der Perspektive eines guten Kunden an und beantworte die Frage ‚Was würde ich wollen, wenn ich der Kunde wäre?' Die Antwort hierauf sollte deine Verhaltensmaxime sein. Immer."

Eine Kundenbeziehung ist nicht statisch, sie entwickelt sich im Laufe der Zeit – und mit ihr der Grad der Attraktivität für den jeweiligen Lieferanten. Das an Krafft und Götz (2004) angelehnte Diagramm stellt diese Phasen und den jeweiligen Grad der Kundenattraktivität dar (s. Abb. 5.3).

Ihre Beziehung zu einem neuen Kunden beginnt, wie beschrieben, mit der Akquisitions- oder Anbahnungsphase. Die Kundenattraktivität ist in dieser Phase noch sehr niedrig – es besteht noch kein Vertrauensverhältnis und die Kosten der Verkaufsanbahnung sind hoch – sie steigt aber im Zeitverlauf weiter an. Während der Akquise investieren Sie Zeit und Geld, machen aber häufig nur geringe oder noch gar keine Gewinne. Wird der

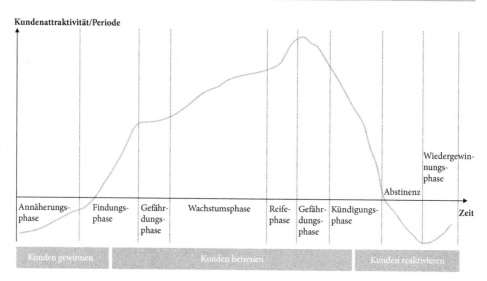

Abb. 5.3 Phasen der Kundenbeziehungen und deren Attraktivitätsentwicklung. (Quelle: Milz & Comp GmbH)

potenzielle zum kaufenden Kunden, steigt die Attraktivität schnell. Denn dann kennt Sie der Kunde und beschert Ihnen Gewinne. Sie aber haben in dieser Phase bzw. später, wenn er zum Wieder- oder gar Dauerkäufer wird, geringere Ausgaben, da Sie

- ihn nicht neu akquirieren müssen, er ist bereits Kunde,
- nur einmal seine entsprechenden Debitorenstammdaten in Ihr System einpflegen müssen,
- usw.

Neben sinkenden Kosten steigt ebenso der Ertrag für Sie:

- Der Kunde spricht gut über Ihr Unternehmen und empfiehlt Sie weiter,
- kauft weitere Produkte bei Ihnen ein (Cross- und Up-Selling),
- ist in der Regel weniger empfänglich für Werbe- und Preisangebote der Konkurrenz,
- bietet Ihnen im Falle einer guten Zusammenarbeit stets neue Ideen zur Produkt- oder Prozessverbesserung,
- etc.

Erst wenn der Kunde kündigt, also irgendwann nicht mehr bei Ihnen kauft, sinkt die Attraktivität rapide. Sie müssen wieder Anstrengungen investieren, um den Kunden zur Rückkehr zu bewegen. Doch ist in der Regel selbst dies leichter, als einen Neukunden erstmalig zum Kauf zu animieren.

In jedem Fall empfiehlt sich ein regelmäßiger Kontakt zu Ihren Kunden, der von Aufmerksamkeit und Wertschätzung geprägt sein sollte: eine Partnerschaft auf „Augenhöhe".

5.1   Potenzialorientierte Marktbearbeitungsstrategie

Aus dem oben einleitend gesagten ergibt sich unmittelbar eine intelligente Marktbearbeitungsstrategie, die Kreuter (2010) das *1-3-7-Prinzip* nennt: Da es, wie verschiedene Studien übereinstimmend belegen, siebenmal schwerer, teurer und aufwändiger ist, einen Neukunden zum Kauf zu bewegen (also zu gewinnen) als einen Bestandskunden, ist es also effizient und effektiv, bei der Marktbearbeitung mit dem bestehenden Kundenstamm zu beginnen. Faktor 3 an Aufwand im Verhältnis zur Stammkundenbearbeitung bedeutet, ehemalige oder inaktive Kunden zu reaktivieren. Dies bedeutet, es ist zwar um den Faktor 3 schwerer als zufriedene Bestandskunden von einem Kauf zu überzeugen – aber immer noch wesentlich leichter als Neukunden, die noch nie von dem Anbieter gehört haben und erst einmal grundlegend das notwendige Vertrauen aufbauen müssen (s. hierzu auch Abschn. 5.6).

> ▷   **Praxistipp** Für eine effiziente und effektive aktive Marktbearbeitung fokussieren Sie sich zunächst darauf, die Potenziale bei bestehenden Kunden zu identifizieren und zu heben. Dann kümmern Sie sich um die Reaktivierung ehemaliger oder inaktiver Kunden, bevor Sie Ressourcen auf die Neukundenakquise setzen.

Selbstverständlich kann kein Unternehmen auf Dauer überleben, ohne Neukunden zu gewinnen. Allerdings geschieht dies zum einen, sofern Sie Ihre Hausaufgaben insbesondere in den Modulen 1 und 2 gemacht haben, „fast von allein" (Sawtschenko 2008: „*Wer nicht automatisch neue Kunden gewinnt ist falsch positioniert*"). Zum anderen plädiere ich nicht dafür, die Neukundenakquise zu vernachlässigen, sondern spreche hier von der *aktiven* Marktbearbeitung, in der es darum geht, insbesondere die Ressourcen unserer Vertriebsaußendienstmitarbeiter mit einem guten Aufwands-Nutzen-Verhältnis einzusetzen und schnelle Erfolge zu erzielen.

Wie also nun konkret vorgehen? Hierzu möchte ich Ihnen *einige Fragen* stellen:

- Wird bei Ihnen jeder Kunde „gleich" behandelt?
- Gibt es Kunden, die „wertvoller" sind als andere?
- Welche sind das?
- „Segmentieren" Sie Ihre Kunden? Wenn ja, wie und nach welchen Kriterien?
- Was sind Ihre Konsequenzen aus den Antworten 1 bis 4?

Die meisten mittelständischen Unternehmen, die ich kenne, segmentieren ihre Kunden mithilfe einer *ABC-Analyse* und folgen dabei wiederum der *80:20-Regel* bzw. dem *Pareto-Prinzip*: Dabei werden die Kunden in drei oder vier Kategorien unterteilt: A, B, C und gegebenenfalls 0. *A-Kunden* bringen kumuliert 80 % des Umsatzes, *B-Kunden* 15 % und *C-Kunden* noch fünf Prozent. Als *0er Kunden* bezeichnet man Inaktive bzw. Ehemalige, also Kunden, mit denen aktuell kein Umsatz generiert wird.

Erfahrungsgemäß werden rund 80 % des Umsatzes mit 20 % der Kunden erzielt. Entsprechend machen ganze 80 % der Kunden nur 20 % des Umsatzes aus. Das heißt: viel Arbeit, wenig Gewinn. Es gilt also, die wichtigen 20 % zu ermitteln und bei allen Bemühungen in den Vordergrund zu stellen. So weit, so gut. Doch ist eine umsatzorientierte Betrachtungsweise tatsächlich zu empfehlen?

Meiner Meinung nach ist eine *Fokussierung auf eine ABC-Umsatzanalyse die zweitschlechteste aller Möglichkeiten* (die schlechteste ist: gar nichts machen!): Jeder halbwegs gute Vertriebsmitarbeiter kennt seine – nach Umsatz betrachtet – A-Kunden. Wenn hier im Zeitverlauf Probleme oder Umsatzrückgänge auftauchen, so wird man dies auch ohne aufwändige Kundenanalysen bemerken. Um diese kümmert man sich instinktiv am intensivsten. Außerdem bildet die ABC-Analyse nur die Gegenwart ab, wichtig ist aber auch gerade die Frage: Welche Kunden sind nicht nur heute, sondern auch morgen wichtig? Umgekehrt werden Umsatzveränderungen im C-Kunden-Bereich nicht weiter beachtet, da sie als unwesentlich angesehen werden, was ein fataler Trugschluss ist!

Vertriebsgeheimnis

Darüber hinaus: Fragen Sie nicht nur *„Wie wichtig ist der Kunde für mich?"*, sondern fragen Sie auch *„Wie wichtig bin ich für den Kunden?"*

Denken Sie darüber nach, welche Konsequenzen sich aus dieser Frage für den Umgang mit Ihren Kunden ergeben. So sind Sie für Ihren besten Top-Kunden vielleicht nur ein „kleiner C-Lieferant" (der auch als solcher behandelt wird).

Auf Grund der Unwesentlichkeit der Kostenposition, den Ihre Lieferungen als Materialaufwand bei Ihrem Kunden ausmachen, kann dies beispielsweise bedeuten, dass Preiserhöhungen leichter durchgesetzt werden können.

Eine sinnvollere Kundensegmentierung könnte bspw. wie in Abb. 5.4 dargestellt aussehen.

Praxisbeispiel

Als wir bei einem größeren mittelständischen Kunden eine Kundenanalyse durchführten, stellte sich heraus, dass laut eigener Definition bzw. faktischer Berechnung als C-Kunden all diejenigen definiert waren, die einen Umsatzbeitrag von unter 50 TEUR ausmachten (s. Abb. 5.4). Bei genauer Analyse dieser Kunden stellte sich jedoch heraus, dass es viele sog. C-Kunden gab, bei denen eine Potenzialausschöpfung bei Weitem noch nicht realisiert war; teilweise gab es Kunden, bei denen unser Lieferanteil bezogen auf das relevante Einkaufsvolumen sieben Prozent oder weniger betrug! Wir schlugen somit statt der traditionellen ABC-Umsatzeinteilung eine Einteilung in ein Vier-Quadranten-Schema vor; wir trugen auf der Abszisse den Umsatzbeitrag aller jeweiligen Kunden ein, auf der Ordinate deren Potenzialausschöpfung (s. Abb. 5.5). ◄

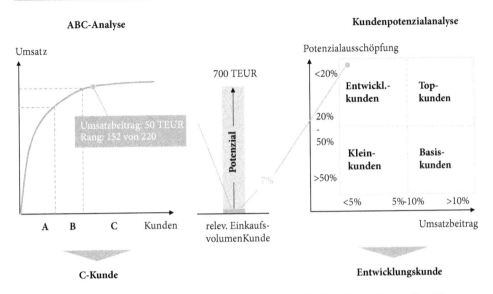

Abb. 5.4 Segmentierung mit der Kundenpotenzialanalyse. (Quelle: Milz & Comp. GmbH)

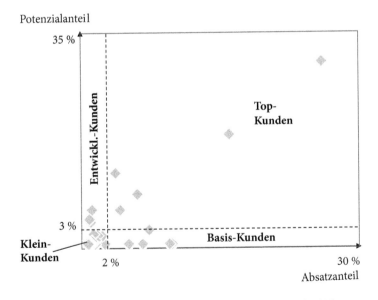

Abb. 5.5 Potenzialanalyse der Kundenstruktur. (Quelle: Milz & Comp. GmbH)

Es bilden sich somit als Ergebnis vier Kundensegmente:

- **Kleinkunden:** Mit diesen wird wenig Umsatz gemacht und ihr Potenzial ist damit auch bereits weitgehend ausgeschöpft.
- **Basiskunden:** Mit Ihnen wird ein deutlich höherer bis hoher Umsatz erzielt, allerdings besteht dort kein oder nur noch geringes Entwicklungspotenzial.
- **Entwicklungskunden:** Mit ihnen wird zurzeit zwar nur wenig Umsatz generiert, sie verfügen aber über ein (zum Teil) hohes Potenzial, das bei Weitem noch nicht ausgeschöpft wurde, ein Bereich, auf den man genauer schauen sollte. Dies sind in der Regel die klassischen C-Kunden, die bislang bei der Kundenbetreuung gerne außen vor blieben.
- **Top-Kunden:** Diese Kunden tragen schon jetzt ganz wesentlich zum Umsatz bei. Im Gegensatz zu den Basiskunden verfügen sie aber auch über ein gutes bis erhebliches Potenzial, das noch gehoben werden kann.

Sind nun beispielsweise Kleinkunden per se „schlechte Kunden", die „aussortiert" werden müssen? Natürlich nicht, typischerweise werden gerade mit Kleinkunden häufig attraktive Deckungsbeiträge generiert. Zudem haben Kleinkunden den immensen Vorteil, dass sie – im Gegensatz zu Groß- oder Schlüsselkunden – eine ganz andere Risikoposition in meinem Unternehmen darstellen: Gehen mir „eine Handvoll" Kleinkunden verlustig, so stellt dies in aller Regel kein Problem dar. Der Verlust von Großkunden hingegen durchaus!

Somit geht es nun in der praktischen Anwendung darum, *für jedes Kundensegment* eine entsprechende *Normstrategie der Betreuung* zu erarbeiten, was *beispielsweise* so aussehen kann:

Normstrategien für Kundensegmente
- **Kleinkunden:**
    - passive, automatisierte – und kostenreduzierte – Betreuung
    - z. B. reine Betreuung durch den Innendienst oder durch ein Callcenter oder durch „Do-it-yourself-Lösungen"
    - Abgabe aller Kleinkunden an Händler (mit entsprechender Gegenleistung des Händlers!)
    - Ausnutzen von Margenpotenzialen, z. B. Kleinmengenzuschläge oder Mindestbestellmengen
    - Up-or-out-Prinzip (Preise anheben; Kunden tragen Preiserhöhung oder wechseln den Lieferanten)
    - keine persönliche Betreuung mehr

- **Basiskunden:**
  - Schwerpunkt auf Kundenbindungsmaßnahmen setzen, ansonsten
  - aktiven Betreuungsaufwand gering halten, z. B.
  - zwei Besuche pro Jahr
- **Entwicklungskunden:**
  - Erfolgsfaktorenanalysen nutzen („was ist diesen Kunden wichtig, wie können wir unsere Lieferanteile ausbauen?")
  - Betreuung intensivieren, z. B.
  - vier Besuche pro Jahr
  - Cross- und Up-Selling Potenziale identifizieren und nutzen
- **Top-Kunden:**
  - Key-Account-Management implementieren und damit laufende intensive Betreuung
  - Cross- und Up-Selling Potenziale noch stärker nutzen
  - Kundenbindung im Fokus

Definieren Sie gemeinsam mit Ihrem Vertriebsteam Norm- und Betreuungsstrategien für die Kundensegmente Ihres Unternehmens. Das kann Ihrem Team die Kundenbetreuung erheblich erleichtern und Sie steuern Ihren Vertrieb potenzialorientiert!

Ein weiteres – *neben der Potenzialorientierung das wichtigste – Kriterium der effizienten Marktbearbeitung ist selbstverständlich die mit jedem Kunden erzielbare Marge oder der Deckungsbeitrag*, sowie häufig genannte strategische *Gründe* (z. B. Kunde ist „Meinungsführer" in der Branche oder Multiplikator etc.).

▶ **Praxistipp** Zusammengefasst sollte, unserer Meinung nach, eine effiziente und effektive Vertriebssteuerung und Marktbearbeitung somit insbesondere nach den – in Abb. 5.6 und 5.7 abgebildeten – Kriterien III „Marge" oder „DB" bzw. IV „Potenzial" erfolgen.

Bei „Potenzial" ist ggfs. ein individuelles Bewertungsspektrum zu definieren. Hierbei gilt: Besser eine vage als gar keine Bewertung. Schon eine dreistufige Bewertung wie „hoch, mittel, niedrig" kann nützlich sein. Aus diesem Grunde sollte die Spalte „Potenzial" bei allen Kundenakten und Besuchsberichten ein zu füllendes Pflichtfeld sein! „0er Kunden" (im abgelaufenen Jahr kein Umsatz realisiert) mit Potenzial sollten reaktiviert werden (s. dazu „Kundenrückgewinnung" Abschn. 5.6 sowie das Video (s. Abb. 5.8) in Abschn. 5.2).

	I	II	III	IV
	Umsatz (€)	Strat. Kunden	Marge/DB (€)	Potenzial
A	80 %	Multiplikator	+++	+++
B	15 %	Meinungsf.	+	+
C	5 %		o	o
0	0 %	Brot und Butter		
		...		

Pflichtfelder!

Abb. 5.6 Effektive Vertriebssteuerung. (Quelle: Milz & Comp. GmbH)

Kunden	Umsatz in €	DB/Marge in €	Potenzial	Strat. Gründe
Müller	1.230.000	147.600	Niedrig	Referenzkunde
Meier	890.000	106.800	Mittel	Referenzkunde
Schmidt	780.000	93.600	Mittel	Multiplikator
Schultz	630.000	75.600	Hoch	Meinungsführer in der Branche

Abb. 5.7 Beispiel einer Kundenanalyse. (Quelle: Milz & Comp. GmbH)

Abb. 5.8 Video: Spinne im Netz ((▶ https://doi.org/10.1007/000-7cj))

5.2   Key Account Management (KAM)

Jetzt haben wir in Abschn. 5.1 lange über Kundensegmentierung gesprochen und dabei die Segmente „Basis-Kunden", „Top-Kunden", „Entwicklungs-Kunden" und „Kleinkunden" kennengelernt. Der eine oder andere Leser – vielleicht ist ja sogar ein Key Account Manager darunter – mag sich nun fragen „was ist denn mit „meinen" Key Accounts? Welchem Segment sind denn die „Schlüsselkunden" zugehörig?"

Ich moderiere seit über zehn Jahren für das Maschinenbau-Institut des VDMA (Verband Deutscher Maschinen- und Anlagenbau) einen Workshop und ein Training mit dem Titel „Key Account Management im Maschinenbau". Zusätzlich haben meine Kollegen bei Milz & Comp. und ich in den letzten Jahren vielen Unternehmen zu einem erfolgreichen KAM verholfen. Aus diesem Grunde glaube ich zweierlei behaupten zu können: Erstens war es noch nie so wichtig wie heute – in Zeiten der Unsicherheit und des Wandels – gutes KAM zu betreiben. Und zweitens gibt es unzählige Menschen, auf deren Visitenkarte „Key Account Manager" steht – die diesen Beruf aber gar nicht ausüben. Das, was sie häufig tun, ist, dass sie sich schlicht und einfach „um ihre Großkunden kümmern".

Warum ist es heute wichtiger denn je, „gutes" KAM zu betreiben? In Kap. 1 haben wir bereits darüber gesprochen, wie sehr und wie schnell unsere Welt aktuell im Wandel begriffen ist: Anstehende Veränderungen und insbesondere die Digitalisierung lassen neue Märkte entstehen und schicken alte Industrien und Branchen in den Niedergang. Neue Märkte haben neue Anforderungen – der Bedarf nach neuen Produkten entsteht. Dies stellen aktuell Ihre Kunden – auch Ihre Groß- und Schlüsselkunden – mit Macht fest, manche schneller, manche etwas später. Es sind nun drei Szenarien von Seiten Ihrer Kunden möglich: A) Ihre Kunden kommen proaktiv auf Sie zu, um mit Ihnen gemeinsam darüber zu diskutieren, welche Lösung Sie für die anstehenden neuen Herausforderungen haben – und ob Sie und Ihr Unternehmen Teil des neuen Lösungsangebotes sein können. B) Ihre Kunden sprechen mit Ihnen – *und* mit Ihren Wettbewerbern über diese Themen bzw. C) Ihre Kunden trauen Ihnen *keine* Lösungskompetenzen in den neuen Disziplinen zu – und sprechen *ausschließlich* mit Ihrem Wettbewerb. Wie Sie sehen: Es gibt gute Gründe, dass *Sie* proaktiv auf Ihre Key Accounts zugehen – es könnte schließlich sein, dass umgekehrt Ihr Kunde es *nicht* tut!

Was ist von meiner Behauptung zu halten, dass viele Key Accounter gar kein eigentliches Key Account Management betreiben? Sie lässt sich sicherlich nur halten, wenn man meiner *Definition von Key Account Management* folgt:

> **Definition Key Account Management**
> Unter KAM verstehe ich die *strategische Betreuung aktuell oder potenziell bedeutender Schlüsselkunden* durch einen oder mehrere Accountmanager. Diese Kunden erfahren hierbei eine spezielle Beziehungspflege und einen speziellen Leistungskatalog, den andere Unternehmen in der Form nicht erhalten. Das KAM ist hierbei i. d. R. in eine Organisationsstruktur eingebunden, die neben der „normalen" – meist regionalen – Vertriebsaußendienstorganisation steht und wird von speziellen Steuerungssystemen wie kundenbezogenen Deckungsbeitragsrechnungen und KA-Durchdringungsplänen oder -jahresplänen u. a. geprägt.

Während es im *„klassischen Verkauf"* aus Vertriebssicht vor allem darum geht, Produkte und Leistungen in „hohen Mengen zu guten Preisen" zu verkaufen, geht es *beim KAM* im Wesentlichen um *Prozesskostenoptimierung* mithilfe von multiplem Kontaktmanagement bei Kunden und Projektkoordination. *Verkauft wird im KAM Wirtschaftlichkeit* (= Prozesskostensenkung bzw. Produktivitätssteigerung) *über die gesamte Wertschöpfungskette*; der KAM fungiert dabei als Problemlöser, wofür ein tiefes Know-how über Kundenbranche, das Kundenunternehmen als solches und dessen Produkte benötigt werden; die integrierte Lösung für den Kunden steht dabei im Vordergrund. *Der Key Account Manager wird zur „Spinne im Netz"* und koordiniert intern wie beim Kunden alle Aktivitäten, in denen eine gemeinsame Wirtschaftlichkeitssteigerung beider Unternehmen möglich ist.

Der Key Account Manager ist gleichsam erster strategischer Ansprechpartner und Berater „seines" Schlüsselkunden, Kontakt- und Projektmanger, Teamlead und Verkäufer.

Also fragen Sie sich selbst, lieber Key Account Manager: Verkaufen Sie aktuell v. a. Produkte und Services an Ihren Kunden – so sind Sie vielleicht doch eher ein „Großkundenbetreuer" als ein Key Account Manager. Ein KAM sind Sie dann, wenn Sie Ihren Job als *der* strategische Berater und erste Ansprechpartner Ihres Schlüsselkunden verstehen, der Ihren Kunden z. B. darauf hinweist, dass aktuell im Logistik-, IT-, F&E-Bereich oder auch in der Verwaltung oder Fertigung sinnhaft ein gemeinsames Projekt angestoßen werden sollte und man über eine Änderung der Übernahme von Wertschöpfungsstufen nachdenken sollte, weil sich das in Summe als wirtschaftlicher und produktiver erweist.

An dieser Stelle bleibt noch *eine wesentliche Frage* zu beantworten – auch schon deshalb, um den Aufgabenbereich Ihres KAMs „rund" zu machen: *Welcher Kunde sollte denn eigentlich in den Genuss einer Key Account Betreuung kommen, sollte als Key Account für mein Unternehmen definiert werden?* Dies insbesondere vor dem Hintergrund, dass wir bereits gesehen hatten, dass ein Schlüsselkunde aktuell gar kein großer Kunde sein *muss*, sondern lediglich das Potenzial hat, einer zu *werden*!

Der Weg zum Key Account als dreistufiger Prozess
Verstehen Sie den Weg zum Key Account als einen Prozess, der an einen Trichter erinnert (s. Abb. 5.9 und 5.10): „Schütten" Sie bildlich gesprochen all diejenigen Kunden oben in den Trichter hinein, die in Ihrer Kunden-Segmentierung – unserer bisherigen Terminologie aus Abschn. 5.1 folgend – zum Basis-, Top- oder Entwicklungs-Kunden geclustert wurden. Nehmen Sie nun folgenden Auswahlprozess vor:

1. **Definieren Sie strategische Kriterien**, welche Ihrer Kunden aus strategischer Sicht in Frage kommen könnten, bei Ihnen in die Key Account Betreuung zu gelangen. Dies kann z. B. die Bedeutung Ihres Kunden als „Leuchtturm" oder Branchen- oder Meinungsführer sein (frei nach dem Motto: „Wenn *der* unser Referenzkunde ist, so wird dies eine Signalwirkung für die gesamte Branche haben!"), es kann aber auch der Komplexität Ihrer Kunden-/Lieferantenbeziehung geschuldet sein, der Anzahl der Länder, in denen Ihr Kunde aktiv ist, seiner Standorte oder vieles weitere mehr.

Abb. 5.9 Prinzipdarstellung „Welche Kunden werden meine Key Accounts?"

Abb. 5.10 Video: Kundensegmentierung und Trichter ((▶ https://doi.org/10.1007/000-7ch))

2. **Definieren Sie harte, messbare, für Sie relevante Kennziffern!** Dies kann z. B. eine (Mindest-)Umsatzgröße sein (d. h. ein Ist-Umsatz mit diesem Kunden der Vorjahre, der aus Ihrer Sicht im Falle einer „Schlechtbetreuung" droht verlustig zu gehen – ein Risiko aus Ihrer Perspektive somit.) Oder – viel relevanter – Ihre Chancen – das Potenzial, welches im Falle einer „Gutbetreuung" des Kunden gehoben werden kann – durch Cross-Selling weiterer Produkte und Services ggfs. an anderen Standorten – oder durch Up-Selling höherwertiger Leistungen. Vielleicht sprechen wir auch über Deckungsbeitrag – oder viele andere Größen. Legen Sie einen Score fest, den ein Kunde mindestens überschreiten muss, um ggfs. in den „Genuss der Key Account Betreuung" zu gelangen, um den ganzen Prozess zu objektivieren und von Ihrem persönlich-subjektiven „Bauchgefühl" zu entkoppeln – und um eine solide Argumentationsbasis Ihrem Kunden gegenüber zu haben, wenn Sie in den nächsten dritten Schritt gehen!

3. **Fragen Sie Ihren Kunden!** Dieser dritte Schritt ist der entscheidende – und schwierigste. Sie werden fragen, was daran „schwer" sein soll? Schließlich wird Ihnen vermutlich Ihr Kunde auf Ihre Frage, ob er in den Genuss all der Sonderleistungen und Privilegien der Key Account Betreuung gelangen möchte, eher nicht ablehnend antworten. Aber Ihrer Frage sollte unmittelbar eine zweite Frage folgen, welche dem kaufmännischen Prinzip des „do ut des" oder „quid pro quo" („Leistung – Gegenleistung") entspricht: „Gern nehme ich Sie in unsere KAM-Betreuung auf, lieber Kunde, wenn dies das Betreuungskonzept ist, das Sie wünschen. *Als Gegenleistung müssten Sie dann lediglich …"* Diese Gegenleistungen können z. B. aus dem persönlichen Zugang zu neuen und anderen Ländern, Betriebsstätten und Ansprechpartnern auf Seiten Ihres Key Accounts bestehen, aus dem Commitment zur gemeinsamen Strategieentwicklung oder Marketingprojekten, aus gemeinsamen Entwicklungsworkshops oder -partnerschaften oder vielem weiteren mehr. Spätestens an dieser Stelle wird sich „die Spreu vom Weizen trennen": Die meisten Kunden, so werden Sie ernüchtert feststellen, werden spätestens an dieser Stelle dankend abwinken und Ihnen mehr oder weniger freundlich zu verstehen geben, dass sie dies nicht wünschen, sprich Sie in ihren Augen lediglich ein „Lieferant" – keineswegs aber ein „strategischer Partner" sind. Auch dies ist für Sie eine wertvolle Information und ein Sachverhalt, den es möglicherweise zu ändern gilt. Vor allem ist für Sie dieser Kunde aber fortan kein Key Account mehr, sondern lediglich ein „Großkunde". Und in die – in der Regel wenigen – Kunden, die Ihren Vorschlag begrüßen – Ihre „echten Key Accounts" – in die lohnt es sich fortan zu investieren! Wenn Sie übrigens nach weiteren Ideen an Leistungen oder Gegenleistungen suchen, so sprechen Sie mich gerne an – im Laufe der letzten Jahre haben wir hier in vielen gemeinsamen Workshops in unterschiedlichen Branchen eine Vielzahl guter und sinnvoller Services definiert!

▶ **Praxistipp** Sorgen Sie dafür, dass Sie eine umfangreiche Liste sowohl Ihrer „Goodies"/spezielle Sonderleistungen für Key Accounts als auch eine Liste der von Ihnen gewünschten „Verpflichtungen/Gegenleistungen", die Sie von Ihrem Key Account im Gegenzug für die Sonderleistungen erwarten, schriftlich fixiert haben!

Diese Gegenleistungen können z. B. aus dem persönlichen Zugang zu neuen und anderen Ländern, Betriebsstätten und Ansprechpartnern auf Seiten Ihres Key Accounts bestehen, aus dem Commitment zur gemeinsamen Strategieentwicklung oder Marketingprojekten, aus gemeinsamen Entwicklungsworkshops oder -partnerschaften oder vielem weiteren mehr.

5.3 Kundenzufriedenheit

Bitte beantworten Sie kurz die folgenden Fragen:

* Sind Ihre Kunden mit Ihnen und Ihrer Leistung zufrieden?
* *Wissen* Sie, dass Ihre Kunden mit Ihnen zufrieden sind? Oder *glauben* Sie, es zu wissen?
* *Woher wissen Sie das?*

Wahrscheinlich taten Sie sich spätestens bei Frage 3 mit einer Antwort schwer. In der Tat ist es schwierig, auf diese Fragen klare und nachprüfbare Antworten zu geben. Auf Ihr *Bauchgefühl* ist in Sachen Kundenzufriedenheit jedenfalls kein Verlass!

Viele unserer Kunden sagen: „*Wenn meine Kunden nicht zufrieden wären, würden sie nicht bei mir kaufen.*" Das aber ist ein Trugschluss! Ein Freund von mir kauft seine Brötchen immer in der gleichen Bäckerei, obwohl die Qualität nicht besonders gut und das Personal oft unfreundlich ist. Er ist absolut nicht zufrieden mit der Leistung. Der Grund, warum er dennoch jedes Mal zu dieser Bäckerei geht, ist seine Bequemlichkeit: Er ist einfach zu faul, sich zu beschweren oder zum nächsten Bäcker (ein ganzes Stück weiter entfernt) zu laufen. Würde eine neue Bäckerei in seiner Nähe eröffnen, so würde er sofort wechseln.

Es gibt *vier Möglichkeiten, wie sich unzufriedene Kunden* bei Schlechtleistung *verhalten können*: die *erste* ist, wie im Fall meines Freundes, *gar nichts tun*. Das ist auf der einen Seite gut für die Bäckerei, auf der anderen Seite erfährt sie nichts von des Kunden Unzufriedenheit, der bei der ersten Gelegenheit abspringt. Die *zweite Möglichkeit* ist, dass Ihnen der *Kunde sofort abspringt*. Dann können Sie zwar vermuten, dass er unzufrieden war, Sie wissen aber nicht, warum. Die *dritte und schlechteste Variante* ist es, wenn der Kunde nicht nur abspringt, sondern *im Markt schlecht über Sie spricht*, sodass er mit seiner Unzufriedenheit auch noch andere infiziert. Die *vierte und mit Abstand beste Möglichkeit* ist es, dass sich der *Kunde aktiv bei Ihnen beschwert*. Denn dann sind Sie in der Lage, etwas an der Unzufriedenheit des Kunden zu ändern.

Praxisbeispiel

Einer unserer Kunden, ein Hersteller für Verpackungsmaterialien, macht 50 % seines Umsatzes mit einem einzigen Großkunden. Da dieser so viel bei Ihm kauft, ging unser Kunde ganz selbstverständlich davon aus, dass der Großkunde zufrieden mit ihm sei. Nur durch Zufall erfuhr er, dass dem nicht so ist. Glücklicherweise konnte er mit diesem Wissen gegenarbeiten und seinen wichtigsten Kunden wieder für sich gewinnen. Doch hätte der Verpackungshersteller nicht zufällig von der Unzufriedenheit seines Kunden erfahren und dieser wäre abgesprungen, so hätte das die Insolvenz für das gesamte Unternehmen zur Folge gehabt. ◄

5.3.1 Kundenzufriedenheit messen

Überlassen Sie die Frage nach der Zufriedenheit Ihrer Kunden nicht dem Zufall. Fragen Sie aktiv nach, um herauszufinden, was Ihr Kunde will. Haben Sie keine Angst vor der Antwort! Es gibt zahlreiche *Möglichkeiten die Zufriedenheit Ihrer Kunden zu messen*. Drei sollen hier exemplarisch vorgestellt werden.

Messung der Kundenzufriedenheit

1. Die vielleicht schlechteste Möglichkeit (außer es gar nicht zu tun) ist es, alle zwei Jahre einen *Fragebogen* zu versenden, in dem die Zufriedenheit schriftlich erfragt wird. Diese Methode hat drei entscheidende Nachteile: Erstens ist ihre Aussagekraft, u. a. da sich ein Großteil der Kunden häufig nicht äußert/beteiligt, oft recht gering. Zweitens ist sie sehr zeitpunktbezogen (haben Sie zum Zeitpunkt der Befragung ein Qualitäts- oder Lieferproblem, so wird die Bewertung tendenziell eher schlecht ausfallen) und drittens hilft eine schriftliche Befragung i. d. R. nicht bei der Kundenbindung.

   • *Praxisbeispiel:* Einer unserer Kunden äußerte große Zufriedenheit über die Ergebnisse seiner Kundenbefragung: Über 95 % seiner Kunden seien zufrieden – ein hervorragendes Ergebnis! Da sich jedoch nicht einmal 20 % aller Kunden an der Befragung beteiligt hatten, war unter diesen eine hohe Zufriedenheit nicht weiter verwunderlich. Interessant wäre gewesen zu wissen, was die restlichen 80 % der Kunden denken.

2. Eine etwas bessere Möglichkeit ist es, diese Befragung *in einem festen Turnus telefonisch beziehungsweise persönlich* durchzuführen, wobei die Frage offenbleibt, ob dies durch den jeweiligen Kundenbetreuer oder einen hierauf spezialisierten Dienstleister erfolgen sollte. In ersterem Falle besteht jedoch eine gewisse Gefahr, dass die Antworten nicht ehrlich gegeben werden. Der Grund hierfür ist der „*Hat es Ihnen geschmeckt?*"-Effekt, den Sie aus dem Restaurant kennen. Auf die Frage des Kellners antworten erfahrungsgemäß nur wenige mit „*Nein*" – sei es, um sich nicht die Stimmung verderben zu lassen, einer Konfrontation aus dem Wege zu gehen oder weil man denkt „*Die Kellnerin kann ja nichts dafür.*" Deshalb sollten Sie sich überlegen, wer diese Anrufe durchführt. Bei einem externen Dienstleister kann die Ehrlichkeit der Antworten höher liegen als bei einem Anruf durch den Kundenbetreuer.
   - *Praxisbeispiel:* Eine solche Kundenbefragung führten wir kürzlich für einen unserer Kunden durch. Dabei hörten wir mehrmals das Statement am Telefon: „*Eigentlich darf man das ja nicht sagen, aber die Preise sind schon sehr ok – der Wettbewerb verlangt mehr!*" Hätte unser Kunde diese Befragung selbst durchgeführt, so hätte er *diese* Antwort nicht erhalten.
3. Die in unseren Augen beste Möglichkeit die Kundenzufriedenheit zu erfragen ist es, diese nach jedem wichtigen Kontakt zu erfragen, beispielsweise
   - zu Beginn einer jeden neuen Kundenbeziehung („Was ist Ihnen in unserer Kunden-Lieferantenbeziehung besonders wichtig?"),
   - nach jedem wichtigen Auftrag bzw. durchgeführten Projekt oder
   - in jedem Betreuungsgespräch.

Die Vorteile dieser Methode liegen auf der Hand: Durch den persönlichen Kontakt wird die Kundenbeziehung gefestigt. Es ist ohne einen Mehraufwand durchführbar, da Sie den Kunden sowieso kontaktieren oder sehen. Außerdem ist die Chance, dass Sie ehrliche Antworten auf Ihre konkreten Fragen erhalten, gut.

Allerdings besteht auch hier – abgesehen davon, dass die Frage häufig aus Angst vor der Antwort nicht gestellt wird – das Problem, dass solche Befragungen oft nur die aktuellen Befindlichkeiten widerspiegeln. Wenn ein Kunde von Ihnen eben aus Kulanz einen großen Betrag erstattet bekommen hat, wird er in diesem Moment sehr zufrieden sein. Kurz zuvor war derselbe Kunde aber noch äußerst unzufrieden, da Sie Ihm fehlerhafte Ware geliefert hatten.

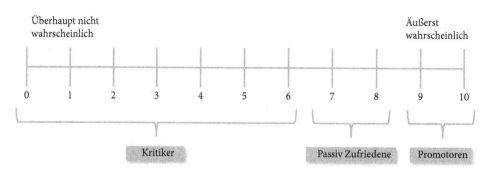

Abb. 5.11 Net Promoter Score. (Aus Reichheld und Markey 2011; mit freundlicher Genehmigung von © Frankfurter Allgemeine Buch 2011. All Rights Reserved)

Interessanter als die aktuelle, subjektive Zufriedenheit zu kennen ist es somit zu wissen, wie hoch die *Empfehlungs- oder Wiederkaufswahrscheinlichkeit* ist. Eine der einfachsten Kundenzufriedenheitsanalyse ist der in Abb. 5.11 dargestellte *„Net Promoter Score"* (NPS), den Reichheld und Markey (2011) in ihrem Werk „Die ultimative Frage 2.0" beschrieben haben.

Fragen Sie beispielsweise jemanden, bei welcher Bank er privat Kunde ist und warum er dort und bei keiner anderen ist, werden Sie verschiedene Antworten zu hören bekommen: *„Weil ich da schon immer bin und bis jetzt nie Probleme mit der Bank hatte"* könnten die Worte eines passiv zufriedenen Kunden sein. Der Bank diesen Kunden abzuwerben, wird nicht besonders schwer sein, da er nur aus Gewohnheit bis jetzt nicht gewechselt hat, sicher aber auf Konkurrenzangebote anspringen würde. Eine Antwort wie *„Meine Bank verlangt keine Kontoführungsgebühren, gibt mir eine kostenlose Kreditkarte und hat eine tolle 24 Stunden Servicehotline"* könnte dem Bereich Promotoren, den Fans, zugeordnet werden. Dieser Bankkunde ist von den Leistungen seiner Bank so überzeugt, dass er auch anderen gern von diesen Vorteilen berichtet. Diesen Kunden abzuwerben, dürfte deutlich schwerer fallen.

Je höher die Zufriedenheit des Kunden ist, desto höher ist auch die Wahrscheinlichkeit, dass er erneut bei Ihnen kaufen und Sie weiterempfehlen wird. Je höher der NPS, desto wahrscheinlicher ist der Erfolg Ihres Unternehmens. Werte über neun bzw. über 90 % sollten als Benchmark anzustreben sein.

Aus den Antworten der Zufriedenheitsbefragung sollten Sie lernen und Ihre Kompetenzen weiter aufbauen. Dies können Sie schließlich als Wettbewerbsvorteil nutzen oder in Ihre Erfolgsfaktoren (s. Kap. 1) einbauen.

5.3.2 Kundenzufriedenheit gestalten

Wenn Sie Kundenbefragungen durchführen, so nützt Ihnen eine Antwort wie *„ich hätte gern eine schnellere Belieferung von Ihnen"* nur wenig. Was heißt „schneller"? Innerhalb von 48, 24, acht oder vier Stunden nach der Bestellung? Sie können es nicht wissen, ohne danach gefragt zu haben – und im Zweifel mit Ihrem Kunden ein *Service Level Agreement (SLA)*, auch Dienstgütevereinbarung (DGV) genannt, zu vereinbaren. Dabei kann es sich um einen Vertrag oder eine sonstige schriftliche Vereinbarung handeln, in dem Leistungen und deren Eigenschaften zugesichert werden. Beispielsweise kann im SLA eine Leistung, die Ihr Kunde vielleicht lapidar als „fehlerfreie Lieferung" bezeichnen würde, ganz konkret als „Lieferung mit mind. 99,99 % fehlerfreien Stücken bzw. unter 0,01 % Fehlertoleranz" festgesetzt werden. Durch solche konkreten Vereinbarungen können Missverständnisse in der Kommunikation vermieden werden. Die Einhaltung dieser SLAs können, da deren Einhaltung gemessen und darüber gemeinsam gesprochen wird, die Zufriedenheit Ihrer Kunden maßgeblich beeinflussen und ist auch dazu geeignet, einer Ihrer USPs (s. Abschn. 1.3) zu werden.

Wann aber – ganz allgemein gefragt – sind Kunden eigentlich zufrieden? *Kunden sind zufrieden, wenn die wahrgenommene Leistungserfüllung den subjektiven Kundenerwartungen mindestens entspricht bzw. sie übertrifft.* Das heißt, auf der einen Seite gibt es gewisse *Erwartungen*, die ein Kunde an uns hat. Diese Erwartungen sind subjektiv und stammen aus seinen Bedürfnissen, Erfahrungen, die er mit „unserer" Branche gemacht hat, dem, was wir/unsere Homepage/unsere Produktflyer oder Imagebroschüre/unser Vertreter ihm versprochen haben bzw. aus dem, was ihm „irgendjemand" erzählt hat. Hierauf erfolgt eine *Leistung* unsererseits, die er auch entsprechend *wahrnehmen* und wertschätzen muss.

Vertriebsgeheimnis
Diese Definition der Kundenzufriedenheit ist ausgesprochen wichtig, da uns die drei hiermit verbundenen Parameter „Erwartung", „Leistung" und deren „Wahrnehmung" zu einem weiteren Vertriebsgeheimnis führen: Es gibt für den Vertrieb theoretisch drei, faktisch zwei Möglichkeiten, Kundenzufriedenheit zu beeinflussen:

1. Theoretisch ist es möglich, für eine *bessere Leistungserstellung* zu sorgen – praktisch werden wir aus dem Vertrieb hierauf vermutlich nur geringe Einflussmöglichkeiten haben.
2. Was wir allerdings können, ist die *Erwartungen des Kunden zu senken* bzw.
3. dafür zu sorgen, dass der Kunde *die empfangene Leistung bestmöglich wahrnimmt*!

Wenn ich die Wahl hätte zwischen einem Unternehmen, das schlechte Produkte herstellt, von dem aber jeder denkt, es wären gute und einem Unternehmen, das gute Produkte herstellt, was aber niemand merkt, so würde ich mich *kurzfristig* für das erste Unternehmen entscheiden (am liebsten natürlich für ein Unternehmen mit guten Produkten, was auch alle so wahrnehmen!). Was ich hiermit zum Ausdruck bringen möchte ist, dass wir im Vertrieb die *Kundenzufriedenheit ganz maßgeblich beeinflussen können und trotz einer objektiv schlechteren Leistung höhere Kundenzufriedenheit erzeugen können als mit einer besseren Leistung.*

Praxisbeispiel

Im Zuge des Aufschwungs unmittelbar nach den Lockdowns der Corona-Krise 2021/22 hatten einige unserer Kunden insbesondere aus dem Maschinenbau auf Grund der wieder deutlich angezogenen Nachfrage mit erheblichen Lieferschwierigkeiten zu kämpfen und ursprünglich zugesagte Termine konnten nur selten gehalten werden. In der Folge gab es ob der nicht eingehaltenen Termine zum Teil erhebliche Konventionalstrafen, mindestens aber eine massive Kundenunzufriedenheit. Das *Szenario vorher* sah etwa wie folgt aus:

Ein Kunde rief an und löste eine Bestellung aus, zugesagter Liefertermin war vier Monate später, in der 18. Kalenderwoche. Obwohl das Unternehmen auf Hochtouren arbeitete, konnte erst in der 20. Kalenderwoche geliefert werden. Die Lieferzusage konnte somit nicht eingehalten werden. Ganz im Sinne des oben beschriebenen Vorgehens haben wir als *Szenario nachher* folgendes Standardvorgehen implementiert:

Ein Kunde ruft an, um eine Bestellung auszulösen und fragt nach dem frühestmöglichen Liefertermin; Wunschtermin: 18. Kalenderwoche. Der Maschinenbauer entschuldigt sich vielmals, verweist auf die entsprechende Auftragslage und verspricht Unmögliches möglich zu machen – allerdings ist der frühestmögliche zugesagte Liefertermin in KW 23 (*„Erwartungen dämpfen"*). In kurzer Folge danach ruft der Geschäftsführer und andere leitende Angestellten des Maschinenbauers mehrfach beim Kunden an, um abgesehen von einer entsprechenden Statusmeldung sinngemäß folgende Informationen weiterzugeben: *„Herr Kunde, Sie sind einer unserer wichtigsten Kunden und ich habe verstanden, dass Ihnen der frühestmögliche Liefertermin wichtig ist. Wir haben demzufolge mit dem Betriebsrat eine Sondervereinbarung getroffen, um für einen begrenzten Zeitraum eine dritte Schicht fahren zu dürfen. Außerdem haben wir einen neuen Lieferanten von Zukaufteilen ausfindig gemacht, der bereits früher lieferfähig ist. Und unser Produktionsleiter hat seinen Urlaub verschoben, um sich darum zu kümmern, dass alles reibungsfrei verläuft. Ich kann Ihnen somit die gute Nachricht mitteilen, dass wir bereits in KW 21 lieferfähig sein werden."* (*„Gute Leistung kommunizieren, für Wahrnehmung sorgen"*).

In *Szenario vorher* ist der Liefertermin KW 20, in *Szenario nachher* KW 21. Was denken Sie, welcher Kunde zufriedener sein wird? Ich denke Sie werden mir zustimmen, dass das zweite Szenario – die objektive „Schlechterleistung" – als die bessere empfunden wird. ◄

Sie sehen, Sie haben vieles selbst in der Hand, allerdings müssen Sie stets dafür Sorge tragen, dass Ihre guten Leistungen auch als solche wahrgenommen werden.

Vertriebsgeheimnis

Wenn Sie etwa einem Kunden aus Kulanz etwas schenken, so wird diese Leistung Ihrerseits nur in den wenigsten Fällen vom Kunden als „wertvoll" angesehen, weil es Sie ja anscheinend nichts kostet, es hat „keinen Wert" bzw. das „Geschenk" wird noch nicht einmal zur Kenntnis genommen. *Das Mindeste, was Sie hier tun sollten, ist, dem Kunden eine Rechnung zukommen zu lassen, welche dezidiert Ihren Leistungsumfang beschreibt und einen Rechnungsbetrag von 0,- Euro enthält! Er muss Ihre Leistung wenigstens wahrnehmen!*

Was lässt sich darüber hinaus in Sachen Kundenzufriedenheit gestalten? Fox (2000, S. 93 ff.) führt in „How to become a Rainmaker" das schöne Beispiel des „Rat an einen Babysitter" aus:

> *„Eine Mutter gab ihrer Tochter, die das erste Mal Babysitten ging, zwei Ratschläge: ,Erstens: Egal wie unmöglich sich die Kinder benehmen, egal wie viel Ärger sie machen – wenn die Eltern nach Hause kommen und fragen, ob es irgendwelche Probleme gab, sag ihnen ,Nein, alles war ok!' Und zweitens: Verlass das Haus jedes Mal ein wenig sauberer als du gekommen bist!'*
>
> *Und genau das ist der Rat für einen guten Verkäufer: Wenn ein Kunde Sie beauftragt, will er nichts von Ihren Problemen bei diesem Job wissen. Es ist ihnen egal. Mach einen guten Job, mach ihn ,on time' und ,on budget', beklag dich nicht und gib dem Kunden ein wenig mehr als er erwartet."*

Dies ist genau das, was der japanische Universitätsprofessor Noriaki Kano 1978 herausfand (Wikipedia 2022), als er über Erwartungen oder Wünsche von Kunden forschte. Er leitete aus seinen Ergebnissen das nach ihm benannte KANO-Modell ab, dessen Quintessenz ist, dass die Anforderungen von Kunden bzw. die Erfüllung einer Leistung in drei Ebenen geclustert werden können: In Basis-, Leistungs- und Begeisterungsmerkmale, eben abhängig von der jeweiligen Erwartungshaltung.

Beispiel: Stellen Sie sich einen typischen deutschen Handwerker vor, mit dem Sie für nächsten Montag, 9 Uhr, einen Termin bei sich zu Hause ausgemacht haben. Bei welchem Leistungsmerkmal könnten – Ihre bisherigen Erfahrungen mit Handwerkern einbeziehend – Ihre *Basisanforderungen* vielleicht bereits erfüllt sein? Wenn er am Montag irgendwann *überhaupt* kommt. Wenn er am Montag *pünktlich um 9 Uhr* kommt, so sind sicherlich bereits Ihre *Leistungsanforderungen* erfüllt. Wenn er aber Montag um 8:30 anruft und sagt „ich fahre jetzt los und bin um 9 Uhr wie vereinbart da, soll ich Ihnen Brötchen mitbringen?", pünktlich um 9 Uhr kommt, seinen Job macht und anschließend die Baustelle aufgeräumt und sauber wieder verlässt, so sagen Sie sich „Wow, das hätte ich von einem Handwerker wirklich nicht erwartet – den muss ich all meinen Freunden empfehlen!" Ihre *Begeisterungsanforderungen* sind erfüllt! Und das mit einem minimalen Mehraufwand!

Das ist es, was wir erreichen müssen, wenn wir treue, loyale Kunden – Fans! – haben möchten, die uns weiterempfehlen: Definierte und geleistete Begeisterungsleistungen, die unsere Kunden nicht von uns erwarten und ihnen ein „Wow!" entlocken!

___

Praxisbeispiel

Vielleicht mag nun jemand denken, dass wir hier über Gebühr Klischees von Handwerkern bemüht haben, die in der Wirklichkeit so längst nicht mehr zutreffen, so muss ich hierzu sagen, dass wir vor einiger Zeit mit einem Handwerksverband genau diese drei Ebenen definiert haben. Das Ergebnis, das die Handwerker nach ihrem Eigenverständnis für sich selbst erarbeitet haben, lautete wie folgt:

- **Basismerkmale**
  - Einhalten von Terminen („kommt überhaupt")
  - Reparatur/Installation/Beratung
  - Durchführung kompetent, unaufdringlich
  - Rücksicht gegenüber Kundeneigentum
  - Bitte-Danke-Rechnung-folgt-Prinzip
- **Leistungsmerkmale**
  - Pünktlichkeit
  - Vermeidung von Abfall, Dreck etc.
  - freundliches und sympathisches Erscheinen
  - individuelle, kompetente Beratung und Betreuung
  - transparente Preisdarstellung
- **Begeisterungsmerkmale**
  - kündigt Kommen vorher an
  - Top Unternehmens-Erscheinungsbild
  - über die eigentliche Arbeit hinausgehende Beratung
  - Erinnerung an Termine, Aufmerksamkeiten
  - Empfehlungen kompetenter dritter Firmen ◄

Zusammengefasst können wir also Folgendes festhalten (s. Abb. 5.12):

1. *Basismerkmale:* Die erste Leistungsebene beschreibt *alle vertraglich vereinbarten Leistungen.* Diese werden vom Kunden erwartet und sind *nichts Besonderes.* Erfüllen Sie nur die Basisleistungen, das, was so vertraglich abgemacht war, so werden Sie Ihre Kunden nicht begeistern. Wohl aber werden sie zutiefst enttäuscht und unzufrieden sein, wenn Sie noch nicht einmal die Basisanforderungen erfüllen.

   Wenn Sie beispielsweise Ihren Wagen wegen eines Lackschadens in der Autowerkstatt abgegeben haben, so erwarten Sie, dass der Schaden zum vereinbarten Preis behoben wird. Diese Anforderungen nicht zu erfüllen, macht Sie unzufrieden.

Abb. 5.12 Kano Modell. (Mit freundlicher Genehmigung von © Wikipedia 2022. All Rights Reserved)

2. *Leistungsmerkmale:* Dazu gehören *alle Extras, die zwar nicht selbstverständlich oder vertraglich vereinbart sind, aber in der Regel vom Kunden verlangt und erwartet werden.*

Dazu könnte beispielsweise gehören, dass Ihr Wagen zum vereinbarten Zeitpunkt für Sie bereitsteht und man Ihnen bei Abholung einen Kaffee und einen kleinen Snack serviert.

3. *Begeisterungsmerkmale:* Auf dieser Ebene finden sich *alle Leistungen, die Sie nicht erwarten, die einen „WOW-Effekt" zur Folge haben.*

Wenn Ihr Wagen beispielsweise gewaschen, frisch gewachst und poliert für Sie bereitsteht oder Sie ein gratis Lackpflegeprodukt auf Ihrem Beifahrersitz entdecken, so haben Sie Ihren Lackschaden sofort vergessen und werden beim nächsten Problem mit hoher Wahrscheinlichkeit auf eben diese Werkstatt wieder zurückkommen und sie Ihren Freunden empfehlen.

Diese Leistungen sind es, die einen Kunden wirklich binden. Hier gilt es, die Erwartungen des Kunden zu übertreffen und so eine feste Bindung zu schaffen und den Kunden zum Weiterempfehler zu machen.

Leider sind diese Begeisterungsanforderungen nur selten Ideen, die sich leicht und schnell erarbeiten lassen – manchmal benötigen wir gemeinsam mit unseren Kunden hierfür einen oder mehrere Workshops, um gute Ideen, die auch finanzierbar sind, zu erarbeiten. Zudem handelt es sich hierbei um einen dynamischen Prozess: Das, was vielleicht heute eine Begeisterungsanforderung ist, kann morgen zur Leistungs- und übermorgen zur Basisanforderung degenerieren. Dies ist allerdings kein Argument, diese Merkmale *gar nicht* zu erarbeiten – es ist vielmehr ein Argument, dies *ständig* zu tun!

Was also sind Ihre Ideen und Leistungen, mit denen Sie Ihren Kunden ein „WOW!!" entlocken?

5.4   Kundenbindung

Zufriedene Kunden sind nicht automatisch auch gebundene Kunden: Es gibt Millionen zufriedener Kunden, die täglich ihre Lieferanten wechseln. Kommt ein scheinbar attraktiveres Angebot, springen sie vielleicht ab. Das bedeutet, dass Zufriedenheit zwar das wichtigste, aber nicht das alleinige Kriterium dafür ist, dass Ihre Kunden Ihnen treu bleiben. Kundenbindung muss deshalb aktiv betrieben werden.

Es kann sich somit möglicherweise empfehlen, gewisse *Wechselbarrieren* aufzubauen, die sich in vier Kategorien unterscheiden lassen:

1. **Psychologische Barrieren und emotionale Kundenbindung**
   Reibungslose Abläufe, Freundlichkeit oder gar Freundschaft zwischen Kunden und Lieferanten, kundenindividuell maßgeschneiderte Lösungen sorgen für eine emotionale Bindung, ebenso wie Events.
2. **Technologische Barrieren**
   Schnittstellen und Kompatibilität zu anderen Systemen, deren Nichtvorhandensein es einem Kunden erschweren, von einem zum anderen Lieferanten zu wechseln.
3. **Ökonomische Barrieren**
   Etwa Schulungskosten für Mitarbeiter bei Umstellung auf ein neues System oder lieferantenspezifische Bonussysteme können es wirtschaftlich unattraktiv machen, zu wechseln.
4. **Vertragliche/rechtliche Barrieren**
   Vertragslaufzeiten oder entsprechende Kündigungsmöglichkeiten machen es für eine gewisse Frist rechtlich schwierig oder unmöglich, den Anbieter zu wechseln (s. Abb. 5.13).

Angelehnt an Sidow (2007) finden Sie unten eine weitere Kategorisierung von Kundenbindungsinstrumenten, je Cluster in aufsteigender Wirksamkeit:

- Vertrauensbildende Maßnahmen
  - Betriebsbesichtigungen
  - regelmäßiger Kontakt
  - Events
  - Versprechen halten
  - sehr offene Kommunikation
  - Probleme miteinander teilen
  - Einbezug des Top-Managements
- Ausstiegsbarrieren für Kunden
  - technische Unterstützung
  - Kundenclub
  - Leihgeräte
  - frühere Investitionen
  - Training

	Aktive Kundenbindung: Kunden bleiben, weil ...	Wechselbarrieren: Kunden werden gehalten durch ...
Produkt	• Gütesiegel, Zertifikate • Anschlussservice, Wartung • Gemeinsame Produktentwicklung • Leistungsübernahmen • Nachkaufbetreuung • ...	• Benötigtes Zubehör • Mehrwertdienste • ...
Preis	• Individuelle Rabattanreize (für Stammkunden) • Kundenkarten • ...	• Bonussysteme • Kundenkarten • Garantien (Geld-zurück-Garantie, Preisgarantie etc.) • Rabattstaffelungen, Preisbündel • ...
Kommunikation	• Anschlussservice, Wartung, Nachkaufbetreuung • Gemeinsame Öffentlichkeitsarbeit • Persönliche Telefonate • Terminerinnerungen • Direkte (personalisierte) Kundenansprache • Aufmerksamkeiten, Geschenke, Give-aways, Grußkarten • Aktionen, Events, Schulungen, Tag der offenen Tür, • Infoveranstaltungen • Kundenzeitschriften, Newsletter • Servicehotlines • Beschwerdemanagement • Benutzerhandbücher etc. zum Download im Internet • Kundenbesuche • Gewinnspiele • ...	• Bonus- und Kundenkontaktprogramme • Vertragslaufzeiten • Kündigungsmöglichkeiten • ...
Distribution	• Abhol- oder Bringdienste • Recycling, Entsorgung • Rücknahmen • ...	• Ubiquität der Produkte und Dienstleistungen • Standort • Abonnements • ...

Abb. 5.13 Übersicht Kundenbindungsinstrumente. (Quelle: Milz & Comp. GmbH)

  – informelle Kontakte
  – finanzielle Unterstützung
• Vernetzung zum Kundennutzen
  – Verkäufer arbeiten für den Kunden
  – gemeinsame Werbung
  – geschäftliche Unterstützung
  – gemeinsame Projektteams
  – gemeinsame Finanzierung von Projekten und Risiken
  – strategische Partnerschaft, bis hin zur gesellschaftsrechtlichen Verflechtung

Ein Beispiel, wie das Ergebnis eines Workshops aussehen kann, in dem wir gemeinsam im Team entsprechende Sicherungskonzepte oder Kundenbindungsprogramme erarbeitet haben, finden Sie unten in Abb. 5.14.

Trotz aller Wechselbarrieren ist es sicherlich um ein Vielfaches besser, *ver*bundene als *ge*bundene Kunden zu haben. Lediglich gebundene Kunden werden bei der ersten Kündigungsoption oder dem ersten attraktiven Alternativangebot kündigen – verbundene Kun-

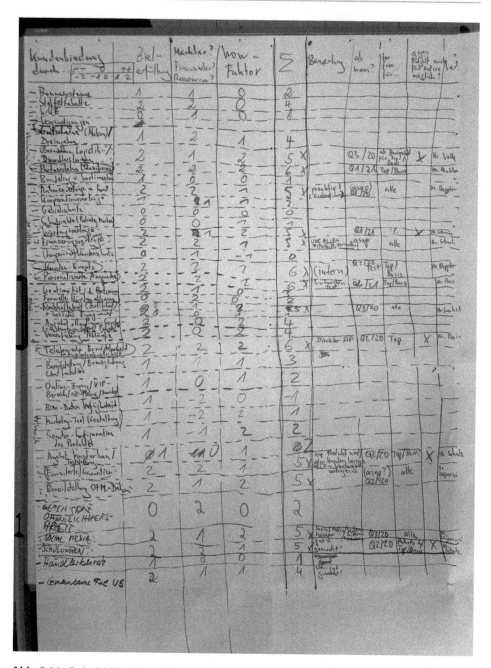

Abb. 5.14 Beispiel Kundenprojekt zur Erarbeitung und Priorisierung ökonomischer, juristischer, technischer und emotionaler Kundenbindungsprogramme für Key Accounts, Basis- und Top-Kunden. (Quelle: Milz & Comp. GmbH)

den nicht. Diese gilt es also somit zu schaffen, vor allem eben mit den Kriterien der emotionalen Kundenbindung, der persönlichen Beziehung und damit, Kunden zu überraschen.

Überraschen Sie Ihre Kunden! Sie können Ihre Kunden in jeder Phase der Kundenbeziehung mit kleinen „Überraschungen" verblüffen. Dazu kann alles dienen, was den Kunden erfreut, ihn staunen lässt und seine gedankliche Routine durchbricht. Die ausgewählten „Überraschungen" müssen allerdings zu der Situation passen. Hier einige Anregungen:

- Sie empfangen Ihren Kunden an einem heißen Sommertag bei Ihnen im Haus. Nach der Begrüßungsphase verabschieden Sie sich kurz und kehren mit zwei Eis am Stiel zurück!
- Überraschen Sie den Kunden mit einer kurzen E-Mail: „Lieber Kunde, wir freuen uns darauf, Sie morgen bei uns begrüßen zu dürfen. Wir haben für Sie den Parkplatz Nr. 2 reserviert!"
- Tauschen Sie die Nummer des Besprechungsraumes gegen ein Schild, das den Namen des Kunden trägt!
- Im mit einem frischen Blumenstrauß versehenen Besprechungsraum bieten Sie eine Schale mit frischem Obst statt der üblichen „Besprechungskekse" an.
- Statt der üblichen Verpflegung in den Besprechungspausen lassen Sie leckere Rohkost-sticks mit verschiedenen Dips servieren. Alles was „nicht üblich" ist, ist eine willkommene Abwechslung!
- Wenn es die Compliance Richtlinien Ihres Unternehmens erlauben, überreichen Sie Ihrem Kunden ein kleines „Präsent", das direkten Bezug zum Gespräch hat oder der Stadt, in der das Unternehmen seinen Sitz hat.
- Verschenken Sie Blumensträuße für Kunden zum Geburtstag oder zu sonstigen Anlässen.
- Packen Sie Ihre Unterlagen und laden Sie den Kunden in ein nahegelegenes Parkrestaurant ein, wo Sie ungestört „im Grünen" verhandeln können.
- Ihre A-Kunden erhalten Ihre Handynummer zur 24-stündigen Erreichbarkeit.
- Sie sorgen für eine Fertigstellung/Lieferung *vor* dem zugesagten Termin.
- Ihre Partner erhalten unerwartete Provisionszahlungen/Rückerstattungen.
- Sie bieten Leistungen ohne Vertragsbindungen, ohne Verpflichtungen an.
- Bieten Sie ungewöhnliche Garantien, z. B. „lebenslang", an.
- …

Mit welchen Überraschungen begeistern Sie Ihre Kunden?

5.5 Cross- und Up-Selling

Cross- und Up-Selling sind Methoden, die sich hervorragend zur Nutzung von bestehenden Kundenkontakten eignen. Wenn Sie heute an einer Autobahnraststätte einen Kaffee bestellen, fragt der Verkäufer Sie unmittelbar: *„Ein Sandwich dazu?"*, bestellen Sie ein Sandwich, so fragt er: *„… und einen Kaffee?"*.

Kennen Sie und Ihre Mitarbeiter den Bedarf jedes Kunden über seine aktuelle Bestellung hinaus? Kennen Sie sein Potential? Qualitativ und quantitativ?
Sprechen Sie diesen Bedarf an? Wenn der Kunde Waren bestellt, kommt der Service wie „aus der Pistole geschossen"? Kommt nur der Service oder die komplette Produktpalette, die der Kunde auch noch brauchen könnte? Könnten „Produktpakete" verkauft werden? Wissen Sie/Ihre Mitarbeiter/Kollegen nach Abschluss eines Geschäfts bereits, welche Anschlussgeschäfte Sie anknüpfen können? Welche Produkte Sie dem Kunden vorschlagen können? Und den Zeitpunkt wann?
Sprechen Sie den Kunden darauf an? Immer? Hartnäckig genug?

Abb. 5.15 Checkliste: Ergänzende Produkte verkaufen. (Quelle: Milz & Comp. GmbH)

Beim *Cross-Selling* oder „Querverkauf " nutzen Sie Ihre vorhandenen Kundenkontakte für den Verkauf von *sich ergänzenden Produkten oder Leistungen*. So kann ein Fitnessstudio zusätzlich Sportbekleidung verkaufen, ein Autohaus die passende Politur zum Neuwagen oder ein Lebensmitteldiscounter Laptops. Recherchieren Sie, welche Produkte oder Dienstleistungen aus Ihrem Angebot für den jeweiligen Kunden noch interessant sein könnten. Vielleicht hat ein Kunde schon eine Maschine bei Ihnen gekauft. Dann können Sie versuchen, ihn für passende Zubehörteile oder Erweiterungen zu begeistern (s. Abb. 5.15).

So erkennen Sie die Chancen von weiterem potenziellen Bedarf:

1. **Bedarfsansprache**
   - Wird dieser Bedarf auch tatsächlich konsequent angesprochen?
     Gehen Sie gegen Sätze vor wie:
     „Der kauft sowieso nichts."
     „Das bringt doch nichts."
     „Da weiß man doch schon vorher, was rauskommt."
2. **Ständige Überprüfung und Training**
3. **Bedarfserkennung**
   - Was macht der Kunde?
   - Was hat er schon von uns? Was könnte er noch brauchen?

Lassen Sie dabei Folgendes nicht außer Acht:

▷   **Praxistipp** Kunden-Potenziale können nicht nur mit eigenen bereits vorhandenen Produkten, sondern *auch mit neuen Produkten* oder mit *ergänzenden Produkten oder Services* auch von *Partnern und deren Produktsortiment* ausgeschöpft werden!

Im Gegensatz zum „Cross-Selling" versuchen Sie beim „*Up-Selling*", Ihrem Kunden ein jeweils höherwertiges Produkt anzubieten, als das für das sich dieser zunächst interessiert. Dies kann durch Argumente bezüglich eines höheren Nutzwertes oder Komforts geschehen, häufig aber auch durch Produktvorführungen oder Tests. Ein klassisches Beispiel sind hier Autohändler, die versuchen, dem Kunden, der sich eigentlich bereits für einen Wagen entschieden hat, das teurere Modell mit der Sonderausstattung zu verkaufen.

5.6 Beschwerdemanagement

Trotz aller Kundenorientierung kommt es immer wieder zu Situationen mit verärgerten Kunden. Doch *nicht die Beschwerden, sondern die Beschwerdegründe sollten vermieden werden*. Denn Beschwerden sind wie bereits beschreiben ein „Glücksfall", da sie auf bestehende Probleme hinweisen können, die sonst vielleicht unbemerkt geblieben wären. Im Fall einer Beschwerde ist es wichtig, sich nicht von der Emotionalität des Kunden anstecken zu lassen, sondern überlegt und professionell zu reagieren.

Der folgende kurze Leitfaden hilft Ihnen, Reklamationen und Beschwerdeanrufen professionell zu begegnen:

Checkliste: Vorgehen bei Beschwerden
1. Haben Sie einen verärgerten Kunden in der Leitung, so begehen Sie nicht den Fehler, sich als erstes rechtfertigen zu wollen! Bleiben Sie stattdessen ruhig und lassen Sie den Anrufer erst einmal ausreden oder sich etwas abreagieren.
2. Machen Sie sich während des Zuhörens Notizen. Geben Sie ihm das Gefühl, ernst genommen zu werden. Das kann, je nach Situation, durch mitfühlende oder bedauernde Worte geschehen:
   - „Ich kann Ihren Ärger gut nachempfinden."
   - „Ich verstehe, dass das sehr unangenehm/ärgerlich/enttäuschend für Sie sein muss."
3. Stellen Sie anschließend Fragen wie:
   - „Wie können wir Ihnen helfen?"
   - „Was schlagen Sie nun vor?"
   Versuchen Sie, gemeinsam eine Lösung zu finden. Versichern Sie dem Kunden, dass Sie sich aktiv um seinen Fall bemühen werden und diesen gegebenenfalls mit weiteren Personen abklären werden.
4. Bedanken Sie sich freundlich bei Ihrem Kunden für den Anruf und geben Sie Ihm so ein gutes Gefühl.

Somit sollten Reklamationen nicht als Problem, sondern vor allem als Chance verstanden werden (s. Abb. 5.16). Insbesondere Punkt 4 – sich für eine Reklamation bedanken – fällt vielen schwer. Doch ist gerade dies abermals eine Möglichkeit, sich positiv vom Wettbewerb zu differenzieren. So erhielten wir beispielsweise vor kurzem den in Abb. 5.17 gezeigten Brief. Ein, wie ich finde, mustergültiges Beispiel!

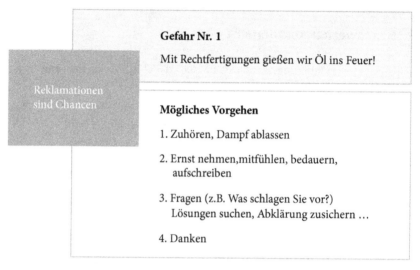

Abb. 5.16 Reklamation als Chance. (Quelle: Milz & Comp. GmbH)

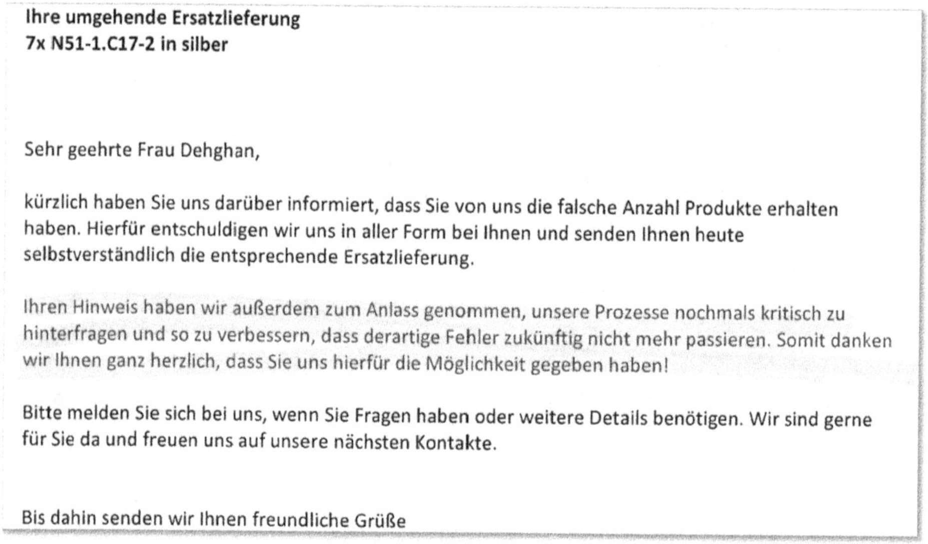

Ihre umgehende Ersatzlieferung
7x N51-1.C17-2 in silber

Sehr geehrte Frau Dehghan,

kürzlich haben Sie uns darüber informiert, dass Sie von uns die falsche Anzahl Produkte erhalten haben. Hierfür entschuldigen wir uns in aller Form bei Ihnen und senden Ihnen heute selbstverständlich die entsprechende Ersatzlieferung.

Ihren Hinweis haben wir außerdem zum Anlass genommen, unsere Prozesse nochmals kritisch zu hinterfragen und so zu verbessern, dass derartige Fehler zukünftig nicht mehr passieren. Somit danken wir Ihnen ganz herzlich, dass Sie uns hierfür die Möglichkeit gegeben haben!

Bitte melden Sie sich bei uns, wenn Sie Fragen haben oder weitere Details benötigen. Wir sind gerne für Sie da und freuen uns auf unsere nächsten Kontakte.

Bis dahin senden wir Ihnen freundliche Grüße

Abb. 5.17 Positive Reaktion auf Beschwerden. (Quelle: Milz & Comp. GmbH)

Lassen Sie uns abschließend zum Thema „Reklamationen" bitte folgendes festhalten:

1. Reklamationen sind nicht das Ergebnis von nörgelnden Querulanten, sondern häufig das Ergebnis eines Anlasses, den nicht der Kunde verursacht hat, sondern der Reklamationsempfänger selbst.
2. Der Kunde ist kein „Gegner", sondern ein langfristiger Geschäftspartner mit einem hohen Wert.
3. Reklamationen verursachen nicht nur Kosten, sondern haben auch einen sehr hohen Nutzen.
4. Nicht die Reklamationen sind zu minimieren, sondern die Reklamationsanlässe.
5. Eine positive Reklamationsbearbeitung hat häufig eine zusätzliche Kundenbindung zur Folge.

5.7 Kundenrückgewinnung

Wie wir in Abschn. 5.1 bei dem 1-3-7-Prinzip gesehen hatten, ist es – sofern die Ursache des Kundenverlustes behoben ist – immer noch weitaus leichter, verloren gegangene Kunden zurückzugewinnen als ganz neue zu akquirieren; immerhin kennt man sich und hat bereits bis vor einiger Zeit vertrauensvoll zusammengearbeitet.

Rückgewinnungsmaßnahmen kommen grundsätzlich für alle „0er Kunden" (s. Abschn. 5.1) in Frage. Um zwischen diesen zu differenzieren, sollten Sie aber festlegen, welche dieser Kunden als Potenzialkunden gelten können. Wenn Sie die rückzugewinnenden Kunden identifiziert haben, gilt es herauszufinden, was die Gründe der Abwanderung oder Inaktivität waren. Aus diesen Gründen heraus lassen sich dann gemäß dem folgenden 5-Schritte-Schema geeignete Rückgewinnungsmaßnahmen definieren (s. auch Abb. 5.18).

Tool: Prozess der systematischen Kundenrückgewinnung
1. Der Prozess der Rückgewinnung beginnt mit der Identifikation der verlorenen Kunden. Das kann beispielsweise mit einem Ausdruck aller 0er Kunden aus der Kundenliste erfolgen, mit denen beispielsweise noch bis vor zwei Jahren Umsatz gemacht wurde, die danach aber nicht mehr gekauft haben.
2. Im zweiten Schritt müssen *die Abwanderungsgründe identifiziert* werden. Dazu wird diese Liste Schritt für Schritt durchgegangen und dies bei allen ehemaligen Kunden, die als Potenzial- oder Entwicklungskunden gelten, überprüft. Die häufigsten Gründe hierbei sind
   • unsere Leistung/unsere Qualität stimmte nicht mehr
   • man kam „persönlich" nicht mehr miteinander aus
   • unser Preis stimmte nicht mehr
   • wir hatten benötigte Produkte/Leistungen nicht (mehr) im Sortiment.

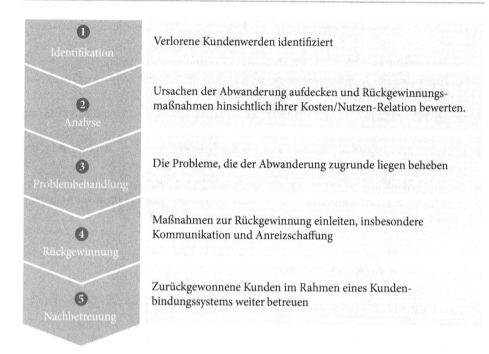

Abb. 5.18 Prozess der systematischen Kundenrückgewinnung. (Quelle: Milz & Comp. GmbH)

Unserer Erfahrung nach lässt sich so gut wie jeder Abwanderungsgrund einem der obenstehenden zuordnen. Die gute Nachricht: Kunden mit einem konkreten Abwanderungsgrund sind wie beschrieben leichter zurückzugewinnen! Denn die Chancen stehen gut, dass das Problem, das den Kunden damals zur Abwanderung veranlasst hat, heute schon nicht mehr besteht.

3. Im dritten Schritt sind die Probleme, die zur Abwanderung geführt haben, zu beheben. Ausgehend von der obigen Einteilung könnte dies sein: 1. Die Qualität kann verbessert worden sein, wovon Sie Ihren ehemaligen Kunden gern überzeugen. 2. Der Kundenbetreuer, mit dem es schlecht lief, arbeitet heute in einer anderen Abteilung/Firma. 3. Das Preis-Leistungs-Verhältnis hat sich verbessert. 4. Bei diesem Punkt muss die individuelle Situation untersucht werden – bieten Sie dem Kunden gegebenenfalls an, mit ihm gemeinsam nach einer Lösung zu suchen.

4. Der vierte Punkt dient dazu, dem Kunden zu zeigen, wie wichtig er Ihnen ist. Durch Kommunikation und Anreizschaffung zeigen Sie Präsenz.

5. Wenn es schließlich gelungen ist, den Kunden zu reaktivieren, sollte anschließend viel Sorgfalt darauf verwendet werden, ihn auch weiterhin seinem Wert entsprechend gut zu betreuen, wie in diesem gesamten Kap. 5 beschrieben.

Alles wird gut!

Ihr Kundenstamm ist mit Sicherheit einer Ihrer wertvollsten Vermögensgegenstände, wenn nicht der wertvollste. Pflegen Sie ihn mit Augenmaß und hoher Wertschätzung. Ihre Kunden sind der eigentliche Sinn Ihrer unternehmerischen Existenz. Hören Sie auf Ihre Kunden. Oder, um es mit Peter Drucker (2012) zu sagen: „Ihre Kunden werden Sie früher oder später auf Kurs bringen. Entweder früher, dann auf Erfolgskurs. Oder später, dann auf Konkurs!"

▶   Eine vollständige Liste der Lektüre finden Sie im geschützten Bereich unserer
     Homepage unter: www.milz-comp.de/download

Literatur

Drucker, P. 2012. http://www.hwk-aachen.de/beratung/unternehmensberatung/marketing.html. Zugegriffen am 11.01.2013.
Fox, J. J. 2000. *How to become a rainmaker*. London: The Random House Group.
Krafft, M., und O. Götz. 2004. Der Zusammenhang zwischen Kundennähe, Kundenzufriedenheit und Kundenbindung sowie deren Erfolgswirkungen. In *Grundlagen des CRM*, Hrsg. H. Hippner und K.D. Wilde. Wiesbaden: Gabler.
Kreuter, D. 2010. *Verkaufs- und Arbeitstechniken für den Außendienst*. Berlin: Cornelsen.
Reichheld, F., und R. Markey 2011. *Die ultimative Frage 2.0 – Wie Unternehmen mit dem Net Promoter System kundenorientierter und erfolgreicher sind*. Frankfurt: F.A.Z.-Institut für Management-, Markt und Medieninformationen GmbH.
Sawtschenko, P. 2008. *30 min für die erfolgreiche Positionierung*. Offenbach: Gabal.
Sidow, H.D. 2007. *Key-Account-Management – Geschäftsausweitung durch kundenbezogene Strategien*. München: mi-Fachverlag, Redline GmbH.
Wikipedia. 2022. *Kano-Modell – Wikipedia*. https://de.wikipedia.org/wiki/Kano-Modell. Zugegriffen am 01.06.2022.

Zum Weiterlesen

Beck, J., und N. Beck. 2012. *Service ist Sexy!* Wiesbaden: GWV Fachverlage.
Belz, C., M. Müllner, und D. Zupancic. 2021. *Spitzenleistungen im Key-Account-Management – Das St. Galler KAM-Konzept*. München: FinanzBuch.
Biesel, H. 2013. *Key Account Management erfolgreich planen und umsetzen – Mehrwert Konzepte für Ihre Topkunden*. Wiesbaden: Gabler.
Bruhn, M., und C. Homburg. 2017. *Handbuch Kundenbindungsmanagement*. Wiesbaden: Springer Gabler.
Glattes, K. 2016. *Der Konkurrenz ein Kundenerlebnis voraus*. Wiesbaden: Springer Gabler.
Hafner, N. 2019. *Die Kunst der Kundenbeziehung*. Freiburg: Haufe-Lexware.
Reintgen, S. 2017. *Key Account Management – Das Praxishandbuch B2B*. Weinheim: Wiley-VCH.
Schüller, A. M. 2015. *Das neue Empfehlungsmarketing*. Göttingen: BusinessVillage GmbH.
Sieck, H. 2019. *Key Account Management*. Norderstedt: Books on Demand GmbH.
Simonis, U. A. 2021. *Mehr Erfolg im Umgang mit Kunden. Die besten Lifehacks für Handwerker*. Bad Wörishofen: Holzmann.

Personal & Führung

Zusammenfassung

Insbesondere in Zeiten des Fachkräftemangels sind Mitarbeiter neben Kunden das, was ein Unternehmen ausmacht. Ohne sie geht nichts und von ihren Leistungen ist der Unternehmenserfolg primär abhängig. Also kommt es erstens darauf an, vielversprechende Kandidaten auf sich aufmerksam zu machen und passende Bewerber einzustellen. Zweitens müssen gute Mitarbeiter gehalten werden, was nur gelingt, wenn diese sich im Unternehmen wohlfühlen. Das subjektive „Wohlfühlen" Ihrer Mitarbeiter können Sie zu einem gewissen Grad beeinflussen. Dass hinreichend Leistungen von Unternehmensseite geboten werden, liegt hingegen ganz und gar in Ihrer Hand. Weiterhin müssen die Mitarbeiter konstant motiviert und weiterentwickelt werden, was die Personalführung zu einer kritischen Verantwortung des Managements macht. Vor allem die Digitalisierung bietet in diesem Bereich viele Möglichkeiten, die Sie für sich nutzen können und die wir hier aufzeigen.

Dieses Kapitel widmet sich der sechsten Disziplin, dem Personal (s. Abb. 6.1). In Abb. 6.2 finden Sie die wichtigsten zehn Statements zum Thema Personal & Führung.

Insbesondere in Zeiten des Fachkräftemangels sind Mitarbeiter neben Kunden das, was ein Unternehmen ausmacht. Ohne sie geht nichts und von ihren Leistungen ist der Unternehmenserfolg primär abhängig. Also kommt es erstens darauf an, vielversprechende Kandidaten auf sich aufmerksam zu machen und passende Bewerber einzustellen. Zweitens müssen gute Mitarbeiter gehalten werden, was nur gelingt, wenn diese sich im Unternehmen wohlfühlen. Das subjektive „Wohlfühlen" Ihrer Mitarbeiter können Sie zu einem gewissen Grad beeinflussen, dass hinreichend Leistungen von Unternehmensseite geboten werden, liegt hingegen ganz und gar in Ihrer Hand.

M. Milz, *Vertriebspraxis Mittelstand*, https://doi.org/10.1007/978-3-658-38343-5_6

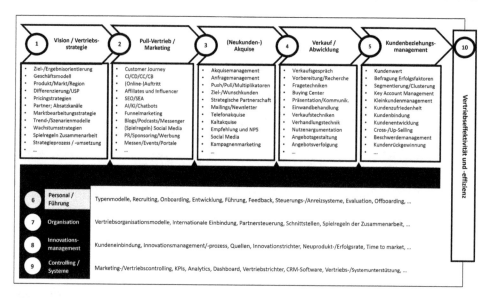

Abb. 6.1 Sechste Disziplin: Personal & Führung. (Quelle: Milz & Comp. GmbH)

		Ja	Nein	Zu prüfen
1.	Die Regeln des Employer Brandings sind in unserem Unternehmen über alle Kanäle – insbesondere in den Bereichen Social Media (z.B. einheitliches vorhandenes Firmenprofil, einheitliche Schreibweisen, …) und Guerilla Recruiting - bekannt und werden verfolgt.			
2.	Unsere Vertriebsmitarbeiter sind mit modernstem Equipment ausgestattet (z.B. Smartphone, Tablets, CRM-Apps, Firmenwagen, …).			
3.	Wir kennen die entsprechenden Arbeitgeberbewertungsportale wie Kununu, besprechen mit Mitarbeitern entsprechende Bewertungsprocedere und reagieren auf „Schlechtbewertungen".			
4.	Wir haben einen dauerhaften – und nicht fallbezogenen - standardisierten und erprobten Prozess des Erkennens und Findens von Talenten, des Onboardings, der Entwicklung, Führung und des Offboardings.			
5.	Die Einstellung von neuen Mitarbeitern erfolgt nicht „aus dem Bauch heraus", sondern ausschließlich im Wege eines standardisierten Auswahlverfahrens mehrstimmig, einstimmig, zweifelsfrei und schnell (= tagesaktuell).			
6.	Bei Personalentscheidungen gehen wir keine Kompromisse ein: Im Zweifelsfall stellen wir nicht ein bzw. nutzen die Probezeit – und auch die Zeit darüber hinaus - für schnelle und zögerfreie Personalentscheidungen.			
7.	Im Bereich der Personalentwicklung nutzen wir mindestens zweimal p.a. das Instrument des Entwicklungs- und Feedbackgesprächs, das einem mit den Mitarbeitern gemeinsam entworfenen funktionsindividuellen Kriterienkatalog folgt.			
8.	Neben dem Feedbackgespräch gibt es einmal p.a. ein zusammenfassendes Beurteilungsgespräch, aus dem immer Konsequenzen resultieren: (Monetäre) Anerkennung oder Hilfe im Sinne des Aufzeigens und der Bereitstellung von Fördermöglichkeiten.			
9.	Die Bedeutung des Vorhandenseins von Mitarbeitern mit aktuellstem Wissen wird gerade im Vertrieb durch regelmäßiges (mind. 4 Tage p.a.) Training, Qualifizierung und Coaching dokumentiert. Im Zweifel herrscht ein „Zwang zur Qualifizierung". Gleiches gilt IN MINDESTENS DIESEM Umfang für die Führungskräfte!			
10.	Wir haben unter Einbindung der Mitarbeiter ein leistungsorientiertes Vergütungssystem implementiert, das messbare überdurchschnittliche Leistungen Einzelner honoriert. Der variable Anteil am Gesamteinkommen liegt hierbei über 10%, im Vertrieb über 20%. Hierbei gibt es keine Zielvereinbarungen, die „von oben" verordnet werden, sondern der Mitarbeiter kann sich „seine" Ziele selbst wählen.			

Abb. 6.2 Masterchecklist: Zehn Statements zum Thema Personal & Führung. (Quelle: Milz & Comp. GmbH)

6.1 Was Arbeitgeber attraktiv macht: Employer Branding

Der aktuelle akute Fachkräftemangel ist nur ein Grund dafür, dass Unternehmen heute aktiv überlegen, wie sie für potenzielle Mitarbeiter attraktiver werden können. Die besten Köpfe sind oft wählerisch und für die meisten Menschen – nicht nur im Vertrieb – ist heute viel mehr als nur das Gehalt bei der Wahl ihres Arbeitgebers entscheidend. Außerdem wechseln Arbeitnehmer heute oft den Arbeitsplatz, kaum jemand bleibt von der Ausbildung bis zur Rente im selben Unternehmen. All das macht es wichtig, sich als Unternehmen gut zu positionieren und frühzeitig ein aktives und professionelles Recruiting zu betreiben.

Angelehnt an eine Untersuchung von Prof. Dr. Christian Scholz, Lehrstuhl für Betriebswirtschaftslehre, insbesondere Organisation, Personal- und Informationsmanagement an der Universität des Saarlandes, haben wir im Laufe der Jahre die folgenden Bereiche als diejenigen identifiziert, die insbesondere für talentierte Mitarbeiter im Vertrieb einen mittelständischen Arbeitgeber besonders attraktiv machen, in dem ein „Employer Branding" gut funktioniert:

Checkliste: Ist unser Unternehmen für Mitarbeiter attraktiv?

1. Im Bereich *Personalstrategie* sind dies Unternehmen, die sich insbesondere in den folgenden Themen positiv hervorheben:
   - kontinuierliche, intensive und individuelle Weiterbildungsprogramme („Talent Management")
   - frühzeitige und geführte Integration neuer Mitarbeiter („Mentorenprogramme")
   - Früherkennung von High Potentials
   - Vorhandensein von Managemententwicklungsprogrammen
   - Durchführung von Fähigkeitstrainings
   - transparente Kommunikation der Unternehmens- und Personalstrategie
   - Vergütung mit Unternehmensbeteiligungen, um Fluktuation zu begrenzen
2. Im Bereich *Personalbeschaffung* (siehe hierzu auch Abschn. 6.3) sind dies Unternehmen, die sich breit, frühzeitig und ggfs. auch global um das Thema Recruiting bemühen und Personal rekrutieren über viele Kanäle wie
   - Social Media (Xing, LinkedIn, Facebook, …)
   - Arbeitgeberbewertungsportale (v. a. kununu)
   - persönliche Empfehlungen von Mitarbeitern (hier auch ggfs. „Kopfprämien" bieten, falls erfolgreiche Empfehlungen zu Stande gekommen sind)
   - Recruiting-Messen und -Events
   - Personalberater und Headhunter
   - Online-Stellenbörsen
   - eigener Internetauftritt: klar, glaubwürdig, nachvollziehbar
   - interne Ausschreibungen und eigene Ausbildung

- (Hoch-)Schulkontakte (Campus-Recruiting)
- Guerilla Recruiting (außergewöhnliche Talent-Werbeaktionen)
- Arbeitsämter
- Printmedien

3. Im Bereich *Personalentwicklung* (siehe hierzu auch Abschn. 6.4.1) nutzen attraktive Unternehmen insbesondere Methoden wie

- regelmäßige und standardisierte Feedback- und Entwicklungsgespräche, aus denen
- Konsequenzen (Belohnung oder Hilfe) resultieren
- interne Seminare
- große Weiterbildungsangebote, die teilweise verpflichtend sind
- Rücksichtnahme auf individuelle Lebensentwürfe (z. B. Sabbaticals, Job-Sharing, Teilzeitarbeit, …)
- flexible Arbeitszeiten (z. B. Gleitzeit, Zeitkonten, …)
- Coachings
- Qualitätszirkel
- Traineeprogramme
- Job-Rotation
- E-Learning-Angebote

4. Im Bereich *Personalführung* achten attraktive Unternehmen insbesondere auf

- die Qualität und die Aus- und Weiterbildung von Führungskräften
- die Perspektiven und Karrieremöglichkeiten Einzelner
- die Ausweitung der jeweiligen Fähigkeiten
- Management-by-walking-around, sprich: stets sicht- und ansprechbar zu sein
- ein Anerkennen bzw. laut Aussprechen und Loben von guter Leistung
- bzw. belohnen Mitarbeiter (s. hierzu auch Abschn. 6.4.3) für
- Produktivität und Geschäftserfolg
- Innovation und Kreativität
- Kundendienst und Qualität
- Flexibilität
- Wettbewerbe (Verkäufer des Monats o. ä.)

5. Bezüglich der *Familienorientierung* werden Mitarbeiter unterstützt durch

- eine generelle Familienfreundlichkeit
- Teilzeitarbeit
- Home-Office-Möglichkeiten
- Kindergartenunterstützung bzw. Kinderbetreuung im Unternehmen
- Arbeitgeberdarlehen
- Doppelkarrieremöglichkeiten für Paare

6. Was die Themen *Kommunikation, Information und Motivation* angeht, so erreicht man hier viele Mitarbeiter durch

- regelmäßige persönliche Gespräche
- Mitarbeiterbefragungen
- Intranet
- Firmenblogs
- Rundschreiben
- Mitarbeiterzeitungen
- Soziale Aktivitäten
- Teambuilding-Events,
- die Ausstattung des Büros und der Mitarbeiter (Design Büro, Freizeitmöglichkeiten, Auto, Smartphone, Tablet, …)

7. *Personalentlohnung* (s. hierzu auch Abschn. 6.4.3): Bestandteile neben dem Grundgehalt sind in attraktiven Unternehmen häufig
   - Erfolgsprämien
   - Leistungsorientierte Vergütung
   - Altersvorsorge
   - Vergütung von Überstunden
   - Smartphone und Tablet
   - Firmenwagen
   - Zuwendungen zu besonderen Anlässen (Hochzeit, Geburt, Jubiläen, …)
   - Unfallversicherung
   - Personalrabatte
   - Belegschaftsaktien, Stock Options oder sonstige Unternehmensbeteiligungen
   - Kindergeldzuschuss
   - Baugeldzuschuss

8. *Das Unternehmen selbst*: Es ist reizvoll hier zu arbeiten wegen
   - des Images des Unternehmens
   - einer Auszeichnung als „attraktiver Arbeitgeber", „great place to work" etc.
   - des Recruitingprozesses selbst (wo und wie wird gesucht und ausgewählt?)
   - des repräsentativen Firmensitzes
   - der Erreichbarkeit und Infrastruktur des Firmenstandortes
   - der Ausstattung und der Leistungen am Firmensitz (kostenfreie Getränke und Snacks, Kicker, Tischtennis, Mini-Budgets für Teamveranstaltungen, …)
   - der individuellen Freiräume, die die Mitarbeiter haben
   - frühzeitiger Verantwortung

Sicherlich ist diese Liste weder vollständig noch abschließend. Je nachdem, ob ein Mitarbeiter beabsichtigt, im Vertriebsinnen- oder -außendienst zu arbeiten, werden andere Kriterien heranzuziehen sein, ebenso wie „altgediente" Mitarbeiter andere Faktoren gewichten als Hochschulabsolventen.

Die Jobbörsen Stepstone und Berufsstart haben unabhängig voneinander zum einen Arbeitnehmer (Abb. 6.3) und zum anderen Absolventen (Abb. 6.4) zu den Kriterien bei der Wahl eines Wunscharbeitnehmers befragt. Abb. 6.3 enthält das Ergebnis der

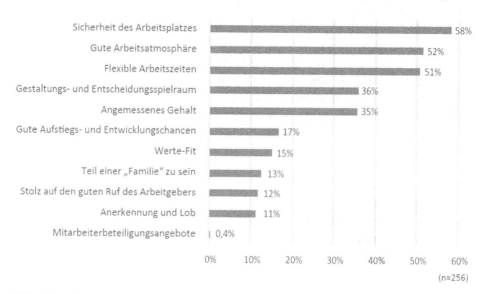

Abb. 6.3 Kriterien für Wunscharbeitgeber. (Mit freundlicher Genehmigung von © Stepstone 2020. All Rights Reserved)

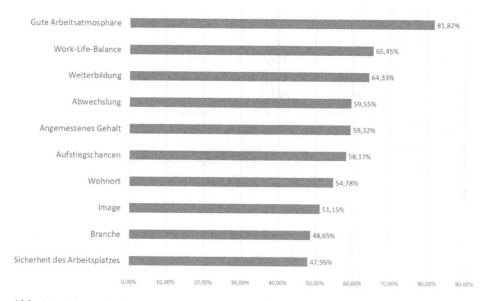

Abb. 6.4 Kriterien für Wunscharbeitgeber unter Absolventen. (Mit freundlicher Genehmigung von © berufsstart 2020. All Rights Reserved)

Antworten auf die Frage: „Was sind aktuell die Top 3 Kriterien für die Entscheidung für einen Arbeitgeber?" Abb. 6.4 enthält die Ergebnisse auf die Frage: „Welche Eigenschaften/Angebote eines Arbeitgebers sind für Absolventen bei der Entscheidung für einen Arbeitgeber wichtig?"

Durch die Fragestellung sind die zweiten Werte etwas höher, jedoch lassen sich die Proportionen vergleichen. Als Fazit hierbei bleibt festzustellen, dass „Geld" eher als Hygienefaktor („muss passen") und symbolische Anerkennung gesehen wird, denn als ein wirkliches Motivations- oder Attraktionselement (siehe hierzu auch Abschn. 6.4.3).

6.2 Portale für Arbeitgeberbewertungen

Potenzielle Mitarbeiter informieren sich in erster Linie im Internet über Unternehmen. Neben ihrer Website, Blogs und Social Media Auftritten werden auch zunehmend Arbeitgeberbewertungsportale wie Kununu, Glassdoor, Indeed, Jobvoting oder MeinChef genutzt. Insbesondere www.kununu.com (s. Abb. 6.5) kommt hierbei auf Grund der Zugehörigkeit zu XING eine besondere Bedeutung zu. Schon eine einzige vernichtende Bewertung auf einem dieser Portale kann Ihr Unternehmen für potenzielle Mitarbeiter uninteressant machen. Deshalb sollten Sie immer über alles, was über Ihr Unternehmen im Internet veröffentlicht wird, informiert sein.

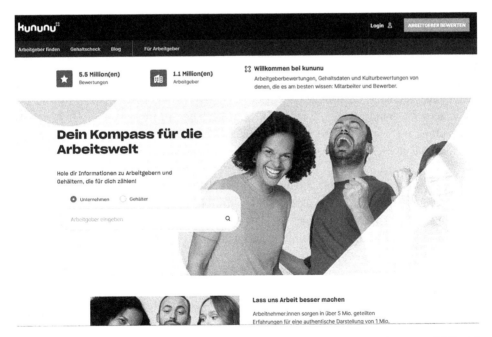

Abb. 6.5 Bewertungsportal Kununu. (Mit freundlicher Genehmigung von © kununu 2022. All Rights Reserved)

▶   **Praxistipp** Bitten oder ermutigen Sie gute/zufriedene Mitarbeiter, Ihr Unternehmen auf diesen Plattformen zu bewerten.

6.3   Recruiting

Die erste Herausforderung im Bereich Personal ist das Finden guter Mitarbeiter, das – gerade im Vertrieb – oft der Suche nach der „eierlegenden Wollmilchsau" gleicht.

6.3.1   Vertriebspersönlichkeiten erkennen und finden

Auf welche *Qualifikation* könnten Sie bei Ihren Vertriebsmitarbeitern am ehesten verzichten? *Charakter, Sozialkompetenz oder die fachliche Kompetenz?* Die Frage lässt sich aus unserer Sicht heraus klar beantworten: *Charakter ist das wichtigste Merkmal eines erfolgreichen Verkäufers.* Es folgen die sozialen Fähigkeiten und erst zum Schluss die fachlichen Kompetenzen. Warum ist das so?

Fachliche Defizite können durch Qualifizierungsmaßnahmen ausgeglichen werden. Auch ein gewisses Maß an Sozialkompetenz ist erlernbar. Den richtigen Charakter hingegen muss der Verkäufer selbst mitbringen. Er darf keine Angst vor fremden Menschen haben, sondern muss offen und interessiert auf diese zugehen. Auch eine gute Menschenkenntnis und ein Talent zum Zuhören sollten vorhanden sein. Wie Sie wissen, ist Verkaufen eine subtile Angelegenheit, bei der es heute mehr auf Stimmungen und Emotionen als auf harte Fakten ankommt. Mitarbeiter – und erst recht im Verkauf – sollten loyal und ehrgeizig sein und „brennen" für ihre Aufgaben.

Doch reicht es nicht zu wissen, worauf es bei guten Mitarbeitern ankommt. Sie müssen erst einmal gefunden werden, beziehungsweise die potenziellen Mitarbeiter müssen auf Ihr Unternehmen aufmerksam werden. Die entsprechenden Möglichkeiten der Personalbeschaffung wurden in Abschn. 6.1 schon einmal kurz aufgezeigt, wobei bei allen Möglichkeiten natürlich immer der Kosten-Nutzen-Aspekt relevant ist.

▶   **Praxistipp** Entscheiden Sie selbst, welches Umfeld zu Ihnen passt beziehungsweise wo Ihre Zielgruppe aktiv ist. Konzentrieren Sie sich auf wenige Kanäle, nutzen diese aber konsequent und aktiv. Benennen Sie einen Verantwortlichen, der diese Kanäle aktiv und kontinuierlich betreut.

- Und hier einige Hinweise für Ihre Unternehmenswebsite und Social-Media-Plattformen
- Hinterlegen Sie zumindest ein kurzes Unternehmensprofil.
- Weisen Sie auf gewünschte Initiativbewerbungen hin.
- Inserieren Sie alle aktuell offenen Stellen.
- Für Facebook, Xing und Co. gilt:
  - einheitliche Firmenschreibweise bei Mitarbeiterprofilen
  - zumindest kurzes Unternehmensprofil anlegen

6.3.2   Online-Jobbörsen für die Suche nach Vertriebsmitarbeitern

Auf Jobbörsen im Internet können Sie Anzeigen schalten und gezielt nach passendem Personal suchen. Dabei wird zum einen zwischen großen Jobbörsen, für alle Branchen und branchenspezifischen, kleinen Portalen unterschieden. Zum anderen wird zwischen allgemeinen und ausbildungsspezifischen Portalen, für die man etwas Bestimmtes gelernt haben muss, unterschieden. Auch bieten viele *Verbände* eine eigene Jobbörse an, in der sie gezielt für Ihre Branche inserieren und suchen können. Die letzte Kategorie von Jobportalen bilden diejenigen Portale, die selbst keine Stellenanzeigen haben, sondern nur die Anzeigen von vielen verschiedenen Börsen sammeln und auf ihrer Plattform ausspielen, sogenannte Meta-Jobbörsen.

Jobbörsen im Internet sind für Bewerber meist der erste Anlaufpunkt. Viele Bewerber werden erst dadurch auf ein Unternehmen aufmerksam. Es lohnt sich also, vor allem für unbekanntere Unternehmen, dieses Angebot zu nutzen.

Jobbörsen im Internet
- **Für Führungskräfte**
  - www.jobware.de
  - www.experteer.de
  - www.stepstone.de
- **Für Vertriebler**
  - www.salesjob.de
  - www.vertrieb.jobs
  - www.monster.de
  - www.stepstone.de
  - www.indeed.de
- **Branchenspezifische Jobbörsen**
  - *Lebensmittel*
    www.foodjobs.de
    www.lzjobs.de
  - *Ingenieurwesen*
    www.ingenieurcenter.de/stellenangebote
    https://jobs.ingenieur.de
  - *Handwerk*
    www.handwerkerjobs.de
    www.handwerkerstellen.de
    www.my-craft-job.com

- *Andere Branchen*
  IT – www.ibusiness.de
  Chemie – www.chemie.de/jobs
  Hotel – www.hotelcareer.de
  Finanzwesen – www.bankjob.de
  Pharmaindustrie – www.pharmajobs.com
  Kommunikation – www.dasauge.de/jobs
  Maschinenbau – www.maschinenbau.jobs

- **Ausbildungsspezifische Jobbörsen**
  - *Akademiker*
    www.akademiker.jobs
    www.akademiker-online.de
    www.academics.de
  - *Absolventen und Einsteiger*
    www.absolventa.de
    www.berufsstart.de
  - *Naturwissenschaftliche Absolventen*
    www.jobvector.de
  - *Studenten*
    www.connecticum.de
    www.studentjob.de
    www.monster.de

- **Allgemeine Jobbörsen**
  - www.stepstone.de
  - www.monster.de
  - www.indeed.de
  - www.jobboerse.de
  - www.xing.com/jobs
  - www.linkedin.com/jobs

- **Meta-Jobbörsen**
  - Google for Jobs
  - www.metajob.de
  - www.kimeta.de

Was ich bei Letzteren gelernt habe, ist, dass vor allem junge Menschen immer mehr vorrangig Google benutzen und es deshalb enorm wichtig ist, dort auch aufzutauchen (zumindest, wenn das der Zielgruppe entspricht). Darum würde ich Ihnen empfehlen, die Stellenausschreibungen auf Ihrer Homepage so zu gestalten, dass Sie von Google ausgelesen und so ohne Kosten für Sie beworben werden.

6.3.3   Personalsuche mithilfe von XING und LinkedIn

Im deutschsprachigen Raum sind XING (www.xing.de) und LinkedIn, wie in Kap. 2 beschrieben, die am stärksten genutzten Business-Netzwerke. Sie werden von einer großen Anzahl ihrer Mitglieder auch aktiv zur Job- bzw. Mitarbeitersuche genutzt. Dabei gibt es mehrere Möglichkeiten, Jobangebote auf XING und LinkedIn zu präsentieren.

Zunächst benötigen Sie ein Unternehmensprofil. Sobald sich Mitarbeiter bei XING oder LinkedIn anmelden, wird ein Unternehmensprofil *automatisch* aus den Mitgliederprofilen generiert.

▷   **Praxistipp** Nennen Sie Ihren Mitarbeitern eine einheitliche Firmenbezeichnung, mit der sie sich bei den sozialen Netzwerken anmelden können. So erscheinen alle auf demselben Profil – ansonsten taucht Ihr Unternehmen mehrfach im Netz auf, jeweils mit unterschiedlicher Schreibweise oder Firmierung. Darüber hinaus gibt es die Möglichkeit, ein kostenloses Basisprofil für Ihr Unternehmen selbst anzulegen oder kostenpflichtige Darstellungen des Unternehmens zu nutzen. Dies ist im Grunde ein „Must Have".

Die Suche nach Studenten und Auszubildenden ist z. B. bei XING kostenlos, für die Suche nach festen Mitarbeitern gibt es verschiedene Möglichkeiten, die sich preislich unterscheiden. Außerdem gibt es die Option einer „Recruiter Mitgliedschaft". Diese bietet zusätzliche Features wie feinere Suchmöglichkeiten oder die Erstellung einer Kandidatenliste.

Entscheiden Sie selbst, welche Mitgliedschaftsoption für Sie die richtige ist.

6.3.4   Personalberater und Headhunter

Vor den Zeiten des Internets waren Personalberater und Headhunter fast unverzichtbar, wenn es darum ging, das richtige Personal für mittlere und gehobene Führungspositionen zu finden und einzustellen. Der entscheidende Vorteil eines Headhunters war seine Datenbank: Er verfügte über einzigartige Informationen über mögliche Kandidaten. Heute finden sich all diese Informationen, oft aktueller und in besserer Qualität, im Internet. Kandidaten für eine Stelle werden auf XING oder LinkedIn gefunden. Macht dies Headhunter heute überflüssig? Tatsächlich ist der Markt für Headhunter und Personalberater schwieriger geworden. Bei einer üblichen Vergütung von einem Drittel des Jahresgehaltes der zu besetzenden Position überlegen sich Unternehmen heute genau, ob sie einen Headhunter einstellen oder die Suche – oder Teile der Suche – lieber selbst übernehmen. Unersetzbar (zumindest bei der Recherche) sind Personalberater nach wie vor für absolute Spitzenpositionen. Alles was „darunter" liegt, sollte nach der Kosten-Nutzen-Relation beurteilt werden. Sicher ist es bequem, einem Headhunter die Kandidatenrecherche zu übertragen, aber ist die Investition auch gerechtfertigt? Die Vorteile von Headhuntern haben sich heute relativiert.

6.3.5   Auswahlverfahren

Wenn Sie nun über diverse Kanäle auf sich aufmerksam gemacht haben und daraufhin Bewerbungen eingegangen sind, beginnt nach einer Vorabauswahl interessanter Bewerber der eigentliche Auswahlprozess in Form der Vorstellungsgespräche. Ein bezahlbares Konzept im Mittelstand hierfür könnte etwa wie folgt aussehen:

1. Bewerber begrüßen, 15–30 min erzählen lassen, warum sich der Kandidat bei Ihnen beworben hat, kurze eigene Vorstellung. Sich zurückziehen und den Bewerber einen an die Stelle angepassten Fragebogen ausfüllen lassen.
2. Interview und kleines Assessment, beispielsweise ein Verkaufsgespräch simulieren (face-to-face oder per Telefon mit eigenem Mitarbeiter im Nebenraum) bzw. den Mitarbeiter zu bitten, einen „aktuell problematischen Kunden oder Lead" anzurufen. *Wichtig hierbei ist v. a. das Erkennen der Bereitschaft des potenziellen Mitarbeiters, dieses Gespräch führen zu wollen!*
3. Selbsteinschätzung des Bewerbers und Feedback.

Ein Fragebogen bzw. eine Checkliste, anhand derer Sie potenzielle neue Mitarbeiter beurteilen können, kann beispielsweise wie in Abb. 6.6 dargestellt aussehen. Der Vorteil des in Abb. 6.6 gezeigten Fragebogens ist, dass er zunächst den charakterlichen Kriterien als K.O.-Kriterien folgt, das heißt, diese können nicht durch Fachwissen kompensiert werden. Warum dies Sinn macht, haben wir bereits zu Beginn dieses Kapitels erläutert. Gerne können Sie dieses Tool im Downloadbereich der Seite www.milz-comp.de/download erhalten.

Wichtig für einen erfolgreichen Recruiting- und Auswahlprozess sind vor allem drei Dinge:

1. **Einstimmigkeit:** Der Fragebogen bzw. die Beurteilungsgespräche sollten von mehreren Personen geführt bzw. ausgefüllt werden. Eine Einstellung sollte nur bei einem einstimmigen Ergebnis, also wenn alle Beteiligten bei der letzten Frage mit „Ja" gestimmt haben und sich mit ihrer Unterschrift hierzu committet haben, erfolgen.
2. **Schnelligkeit:** Gute Leute sind begehrt – und schnell wieder vom Markt weg. Wenn Sie einen guten neuen Mitarbeiter als solchen identifiziert haben, machen Sie ihm schnell ein Angebot. Im Idealfall noch am Ende des Gesprächs bzw. noch am gleichen Tag!
3. **Zweifelsfreiheit:** Wenn auch nur der geringste Zweifel besteht, ob der begutachtete Kandidat Ihren Ansprüchen genügt – seien Sie im Zweifel dagegen. (Gleiches gilt im Übrigen für das Ende der Probezeit – haben Sie Zweifel, so entscheiden Sie sich gegen den Kandidaten!).

Collins (2001) beschreibt in seinem Bestseller „Der Weg zu den Besten" die sieben Management-Prinzipien für dauerhaften Unternehmenserfolg. Bezogen auf die richtigen

Bewertungsbogen Bewerber							
Name Bewerber:		Position/Stelle:					
Bewertender:		Unterstellung:					
Datum:		Führungsspanne:					
Kernaufgaben des Bewerbers							
Bewertungskriterien/Gewichtung		++ 4P.	+ 3 P.	0 2 P.	- 1 P.	-- 0 P.	n.b.
KO-Kriterien	Integrität						
	Intelligenz						
	Persönliche Reife						
Ergebnis KO	**100%**						
Persönlichkeit	Positive Energie						
	Motivationsfähigkeit Umfeld						
	Entschlusskraft						
	Ergebnisorientierung						
	(Auf-) Stehvermögen						
	Authentizität						
Know-how	Praxis-/Führungserfahrung						
	...						
	...						
Chemie	Gesamterscheinung						
	Kommunikation						
	Akzeptanz/Sympathie						
	Fit Vertriebsabteilung						
Gesamt	**100%**						
Ich würde den Bewerber grundsätzlich einstellen (ja/nein):							
Datum/Unterschrift:							

Abb. 6.6 Bewertungsbogen Bewerber. (Quelle: Milz & Comp. GmbH)

Mitarbeiter beschreibt er Regeln der Rigorosität: *„Im Zweifelsfall nicht einstellen, sondern weitersuchen – an dieser Stelle gibt es keine Kompromisse."* Und weiter: *„Wenn man eine Personalentscheidung treffen muss, sollte man sofort handeln."* (Collins 2001, S. 73) Hintergrund hierbei sind u. a. die Opportunitätskosten, die mit einer personellen Fehlentscheidung verbunden sind: Nicht nur werden nach spätem Erkennen des Fehlers erneut Suchkosten (Stellenanzeige, Headhunter, Auswahlprozess etc.) fällig. Viel schwerer wiegt die Tatsache, dass Sie ein halbes Jahr (nach Ende der Probezeit) oder mehr verlieren!

Neben den beschriebenen gibt es viele weitere, teils sehr kreative Möglichkeiten, den Auswahlprozess zu gestalten. Dabei sind immer die individuellen Charakteristika der zu besetzenden Position zu berücksichtigen.

6.4 Personalführung: fördern und fordern

Personalführung ist eine Kernaufgabe innerhalb der Unternehmertätigkeit. Prinzipiell lassen sich Personalentwicklungssysteme ohne und mit finanziellen Anreizen unterscheiden. Letztere bezeichnen wir dann als Leistungsorientierte Vergütungssysteme (LoV).

6.4.1 Personalentwicklung

Eine reine Sicht auf die Erfolgsgrößen, die ein Vertriebsmitarbeiter realisiert – wie Umsatz, Deckungsbeitrag, Anzahl Neukunden usw. – vernachlässigt viele besondere/vorbildliche Anstrengungen des Einzelnen. Doch gerade regelmäßige Gespräche über die Leistungen eines Mitarbeiters – mit den möglichen Konsequenzen, Lob oder Hilfestellung – sind die Basis für eine positive Mitarbeiterentwicklung – und somit mittelfristig auch für die Erreichung von harten Erfolgsgrößen. Dafür ist es aber notwendig, Feedback und Beurteilungsgespräche mit realen Konsequenzen zu verknüpfen und somit deren Bedeutung zu verstärken (s. hierzu Abschn. 6.4.3).

Ein wichtiges Instrument der Personalführung und -entwicklung ist die Mitarbeiterbewertung. Diese verringert nicht nur die Gefahr des „Aneinandervorbeiredens" und -arbeitens, sondern unterstützt auch die Mitarbeiterentwicklung und deren Zufriedenheit. Deshalb sollte die professionelle, regelmäßige und an Regeln gebundene Bewertung ein fester Bestandteil des Betriebsalltags sein.

Allgemeine Grundsätze für Mitarbeiterbewertungen
- Objektivität wahren, vorurteilsfrei bewerten
- Transparenz bei der Bewertung wahren
- Leistungsbezogenheit: Bezug auf sachlich belegbare Fakten und Ergebnisse berücksichtigen
- Nur Aussagen über Beobachtungen, die sich am Ergebnis oder im Arbeitsverhalten deutlich wahrnehmen lassen, machen Sinn.
- Beurteilung aufgrund eigener Beobachtungen – bei Urteilen Dritter müssen deren Namen genannt werden.
- Privatleben und andere zur Person gehörende Aspekte, die auf die Leistung keine oder kaum Auswirkungen haben, sind nicht Gegenstand der Beurteilung.

Ein Kriterienkatalog fasst mögliche Bewertungskriterien zusammen, die für jeden Mitarbeiter individuell zusammengestellt werden können. Dabei ist es, gerade bei „weichen" Kriterien wichtig, nicht auf der Metaebene (beispielsweise Teamfähigkeit) stehenzubleiben, sondern konkrete Beispiele und Unterpunkte zu formulieren, die die Leistung auch in diesen Bereichen wirklich messbar machen.

Ziele einer Bewertung
- vertrauensvolle Gestaltung der Zusammenarbeit zwischen Vorgesetztem und Mitarbeiter
- optimaler Einsatz der Mitarbeiter entsprechend ihren Kenntnissen und Fähigkeiten
- Einleitung gezielter Weiterbildungsmaßnahmen und Förderung fachspezifischer Qualifikationen
- zeitliche Aspekte

- Der Beurteilungszeitraum sollte auf ein Wirtschaftsjahr angelegt sein.
- Intervalle: zweimal jährlich bis spätestens vier Wochen nach Ablauf des Beurteilungs-zeitraumes

Typische Probleme bei der Bewertung
- Sympathie-Antipathie: Versuchen Sie in jedem Fall, wertfrei und unvoreingenommen zu bewerten!
- Voreingenommenheit: Beurteilen Sie immer neu! Geben Sie Ihrem Mitarbeiter die Chance, sich zu entwickeln!
- Selbstbild-Fremdbild: Jeder Mensch denkt über sich anders als andere. Pflegen Sie deshalb den Dialog über diese unterschiedlichen Auffassungen.
- Angst vor extremen Beurteilungen: Die natürliche Tendenz zur ausgeglichenen Bewertung kann das Ergebnis verfälschen.

Regeln für das Bewertungsgespräch (Beispiel)
- Der Beurteilende hat den Termin vorzuschlagen und gemeinsam mit dem zu beurteilenden Mitarbeiter für die termingerechte Durchführung zu sorgen.
- Beschreibung der übertragenen Aufgaben/Tätigkeiten und deren Schwierigkeitsgrade im Beurteilungsbogen.
- Beurteiler ist der Geschäftsführer (bzw. Abteilungs- oder Teamleiter, der für den Mitarbeiter zuständig war).
- Mitarbeiter und Beurteiler füllen jeweils unabhängig voneinander je einen Beurteilungsbogen aus.
- Zu Beginn des Gespräches teilen sich beide ihre Beurteilungen mit.
- In einem Dialog werden die Ergebnisse besprochen.
- Das Endergebnis wird in einem zusammenfassenden Beurteilungsbogen als „Zusammenfassende Stellungnahme" festgehalten.
- Wird kein Konsens gefunden, sind die unterschiedlichen Auffassungen ebenfalls unter „Zusammenfassende Stellungnahme" aufzunehmen.
- Der Mitarbeiter hat Anspruch auf Aushändigung einer Kopie der vollständigen Beurteilungsunterlagen.
- Die Beurteilungen sowie der Inhalt der Gespräche sind streng vertraulich zu handhaben.

Das zusammenfassende Beurteilungsgespräch
Diese Art des Beurteilungsgesprächs baut auf den Ergebnissen der zweimal jährlich durchgeführten Beurteilungsgespräche auf. Ziel des zusammenfassenden Beurteilungsgesprächs ist es, die aufgrund der einzelnen Beurteilungen im Beurteilungszeitraum ermittelten Ergebnisse zur Vorbereitung einer Gehaltserhöhung beziehungsweise einer Gehaltssonderzahlung gemeinsam zu besprechen.

Das Fördergespräch

Das einmal jährlich stattfindende Förderungsgespräch baut ebenfalls auf den Ergebnissen der zweimal oder häufiger jährlich durchgeführten Beurteilungsgespräche auf. Als Vorbereitung auf das Gespräch sollten die relevanten Beurteilungsbögen vom Mitarbeiter und zuständigen Beurteiler nochmals eingesehen werden.

Mit dem Förderungsgespräch werden vor allem zwei Ziele verfolgt: Zum einen sollen vor dem Hintergrund der gezeigten Leistungen gemeinsam Entwicklungsmaßnahmen besprochen werden. Zum anderen dient das Förderungsgespräch aber auch der Verbesserung der kritischen Selbst- und fairen Fremdeinschätzung. Durch die gemeinsame Diskussion werden darüber hinaus Entscheidungen über Förderungsmaßnahmen transparent und nachvollziehbar gemacht.

Der Förderungsgesprächsbogen gliedert sich in vier Teile:

1. Fachliche Zielsetzungen und Fördermaßnahmen des letzten Jahres
2. Weiterbildung und besondere Aktivitäten
3. Fachliche Zielsetzungen und Einschätzung des Entwicklungspotenzials
4. Abschlusskommentierung

▶   Im geschützten Bereich auf unserer Homepage (www.milz-comp.de/download) finden Sie praxiserprobte Vorlagen für die hier vorgestellten Gesprächsformen!

Bei der Anwendung der Bögen hat sich eine Leistungsbeurteilung gemäß folgender Beurteilungsstufen als sinnvoll erwiesen:

- **Stufe 1:** Außergewöhnliche Leistungen, die die Erfordernisse an die Position stets übertrafen.
- **Stufe 2:** Leistungen, die den Erfordernissen an die Position stets gerecht wurden und diese oftmals übertrafen.
- **Stufe 3:** Leistungen, die den Erfordernissen an die Position stets gerecht wurden. Diese sollte verwendet werden, um Leistungen von hoher Qualität zu kennzeichnen. Eine Bewertung der Stufe 3 zeigt an, dass der Mitarbeiter sich konsequent weiterentwickelt.
- **Stufe 4:** Die erbrachten Leistungen entsprechen nicht immer den Erfordernissen, sodass Verbesserungen notwendig sind.
- **Stufe 5:** Die erbrachten Leistungen entsprechen nicht den Erfordernissen, sodass Verbesserungen dringend notwendig sind.
- *n. a.:* Mit n. a. (nicht anwendbar) werden Kriterien markiert, die in der Beurteilung nicht anwendbar sind.

Bei den zwei- bis viermal jährlich stattfindenden Bewertungsgesprächen liegt der Fokus erfahrungsgemäß meist auf Bereichen, in denen Verbesserungsbedarf besteht. Es findet also mehr negative als positive Kritik statt, was zu einer Demotivation des entsprechenden

Mitarbeiters führen kann. Deshalb ist es sinnvoll, sich an den Grundsatz „Fordern und Fördern" zu halten. Das kann beispielsweise bedeuten, dass gute Leistungen belohnt werden und bei schlechteren Leistungen entsprechende Maßnahmen wie Qualifizierung oder Coaching ergriffen werden. Dies kann durchaus mit einer „Monetarisierung" der Personalentwicklung verknüpft werden, sprich: „eine Säule" der leistungsorientierten Bewertung darstellen (s. Abschn. 6.4.3).

Um optimale Leistungen zu erbringen, sollte eine Kongruenz von Kompetenz und Verantwortung angestrebt werden. Das heißt, dass ein Mitarbeiter weder über- noch unterfordert werden darf. Nur wenn er Aufgaben erhält, die er im Rahmen seiner Möglichkeiten erfolgreich bearbeiten kann, wird er selbst auch zufrieden sein und so das Höchstmaß an Leistung liefern.

Personalentwicklung ist insbesondere für den Vertrieb ein bedeutendes Thema – etwa ein Prozent des gesamten Personalaufwandes investieren laut der Deutschen Gesellschaft für Personalführung mbH mittelständische Unternehmen in ihre Personalentwicklungsaktivitäten. Einen gerade im Vertrieb besonderen Bereich bilden hierbei Qualifizierungsmaßnahmen.

6.4.2   Training und Qualifizierung

Der Vertriebserfolg eines Unternehmens hängt wie beschrieben von vielen Faktoren ab, von Marktbedingungen, Innovationen, Vertriebsstrategie, Ausgestaltung der Vertriebsprozesse oder vom Customer Relationship Management. Der Faktor, der auch heute noch vielfach unterschätzt wird, ist jedoch der Qualifizierungsgrad des verantwortlichen Personals. Wie schon zahlreiche Unternehmen schmerzhaft feststellen mussten, kann auch die beste Vertriebsstrategie Mängel auf Seiten des Personals nicht ausgleichen. Deshalb sind professionell geschulte und gute Vertriebsmitarbeiter heute gefragt wie nie.

Für Unternehmen, die in irgendeiner Weise mit Vertrieb zu tun haben, ist Vertriebsqualifizierung also ein wichtiges Thema. Viele Mitarbeiter haben zuvor in anderen Branchen gearbeitet, sind Quereinsteiger, oder ihre Ausbildung liegt schon lange Zeit zurück. Was auch immer in Ihrem Unternehmen der Fall sein mag, im (Vertriebs-)Alltag schleichen sich oft Fehler oder „falsche" Verhaltensweisen ein. Das kann für Mitarbeiter im Vertrieb fatal sein. Verfügt ein Vertriebler beispielsweise nicht über die notwendigen rhetorischen Mittel oder vergisst es, Angebote nachzufassen (wie Kap. 4 gezeigt hat), kommen wichtige Aufträge nicht zustande oder gehen verloren.

Versuchen Sie deshalb, den Weiterbildungsbedarf Ihrer Mitarbeiter zu ermitteln und entsprechende Qualifizierungsmaßnahmen durchzuführen. Sie können Ihr gesamtes Vertriebsteam in einer Inhouse-Schulung trainieren oder einzelne Mitarbeiter zu offenen Seminaren entsenden, die ihre speziellen Probleme oder ihre Aufgaben im Vertrieb abdecken. Anbieter für diese Maßnahmen gibt es viele.

Checkliste: Seminaranbieter zur Vertriebsqualifizierung

Diese zehn Fragen helfen bei der Suche nach dem richtigen Seminaranbieter für Vertriebsqualifizierung:

1. Bietet der Anbieter ein breites Modulspektrum zum Thema „Vertrieb"?
2. Werden die einzelnen Themen an mehreren Terminen/Standorten angeboten?
3. Setzt der Anbieter Trainer ein, die auf ein bestimmtes Themengebiet spezialisiert sind?
4. Verfügen die eingesetzten Trainer über fundiertes Praxiswissen auf ihrem Gebiet?
5. Sind die jeweiligen Inhalte in der Kurs-/Seminarbeschreibung ausführlich aufgelistet?
6. Verspricht das Angebot einen interaktiven Charakter mit hohem Übungsanteil?
7. Sind ausführliche Seminarunterlagen und ein Abschlusszertifikat im Preis enthalten?
8. Ist die Teilnehmeranzahl begrenzt (max. 15)?
9. Sind anschließend optional individuelle Coaching-/Beratungsleistungen buchbar?
10. Werden die Trainer nach jedem Seminar bewertet und sind diese Bewertungen (ggf. auf Anfrage) erhältlich?

Unter www.vertriebsqualifizierung.de finden Sie weitere Informationen sowie eine Checkliste als kostenlosen PDF-Download.

6.4.3   Leistungsorientierte Vergütungssysteme

Die Financial Times Deutschland (2012) fasste in einem Artikel über unsere im Jahr 2011/2012 veröffentlichte Studie zum Thema LoV (Wolff und Milz 2011) das Thema meiner Meinung nach recht treffend zusammen: *„Geld allein macht nicht glücklich.* Wenn man die Belegschaft motivieren will, kann ein faires Lohnsystem aber *viel zur guten Stimmung beitragen.* Vor allem, wenn man leistungsorientiert vergütet wird."

In Zusammenarbeit mit der FH Köln konnten wir erfolgreich die größte empirische Studie zur leistungsorientierten Vergütung im Mittelstand in Deutschland durchführen. Dabei wurde deutlich, dass – aller berechtigten Kritik zum Trotz – ein leistungsorientiertes Vergütungssystem grundsätzlich durchaus Motivation und Ergebnisorientierung der Mitarbeiter steigern kann (s. Abb. 6.7). Gleichwohl ist zu betonen, dass *Stolpersteine proaktiv identifiziert und umgangen werden müssen, um das Vergütungssystem erfolgreich im Unternehmen zu etablieren.* Mit folgenden Einschränkungen:

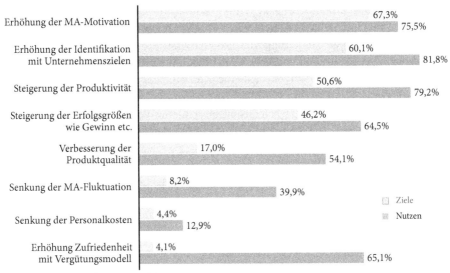

Basis: 318 Unternehmen, Mehrfachnennungen möglich

Abb. 6.7 Leistungsorientierte Vergütung im produzierenden Mittelstand 2011. (Quelle: Milz & Comp. GmbH)

Unserer Meinung nach lassen sich – wie beschrieben – sicherlich mindestens zwei Arten von Mitarbeitern identifizieren: Während die erste Personengruppe charakterlich einwandfrei ist und sich beispielsweise durch Intelligenz, Motivation sowie Loyalität auszeichnet und sich nicht durch etwaige Misserfolge entmutigen lässt, ist die zweite Personengruppe dadurch zu beschreiben, dass es ihnen an eben diesen Charaktereigenschaften mangelt. *Bei letzterer Personengruppe läuft z. B. auch ein leistungsorientiertes Vergütungssystem zumeist tatsächlich ins Leere.* Bei Ersterer, die eher intrinsisch motiviert ist und für die Geld eher einen „Hygienefaktor" darstellt, lassen sich aus einer Vielzahl von Gründen mit guten LoV-Systemen durchaus Mehrleistungen empirisch beobachten.

Im Rahmen unserer Studie wurden unterschiedliche „*Stolpersteine*" identifiziert, die das Scheitern einer leistungsorientierten Vergütung bedingen können. Dazu zählt, dass es *an transparenten Bewertungs- und Zielgrößen mangelt, die interne Kommunikation suboptimal verläuft und die Mitarbeiter nicht frühzeitig eingebunden werden oder der variable Einkommensanteil unterhalb von zehn Prozent liegt.* Unsere Studie verdeutlicht außerdem, dass ein zu hoher Anteil an qualitativen Beurteilungskriterien zu einer Ablehnung des Entlohnungssystems bei den Mitarbeitern führen kann.

Sofern die Stolpersteine und Hindernisse frühzeitig erkannt und umgangen werden, ist die Einführung eines leistungsorientierten Vergütungssystems jedoch zu empfehlen. Entsprechend unserer Studienergebnisse ergeben sich durch die Belohnung der individuellen Mitarbeiterleistung zahlreiche *Vorteile* für Unternehmen und deren Mitarbeiter.

Insbesondere eine erhöhte Mitarbeitermotivation, eine gesteigerte Identifikation der Mitarbeiter mit Unternehmenszielen, gesenkte Mitarbeiterfluktuation und gesenkte Personalkosten sowie eine Steigerung von Produktivität, Produktqualität und anderen Erfolgsgrößen sind als wesentliche Vorteile der leistungsorientierten Vergütung hervorzuheben. Außerdem ist zu betonen, dass die Zufriedenheit mit dem Vergütungsmodell gesteigert wird.

Wir schlagen bei Einführung von leistungsorientierter Vergütung ein System vor, welches auf (mindestens) *zwei Säulen* fußt. Die *erste Säule beurteilt die Arbeitsqualität des Mitarbeiters* als „weiche" Kenngröße unabhängig vom messbaren Output (siehe Abschn. 6.4.1), die *zweite Säule beurteilt eine „harte" quantifizierbare Erfolgsmessung* (siehe Abschn. 6.4.3). Je nach Aufgabenfeld und Branche kann die Gewichtung zwischen beiden Säulen stark schwanken.

Vorgehen

Bei der Ausarbeitung von solchen Systemen gilt vom ersten Moment an das Prinzip der offenen Kommunikation. Stellen Sie sich vor, Sie rufen zu einem Meeting zusammen und verkünden: *„Wir haben ein neues Entlohnungsmodell".* Die Reaktionen Ihrer Mitarbeiter können Sie leicht erahnen. Werden Mitarbeiter zu spät, unzureichend oder im schlimmsten Fall gar nicht über das neue System informiert und entsprechend geschult, kann die damit einhergehende fehlende Akzeptanz zum Scheitern des gesamten Projekts führen. Ein neues Vergütungssystem hat nur eine Chance auf Erfolg, wenn es auf Mitarbeiterebene angenommen wird. Um dies zu gewährleisten, bieten Beratungsunternehmen Hilfe in Form erprobter Konzepte und Mitarbeiterbeteiligung bereits in der Zielfindung.

Bei einem professionellen Konzept lässt sich die Einführung in *fünf Stufen* gliedern:

- **Stufe 1 Ausgangslage:** In dieser Stufe findet eine Analyse der Ausgangslage statt. In einer *Kickoff-Veranstaltung* werden die Mitarbeiter über den Plan, ein neues Vergütungssystem einzuführen, informiert. Das vorhandene *Datenmaterial* wird analysiert und *Mitarbeiterinterviews* werden durchgeführt.
- **Stufe 2 Grundmodell:** Im zweiten Schritt folgt ein Workshop mit der Geschäftsleitung. Themen sind die Ergebnisse der Ausgangslage, die Grundstruktur des LoV-Systems und die Definition des Anforderungsprofils.
- **Stufe 3 Mitarbeitereinbindung:** Die Einbindung aller Beteiligten ist für den Erfolg des LoV-Systems essenziell. In einem Workshop werden deshalb die Mitarbeiter weiter informiert und in den Ausarbeitungsprozess des Systems eingebunden.
- **Stufe 4 Detailabstimmung:** Mit der Geschäftsleitung werden nun die Details abgestimmt und angepasst. Detailfragen werden geklärt.
- **Stufe 5 Implementierung:** In der letzten Phase erfolgt schließlich eine Vorstellung der LoV-Vereinbarungen sowie die Dokumentation und Präsentation der Ergebnisse.

Es gibt viele Fehler, die Unternehmen bei der Einführung eines LoV-Systems machen. Zu den häufigsten zählen:

- Eine einseitige Fokussierung auf harte Ziele.
- Eine intransparente Gestaltung der Mess- und Bewertungskriterien.
- Ein Prozess der Zielvorgabe statt der Zielvereinbarung.

Erfolgreiche Systeme setzen daher auf eine transparente Kombination von (weichen) Leistungs- und (harten) Erfolgsgrößen.

Resultate

Ein solches leistungsorientiertes Vergütungssystem führt meist schon nach kurzer Zeit zu positiven Veränderungen im Unternehmen. Generell lässt sich eine Steigerung der Mitarbeitermotivation und -zufriedenheit beobachten. Außerdem stellen Unternehmen nachhaltig fest, dass sich die Mitarbeiter stärker als bisher mit den Zielen des Unternehmens identifizieren. Daneben wird über kontinuierliche Feedbackgespräche eine konstante Mitarbeiterentwicklung sichergestellt. Zusammenfassend lassen sich bei Einführung der vorgestellten Entlohnungsmodelle folgende Ergebnisse festhalten:

- Motivation
  - Besondere und vorbildliche Erfahrungen werden gewürdigt und damit verstärkt.
  - Regelmäßiges Feedback fördert eine positive Mitarbeiterentwicklung.
  - Das Verantwortungsbewusstsein für die eigenen Ziele wird gesteigert.
- Transparenz
  - Feedbackgespräche werden strukturiert und nachvollziehbar durchgeführt.
  - Die Mitarbeiter sind im Zielfindungsprozess eingebunden.
  - Die Struktur ist leicht verständlich und wird so akzeptiert.
- Fairness
  - Die Erfolgsbeteiligung ist für Mitarbeiter spürbar.
  - Das LoV-System beruht auf der persönlichen Einschätzung der Mitarbeiter.
  - Das System berücksichtigt die individuelle Entwicklung ebenso wie Umsatzerfolge.

▶ Unter www.anreize-setzen.de finden Sie weitere Informationen zum Thema leistungsorientierte Vergütung.

Erfolgsmessung/Motivation

Egal in welchem Unternehmensbereich – letztendlich müssen die messbaren Ergebnisse stimmen. Daher ist die Erfolgsmessung ein Muss-Bestandteil eines LoV-Systems. Die Schwierigkeit hier liegt darin, a) genau definierte, messbare Zielgrößen zu finden, die b) im Wirkungsbereich des Mitarbeiters liegen und c) den Erfolg des Mitarbeiters gut abbilden. Doch Motivation entsteht nur mit Akzeptanz, weshalb es d) unbedingt notwendig ist, den Prozess der Zielvereinbarung so zu gestalten, dass es genau dies ist: eine Vereinbarung (und keine Vorgabe)!

Häufig entstehen bei LoV-Diskussionen Streitigkeiten über das angestrebte Ziel. Unabhängig vom Ergebnis verbleibt bei mindestens einem der Beteiligten meist ein ungutes Gefühl: *„Wie soll ich das denn schaffen?"* oder *„Da brauch ich mich erst gar nicht anzustrengen, das erreich' ich eh nie."* und ähnliche häufig zu vernehmende Sätze zeigen, wie kontraproduktiv solche Diskussionen auf die Mitarbeiter wirken. Aber auch die andere Seite *„Da wäre mehr drin gewesen.", „Da spar ich mir doch was für die Verhandlung im nächsten Jahr."* oder *„Da brauch ich mich ja kaum anzustrengen, um das zu erreichen."* ist ein für das Gesamtunternehmen unbefriedigendes Resultat.

Die Beispiele zeigen, dass ein LoV, dessen Ziele entweder auf Vorgaben „von oben" oder dem Ergebnis einer Verhandlung beruhen, nur selten wirklich zu dem gewünschten Ziel führt. Hierzu ein Beispiel aus dem Sport:

Im Laufe der Olympischen Sommerspiele 2012 musste der Deutsche Olympische Sportbund (DOSB) zum ersten Mal die offizielle Medaillenvorgabe für deutsche Olympia-Sportler veröffentlichen – ein Gericht hatte der Klage von Journalisten stattgegeben. Das Ergebnis: Das deutsche Team verfehlt die Medaillenvorgabe deutlich. 44 statt der geforderten 86 Medaillen erkämpften die deutschen Athleten bei den Spielen von London. „Na und?", möchte man meinen. Doch wie immer, wenn Ziele dermaßen deutlich verfehlt werden, beginnt die Suche nach dem Schuldigen. Im Falle des DOSB ist das beherrschende Thema in aller Öffentlichkeit für einige Tage nicht mehr das Abschneiden der Sportler, sondern die enorme Diskrepanz zwischen den Ambitionen und den tatsächlichen Erfolgen. Insbesondere dem DOSB und dessen Leistungsplanern wird kein gutes Zeugnis ausgestellt.

Eine Situation, die auch in einem Unternehmen eintreten kann. Nicht in der Öffentlichkeit von Print und TV, aber eben doch in der unternehmensinternen Diskussion und Kommunikation. Weit über den eigentlich „betroffenen" Personenkreis hinaus. Das überdeutliche Verfehlen hat immer Konsequenzen. Im Falle eines Unternehmens sind dies meist Missverständnisse, Rechtfertigungsdiskussionen und Machtwörter – kurz: das Gegenteil der guten Absichten. Das muss nicht passieren, es kann verhindert werden. Grundsätzlich gibt es dabei zwei Thematiken, die es zu unterscheiden gilt: Die Kommunikation und das System.

Betrachten wir die beiden Aspekte am Beispiel des DOSB. Auch ohne exakte Kenntnisse der Entstehungsgeschichte und des Zielfindungsprozesses geben die Kommentare der Sportfunktionäre einige interessante Hinweise. Während die Führungskräfte auf die gemeinsam erarbeitete Zielvereinbarung pochen und darauf hinweisen, dass alle Vereinbarungen von sämtlichen Beteiligten gemeinsam unterschrieben und getragen wurden, zeichnen die Verantwortlichen der Fachverbände ein gänzlich anderes Bild. Sie wollen den schwarzen Peter nicht auf dem eigenen Haus und den Athleten sitzen lassen. *„Wir haben die Zielvereinbarung letztlich unterschrieben, damit wir handlungsfähig bleiben. Wir hatten keine andere Wahl.". „[Probleme gab es] vor allem dann, wenn es darum ging, das Medaillenziel zu definieren. Da sind die hohen Vorgaben des DOSB mit einem etwas größeren Realismus seitens der Sportverbände zusammengeprallt."*

Dies sind zwei Stimmen aus Zeitungsinterviews im Sommer 2012 (RP-Online 10.08.2012). Können Sie sich die Wirkung solcher Sätze in Ihrem Unternehmen vorstellen? Sei es im Gespräch Führungskraft-Mitarbeiter oder, noch schlimmer, im Gespräch übereinander? Man möchte es sich gar nicht vorstellen: Zielplanwirtschaft, Zielvorgaben statt Vereinbarungen, Zwangsverpflichtung zu den genannten Zielen mit anschließender Schuld des Verfehlens. Sie können die Vorwürfe eins zu eins auf die Wirklichkeit in vielen Unternehmen übertragen. Und das geht nur gut, solange die Ziele erreicht werden. Deshalb sollten Unternehmer und Führungskräfte bei der Einführung bzw. im Umgang mit leistungsorientierten Systemen, die definierten Regeln befolgen.

Mindestens ebenso wichtig wie der offene Umgang ist die richtige Konzeption des Vergütungssystems. Ein Aspekt ist dabei von besonderer Bedeutung: die Vereinbarung von Zielen. Immer wieder ist das Wort „Zielvereinbarung" ein Euphemismus für die Vorgabe des Chefs. Mit schlimmen Folgen. Denn Akzeptanz ist Basis der Motivation. Stehe ich nicht hinter den Zielen, arbeite ich nicht mit dem Glauben an die Erreichung, dann kann keine echte Motivation entstehen. Deshalb muss ein Mitarbeiter bei der Zielwahl mitentscheiden, ja sogar sich seine Ziele selbst setzen können. Selbstverständlich gilt es zu verhindern, dass auf diese Weise einfache und leicht erreichbare Ziele gesetzt werden. Ein Vergütungssystem muss daher die richtigen Anreize setzen, damit 1) hohe und 2) erreichbare Ziele in Angriff genommen werden. Hier ein Beispiel, wie es funktionieren kann:

Beispiel

Ein Vertriebsaußendienstmitarbeiter soll mittels einer Umsatzprovision zu weiteren Absatzsteigerungen angespornt werden. Statt aber einer Vorgabe „von oben" oder einem Verhandlungsgespräch schlagen wir ein Vorgehen vor, bei welchem der oben beschriebene Zielkonflikt zwischen Mitarbeiter und Vorgesetztem aufgehoben wird. Ausgangspunkt ist die beispielhafte Tabelle in Abb. 6.8. Diese Tabelle zeigt ein mögliches Beispiel zur Zieldefinition des Außendienstmitarbeiters. Sein Vorgesetzter schätzt, dass in dem entsprechenden Vertriebsgebiet im kommenden Jahr 2022 ein Umsatz von 700.000 Euro bis eine Millionen Euro vom Mitarbeiter erreicht werden müsste, um in den Genuss einer Prämie zu gelangen. Welche Höhe die Prämie nun tatsächlich erreicht, hängt von zwei Faktoren ab:

1. Der tatsächlich erreichte Umsatz („Zielerreichung Umsatz") ist direkt entscheidend für die Prämienhöhe.
2. Fast genauso wichtig ist aber auch das Ziel, welches sich der Mitarbeiter im abgesteckten Rahmen zu Beginn des Jahres selbst gewählt hat („Ziel-Umsatz").

Mithilfe dieser Tabelle wird der Mitarbeiter im Zielgespräch „gezwungen", eine realistische Schätzung seiner Möglichkeiten und Erwartungen für das kommende Jahr abzugeben – sofern er die für ihn maximal mögliche Prämie erreichen will.

Ziel-Umsatz [€]	Ziel-DB [€]							
1.000.000	230.000	200	1.100	3.000	4.800	6.500	8.300	10.000
952.000	219.000	300	1.600	3.500	5.300	7.000	8.800	9.500
900.000	207.000	400	2.100	4.000	5.800	7.500	8.300	9.000
852.000	196.000	700	2.800	4.500	6.300	7.000	7.800	8.500
800.000	184.000	1.200	3.300	5.000	5.800	6.500	7.300	8.000
752.000	173.000	2.000	3.800	4.500	5.300	6.000	6.800	7.500
700.000	161.000	2.500	3.300	4.000	4.800	5.300	6.300	7.000
		161.000	173.000	184.000	196.000	207.000	219.000	230.000
		700.000	752.000	800.000	852.000	900.000	952.000	1.000.000

Zielerreichung DB/Umsatz [€]

Abb. 6.8 Beispiel einer Prämientabelle mit zwei Zielgrößen. (Quelle: Milz & Comp. GmbH)

Betrachten wir das Beispiel eines vorsichtigen Mitarbeiters, der zu Beginn des Jahres einen Ziel-Umsatz in Höhe von 752.000 € gewählt hat. Je nach erreichtem Jahresumsatz, kann er eine Prämie zwischen 2000 und 7500 € erreichen. Nehmen wir an, der Mitarbeiter geht motiviert ins Jahr, die Rahmenbedingungen stimmen und bereits im Oktober erreicht er sein selbstgestecktes Ziel von 752.000 € Jahresumsatz, was einer Prämie von 3800 € entspricht. Dies ist jedoch kein Grund sich auf die faule Haut zu legen, denn mit weiter steigendem Umsatz steigt auch seine Prämie. Der Mitarbeiter bleibt also am Ball und freut sich am Jahresende über 952.000 € Umsatz und eine Prämie von sogar 6800 €. Ein Blick auf seine Prämientabelle führt ihm aber schnell vor Augen, dass, mit ein wenig mehr Mut und Selbstbewusstsein, bei gleicher Anstrengung eine Prämie von sogar 8800 € möglich gewesen wäre, wenn er von Anfang an einen Ziel-Umsatz von 952.000 € gewählt hätte. Spätestens im folgenden Jahr wird der Mitarbeiter daher genau überlegen, wie ehrlich und anspruchsvoll er zu Beginn des Jahres seinen Ziel-Umsatz wählt.

Wie die Tabelle zeigt, besteht durchaus die Möglichkeit, mehrere Zielgrößen miteinander zu kombinieren. In dem dargestellten Beispiel ist dies neben dem Umsatz der Deckungsbeitrag. Insbesondere Vertriebsmitarbeiter haben oft die Möglichkeit, sich mit Rabatten und Preisnachlässen Umsatzchancen zu Lasten der Marge zu „erkaufen". Die betriebliche Praxis zeigt, dass es – wo immer möglich – sinnvoll ist, gewisse Bedingungen an das Erreichen von Prämienzielen zu knüpfen. Im vorliegenden Beispiel kann sich der Mitarbeiter die Prämie nur sichern, wenn er einen Deckungsbeitrag von mindestens 23 % erreicht. In Kombination der beiden Ziele Mindestdeckungsbeitrag (= notwendige Bedingung) und Umsatz (= hinreichende Bedingung) ergibt sich die Zielmatrix in Abb. 6.8. ◄

Zusammenfassend erfüllt ein solches System folgende Eigenschaften:

1. Die optimale Prämie wird erreicht, wenn die *vereinbarte* Zielhöhe erreicht wird.
2. Bei Überschreitung steigt die Prämie zwar, aber nicht so stark, als wenn sich der Mitarbeiter gleich auf ein höheres Ziel festgelegt hätte.
3. Die maximale Prämie wird erreicht, wenn ein hohes Ziel vereinbart *und* auch erreicht wird.

Dabei lässt sich die erläuterte Systematik ohne weiteres auf andere Unternehmensbereiche neben dem Vertrieb übertragen, wie zahlreiche erfolgreiche Beispiele aus der Praxis belegen. Die Leistung eines Recruiters eines Zeitarbeitsunternehmens lässt sich bspw. anhand der Mitarbeiter im Personalpool messen, die einer Sachbearbeiterin einer Versicherung an der Anzahl bearbeiteter Schadensfälle oder verantworteter Akten. Für (fast) alle Unternehmensbereiche können quantifizierbare Leistungskennzahlen gefunden werden.

Die Vorteile eines solchen Systems überzeugen auf einen Blick: Statt ein Ziel vorzugeben oder es in einer suboptimalen Verhandlungssituation zu erarbeiten, wird der Mitarbeiter motiviert, ein erstens *hohes und* zweitens *realistisches Ziel* zu wählen – innerhalb des von der Vertriebsleitung abgesteckten Rahmens. Im Ergebnis sitzen Mitarbeiter und Unternehmen im gleichen Boot, die Akzeptanz und Anreizwirkung des leistungsorientierten Vergütungssystems ist deutlich höher.

▷ **Praxistipp** Übrigens ist ein solches System ebenso einsetzbar zur Steuerung provisionsorientierter Handelsvertretungen. Es sind in der Vergütungsmatrix lediglich harte Euro- oder Dollarbeträge durch Provisionssätze oder Punkteschemata zu ersetzen (s. auch Abb. 6.8)

▷ Eine vollständige Liste der Lektüre finden Sie im geschützten Bereich unserer Homepage unter: www.milz-comp.de/download

Literatur

Berufsstart. 2022. *deine Jobbörse. Berufsstart.de.* https://www.berufsstart.de/. Zugegriffen am 08.06.2022.

Collins, J. 2001. *Der Weg zu den Besten – Die sieben Management-Prinzipien für dauerhaften Unternehmenserfolg.* Frankfurt: Campus.

Financial Times Deutschland. 2012. *Leistungsorientierte Gehälter zahlen sich aus.* www.ftd.de/karriere/management/:verguetungssysteme-leistungsorientierte-gehaelter-zahlen-sichaus/60162128.html. Zugegriffen am 11.01.2013. (Link deaktiviert)

Kienbaum. 2010. *Absolventenstudie 2009/2010.* www.kienbaum.de/Portaldata/3/Resources/documents/downloadcenter/studien/recruiting/Absolventenstudie_2009_2010_final.pdf. Zugegriffen am 11.01.2013. (Link deaktiviert)

Stepstone.com. 2022. https://www.stepstone.com/en/. Zugegriffen am 08.06.2022.

Wolff, S., und M. Milz. 2011. *Leistungsorientierte Vergütung im produzierenden Mittelstand.* Seattle: KDP E-Book.

Zum Weiterlesen

Blessin, B., und A. Wick. 2017. *Führen und führen lassen*. Konstanz/München: UVK.

Eyer, E., und T. Haussmann. 2022. *Zielvereinbarung und variable Vergütung. Ein praktischer Leitfaden – nicht nur für Führungskräfte*. Wiesbaden: Gabler.

Franken, S. 2019. *Verhaltensorientierte Führung: Handeln, Lernen und Diversity in Unternehmen*. Wiesbaden: Gabler.

Kober, S. 2019. *Feuer und Flamme für den Vertrieb*. Wiesbaden: Springer Gabler.

Limbeck, M. 2019. *Vertriebsführung*. Offenbach: Gabal.

Malik, F. 2019. *Führen, Leisten, Leben: Wirksames Management für eine neue Zeit*. Frankfurt a. M.: Campus.

Pink, D. H. 2020. *Drive: Was Sie wirklich motiviert*. Salzburg: Ecowin.

Roch, J. 2020. *Mit wertebasierter Führung zum Unternehmenserfolg*. Kiel: Jennifer Roch.

Wolff, G. 2019. *Variable Vergütung – Genial einfach Unternehmen steuern, Führungskräfte entlasten und Mitarbeiter begeistern*. Hamburg: Verlag Dashöfer.

Wunderlich, M., M. Hinsch, und J. Olthoff. 2019. *Kann Ihr Vertrieb einen Airbus landen?* Wiesbaden: Springer Gabler.

Organisation

Zusammenfassung

In diesem Kapitel beleuchten wir die 10 wichtigsten Fragestellungen, damit Sie die für Sie richtige Vertriebsorganisation definieren und aufbauen können, angefangen bei der Struktur bis hin zur adäquaten Größe. Wie werden die entsprechenden Bereiche untergliedert und wie fokussieren wir uns – auf Märkte oder unsere Produkte? Dies beschränkt sich nicht nur auf unsere eigenen Mitarbeiter, sondern auch auf unsere Handelspartner und weiteren Vertriebskanäle und deren Arbeitsweisen. In diesem Zusammenhang gehen wir auf die notwendigen Anforderungen und Spielregeln ein.

Dieses Kapitel widmet sich der siebten Disziplin, der Organisation (siehe Abb. 7.1). In Abb. 7.2 finden Sie die wichtigsten zehn Statements zum Thema Organisation.

7.1 Größe und Struktur der Vertriebsmannschaft

Die Frage nach der „richtigen" Organisationsform kann nie eindeutig beantwortet werden. *Zum Ersten gilt hier die Regel „structure follows process"*, d. h., dass die Organisationsform stets dem jeweiligen Geschäftsmodell anzupassen ist – und nicht umgekehrt, wie wir es in der Praxis häufig erleben. *Zum Zweiten muss diese Frage sicherlich eng im Zusammenhang mit der Frage beantwortet werden „Wie groß muss eine Vertriebsmannschaft eigentlich sein?"* Interessanterweise ist diese Frage tatsächlich nicht leicht zu beantworten. Ich habe kaum jemals einen Geschäftsführer oder Vertriebsleiter getroffen, der, nachdem er mir berichtete, dass er 20 Mitarbeiter im Vertrieb beschäftigt, auf meine Frage „*Warum 20?*" präzise hätte antworten können. Meist orientiert man sich an der Vergangen-

© Der/die Autor(en), exklusiv lizenziert an Springer Fachmedien Wiesbaden GmbH, ein Teil von Springer Nature 2022
M. Milz, *Vertriebspraxis Mittelstand*, https://doi.org/10.1007/978-3-658-38343-5_7

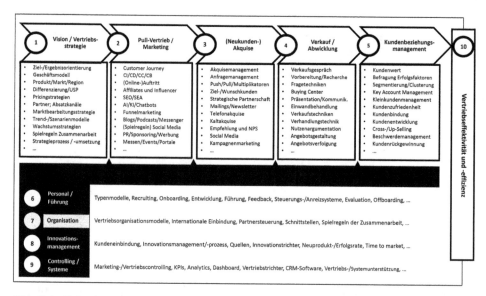

Abb. 7.1　Siebte Disziplin: Organisation. (Quelle: Milz & Comp. GmbH)

		Ja	Nein	Zu prüfen
1.	Ich weiß, wie groß unsere Außendienstmannschaft sowie unsere sonstige Vertriebsmannschaft sinnvollerweise sein sollte.			
2.	Wir haben für uns die „richtige" Vertriebsorganisationsform mit der „richtigen" Abwägung von Effizienz und Effektivität unter Kosten-Nutzen-Gesichtspunkten gefunden.			
3.	Die verkaufsaktive Zeit unserer Vertriebsmitarbeiter liegt im Durchschnitt bei über 50%.			
4.	Es gibt keinen Mitarbeiter im Vertrieb, der nicht eine Rendite bzw. Wertschöpfung von mindestens 50% erwirtschaftet.			
5.	Die Zusammenarbeit zwischen Geschäfts- und Vertriebsleitung, Außen- und Innendienst, Produktmanagement, Marketing, Key Account Management, freien Handelsvertretern im nationalen und internationalen Umfeld verläuft reibungsfrei; Spielregeln der Zusammenarbeit sind definiert.			
6.	Bei mindestens 75% der für uns im internationalen Umfeld tätigen Handelsvertretungen sind wir mit deren Vertriebsleistungen zufrieden.			
7.	Wir suchen stets aktiv und systematisch internationale Partner und warten nicht darauf von diesen angesprochen zu werden.			
8.	Wir haben „smarte Entlohnungssysteme" für unsere internationalen Vertriebspartner implementiert, die Einsatz und Commitment „belohnen" bzw. Nichtstun „bestrafen" und wissen schon im Vorfeld, welche Ergebnisse unsere Handelsvertretungen liefern werden.			
9.	Wir haben einen funktionierenden und zufriedenstellenden Direktvertrieb über unsere Homepage implementiert.			
10.	Der Verkauf auf Messen funktioniert dank speziell geschulter Messeteams gut; wir begnügen uns auf Messen nicht mit dem Sammeln von Kontakten.			

Abb. 7.2 Mastercheckliste: Zehn Statements zum Thema Organisation. (Quelle: Milz & Comp. GmbH)

heit und beschließt, dass man im nächsten Jahr einen oder zwei Mitarbeiter mehr oder weniger benötigt. Oder man macht es an bewilligten Personalbudgets fest. Oder es hängt davon ab, wie viel man glaubt „sich leisten zu können". Nur selten habe ich in der mittelständischen Praxis erlebt, dass die Personalressourcen auf Basis einer sorgfältigen Marktpotenzialanalyse und einem konkreten Aktionsplan festgelegt worden wären. Selbst das, wie ich finde, „Standardwerk" in Fragen der Organisation von Vertriebseinheiten, „Building a Winning Sales Force" von Zoltners et al. gibt zu dieser Frage nur einige „Empfehlungen" mit (Zoltners et al. 2009, S. 72 ff.), an denen wir uns ebenfalls orientieren:

- *Berücksichtigung der Kundenbedürfnisse*: Können die bestehenden Kunden „ausreichend", d. h. entsprechend ihrem Potenzial betreut werden, ohne dass die Kundenbetreuer „nerven"?
- *Berücksichtigung der Bedürfnisse der Vertriebsmannschaft*: Ist die Kunden- und Gebietsstruktur für die Mitarbeiter „auskömmlich", ohne dass der Reiseaufwand den Betreuungsaufwand übersteigt?
- *Berücksichtigung finanzieller Kriterien*: Übersteigt der messbare Ertrag eines jeden Vetriebsmitarbeiters seine Kosten „bei weitem" (mind. 50 % ROI)?

Zum Dritten ist es, gerade im personell dünn besetzten Mittelstand, häufig weder möglich noch sinnvoll, „grüne Wiese zu spielen", d. h. mithilfe von Beratern oder auch allein ein Organigramm zu entwerfen, losgelöst von den an Bord befindlichen handelnden Personen. Im Gegenteil: In mittelständischen Unternehmen raten wir in der Regel dazu, nicht zu schnell zu radikale Änderungen in der Organisation vorzunehmen bzw. im Zweifel entgegen herrschender „Lehrbuchmeinung" eine *sinnvolle Organisationsform um einige erfahrene leitende Mitarbeiter herum zu „bauen"* und nur allmählich neue Personen von außen hinzuzunehmen.

Was heißt aber nun „sinnvoll"?

7.2 Anforderungen an Vertriebsorganisationen und Spielregeln

Gemäß Ihrer Vertriebsvision, Ihrer Ziele und Spielregeln und der dazugehörigen Strategie sowie Ihrer Geschäftsprozesse, müssen Sie sich für eine Organisationsform entscheiden. Die am Markt üblichsten Formen der Einteilung sind etwa die:

- **Regionale Organisation oder Gebietsorganisation**
  Es existieren klassische „Verkaufsgebiete" oder „Verkaufsregionen". Dies kann eine nationale Einteilung sein ebenso wie eine internationale.
  - Beispiel: Mitarbeiter A ist für Süddeutschland (Deutschland) zuständig, Mitarbeiter B für Mitteldeutschland (Europa) und Mitarbeiter C für den Norden (RoW „Rest of World").
  - *Vorteilhaft* ist hier, dass gerade bei kleinen Vertriebsmannschaften eine überschneidungsfreie und optimierte Aufteilung des Verkaufsgebiets erfolgen kann, die Kosten (inkl. Reisekosten) mithin niedrig gehalten werden können. *Nachteilig* ist allerdings, dass jeder alles verkaufen können muss, also jeder Verkäufer eine Art „Generalist" ist. Dies wird umso schwieriger durchzuhalten, je komplexer das Produkt-/Leistungsspektrum ist. Generalistische Verkaufsorganisationen sind somit oft effizient, aber häufig nicht effektiv.

- **Markt- oder kundenbasierte Organisation**

  Die Einteilung erfolgt nach a) Kundengruppen bzw. Branchen oder auch b) Kundengrößen. Beispiel a): Mitarbeiter A kümmert sich um alle Bildungseinrichtungen, Mitarbeiter B um gastronomische Einrichtungen und Mitarbeiter C um Kliniken und Pflegeheime. Beispiel b): Mitarbeiter A betreut Konzernkunden, Mitarbeiter B mittelständische Kunden und Mitarbeiter C ausschließlich Kleinkunden (in jeweils unterschiedlicher Intensität)

  Positiv hier ist natürlich, dass jeder Mitarbeiter, häufig Key Account Manager, sich auf den jeweiligen Kunden oder die jeweilige Kundengruppe inkl. deren spezifischer Bedürfnisse spezialisieren kann, was sicherlich dem Kundeninteresse meist entgegenkommt. Weiterhin hat der Kunde nur einen Ansprechpartner, an den er sich in allen Fragen wenden kann („One face to the customer"). *Dem steht* häufig eine reise- und kostenintensive Kundenbetreuung *entgegen*.

- **Produktbasierte Organisation**

  Insbesondere bei Herstellern mit breiten Sortimenten bzw. Unternehmen, deren Kundengruppen vorwiegend im Handel zu finden sind, ist diese Organisationsform mit seinen Produktmanagern, die auf Warengruppen- oder Category Managern auf Kundenseite treffen, häufig zu finden.

- **Matrix**

  Unternehmen mit größerem Produktportfolio und divergierenden Kundengruppen werden in einer vierten Methode die ersten drei Methoden in einer Matrix kombinieren. So wird ein Unternehmen für Kühltechnik im Großhandelsgeschäft fest installierte Gebietsvertreter einsetzen, aber bei Anfragen für große Kühlhäuser Experten per Flug oder Bahn quer durch die Republik schicken.

- **Verkäufertypen basierte Organisation**

  Eine fünfte, neue Organisationsform nutzt die entsprechenden Stärken und Schwächen der existierenden Verkaufsmannschaft und versucht das jeweilige Personal dort einzusetzen, wo es bestmöglich wirksam werden kann. So kann sich etwa aus der Unterscheidung der Verkäufer in die fünf Typen des Arbeiters, des einsamen Wolfs, des Beziehungspflegers, des Problemlösers und des Challengers, eine Organisation derart ergeben, dass man die bestehende Mannschaft auf die zu ihnen passenden Kunden „ansetzen" kann. Der Challenger etwa eignet sich hervorragend für die bedeutendsten Potenzialkunden des Unternehmens, weil er in der Lage ist, ihnen klarzumachen, was sie nicht nur jetzt, sondern auch in Zukunft brauchen, um zu wachsen und mit diesem Wachstum nicht nur ein Top-Unternehmen, sondern ebenso ein Top-Kunde zu werden.

Fast immer sind in der Praxis Organisationsformen anzutreffen, die eine Mischung aus den oben genannten Formen darstellen. Kotter (2011) sieht in seiner Neuauflage von „Leading Change" sogar stets zwei Systeme – er nennt es „duale Betriebssysteme" – nebeneinander: eines der oben beschriebenen hierarchischen Modelle sowie eine Art „Netzwerkorganisation" parallel dazu, die notwendige Veränderungen schnell und im Wesentlichen auf freiwilliger Basis vorantreibt.

Insbesondere bleibt die Frage zu beantworten, wie sich die Zusammenarbeit zwischen Geschäfts- und Vertriebsleitung, Außen- und Innendienst, Produktmanagement, Marketing, Key Account Management, freien Handelsvertretern im nationalen und internationalen Umfeld reibungsfrei bewältigen lässt. Aus diesem Grund macht es Sinn, neben den grundsätzlichen Organisationsformen gewisse „Spielregeln" zu etablieren, die Sie, am besten gemeinsam mit Ihrem Vertriebsteam erarbeiten, wie z. B. Fragen der folgenden Art:

- Wer trifft sich wie oft und wann?
- Wie läuft die Kommunikation untereinander ab?
- Wie sind die Aufgaben- und Verantwortungsbereiche verteilt?
- Wie überschneidungsfrei können Kunden und Gebiete zugeteilt werden?
- Wem stehen Provisionserlöse zu, wenn ein Kunde aus einem „anderen" Gebiet a) in der Zentrale bzw. b) bei einem anderen Vertriebsmitarbeiter anfragt?
- usw.

▷   Wir haben im geschützten Bereich auf unserer Homepage (www.milz-comp.de/download) aus unserer Projektpraxis einige Organisationsformen inkl. deren jeweiligen Vor- und Nachteilen beispielhaft zum Download zusammengestellt.

7.3   Verkaufsaktive Zeit

Wissen Sie, wie hoch Ihre verkaufsaktive Zeit, die Zeit, die Ihre Vertriebsmitarbeiter mit oder beim Kunden verbringen, ist? 20 %? 40 %? 60 %? In den meisten Studien, die es zu diesem Thema gibt, stellt sich heraus, dass Vertriebsmitarbeiter branchenübergreifend durchschnittlich lediglich zwischen 15 und 30 % ihrer Zeit mit oder bei dem Kunden verbringen. Da es sich jedoch bei den meisten Außendienstlern um „teure Ressourcen" handelt, ist es betriebswirtschaftlich gesehen eine Verschwendung, diese übermäßig mit administrativen und Recherchetätigkeiten, zu viel Reisezeit und sonstigen nicht wertschöpfenden Dingen zu beschäftigen.

▷   **Praxistipp** Sorgen Sie dafür, dass die verkaufsaktive Zeit Ihrer Vertriebsmitarbeiter mindestens 50 % beträgt. 60 % ist die Benchmark, die wir in unseren Projekten anstreben!

7.4   Vertriebskanäle 1: Vertrieb mithilfe von Absatzmittlern

Der Vertrieb mithilfe von Absatzmittlern ist auf Grund begrenzter personeller Ressourcen ein wesentlicher Vertriebskanal kleiner und mittlerer Unternehmen, insbesondere im internationalen Umfeld. Die Übersicht in Abb. 7.3 zeigt mögliche Vertriebswege über Absatzmittler. Bei der Wahl, welcher Weg für Sie der richtige ist, kommt es auf die individuellen

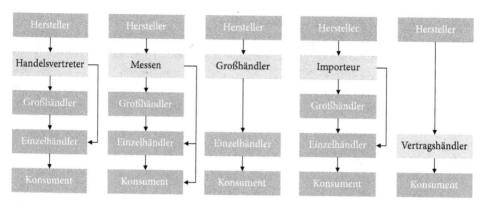

Abb. 7.3 Vertriebswege über Absatzmittler. (Quelle: Milz & Comp. GmbH)

Umstände an. Ihre Produkte oder Dienstleistungen, Ihre Zielgruppen und finanziellen Spielräume sind nur einige der vielfältigen Faktoren, welche es bei der Auswahl zu berücksichtigen gilt.

7.4.1 Handelsvertreter

Eine empfehlenswerte Möglichkeit, um sich schnell und ohne größere Fixkosten insbesondere auf dem internationalen Markt zu etablieren, ist der Zugriff auf Handelsvertreter. Handelsvertreter sind selbstständige Unternehmer, die im Business-to-Business-Bereich in nahezu allen Branchen tätig sind. Sie vermitteln Waren zwischen Unternehmen auf allen Wirtschaftsstufen. Handelsvermittlungen sind in rund 30 % aller Warenströme in Deutschland eingeschaltet, mit Warenumsätzen von etwa 200 Mrd. Euro im Jahr. (Milz 2010).

Handelsvertreter können in der Regel auf bestehende Kundenkontakte und -netzwerke zurückgreifen. Das führt dazu, dass es bei einem Markteintritt über diesen Weg zu einer verhältnismäßig kurzen Anlaufzeit bis zum gewünschten Erfolg kommen kann.

Das Spektrum der Dienstleistungen von Handelsvertretern ist dabei nicht nur auf den reinen Vertrieb beschränkt. Folgende Leistungen können Handelsvertreter darüber hinaus erbringen, was unserer Erfahrung nach allerdings nur selten in diesem Umfang genutzt wird:

- Beratung und Schulung
- Kundendienst
- Markterschließung
- Marktbeobachtung und Brancheninformationen
- Service (z. B. Repräsentation auf Messen und Ausstellungen, Durchführung von Sonderaktionen, Reklamationsbearbeitung, Regalpflege, …)
- Lagerhaltung und Logistik

Wie finde ich den optimalen Handelsvertreter für mein Unternehmen?

Mehr als 30.000 Handelsvermittlerbetriebe mit mehr als 90.000 Beschäftigten sind in Deutschland im Spitzenverband *Centralvereinigung Deutscher Wirtschaftsverbände für Handelsvermittlung und Vertrieb* (CDH) organisiert: www.cdh.de. Diese Plattform stellt die zentrale Anlaufstelle dar, wenn es darum geht, den optimalen Handelsvertreter für Ihr Unternehmen zu finden.

Folgende Links haben sich darüber hinaus bei der Recherche nach einem Handelsvertreter als nützlich erwiesen:

- www.handelsvertreter.de
- www.dipeo.de

Bei diesen beiden Portalen können Sie national branchenspezifisch nach geeigneten Vertretern suchen.

Das internationale Pendant zum Handelsvertreter-Portal, zumindest was europäische und nordamerikanische Länder angeht, ist das IUCAB (*Internationally United Commercial Agents and Brokers*), zu finden unter dem Link www.iucab.com. Dies ist eine hervorragende und überdies kostengünstige Methode, wenigstens Vertretungen für die genannten Regionen zu identifizieren und anzusprechen.

Allerdings: Partner zu finden ist leicht – die „richtigen" Partner zu finden ist schwer.

Die meisten mittelständischen Unternehmen, die ich kenne, arbeiten mit mehreren Handelsvertretern zusammen. Wir haben die Erfahrung gemacht, dass bei einer Zusammenarbeit mit beispielsweise zehn internationalen Handelsvertretern, zwei sehr gute Arbeit leisten, drei weitere ganz in Ordnung sind und die restlichen fünf praktisch nichts tun bzw. keinen Umsatz für ihre deutschen Hersteller generieren. Woran liegt das?

Wenn mir ein Kunde über diese Problematik berichtet, lautet die *zentrale Frage*, die ich in diesem Zusammenhang an ihn stelle: „*Haben Sie die Handelsvertreter gefunden oder haben die Handelsvertreter Sie gefunden?*" Allgemein ist es üblich, dass deutsche Unternehmen mit attraktiven Produkten auf Messen von Handelsvertretern angesprochen werden. Viele Vertreter „sammeln" gerne viele Partner und schauen dann, wie deren Produkte laufen. Die Vertreter selbst haben dabei nichts zu verlieren, Sie aber haben ein vitales Interesse daran, dass sich der Vertreter engagiert und Ihre Produkte „an den Mann" bringt. Ein zu empfehlendes Vorgehen bei der Partnersuche lautet somit:

Checkliste: Die fünf Schritte zur erfolgreichen Partnerwahl

1. Ermitteln Sie Ihre Vertriebspartner systematisch, statt nach dem Prinzip „trial and error".

2. Als Quellen für die Suche können Sie wie beschrieben die nationalen und internationalen Handelsvertreterverbände nutzen, Branchenverbände, Kammern (IHK/AHK), Messen, Kunden, Wettbewerber oder entsprechende hierauf spezialisierte Dienstleister.

3. Gehen Sie bei der Auswahl Ihrer Handelsvertreter wie bei einer Personalsuche vor, z. B. telefonisches Vorgespräch, Unterlagensichtung, Auswahlverfahren, ggfs. Assessment Center. Auch hier gilt es, die „Spreu vom Weizen zu trennen". Verschaffen Sie sich viele Optionen, sprechen Sie mit vielen unterschiedlichen potenziellen Partnern.

4. Erstellen Sie für Ihre möglichen Partner ein Pflichtenheft, in dem Ihnen Ihre Partner beschreiben sollen, wie Sie vertrieblich vorzugehen gedenken, welche Zielkunden in welchen Zeiträumen akquiriert werden sollen, welche Marktpotenziale vorliegen, welche Kontakte zu für Sie interessanten Kunden bereits bestehen usw. (Auf unserer Homepage www.milz-comp.de/download finden Sie zum Download Beispiele solcher Pflichten- oder Lastenhefte.) Erfahrungsgemäß werden 80 % der so angesprochenen Partner dieses Pflichtenheft nicht ausfüllen wollen. Wenn er darauf schon verschreckt oder negativ reagiert, können Sie sicher sein, dass sich eine Zusammenarbeit für Sie nicht lohnen wird! Wenn er es aber tut, scheint er entsprechend informiert und motiviert zu sein!

5. Wählen Sie Ihren zukünftigen Partner v. a. auf Basis der Priorisierung
   - Marktpotenziale/vorhandenes und passendes Kontaktnetzwerk
   - Qualität der Analysen aus dem Pflichtenheft
   - Schlüssiges Vertriebskonzept
   - Vertrauensbasis
   - Branchenerfahrung und Know-how
   - Mögliche Exklusivität
   - Renommee und Referenzen

6. Üblicherweise werden zur Entlohnung fixe Umsatzprovisionen vereinbart. Wenn Sie beispielsweise mit einem Handelsvertreter aus dem Maschinenbau in Japan zusammenarbeiten und diesen mit zwölf Prozent Umsatzprovision entlohnen, so haben Sie zwar kein Risiko (der japanische Partner auch nicht – ohne Aufträge – keine Kosten); wenn Sie aber konkrete Wachstumsziele formuliert haben und sich eine gewisse Verbindlichkeit wünschen, so ist diese Art der Entlohnung wenig förderlich. Führen Sie variable Entlohnungsbestandteile ein, die sich nach der Höhe des Commitments der Partner bemessen (s. Abb. 7.6). Sie erhöhen damit die Motivation Ihres Partners. Wenn Ihr designierter Partner eine solche Entlohnungsform nicht wünscht, so ist dies auch bereits ein Signal dessen, was Ihr Partner sich selbst zutraut.

Ein Pflichtenheft für Handelsvertreter kann etwa wie in Abb. 7.4 und 7.5 dargestellt beginnen.

Firmenname:	
Art des Unternehmens:	
Anzahl Mitarbeiter/Funktion:	
Firmengeschichte:	
Persönliche Angaben zum Firmeninhaber:	
Grundkapital:	
Umsatz in den letzten 3 Jahren:	
Kontaktdaten:	
Homepage:	
Geschäftssprache(n):	
Landessprache(n):	
Andere Sprachkenntnisse:	

Abb. 7.4 Praxisbeispiel Checkliste/Lastenheft Partnerauswahl Teil1/2. (Quelle: Milz & Comp. GmbH)

Haben Sie bereits ähnliche Produkte vertreten?	JA (bitte näher beschreiben)	NEIN
Ihre bereits bestehenden Partner:		
Vertriebsgebiete (genaue Angaben, jeweils Anzahl der Mitarbeiter ...):		
Ggfs. Produktionsstätte (Land/Gebietskarte mit genauer Beschreibung ...):		
Politische Lage im betreffendem Gebiet (derzeitige und künftig zu erwartende Lage):		
Wirtschaftliche Lage im betreffendem Gebiet (derzeitige und künftig zu erwartende Lage):		
Ihre bestehende Netzwerke (bitte sehr genau beschreiben, d.h.: Umsatzerlöse, Forschung & Entwicklung ...):		
Zusätzliches Netzwerk (aktuell und nächste 3 Jahre) :		

Abb. 7.5 Praxisbeispiel Checkliste/Lastenheft Partnerauswahl Teil 2/2. (Quelle: Milz & Comp. GmbH)

Weitere Punkte des Pflichtenheftes können beispielsweise sein:

- bestehende Verkaufserlöse – Produkte/Marken (einzeln) in Euro und Marktanteil in Prozent
- TOP 20 bestehender Kunden und Umsatzerlöse p. a.
- Zielkunden
- Ideen zum vertrieblichen Vorgehen/aktuelles Vorgehen
- Ihre aktuellen Mitbewerber und Umsatzerlöse in Prozent
- mögliche Mitbewerber Unternehmen XXX und Umsatzerlöse in Prozent
- aktuelle Produkt-/Leistungspalette, inkl.
  - Lager-/Logistikkompetenz
  - Beratungs- und Servicekompetenz
- Marktpotenzial in Industriebranche OEM
- Marktpotenzial in Industriebranche Verbraucher
- Marktpotenzial für Produktgruppen OEM
- Marktpotenzial für Produktgruppen Verbraucher
- Detailauflistung eingeführter Produkte und Marktanteil in Prozent OEM
- Detailauflistung eingeführter Produkte und Marktanteil in Prozent Verbraucher
- Detailauflistung Mitbewerber-Produkte und Marktanteil bisher in Prozent OEM
- Detailauflistung Mitbewerber-Produkte und Marktanteil bisher in Prozent Verbraucher
- …

Was ist bei der Zusammenarbeit mit einem Handelsvertreter zu beachten?

A. Umsatzabhängige Kosten

Handelsvertretungen erhalten für ihre Tätigkeit eine Provision, in der Regel einen bestimmten Prozentsatz vom vermittelten Warenumsatz, ergänzt unter Umständen durch Dienstleistungsvergütungen.

Weitere Kosten wie z. B. Personal- oder Reisekosten trägt dabei jede Handelsvertretung in der Regel selbst. Dabei gibt es keinen „üblichen" oder „normalen" Provisionssatz, er ist individuell auszuhandeln und beträgt je nach Branche und Leistung zwischen 2 und 15 % vom Umsatz.

Wie bereits erwähnt, favorisieren wir – in Anlehnung an Abschn. 6.4.3 – eine variable und commitmentabhängige Vergütung, die etwa wie in Abb. 7.6 gezeigt aussehen kann.

Die Erläuterung/Lesart entspricht der von Abschn. 6.4.2: Diese Tabelle ist ein Beispiel, wie der Handelsvertreter – sofern er die für Ihn maximal mögliche Prämie erreichen will – „gezwungen" wird, eine realistische Einschätzung seiner von ihm zu erzielenden Umsatzpotenziale abzugeben. Betrachten wir das Beispiel eines vorsichtigen Vertreters, der zu Beginn des Jahres einen Ziel-Umsatz in Höhe von 625.000 € gewählt hat (ein Umsatz unter 550.000 € wird nicht honoriert!). Je nach erreichtem Jahresumsatz, kann er eine Prämie von 2,6 bis 12,5 % auf den erzielten Umsatz erreichen. Erzielt er tatsächlich 625.000 €, so beträgt seine Umsatzprovision 5,0 % (31.250 €). Erreicht er aber 850.000 €, so freut er sich über 9,5 % Umsatzprovision (80.750 €) – nur um festzustellen, dass er hätte 11,0 %

Umsatz – Selbsteinschätzung [€]								
1.000.000	0,8%	3,1%	5,5%	7,9%	10,3%	12,6%	15,0%	15,0%
925.000	1,1%	3,5%	5,9%	8,3%	10,6%	13,0%	14,5%	14,5%
850.000	1,5%	3,9%	6,3%	8,6%	11,0%	12,5%	14,0%	14,0%
775.000	1,9%	4,3%	6,6%	9,0%	10,5%	12,0%	13,5%	13,5%
700.000	2,3%	4,6%	7,0%	8,5%	10,0%	11,5%	13,0%	13,0%
625.000	2,6%	5,0%	6,5%	8,0%	9,5%	11,0%	12,5%	12,5%
550.000	3,0%	4,5%	6,0%	7,5%	9,0%	10,5%	12,0%	12,0%
0	550.000	625.000	700.000	775.000	850.000	925.000	1.000.000	>1.000.000
Umsatz – Zielerreichung [€]								

Abb. 7.6 Commitmentabhängige Vergütungsmatrix. (Quelle: Milz & Comp. GmbH)

(93.500 €) erzielen können, wenn er seinen Umsatz korrekt prognostiziert hätte; er verzichtet im Beispiel mithin auf 12.750 €. Dieses System hat somit einerseits den Vorteil, dass sich hierauf nur ein Vertreter einlassen wird, der sich den Umsatz auch tatsächlich zutraut – und nicht wie in der Praxis häufig einfach einen Zufallsumsatz mitnehmen will. Andererseits ergibt sich durch dieses System für den Hersteller eine wesentlich bessere Prognostizierbarkeit von Zahlen, als dies mit einer starren Umsatzprovision möglich gewesen wäre.
B. Vertragliche Fixierung durch Handelsvertretervertrag
Der Vertrag zwischen Handelsvertreter und vertretenem Unternehmen bedarf keiner besonderen Form. Es ist jedoch zu empfehlen, die Modalitäten der Zusammenarbeit in einem schriftlichen Vertrag festzuhalten.

▷ **Praxistipp** Auf der Seite der *Deutschen Industrie- und Handelskammer* (IHK) erhalten Sie kostenlose Musterexemplare eines Handelsvertretervertrages, z. B.: www.frankfurt-main.ihk.de/recht/mustervertrag/handelsvertreter, www.ihk-niederbayern.de/branchen/handel/handelsvertretervertrag-3438460, www.ihk-siegen.de/hn/fuer-unternehmer/handel/der-handelsvertreter/. Ebenso halten die meisten Branchenverbände Musterexemplare bereit, die dazu noch den Vorteil haben, auf die jeweilige Branche angepasst zu sein.

7.4.2 Großhändler

Ein weiterer wichtiger und zentraler Vertriebskanal ist die Arbeit mit Großhändlern.
Besonders bei einem Marktneueintritt ist der zentrale Vorteil eines Großhändlers, dass er in der Regel über ein hervorragendes Netzwerk an Kontakten verfügt, das Sie für den Vertrieb Ihrer Produkte nutzen können. Weitere Vorteile dieses Kanals sind das flächendeckende Vertriebsnetz sowie – je nach logistischer Aufstellung – kurze Lieferzeiten. Auf-

passen sollten Sie bei den Kosten. Nicht selten verlangen Großhändler relativ hohe Margen für den Vertrieb Ihrer Produkte. Außerdem sind Sie im direkten Konkurrenzumfeld unterwegs und Ihre Ware wird vergleichbar, da Großhändler – ihrer Handelsfunktion entsprechend – von mehreren Herstellern ihre Ware beziehen und vertreiben.

Wie sind Großhändler organisiert?

Die Großhändler sind in Deutschland im Bundesverband Großhandel, Außenhandel, Dienstleistungen e. V. (BGA) organisiert. Dieser Verband ist wiederum der Dachverband von 26 Landes- und Regionalverbänden. Diese sind Ihre Ansprechpartner, je nachdem, in welchem Bundesland oder welcher Region Sie Ihr Unternehmen betreiben. Daneben gibt es 40 Bundesfachverbände, deren Mitglieder Experten auf den jeweiligen Fachgebieten sind.

Alle Informationen hierzu erhalten Sie auf der Website des Verbandes.

BGA - Bundesverband Großhandel, Außenhandel, Dienstleistungen e. V. in Berlin

ca. 143.000 Mitgliedsunternehmen

Tel. + 49 30 590 0995 0, www.bga.de

Ein Großhändlerverzeichnis finden Sie auf:

- www.grosshaendlernetzwerk.de
- www.listflix.de/grosshaendler/ (sehr individuell, aber gebührenpflichtig)

Europages – Die europäische B2B-Suchmaschine:

- www.europages.de

7.4.3   Vertragshändler

Wenn Ihnen eine engere Bindung zu Ihrem Vertriebspartner wichtig ist, dann kommt der Vertragshändler als Vertriebskanal in Frage. Zentrale Vorteile sind dabei ein gleichbleibender Auftritt und eine feste Anlaufstation.

Die Suche nach geeigneten Partnern erweist sich allerdings nicht selten als sehr zeitaufwändig. Auch sollten Sie bedenken, dass Sie zumindest am Anfang keine Alleinvertretung durch den Vertragshändler haben werden.

> **Musterverträge zum Download**
> Unter folgenden Links können Sie Muster von Vertragshändlerverträgen als Word
> oder PDF-Datei herunterladen: www.vorlagen.de/wirtschaftsvertraege/vertragsha-
> endlervertrag
>   Dieses Angebot ist allerdings kostenpflichtig. Gute kostenlose Alternative finden
> Sie hier:
>   www.haufe.de/recht/deutsches-anwalt-office-premium/53-vertragshaendlerrecht-
> d-muster-vertragshaendlervertrag_idesk_PI17574_HI14751346.html
>   https://www.ihk-muenchen.de/de/Service/Recht-und-Steuern/Vertragsrecht/
> mustervertraege/checkliste-vertragshaendlervertrag.html
>   https://nanopdf.com/download/muster-vertragshndlervertrag_pdf

7.5   Vertriebskanäle 2: Direktvertrieb an Endverbraucher

Neben dem beschriebenen Vertrieb über Absatzmittler ist auch ein Vertrieb Ihrer Produkte
direkt an den Endverbraucher möglich (s. Abb. 7.7).

Heutzutage sind der Kauf über einen Katalog und über das Internet die mit Abstand am
häufigsten genutzten Einkaufsmöglichkeiten im Bereich B2C. Weniger beliebt sind dahin-
gegen Verkaufspartys, TV-Shopping, Werbebriefe, der Verkaufsberater zuhause und per
Telefon. Bei dem Bundesverband Direktvertrieb Deutschland e. V. erhalten Sie zahlreiche
Informationen rund um dieses Thema. Dort finden Sie auch eine aktuelle Mitgliederliste
von Unternehmen, die sich auf den Direktvertrieb Ihrer Produkte spezialisiert haben. Weitere Informationen erhalten Sie beim Bundesverband Direktvertrieb Deutschland e. V. in
Berlin, Tel. + 49 30 236 356 80.

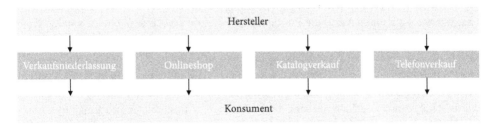

Abb. 7.7 Direkter Vertrieb an Endverbraucher. (Quelle: Milz & Comp. GmbH)

7.5.1 Eigene Verkaufsniederlassung

Eine attraktive, allerdings sehr kostenintensive Möglichkeit des Direktvertriebes stellt die Eröffnung einer eigenen Verkaufsniederlassung dar. Neben einer guten Repräsentanz zeichnet sich diese Vertriebskanalform dadurch aus, dass sie sehr gut steuerbar ist und Sie unmittelbar erkennen können, wie es um die Marktnachfrage steht. Hier ist vor allem die Standortwahl ein entscheidendes Kriterium.

7.5.2 Onlineshop

Ortsunabhängig haben Sie die Möglichkeit, Ihre Dienstleistungen und/oder Produkte auch im Bereich des E-Commerce, sprich im Onlineshop, anzubieten, gegebenenfalls als Ergänzung zu Ihrem stationären Geschäft (Stichwort: Multichanneling). Vorteile hierbei sind eine schnelle Auftragsabwicklung sowie geringere Kosten, da z. B. die Kosten für Miete und Verkaufspersonal entfallen. Zudem besteht die Möglichkeit einer Rund-um-die-Uhr-Bestellung.

Sie sollten bei der Einrichtung eines Internetshops versuchen, diesen durch geeignete Gütesiegel zertifizieren zu lassen. Eine solche Zertifizierung ist beispielsweise das in Europa führende Gütesiegel *Trusted Shops Guarantee*. Auf der folgenden Website finden Sie weitere Informationen hierzu, beispielsweise die Kosten einer solchen Zertifizierung, Ansprechpartner und wissenswerte Informationen rund um dieses Gütesiegel: www.trustedshops.de/shopbetreiber/index.html

7.5.3 Katalogverkauf

Dieser Vertriebskanal zielt auf das Bequemlichkeitsbedürfnis vieler Kunden ab. Der Kunde lässt sich einen Produktkatalog zukommen und bestellt für gewöhnlich per Brief, Fax, Internet oder einen Anruf die Produkte, die er kaufen möchte. In einem Katalog kann dabei dem Kunden ein sehr breites Produktsortiment präsentiert werden. Nachteilig ist zu erwähnen, dass dieser Weg für Dienstleistungen nur bedingt geeignet ist und eine hohe Quote an Retouren in Kauf genommen werden muss. Erfahrungsgemäß liegt der Katalogverkauf dabei weit über den Kosten, die ein Onlineshop-Versandhandel verursachen würde. Nicht zuletzt deshalb mussten die klassischen „Allesanbieter" im Katalogversandhandel (Quelle, Neckermann) in der Vergangenheit Insolvenz anmelden. Dieser Vertriebskanal eignet sich daher heute v. a. noch für Unternehmen, die eine bestimmte Nische bedienen und Spezialversender sind.

Wie gelangt mein Katalog zum Kunden?
Wenn Sie sich dafür entschieden haben, Kunden über Verkaufskataloge zu gewinnen, ist zu klären, wie diese Kataloge den Weg zum Kunden finden.

Hier gibt es spezielle Angebote für größere Stückzahlen von Katalogen bei der Deutschen Post und anderen, zum Teil regionalen Anbietern wie beispielsweise TNT Express. Bei der Deutschen Post haben Sie zudem die Möglichkeit, anhand bestimmter Zielgruppenkriterien bestimmte Haushalte und Zielgruppen beliefern zu lassen, und im Anschluss anhand einer Auswertung diese Kriterien und Kampagnen zu optimieren. So verringern Sie Streuverluste, die bei großflächigen, willkürlichen Werbesendungen auftreten. (siehe: https://www.deutschepost.de/de/d/dialogpost.html)

Wie kann ich meinen Katalog bekannt machen?
Auf Internetplattformen, die verschiedene Kataloge gebündelt anbieten, können Sie sich registrieren lassen und Ihren Katalog dort zum Download bereitstellen. Sie profitieren dabei von einer gut besuchten Seite, wodurch Ihr Katalog schnell in Umlauf kommt (Beispielsweise www.katalog.com/ www.123kataloge.de).

Daneben besteht selbstverständlich noch die einfache, kostengünstige und schnelle Alternative, den Katalog als PDF auf Ihrer Website oder in Ihrem Internetshop zum Download anzubieten.

7.5.4 Telefonverkauf

Der zentrale Vorteil beim Telefonverkauf ist, dass er eine interaktive Art und Weise darstellt, Produkte zu vertreiben und gleichzeitig eine hohe Kundenkontaktrate zu erzielen. Darüber hinaus ermöglicht es dieser Kanal, viel über die Kunden zu erfahren. Demgegenüber steht jedoch, dass Telefonverkauf in Deutschland mittlerweile ein nur mäßiges bis schlechtes Image besitzt und strengen gesetzlichen Regulationen unterworfen ist (beispielsweise nachzuschlagen unter https://www.bundesregierung.de/breg-de/suche/faire-verbrauchervertraege-1829172 oder auch § 312b im BGB). Wenn Sie sich dennoch für den Telefonvertrieb entscheiden, können Sie diesen selbst durchführen oder hierfür einen externen Dienstleister beauftragen (s. Abb. 7.8).

Erfahrungsgemäß lässt sich sagen, dass im Fall von nur gering erklärungsbedürftigen Produkten die Auslagerung des Vertriebes im Bereich Telefonverkauf zu einem externen Callcenter durchaus eine gute Option darstellt. Auf den Internetseiten https://www.aroundoffice.de/call-center/telefonakquise/ und www.qomparo24.de haben Sie die Möglichkeit, kostenlos Ihre Suche nach der Spezialisierung des Callcenters, der angebotenen Aufgabenbereiche und der betreffenden Branche einzugrenzen und sich unverbindlich Angebote von solchen Dienstleistern einzuholen. Weitere Informationen erhalten Sie beim Deutschen Dialogmarketing Verband (DDV) e. V. in Wiesbaden, Tel. +49 69 401 276 500, www.ddv.de.

	Eigene Telefonverkäufer	Externes Callcenter
Vorteile	• Know-how im Bereich produktspezifischer Fragestellungen, • Geringerer Koordinationsaufwand	• Sehr erfahren im Umgang mit Kunden → Kernkompetenz • Attraktive Lösung bei Produkten, die keiner ausgiebigen Erklärung bedürfen
Nachteile	• (Evtl.) mangelnde Erfahrung im Umgang mit (Telefon-)Kunden, • Oftmals teurer als Outsourcing an externe Callcenter, • Rechtliche Bestimmungen müssen genauestens beachtet werden, • Investitionen in Soft- und Hardware nötig	• Schnittstellenproblematik/erhöhter Koordinationsaufwand, • Fehlendes tiefergreifendes produktindividuelles Wissen

Abb. 7.8 Eigene Telefonverkäufer oder externes Callcenter. (Quelle: Milz & Comp. GmbH)

7.5.5 Verkaufen auf Messen

Wie schon in Abschn. 2.10 berichtet, sollte die Bedeutung von Messen im B2B-Bereich für den Erfolg eines Unternehmens nicht unterschätzt werden. Vertriebsmitarbeiter werden vor besondere Herausforderungen gestellt, denn ihre Tätigkeit auf Messen unterscheidet sich von der im normalen Berufsalltag erheblich. Lärm, Termindruck und viele Menschen lassen das Stresslevel steigen. Der Verkäufer kann sich im Normalfall jedoch sorgfältig auf den Besuch eines potenziellen Kunden vorbereiten. Auf der Messe sollten in wenigen Minuten neue Kunden identifiziert und qualifiziert werden. Das Kontaktpotenzial auf einer Messe wird im Vergleich zur normalen Vertriebstätigkeit enorm. Abb. 7.9 zeigt wichtige Punkte für die Vor- und Nachbereitung von Messen.

Als wesentliche *Kriterien für Ihren Messeerfolg* haben wir in der Vergangenheit die folgenden Faktoren identifiziert:

- speziell geschulte, kommunikationsstarke Messeteams
- aktive Kundenansprache
- aktives „richtiges" Eröffnungsgespräch, um Aufmerksamkeit zu erreichen (und kein „kann ich Ihnen helfen?", das unentschlossene Kunden eher verschreckt)
- harte Abschlussorientierung im Verkaufsgespräch – auch auf einer Messe können Aufträge generiert werden (und nicht nur Kontakte gesammelt!)
- Verabschiedung mit einem verbindlich vereinbarten weiteren Vorgehen

▶ **Praxistipp** Bereiten Sie Ihr gesamtes Team sehr sorgfältig auf den Messeauftritt vor. Lassen Sie Ihr Team schulen und trainieren Sie, wie mit der besonderen Verkaufssituation Messe (wenig Zeit, tagelang intensives und konzentriertes Arbeiten, hohe Lautstärke, schlechte Luft, wenig Schlaf, …) umzugehen ist.

Vorher
Festlegung Zeitplan & verantwortliche Personen
Produktion von Werbemitteln, die nach der Messe eingesetzt werden
Während
Knüpfen von Messekontakten und Kontaktpflege
Erstellung der Messeberichte
Nach der Messe
Analyse, Bewertung der Messeberichte und Kontakte (Excelliste)
Je nach Dringlichkeit und Dringlichkeit der Kontakte, Versenden von Informationsmaterial oder sofortige Terminvereinbarung
Telefonische Nachfassung
Vereinbarung eines Termins mit dem Außendienst
Verkaufsabschluss

Abb. 7.9 Checkliste: Vor- und Nachbereitung der Messe. (Quelle: Milz & Comp. GmbH)

Entsprechende Trainingsangebote finden Sie im Internet, beispielsweise unter www. milz-comp.de. Im Vergleich zu den Gesamtkosten Ihres Messeauftrittes werden die Trainingskosten einen verschwindend geringen Teil ausmachen. Die Rendite dieser Investition ist somit in der Regel exorbitant.

▷ **Praxistipp** Mit dem *MesseNutzenCheck* können kleine und mittelständische Unternehmen sowohl ihre durchgeführte wie auch geplante Messebeteiligung mit relativ geringem Aufwand berechnen und somit eine wirksame Erfolgskontrolle sicherstellen. Der AUMA MesseNutzenCheck steht Ihnen unter toolbox. auma.de/mnc-messenutzencheck#/intro zur Verfügung.

Eine öffentliche Förderung von Messebeteiligungen in Deutschland erfolgt durch einzelne Bundesländer. Die Förderung ist in der Regel auf Fachmessen und auf bestimmte Wirtschaftszweige beschränkt. Informieren Sie sich über entsprechende Förderprogramme des Bundes, der Bundesländer und der Europäischen Union unter www.foerderdatenbank.de.

▷ Eine vollständige Liste der Lektüre finden Sie im geschützten Bereich unserer Homepage unter: www.milz-comp.de/download

Literatur

Kotter, J. P. 2011. *Leading change*. München: C. H. Beck.
Milz, M. 2010. *Sprzedaz I dystrybucja towarow oraz uslug na rynku niemieckim*. Konsulat Generalny RP.
Zoltners, A. A., P. Sinha, und S. E. Lorimer. 2009. *Building a winning sales force*. New York: AMACOM books.

Zum Weiterlesen

Albers, S., und M. Krafft. 2013. *Vertriebsmanagement*. Wiesbaden: Springer Gabler.
Binckebanck, L., A.-K. Hölter, und A. Tiffert. 2013. *Führung von Vertriebsorganisationen*. Wiesbaden: Springer Gabler.
Glahn, R. 2017. *Erfolg gestalten*. Frankfurt: Campus.
Hagen, J. 2013. *Fatale Fehler*. Wiesbaden: Springer Gabler.
Laloux, F. 2015. *Reinventing Organizations*. München: Vahlen.

Innovationsmanagement

8

Zusammenfassung

Die heutigen Hidden Champions schöpfen ihre Stärke und Wettbewerbsposition vor allem aus ihrer Fähigkeit, regelmäßige Innovationen in ihrem Kernmarkt zu produzieren. Eine Preisinnovation wie beispielsweise Flatrates können ein Alleinstellungsmerkmal und entscheidend für den Vertriebserfolg sein. Obwohl sie kein „typisches Vertriebsthema" sind, sind Innovationen also ein wichtiger Motor für den Vertriebserfolg. Deshalb wird in diesem Kapitel geklärt, wo und wie Sie Innovationen finden und diese auch realisieren können. Der Innovationstrichter, auch Innovationspipeline genannt, ist ein Modell, das den Innovationsweg veranschaulicht und Ihnen eine Hilfestellung bei der Implementierung von Innovationsprozessen bietet.

Dieses Kapitel widmet sich der achten Disziplin, den Innovationen (s. Abb. 8.1). In Abb. 8.2 finden Sie die wichtigsten zehn Fragen zum Thema Innovationsmanagement.

Obwohl kein „typisches Vertriebsthema", sind Innovationen ein wichtiger Motor für den Vertriebserfolg. Erinnern Sie sich an die Planung Ihrer Wachstumsstrategie mithilfe der Ansoff-Matrix (s. Abb. 1.14)? Neue Produkte und Diversifikationen waren dort ein entscheidender Punkt. Die heutigen Hidden Champions beispielsweise schöpfen ihre Stärke und Wettbewerbsposition vor allem aus ihrer Fähigkeit, regelmäßige Innovationen in ihrem Kernmarkt zu produzieren. Zudem läuft, unserer Erfahrung nach, in diesem Bereich in der Praxis vieles schief: Nur selten haben wir wirklich funktionierende Schnittstellen zwischen F&E, Vertrieb, Marketing, Produktmanagement und den anderen für dieses Thema relevanten Bereichen vorgefunden: Diejenigen, die „das Ohr am Markt" haben, der Vertrieb, bekommen von Kundenseite zwar häufig Inspiration für neue Produktideen genannt. Doch erreicht diese Information nach unserer Erfahrung in mindestens einem

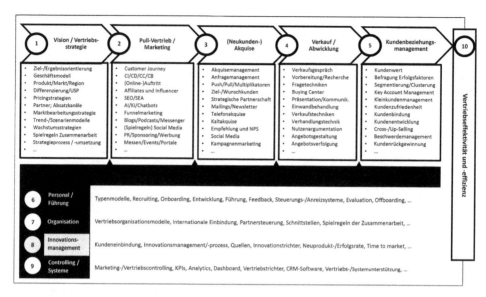

Abb. 8.1 Achte Disziplin: Innovationsmanagement. (Quelle: Milz & Comp. GmbH)

		Ja	Nein	Zu prüfen
1.	Haben Sie eine „echte Innovationskultur" im Unternehmen? Ist diese in Ihrer Unternehmensstrategie verankert und beinhaltet konkrete Ziele?			
2.	Gibt es eine (z.B. selbstauferlegte) „Verpflichtung zur Innovation"?			
3.	Innovieren oder imitieren Sie? Was ist erlaubt? Was ist Ihr Ziel?			
4.	Setzen Sie Ihre erfolgreichsten und besten Mitarbeiter für innovative Chancen ein? Oder arbeiten diese eher an den Problemen und Produkten von gestern?			
5.	(Wie) Werden Innovationen belohnt?			
6.	Suchen Sie systematisch nach Chancen – und binden hierbei Ihre Kunden ein?			
7.	Benutzen Sie einen disziplinierten Ablauf, um kontinuierlich unter Einbindung aller relevanten Beteiligten (v.a. Kunden!) Ideen zu generieren und diese in praktische Lösungen umzuwandeln?			
8.	Wovon müssen Sie abkommen bzw. worauf müssen Sie verzichten, um Platz für Innovationen zu schaffen? Sind Sie dazu bereit?			
9.	Wenn Sie heute nicht in dieser Branche/in diesem Produktbereich tätig wären, würden Sie Kapital investieren, um in diese Branche/diesen Produktbereich einzusteigen?			
10.	Falls Sie die vorangegangene Frage verneinen – welche Konsequenzen ziehen Sie hieraus?			

Abb. 8.2 Mastercheckliste: Zehn Fragen zum Thema Innovationsmanagement. (Quelle: Milz & Comp. GmbH)

Drittel aller Fälle nicht die Gremien, die entscheidungskompetent gewesen wären, dies als Anlass für eine Produktneu- oder Weiterentwicklung zu nutzen. In einem weiteren Drittel aller Fälle überhäuft der Vertrieb die Produktion mit derart vielen Sonderwünschen von Kundenseite, dass die Vielzahl der Ideen nicht handelbar ist. Das richtige Maß – einen gut funktionierenden Prozess des Innovationsmanagements – gibt es in der Praxis nur in wenigen Fällen.

8.1   Was ist eine Innovation und warum sind Innovationen wichtig?

Der Duden beschreibt den Begriff als „Realisierung einer neuartigen, fortschrittlichen Lösung für ein bestimmtes Problem, besonders die Einführung eines neuen Produkts oder die Anwendung eines neuen Verfahrens." Das Wort leitet sich von den lateinischen Begriffen *novus* „neu" und *innovatio* „Erneuerung, Veränderung" ab und kann also nicht nur Produkte, sondern auch Prozesse, Systeme und Dienstleistungen beschreiben.

Sprechen wir über „Innovationen", so denken die meisten Mitarbeiter in Unternehmen unmittelbar an F&E-Abteilungen und an bahnbrechend neue Produkt- oder Technologieentwicklungen wie die Elektrizität oder Röntgenstrahlen. Eine Produktinnovation ist somit sicherlich die bekannteste Innovationsart. Produktinnovationen müssen aber gar nicht so radikal sein, auch kontinuierliche Verbesserungsprozesse zählen dazu; zudem sind die meisten Innovationen auch förderfähig, was besonders im Mittelstand einen echten Pluspunkt darstellt.

Weitere mögliche Bereiche von Innovationen sind beispielsweise in Abb. 8.3 dargestellt.

Eine Preisinnovation waren vor Jahren beispielsweise die Flatrates für Telefongespräche – mittlerweile wurde das Pauschaltarif-Konzept von zahlreichen anderen Branchen

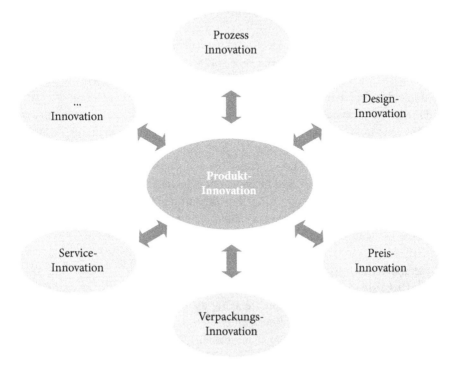

Abb. 8.3 Innovationen. (Quelle: Milz & Comp. GmbH)

übernommen. Designinnovationen findet man immer dort, wo ein Produkt nicht unbedingt verbessert, aber aufgrund seiner Optik zum (Verkaufs-)Erfolg wurde.

Charakteristisch sind bei Innovationen die folgenden Punkte:

1. KMUs generieren verstärkt Verbesserungsinnovationen als Ergebnis *kontinuierlicher Verbesserungsprozesse (KVP):* Unserer Erfahrung nach *halten* sich viele Mittelständler nicht für „innovativ", entwickeln ihre Produkte aber ständig weiter und schaffen so Innovationen, ohne dass es ihnen bewusst ist! Und verzichten somit auf Fördergelder – echte Zuschüsse – in bedeutender Größenordnung.
2. Innovationen von KMUs sind häufig in *Nischenmärkten* zu finden.
3. Knappe Ressourcen werden häufig durch informelle *externe Wissenseinflüsse* (Zulieferer oder Kunden) oder durch formelle Kooperationen ausgeglichen.

Warum sind Innovationen im Vertriebskontext wichtig? Zum einen ist der Lebenszyklus der meisten Produkte limitiert. Auch wenn Sie heute ein Sortiment aus mehreren gut laufenden Produkten besitzen, so sind diese in zehn Jahren vermutlich wertlos, da sie ohne Weiterentwicklung vom Markt überholt werden. Innovationsfähigkeit ist also für jedes Unternehmen von essenzieller Wichtigkeit, Kunden verlangen neue Produkte!

8.2   Wo finden sich Innovationen und wie werden sie realisiert?

Innovationen entstehen aus Ideen. Doch wo kommen diese Ideen her und was kann getan werden, damit sie nicht wieder verloren gehen? Ein verbreitetes Problem mittelständischer Unternehmen ist wie beschrieben, dass die Schnittstelle zwischen Vertrieb, Marketing, Produktion und dem Bereich Forschung und Entwicklung schlecht ausgeprägt ist. Das kann dazu führen, dass wertvolle Ideen nicht erkannt werden und verloren gehen. Denn der Vertrieb kennt den Markt und die Kunden, er weiß, was aktuell ist. Die neuesten Trends gehen am Bereich Forschung und Entwicklung hingegen manchmal vorbei, oder werden erst spät erkannt. Beide Bereiche sollten also regelmäßig miteinander kommunizieren können, zum Beispiel in festgelegten Treffen, und Ideen und Entwicklungen miteinander austauschen.

Auf Knopfdruck innovativ sein – das funktioniert nicht. Aber es gibt Strategien und Techniken, die bei der Innovationsentwicklung helfen können. Folgende sechs Ansatzpunkte haben sich als besonders erfolgreich herausgestellt:

(1) Ändern der Innovationslogik

Engeser (2010) zitierte eine Studie von Grant Thornton zum Thema Innovationsfindung, in der untersucht wurde, welche Impulsgeber für die Innovationsfindung ausgemacht werden konnten. Das Ergebnis war offensichtlich: In den meisten Fällen ist der Kunde der wichtigste Ideentreiber. Darauf folgen in abnehmender Häufigkeit die Mitarbeiter, die Entwicklungsabteilung, die Abteilungsleiter, CEOs, Geschäftspartner, der Vorstand, der Verkauf, ein internes Innovationssystem und letztlich externe Entwickler.

Innovationsimpulse kommen somit nicht nur von innen, also aus dem Unternehmen, sondern oft auch von außen, in Form von Kunden und Geschäftspartnern. Ausgangspunkt sind oft Märkte und Kunden mit ihren Bedürfnissen. Diese verlangen nicht zwangsläufig nach besseren, sondern möglicherweise nach anderen Produkten oder nach verbesserten Leistungen und Services. Überlegen Sie also nicht nur, was Sie als Unternehmen „können", sondern was der Kunden will.

Kundenworkshops

Laden Sie gute Geschäftspartner einmal im Jahr ein und fragen Sie, welche Veränderungen und Ziele diese für die kommende Zeit anstreben. Dann denken Sie gemeinsam darüber nach, wie Sie Ihre Partner bei diesen Zielen unterstützen könnten oder wie Sie Ihre Produkte und Leistungen entsprechend anpassen könnten.

Für das Treffen brauchen Sie keinen konkreten Anlass. Neben der Ideenfindung für mögliche Innovationen sind solche Treffen auch eine hervorragende Möglichkeit, die bestehende Kundenbeziehung zu intensivieren und neue Geschäftsfreunde zu gewinnen. (siehe auch Abschn. 5.3)

(2) Entdecken von Nichtkunden als Kunden

Es reicht manchmal nicht, bestehende Kunden durch fortwährende Ausweitung von Leistungen zu binden. Das aktuelle Nichtkundenpotenzial ist – selbst wenn Sie Apple heißen – fast immer höher als das der Bestandskunden. Die Frage lautet: Wer könnte die eigenen Produkte noch benötigen und was hält diese Gruppe davon ab, die eigenen Produkte oder Leistungen nicht zu nutzen? Beispiel für diese Strategie sind etwa die Entwicklung von Rasierapparaten für Damen oder von dekorativer Kosmetik für Männer.

▷ **Praxistipp** Führen Sie eine Fragebogenaktion bei Nichtkunden durch, um das Potenzial dieser geclusterten Gruppen zu ermitteln.

(3) Trendanalysen entlang der Wertschöpfungskette

Auch wenn Trends nicht zur eigenen Wertschöpfung passen, sollten sie verfolgt werden, denn alle Trends entlang der Wertschöpfungskette sind relevant. Jedes Glied in der Kette bietet Möglichkeiten, einen Trend für sich zu nutzen. Welche Auswirkungen hat der Trend nicht nur auf Ihr Sortiment und Produkt, sondern auch beispielsweise auf Leistungen und Services? Grundsätzlich gilt: Alle Trends bieten Chancen. Beispielhaft seien hier Downloadplattformen für Musik genannt: Diese wurden nicht von der Musikindustrie erkannt, wohl aber von Hard- und Softwareherstellern wie Apple.

▷ **Praxistipp** Führen Sie (regelmäßige) Treffen mit Vorlieferanten und Dienstleistern entlang der Wertschöpfungskette durch und pflegen Sie die systematische Diskussion von Trends, um diese frühzeitig zu erkennen und hierfür Lösungen bieten zu können.

(4) Öffnen des Innovationsprozesses nach Außen
Nicht nur technische Voraussetzungen und Ist-Prozesse definieren die Zukunft. Recherchieren Sie und halten Sie Augen und Ohren für den Wettbewerb offen. Häufig bringen Analogien zu und die Adaption von branchenfremden Produzenten und Technologien effizientere (schnellere oder günstigere) Lösungen. Ein Beispiel hierfür ist das Unternehmen Google, das besonders aktive User in die Produktentwicklung einbindet.

▶   **Praxistipp** Laden Sie (branchenfremde) Gäste, die Spezialisten in bestimmten Dienstleistungsbereichen sind, zu Innovationsmeetings ein.

Praxisbeispiel

In unseren Serviceworkshops, etwa für Kunden aus dem Bereich Maschinenbau, laden wir häufig Gastronomen oder Hoteliers ein. Diese Branchen haben ein ganz anderes Verhältnis zu Service, von dem die Industrie viel lernen kann. Die Gastronomen zeigten dem Vertriebsteam des Maschinenbauers, wie sie sich in Ihre Kunden hineinversetzen und ihnen ihre Wünsche nahezu „von den Lippen ablesen" können. ◀

(5) Definition von Entscheidungshilfen
Der Kunde trifft die Entscheidung nicht allein. Er ist empfänglich für Entscheidungshilfen im Prozess! Die Entscheidung des Kunden sollte also nicht auf einen Zeitpunkt reduziert werden, an dem er allein ist. Bei der in den meisten Segmenten vorherrschenden Angebotsvielfalt ist aus Kundensicht kaum eine objektive Entscheidung möglich. Der Kunde kann in seiner Entscheidungsfindung durch Orientierungshilfen angeleitet werden.

▶   **Praxistipp** Erstellen Sie „Hitlisten" Ihrer Produkte. Was haben diese gemeinsam und warum sind sie so erfolgreich?

(6) Entdecken und Ansprache der emotionalen Motive der Kunden
Nicht nur der Kopf des Kunden, sondern auch und insbesondere der Bauch trifft wie beschrieben die (Kauf-) Entscheidung. Es sind nicht die rationalen (harten) Kriterien, die die Entscheidung des Kunden dominieren; Emotionen und Werte gewinnen immer mehr an Gewicht. Es gilt herauszufinden, was die unbewussten Faktoren der Kunden beim Kauf sind und welche Stimmung der Kunde mit dem Produktgebrauch verbindet. Ein Beispiel hierfür sind Impulsartikel an der Kasse im Supermarkt, im Kiosk oder an der Tankstelle.

▶   **Praxistipp** Recherchieren Sie in Kundenforen oder Blogs, die zu Ihren Produkten passen. Welche Fragen werden häufig gestellt, welche Stimmung herrscht dort vor?

Praxisbeispiel

Einer unserer Kunden aus der Kunststoffindustrie brachte 2018 ein ganz neues Segment für den Gartenbereich auf den Markt, der bis dato von ihm nicht hergestellt und nicht abgedeckt wurde. Die Innovation wurde ganz wesentlich vom Empfangsteam des Unternehmens vorangebracht, die gemeldet hatten, dass mehrfach pro Woche Kunden anriefen und nach solchen nicht im Sortiment befindlichen Artikeln fragten. ◄

(7) Produkte entlang des Lebenszyklus

Ordnen Sie Ihre Produkte in den Produktlebenszyklus (s. Abb. 8.4) ein. Wie viel Prozent des Umsatzes entfallen auf Produkte in den Phasen 1 bis 5?

Hierzu drei Empfehlungen:

- Bestimmen Sie Ihre Innovationsrate: Wie viel Prozent Ihres Umsatzes entfällt auf Produkte, die nicht älter als zwei Jahre sind?
- Bestimmen Sie Ihre Innovationsziele: Welche Ziele verfolgen Sie künftig mit Innovationen?
- Benutzen Sie einen disziplinierten und standardisierten Ablauf, um Ideen in praktische Lösungen umzuwandeln.

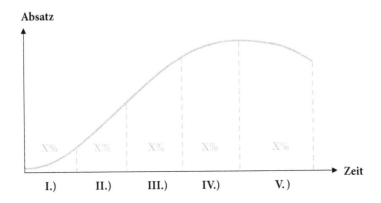

I.)	**Einführungsphase:**	Absatz steigt/DB <0
II.)	**Wachstumsphase:**	Absatz steigt überproportional/DB > 0
III.)	**Reifephase:**	Absatz wächst schwächer/DB ist max.
IV.)	**Sättigungsphase:**	Absatz stagniert/DB sinkt
V.)	**Degenerationsphase:**	Absatz und DB sinken

Abb. 8.4 Produktlebenszyklus. (Quelle: Milz & Comp. GmbH)

Je kürzer der jeweilige Produktlebenszyklus ist, desto wichtiger ist es, frühzeitig über Innovationen nachzudenken, die auslaufende Produkte möglichst nahtlos ersetzen können. Auch beim Thema Preispolitik sollte der Produktlebenszyklus im Auge behalten werden.

8.3   Innovationstrichter

Der Innovationstrichter (s. Abb. 8.5), auch Innovationspipeline genannt, ist ein Modell, das den Innovationsweg veranschaulicht. Es zeigt, dass aus vielen Ideen am Ende nur sehr wenige realisierte und am Markt erfolgreiche Produkte werden. Auf dem Weg vom Trichtereingang zum -ausgang wird der Trichter immer schmaler und lässt immer weniger Ideen durch. In der Realität sieht es genauso aus. Laut dem Verein Deutscher Ingenieure (VDI) schafft es nur eine von 16 Ideen zur Marktreife. Aus diesem Grund sollte der Trichter oder die Pipeline immer mit möglichst vielen Ideen gefüllt sein.

Wir hören im Mittelstand häufig das Problem, dass die Unternehmen nicht zu wenige, sondern zu viele Ideen haben. Im Hinblick auf den Vertriebstrichter ist dies eigentlich gut, das Problem liegt in der Umsetzung. Wenn ein Unternehmen eine marktstarke Innovation schaffen möchte, braucht es eben im Durchschnitt diese 16 Ideen. Aber wie wird aus der Idee eine Innovation?

Praxisbeispiel

Einer unserer Kunden aus dem Bereich Befestigungs- und Montagetechnik geht bei der Sammlung neuer Ideen wie folgt vor: Einmal im Monat muss jeder Mitarbeiter aus dem Vertrieb eine Innovationsidee einreichen (sonstige Mitarbeiter eine Idee pro Quartal).

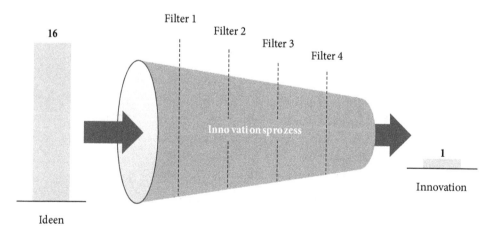

Abb. 8.5 Innovationstrichter. (Quelle: Milz & Comp. GmbH)

So kommen etliche teils gute, teils schlechte Ideen zusammen. In einer checklistenge-stützten Kurzbewertung (Filter 1, ca. zwei Minuten pro Idee) werden erste Ideen, die dem Checklistentest nicht standhalten, aussortiert, die durchkommenden Ideen werden dann in einem ausführlicheren Schritt (Filter 2, ca. zwei Stunden pro Idee) weiter be-wertet. In weiteren Schritten wird entschieden, ob aus der Idee wirklich ein Innovati-onsprojekt wird. Dank einem maximal vereinheitlichten Auswahlverfahren ist dieses Filtern ohne einen großen Ressourcenaufwand möglich (siehe hierzu Abb. 8.5). Bei diesem Unternehmen herrscht nie ein Mangel an Ideen und alle Mitarbeiter werden aktiv in den Innovationsprozess eingebunden.

Auch wenn Sie nur über eine geringe Anzahl an Mitarbeitern verfügen, so eignet sich dieses Vorgehen hervorragend zum Einstieg in ein kontinuierliches und professio-nelles Innovationsmanagement. Vielleicht produzieren Ihre Mitarbeiter dabei viele un-brauchbare Ideen – gute sind aber sicherlich auch dabei. ◄

8.4 Implementieren von Innovationsprozessen

Das größte Hemmnis bei der Innovationsrealisierung ist zweifelsfrei ein stets vorhandener Mangel an Ressourcen. Das größte Problem liegt darin, dass es sofort nach der Ideenfin-dung beginnt, teuer zu werden (s. Abb. 8.6). Mit jedem Schritt innerhalb des Innovations-prozesses steigen die Kosten.

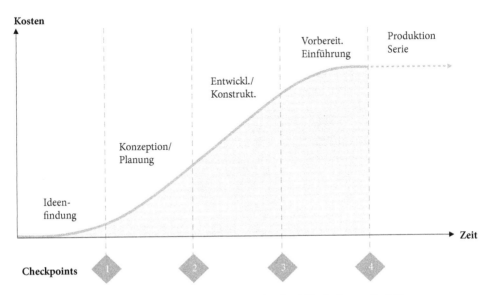

Abb. 8.6 Kostenverlauf bei Innovationsprojekten. (Quelle: Milz & Comp. GmbH)

In der ersten Phase befinden sich beispielsweise 16 Projekte. Nach dem ersten Checkpoint haben es sechs nicht über die Idee hinaus geschafft, es gibt nur noch zehn Projekte. In die dritte Phase schaffen es nur noch fünf Projekte, die dann tatsächlich konstruiert oder entwickelt werden. Nach dem dritten Checkpoint sind nur noch zwei übrig, für die eine Markteinführung vorbereitet wird. Der vierte Checkpoint sortiert wiederum eines dieser beiden Projekte aus, sodass letztendlich nur eine Innovation in Serie geht.

Um möglichst erfolgsorientiert und ressourcenschonend zu arbeiten, sollte der Ablauf des Innovationsprojektes von Anfang an professionell geplant und überwacht werden. Ein *Projektplan* regelt die einzelnen Phasen, Inhalte und Verantwortlichkeiten. Zudem sollte ein verantwortliches *Gremium* zusammengestellt werden, das regelmäßig zusammentrifft, um das weitere Projektvorgehen zu bestimmten.

▶ Im geschützten Bereich auf unserer Homepage (www.milz-comp.de/download) finden Sie für jede dieser Phasen eine – an Ihre Verhältnisse anpassbare – Checkliste, mit der Sie den aktuellen Stand Ihres Projektes überprüfen können.

Am Ende jeder Phase wird entschieden, ob es Sinn macht, das Projekt weiterzuführen. So lässt sich sicherstellen, dass nicht zu viele Ressourcen für ein möglicherweise nicht zukunftsfähiges Projekt vergeudet werden. Des Weiteren behalten alle am Prozess beteiligten Personen den Überblick; Verantwortlichkeiten sind genau definiert, was die Zusammenarbeit erleichtert.

Im Folgenden sehen Sie ein mögliches Ablaufschema eines Projekts (s. Abb. 8.7). In vier Phasen wird der Projektablauf dargestellt, in den Phasen 1 bis 3 erfolgt eine Überprüfung per Checkliste. Zudem definiert das Ablaufschema die Verantwortlichkeiten in den einzelnen Projektphasen. Ein solches oder ähnliches Tool sollte für all Ihre Projekte existieren und allen am Projekt beteiligten Personen zugänglich gemacht werden. So beugen Sie Unklarheiten bezüglich des Ablaufs und der Verantwortlichkeiten auf einfache Weise vor.

▶ Eine vollständige Liste der Lektüre finden Sie im geschützten Bereich unserer Homepage unter: www.milz-comp.de/download

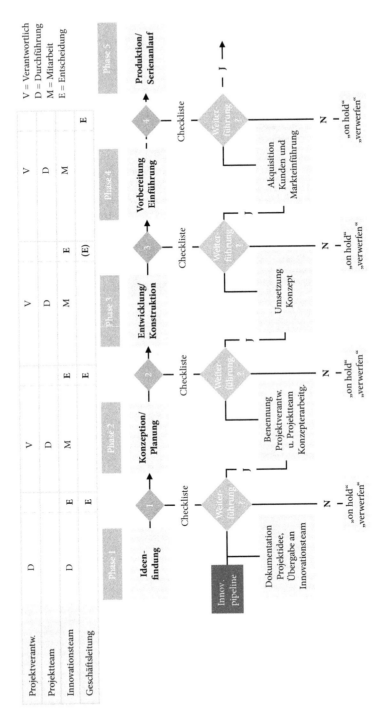

Abb. 8.7 Ablaufschema eines Projekts. (Quelle: Milz & Comp. GmbH)

Literatur

Engeser, M. 2010. Aufbrechen, bevor das Denken zementiert. *WirtschaftsWoche* 47:96–100.

Zum Weiterlesen

Christensen, C. M. 2015. *The innovator' Dilemma. Warum etablierte Unternehmen den Wettbewerb um bahnbrechende Innovationen verlieren.* New York: Vahlen Verlag.

Christensen, C. M. 2016. *The innovator's Dilemma.* Boston: Harvard Business Review Press.

Eckstein, A., A. Liebetrau, und L. Nolte. 2021. *Insurance & innovation.* Karlsruhe: VVW GmbH.

Garn, M. 2015. *Jahrbuch 2015/2016 Innovation.* Frankfurt: F.A.Z. Business Media GmbH.

Granig, P., E. Hartlieb, und H. Lercher. 2014. *Innovationsstrategien.* Wiesbaden: Springer Gabler.

Leisse, O. 2014. *Be prepared: 30 Trends für das Business von morgen.* Freiburg: Haufe-Lexware.

Meyer, J.-U. 2014. *Das Edison-Prinzip – Der genial einfache Weg zu erfolgreichen Ideen.* Frankfurt: Campus.

Mićić, P. 2014a. *Die 5 Zukunftsbrillen.* Offenbach: Gabal.

Mićić, P. 2014b. *Wie wir uns täglich die Zukunft versauen.* Berlin: Ullstein Buchverlage GmbH.

Van Aerssen, B., und C. Buchholz. 2018. *Das große Handbuch Innovation.* München: Vahlen.

Zusammenfassung

Um das bisher besprochene auf Effizienz und Effektivität prüfen zu können, benötigen Sie das entsprechende Kennzahlensystem und Berichtswesen. Der vorgestellte Vertriebstrichter hilft Ihnen weiterhin zeitnah die notwendigen Maßnahmen zu definieren. Wenn Sie also eine zielgerichtete und wirkungsvolle Vertriebssteuerung vornehmen wollen, sollten Sie somit den Wirkungsgrad Ihrer Maßnahmen kennen – und nicht lediglich das Gesamtergebnis. Ein Vertriebscockpit gibt dem Management konstant den Überblick über wichtige Parameter aller implementierten Vertriebsprozesse. Die Digitalisierung eröffnet darüber hinaus in diesem Thema ganz neue Möglichkeiten des Trackings und der Auswertungen.

Dieses Kapitel widmet sich der neunten Disziplin, Controlling & Systeme (s. Abb. 9.1). In Abb. 9.2 finden Sie die wichtigsten zehn Statements zum Thema Controlling & Systeme.

Im Verlauf dieses Buches wurden Ihnen bereits viele Werkzeuge aus unserer SALESTOOLBOX® zur Vertriebsoptimierung vorgestellt. Eine Frage, die sich Ihnen nun sicherlich stellt, lautet: „*Was bringt das eigentlich alles?*". Sie haben vielleicht einige unserer vorgestellten Methoden, Werkzeuge und Systematiken eingeführt, hatten bereits vorher einen „ganz ordentlich funktionierenden" Vertrieb, setzen hierfür x Euro bzw. y Mitarbeiterressourcen ein. Können Sie nun messen, ob sich der Einsatz lohnt? Bzw. wie können Sie es messen? Sicherlich können Sie auf Daten wie Umsatz, Auftragseingang oder Rohertrag schauen und stellen im Zeitverlauf fest, wie sich diese Daten verändern. Doch zum einen bleibt ein gehöriges Maß an Ungewissheit darüber, ob beispielsweise eine Verbesserung der genannten Parameter aus den von Ihnen initiierten Maßnahmen resultiert – oder vielleicht der anziehenden Konjunktur gedankt ist; es wäre möglicherweise ohne diese

M. Milz, *Vertriebspraxis Mittelstand*, https://doi.org/10.1007/978-3-658-38343-5_9

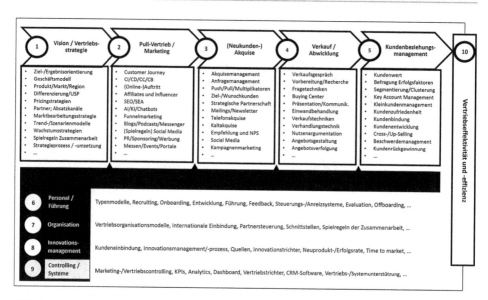

Abb. 9.1 Neunte Disziplin: Controlling & Systeme. (Quelle: Milz & Comp. GmbH)

		Ja	Nein	Zu prüfen
1.	Kern- und Teilprozesse in Marketing und Vertrieb sind in unserem Unternehmen bis zu den einzelnen Prozessschritten – inkl. deren Verantwortungsträgern – definiert.			
2.	Neben den Vorjahresvergleichen nutzen wir vor allem interne und externe Benchmarks bezüglich aller relevanten Marketing- und Vertriebskennziffern.			
3.	Wir nutzen ein Vertriebscockpit oder Dashboard, KPIs oder eine Balanced Scorecard Sales oder ein ähnliches relevantes Vertriebsinformationssystem auf Managementebene.			
4.	Wir messen und benchmarken unsere relevanten Responsequoten (auf Mailings, Messeeinladungen, Online-Kampagnen) und ziehen Konsequenzen aus den Ergebnissen.			
5.	Wir messen und benchmarken die Kontaktquoten und Hitrates unserer Vertriebsmitarbeiter und ziehen Konsequenzen aus den Ergebnissen.			
6.	Wir haben ein Besuchsberichts- und Reportingsystem mit standardisierten und auswertbaren Pflichtfeldern implementiert; bei Nichtfüllen der Pflichtfelder resultieren entsprechende Konsequenzen.			
7.	Wir haben für unsere relevanten Akquiseprozesse einen Vertriebstrichter im Einsatz und messen und benchmarken die definierten Prozessergebnisse und ziehen Konsequenzen aus den Ergebnissen.			
8.	Wir kennen die Hitrates auf jeder Stufe unseres Vertriebstrichters und sind damit zufrieden, weil sie den Branchenvergleich übertreffen.			
9.	Auf Messen, auf denen wir als Aussteller tätig werden, gibt es dezidierte Vorgaben bezüglich definierter Kennzahlen, insbesondere bezüglich Anzahl qualifizierter Kontakte, Weiterempfehlungen und Vertragsabschlüssen. Die Einhaltung der Vorgaben wird ermittelt, so dass entsprechende Konsequenzen folgen können.			
10.	Für alle wichtigen und standardisierbaren Prozesse ist eine relevante und sinnvolle IT- oder Systemunterstützung vorhanden, die stets den Mitarbeiter unterstützt und die Einhaltung des definierten Prozesses absichert.			

Abb. 9.2 Mastercheckliste: Zehn Statements zum Thema Controlling & Systeme. (Quelle: Milz & Comp. GmbH)

Maßnahmen genauso gekommen. Zum zweiten ist es – wenn Sie diese genannten Faktoren aus Ihrer Buchhaltung oder von Ihrem Steuerberater erhalten – eigentlich schon zu spät: Wenn Sie „Umsatz" generieren, sprich „eine Rechnung fakturieren", haben Sie bereits die SALESTOOLBOX® Module 1 bis 4 bzw. fast den gesamten Vertriebsprozess auf der Zeitachse durchlaufen: Die Strategie wurde erarbeitet, Sie haben dafür gesorgt, dass

Sie gefunden werden, Sie haben neue Kunden identifiziert und akquiriert. Doch welcher dieser Prozessschritte hat wie gut gewirkt? Konnten Sie Ihre Neukunden *wegen* oder vielleicht *trotz* gewisser Maßnahmen gewinnen?

Wenn Sie also eine zielgerichtete und wirkungsvolle Vertriebssteuerung vornehmen wollen, sollten Sie somit den Wirkungsgrad Ihrer Einzelmaßnahmen (z. B. „*Die Response-Quote auf dieses Mailing betrug 1,8 % und war damit um 0,3 %-Punkte besser als bei unserem letzten Mailing*" oder „*die Conversion Rate unserer aktuellen Online-Kampagne beträgt 7,4 ‰ und ist damit um 0,4 ‰-Punkte gesunken*") kennen – und nicht lediglich das Gesamtergebnis (z. B. „*Umsatz ist um 13 % gesunken*").

Darüber hinaus gibt es noch ein weiteres Argument, weshalb Sie sich dem Thema Marketing- und Vertriebscontrolling intensiv widmen sollten: Zimmermann hat 2012/2013 bereits zum dritten Mal eine Erhebung zum Thema „Effizienz im Vertrieb" durchgeführt und kommt zu dem interessanten Ergebnis, dass „*sobald in einem Vertriebsbereich eine Messung und Nachverfolgung stattfindet, dies bereits zu einer Verbesserung der Ressourcennutzung führt – und zwar unabhängig von der Qualität der Maßnahme.*" Oder – wie Tom Peters es ausdrückt: „*What gets measured gets done!*" (Peters 1986) *deshalb: Messen Sie!!!*

9.1 Vertriebs-/Marketingcontrolling

Abhilfe schafft ein strukturiertes Marketing- und Vertriebscontrolling. Hierfür sollten Sie sich zunächst Klarheit über die folgenden vier Kernfragen schaffen:

- Welches sind in meinem Unternehmen die relevanten Kernprozesse, Prozesse von elementarer Wichtigkeit?
- Welches sind die unterstützenden Prozesse, Prozesse, die den Kernprozessen „zuarbeiten"?
- Welche Verantwortlichkeiten gilt es zu implementieren?
- Womit vergleiche ich?

Die Definition dieser Prozesse kann vom Vertriebsteam getroffen werden, der Geschäftsführer sollte zumindest mitentschieden haben.

Verantwortlichkeit
Für die Verantwortlichkeit des Controllings gibt es zwei Möglichkeiten: Es zur Chefsache erklären oder einen Funktionsverantwortlichen benennen. Das können je nach Situation der Vertriebs- oder Marketingleiter oder jeweils andere relevante Abteilungsleitungen sein.

Woher stammen meine „Vergleiche"?
Controlling funktioniert nur mit Ziel- oder Vergleichsgrößen. Woher erhalte ich also meine Werte? Es gibt dafür drei Möglichkeiten, die im Idealfall *alle* berücksichtigt werden:

1. **Soll-Ist-Vergleich (Planvorgaben)**

   In der Praxis sehr geläufig; je größer das Unternehmen, desto häufiger wird mit Budgets und Planvorgaben, die es zu erreichen oder zu übertreffen gilt, gearbeitet. Problematisch hierbei aus unserer Sicht: Woher wissen wir, dass der Plan „gut" war? Wäre vielleicht mehr drin gewesen? Ähnliches gilt für:

2. **Zeitvergleich (z. B. Vorjahresvergleich)**

   In der Praxis die häufigst anzutreffende Form: Der Vergleich des aktuellen Geschäftsjahres mit dem Vorjahr. Auch hier gilt die in 1. beschriebene Problematik: Ich kann möglicherweise konstatieren, dass Geschäftsjahr 2 besser verlaufen ist als Geschäftsjahr 1. Aber welche Aussagekraft steckt dahinter? Hier schafft 3. Abhilfe:

3. **Branchenvergleiche/Benchmarks/Best Practice (auch interne)**

   Vergleichen Sie sich mit „den Besten der Branche". Die entsprechenden Zahlen finden sich in Datenbanken, im E-Bundesanzeiger, in den entsprechenden Branchenverbänden, bei Unternehmensberatern oder bei hierauf spezialisierten Dienstleistern.

In meinen Workshops und Vorträgen mache ich mich stets darüber lustig, dass in der Praxis die ersten beiden Methoden vorherrschend sind – was auf mich keinen sonderlich ambitionierten Eindruck macht. Ich erzähle dann stets die Geschichte, dass ich intensiv für den 100-Meter-Lauf trainiert habe und stolz bin, dass ich mich dieses Jahr um 10 % verbessert habe … und die 100 Meter jetzt in 27 statt in 30 Sekunden laufe … Daran wird recht gut die Absurdität des Zeitvergleichs sichtbar.

Ein Beispielunternehmen hat sich für sein Vertriebscontrolling für folgende Kernprozesse entschieden:

1. Marketing
2. Akquisition/aktiver Verkauf
3. Kundenbeziehungspflege
4. Innovationen

Die Bereiche könnten bei Bedarf selbstverständlich erweitert werden, beispielsweise um Anfragebearbeitung, Gebietssicht/Organisationsicht, Produktsicht oder Auftragsbearbeitung/Innendienst.

Haben Sie in Ihrem Unternehmen für diese Bereiche Kennzahlen zur Messung der Leistung, der Performance, definiert? Welche weiteren Bereiche kommen für Sie in Frage? Haben Sie im Vorfeld Zielwerte für diese Kennzahlen festgelegt? Woher stammen die Zielgrößen? Wer, außer der Geschäftsleitung, kennt sie?

▶   **Praxistipp** Definieren Sie, welche Kennzahlen für die von Ihnen definierten
     Kernprozesse wichtig sind (s. Abb. 9.3).

1. Marketing	2. Akquisition/aktiver Verkauf
• Marktanteile (mengen-/wertmäßig, Feldanteil) • Preisstellung (erzielter relativer Preis, Preisbandeinhaltung-/wertmäßig) • Marktdurchdringung (Distributionsgrad numerisch/gewichtet) • Bekanntheitsgrad (gestützt/ungestützt) • Imageposition (Markensympathie, -Status,-Image) • Werbeerfolg • …	• Auftragseingang/Umsatz/Umsatz pro Kopf • Exportquote • DB / DB pro Kopf • Umsatz (anteil)Neukunden (<3 Jahre) • Anzahl Neukunden(-kontakte) je … • Rabattierungsrate nach Person/Region/Produkt • Hit Rate Angebote –Aufträge (Angebotserfolgsquote) • Erstgesprächs-/Terminquote • Termin-/Angebotsquote • …
3. Kundenbeziehungspflege	4. Innovationen
• Kundenzufriedenheitsquote • Kundenwertstrukturierung/-quoten • Kundenbindungsquote • Kundendurchdringungsquote • Beschwerdequote • Empfehlungsquote • Kundenrückgewinnungsquote • Kundenstrukturquote • …	• F&E-Intensität • Innovationserfolgsrate (wie viele kommen durch?) • Innovationsrate (Umsatz mit Innovationen < 3 J.) • Neuproduktrate (Anzahl Neuproduktion/Gesamtproduktion) • Patentquote • Time-to-Market • Vorschlagsquote (nach Abteilung: z.B. Vertrieb/F&E/Technik) • …

Abb. 9.3 Kennzahlen gemäß der vier definierten Kernprozesse. (Quelle: Milz & Comp. GmbH)

9.1.1 Tools zur Messung von Kennzahlen

Kennzahlen-Cockpit

Das, was Sie somit erhalten, ist Ihr *Kennzahlen-Cockpit* (auch *Dashboard* oder *Scorecard* genannt), ein hilfreiches Tool, mit dem sich eine große Anzahl von Informationen visualisieren lässt. Kennzahlen-Cockpit Softwares sind bei vielen Anbietern erhältlich. Je nach Anbieter werden die Kennzahlen oft als Ampel oder Tachometer dargestellt. Entscheiden Sie selbst, welche Softwarelösung für Sie die richtige ist. Ebenso können Sie Ihre wichtigsten Kennzahlen darstellen in der Form einer

Balanced Scorecard Sales (BSC)

Bei der Balanced Scorecard Sales (s. Abb. 9.4), ebenfalls downloadbar auf unserer Homepage (www.milz-comp.de/download) handelt es sich ebenfalls um ein Tool, in das Kennzahlen in einer kompakten Form visualisiert werden können. Im Gegensatz zum Kennzahlen-Cockpit orientiert sich die BSC allerdings an der Vision und den strategischen Zielen des Unternehmens. Mit ihr lassen sich Unternehmensaktivitäten planen, überprüfen und steuern. BSCs gibt es in verschiedenen Ausführungen, von der Basisvariante bis zum komplexen Führungsinstrument. Gemäß der Vision und Strategie werden Ziele, Maßnahmen und Vorgaben definiert, deren Erfüllungsgrad mit den entsprechenden Kennzahlen kontinuierlich überwacht wird.

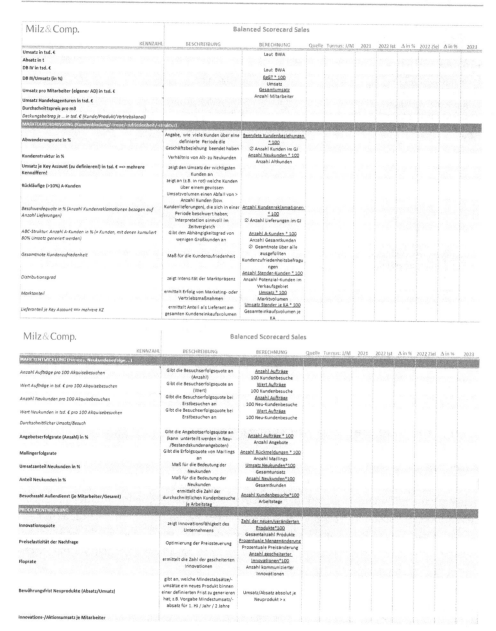

Abb. 9.4 Balanced Sccorecard Sales. (Quelle: Milz & Comp. GmbH)

Anwendung der Vertriebsmessungskennzahlen

Anbei noch einige Beispiele für die Berechnung wichtiger Kennzahlen, die wir für den Neukundenakquiseprozess als besonders wichtig erachten (siehe hierzu auch Abschn. 9.3):

- Erstansprache
  - Response-Quote = Anzahl der Rückmeldungen/Gesamtanzahl Briefe einer Aussendung

- Interesse
  - Kontakt-Quote = Anzahl der Termine/Anzahl der Anrufe
- Angebot
  - Besuche pro Abschluss = Anzahl der Aufträge/Anzahl der Besuche
- Aufträge/Neukunden
  - Abschluss-Quote = Anzahl der Angebote/Anzahl der Aufträge
  - Außendienst Auftragseingangsquote = Aufträge Außendienst/Gesamtanzahl Aufträge
  - Neukundenquote = Anzahl neuer Kunden/Anzahl alter Kunden
- Loyaler Bestandskunde
  - Kundentreue = Anzahl Wiederholungskäufer/Anzahl Käufer insgesamt
  - Kundenabwanderungsrate = Zahl der verlorenen Kunden/Kundenbestand
  - Zurückgewinnungsrate = Anzahl zurückgewonnene Kunden/Anzahl verlorene Kunden

Management Informationssysteme (MIS)

Je größer ein Unternehmen, desto größer ist in der Regel auch dessen Controlling-Abteilung sowie das, was diese produziert: Die Anzahl der vorgenommenen Analysen und Auswertungen sowie die Controllingberichte nehmen an Umfang zu. Ich habe in diesem Zusammenhang die Erfahrung gemacht, dass

a. je umfangreicher ein Controlling-Report ist, desto weniger wird er von den Entscheidungsträgern gelesen.
b. in den Unternehmen bzw. Abteilungen, in denen Zahlen, Daten und Sachverhalte verschleiert werden sollen, die Reports besonders umfangreich sind.

▷ **Praxistipp** Arbeiten Sie nach dem „Weniger-ist-mehr-Prinzip": Versuchen Sie, alle für Sie relevanten Informationen des Vertriebscontrollings „auf einer Seite" darzustellen. Das kann wie in Abb. 9.5 aussehen.

Eines meiner Vertriebsgeheimnisse würde ich Ihnen an dieser Stelle auch gern mitgeben: Ein wichtiger Grundsatz im Marketing- und Vertriebscontrolling lautet: „Alles, was nicht auf einer Seite steht, wird nicht gelesen".

9.1.2 Praxisbeispiel Kennzahlen

Das folgende Praxisbeispiel soll Ihnen die Verwendung und die Aussagekraft von Vertriebskennzahlen verdeutlichen:

Kennzahlen und Benchmarks offenbaren Marketingschwächen der XY Maschinenbau AG

Im Jahr 2021 startete die XY Maschinenbau AG eine Marketingoffensive, nachdem Anfang des Jahres eine in Auftrag gegebene Umfrage bei den Einkäufern großer Konzerne

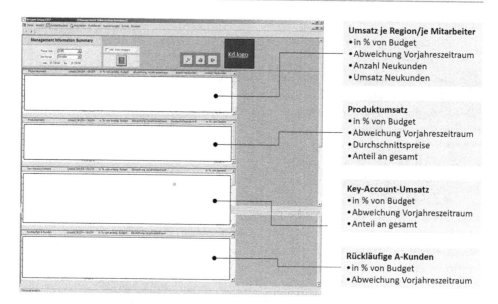

Abb. 9.5 Beispiel für relevante Informationen des Vertriebscontrollings. (Quelle: Milz & Comp. GmbH)

ergeben hatte, dass nur 53 von 167 Befragten die XY AG kannten. Und das trotz eines Marktanteils im Weltmarkt von immerhin 15 %. Doch auch die Schaltung von großflächigen Werbungen in Fachzeitschriften für 150.000 Euro konnte die Umsätze im Vergleich zum Vorjahr nur um 450.000 Euro steigern (s. Abb. 9.6).

Die XY-Maschinenbau AG kämpft mit unsteten Erfolgen im Vertrieb
Im Jahr 2021 konnten 348 Neukunden (inkl. Service + Ersatzteilgeschäft) für die XY AG gewonnen werden. Eine Auswertung der VC-Software ergab, dass im Jahr 2021 von den 4532 erstellten Angeboten 3172 Fälle bestätigt wurden. Aufgrund des altersbedingten Ausscheidens mehrerer Mitarbeiter aus dem Betrieb reduzierte sich die Gesamtzahl der Mitarbeiter im Durchschnitt 2020 auf 555 Mitarbeiter (s. Abb. 9.7).

Kundenzufriedenheit gut, doch kein aktives Empfehlungsmanagement
Angeregt durch die enttäuschende Umfrage bei den Einkäufern entschloss sich die Geschäftsleitung, die Zufriedenheit der Bestandskunden durch eine eigene Umfrage zu evaluieren. Von den 800 befragten Kunden waren 632 „sehr zufrieden" oder „zufrieden". Bestätigt wurde diese Zahl von lediglich 22 Beschwerden im Jahr 2011. Dennoch gaben von den Befragten nur 41 Personen an, die XY AG weiterzuempfehlen (s. Abb. 9.8).

Indikator	XY Maschinenbau AG		Benchmark/Ziel	
Bekanntheit bei Zielkunden	53/167 Unternehmen	→ 32 %	= 70 %	
Marktanteil		→ 15 %	= 20 %	
Werbeerfolg	450.000 €/ 150.000 €	→ 3	= 10 %	

Abb. 9.6 Marketingschwächen bei der XY AG. (Quelle: Milz & Comp. GmbH)

Indikator	XY Maschinenbau AG		Benchmark/Ziel	
Neukunden		→ 348	= 450	
Angebotserfolgsquote	3.172 Aufträge/ 4.532 Angeboten	→ 70 %	= 70 %	
Umsatz pro Mitarbeiter	125 Mio. € Umsatz/ 555 Mitarbeiter	→ 205.000	= 225.000	

Abb. 9.7 Unstete Erfolge im Vertrieb der XY AG. (Quelle: Milz & Comp. GmbH)

Indikator	XY Maschinenbau AG		Benchmark/Ziel	
Kundenzufriedenheit	632/800 Kunden	→ 79 %	= 80 %	
Beschwerdequote	22 Beschwerden/ 3.172 Aufträgen	→ 0,7 %	= 1 %	
Empfehlungsquote	41 Empfehlungen/ 800 Kunden	→ 5 %	= 10 %	

Abb.9.8 Kundenzufriedenheit ist gut, aber es mangelt an aktiven Empfehlungen für die XY AG. (Quelle: Milz & Comp. GmbH)

Indikator	XY Maschinenbau AG		Benchmark/Ziel	
Patente		→ 15	= 3	
F&E-Intensität	10,5 Mio. €F&E-Aufwand/125 Mio. € Umsatz	→ 8,5 %	= 7 %	
Innovationsrate	60 Mio. € Neuproduktumsatz/ 125 Mio. € Umsatz	→ 48 %	= 50 %	

Abb. 9.9 Innovation und innovative Mitarbeiter als große Stärke der XY AG. (Quelle: Milz & Comp. GmbH)

Innovationen und innovative Mitarbeiter sind die große Stärke der XY AG
Im abgelaufenen Geschäftsjahr 2021 konnte die XY AG 15 Patente anmelden, ein Ergebnis der Ausgaben in Höhe von 10,5 Millionen Euro, die für F&E im Jahr 2011 verwendet wurden. Aufgrund der sich verstärkenden Imitationskonkurrenz aus Asien erwirtschaftet das Unternehmen mittlerweile 60 Millionen Euro mit Produkten, die nicht älter sind als drei Jahre (s. Abb. 9.9).

9.2 Besuchsberichte und Vertriebsreporting

Vertriebsmitarbeiter mögen in der Regel kein Reporting, wollen nicht „gläsern" sein. Ist ein Besuch nicht gut gelaufen ist es meist angenehmer, wenn nicht feststellbar ist, dass der Fehler „bei mir" lag. Ebenso möchten erfolgreiche Vertriebler ihr Erfolgsrezept häufig nicht preisgeben und schweigen darüber, auch, um als unersetzbar zu gelten. Dennoch:

Nutzen Sie Besuchsberichte, lassen Sie sich reporten!
Vielleicht mag dabei dieser Grundsatz helfen: „Nur, was auch dokumentiert wurde, hat wirklich stattgefunden – und kann auch entsprechend entlohnt werden (Reisekosten etc.)". Nutzen Sie diese Argumentation, wenn Sie Ihre Forderung nach einer sorgfältigen Dokumentation gegenüber Ihren Mitarbeitern kommunizieren.

Allerdings gilt auch hier das „Weniger-ist-Mehr-Prinzip": Fragen Sie in standardisierter Form nur die Informationen ab, die Sie auch wirklich messen, controllen und verarbeiten. Denn nur wenn Ihre Mitarbeiter merken, dass die von ihnen gelieferten Daten auch Relevanz besitzen, sprich, dass sie sich jemand anschaut und etwas damit macht, wird die Qualität der gelieferten Daten hoch bleiben und der erwähnte Produktivitätsfortschritt eintreten.

Eine Potenzialeinschätzung (in „Euro", in „Mengenangaben" oder auch nur ordinal in „hoch, mittel oder niedrig") zu einem jeden Kunden gehört – um eine potenzialorientierte Vertriebssteuerung vornehmen zu können – im Übrigen als Pflichtfeld in *jeden* Besuchsbericht bzw. in jede Kundenakte (s. Abschn. 5.1).

Wenn Sie für das Reporting eine Software verwenden, beschränken Sie sich wie beschrieben auf wenige Felder, bestehen aber darauf, dass diese vollständig ausgefüllt werden. Das können Sie beispielsweise sicherstellen, indem sich das Dokument nur dann speichern lässt, wenn es komplett (wie z. B. die Potenzialabschätzung) ausgefüllt wurde.

9.3   Vertriebstrichter

Der Vertriebstrichter ist ein systematischer Ansatz, um abstrakte Ziele auf konkrete einzelne Erfolgsgrößen herunterzubrechen. Er kann praktisch in allen Bereichen des Vertriebes angewendet werden. Dabei kann man sich die einzelnen Prozesse in der Form eines Trichters vorstellen. Die Funktionsweise ähnelt dem Innovationstrichter, der bereits im vorangegangenen Kapitel vorgestellt wurde. Beim Akquiseprozess beispielsweise wird die Anzahl der interessanten Firmen auf dem Weg durch den Trichter zwar kleiner, das Wissen über Personen und Kontakte in den Unternehmen nimmt aber konstant zu. Der Trichter kann von oben nach unten, aber auch im umgekehrten Sinne gelesen werden und ist ein nützliches Tool, um Ihre Vertriebserfolge zu messen. Nutzen Sie den Vertriebstrichter auch, um sich selbst zu benchmarken!

Beispiel

Sie möchten mithilfe des Vertriebstrichters bestimmen, wie viele Ressourcen Sie benötigen, um beispielsweise zehn Neukunden zu gewinnen. Das könnte so aussehen wie in Abb. 9.10. Die Lesart „von unten nach oben" zur Ressourcenabschätzung würde somit lauten:

- 70 Prozent meiner Kunden sind langfristig loyale Bestandskunden.
- Um somit im nächsten Jahr sieben neue davon zu haben, müssen zehn Neukunden akquiriert werden.
- Bei einer Angebotstrefferquote von 13 Prozent müssen hierfür 75 Angebote geschrieben worden sein.
- Wenn jedes zweite Unternehmen, dem wir uns im nächsten Jahr neu vorstellen, ein Angebot anfordert, müssen wir uns somit 150 Unternehmen vorstellen.
- Diese Vorstellungstermine müssen zunächst einmal vereinbart werden. Wenn 60 Prozent der Unternehmen, mit denen wir neu in Kontakt treten, eine Angebotspräsentation wünschen, müssen wir 250 Unternehmen neu kontaktieren.

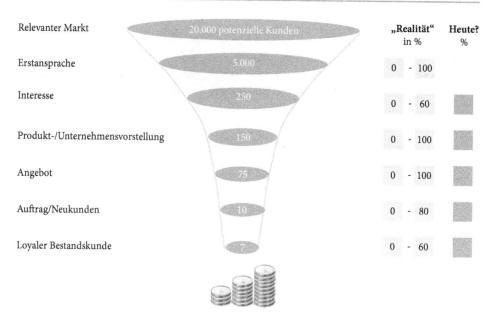

		„Realität" in %	Heute? %
Relevanter Markt	20.000 potenzielle Kunden		
Erstansprache	5.000	0 - 100	
Interesse	250	0 - 60	
Produkt-/Unternehmensvorstellung	150	0 - 100	
Angebot	75	0 - 100	
Auftrag/Neukunden	10	0 - 80	
Loyaler Bestandskunde	7	0 - 60	

Abb. 9.10 Vertriebstrichter. (Quelle: Milz & Comp. GmbH)

- Dies wiederum bedeutet – eine erfolgreiche Erstansprachequote über Briefmailing oder Telefon von fünf Prozent vorausgesetzt –, dass wir 5000 neue Unternehmen ansprechen müssen.

Diese Zahlen sind im Übrigen „Echtzahlen" eines unserer Kunden und – für dessen Branche – durchaus plausibel. Nichtsdestotrotz sind sie sicherlich auf jeder Stufe weiter zu verbessern. ◄

Kennen Sie die Hitrates auf jeder Stufe Ihres Vertriebstrichters? Und wenn ja – sind Sie damit zufrieden? Sind diese gut – und in Ihrem Branchenvergleich üblich? Sie sehen, dass Sie so mithilfe des Trichters überprüfen können, wie viel Erfolg eine Werbemaßnahme oder Kundenansprache wirklich hatte. Die Trichterdarstellung kann Ihnen auch zeigen, wo Probleme oder Hemmnisse liegen können. Je nachdem, wo das Problem lokalisiert wurde, müssen entsprechende Veränderungen und Maßnahmen eingeleitet werden. Das Fazit aus obiger Analyse mithilfe des Vertriebstrichters ist also, dass von 20.000 potenziellen Kunden mit den aktuellen Erfolgsquoten zehn zu Neukunden werden. Das heißt im Umkehrschluss, wenn dieses Unternehmen zehn Neukunden gewinnen will, muss es 5000 ansprechen.

9.4   Messecontrolling

Ein weiteres praktisches Tool sind Betreuungsberichte, mit denen Besuche von Kunden auf Messen festgehalten und controlled werden können. Warum das Verkaufen auf Messen eine in Nicht-Pandemiezeiten großartige – aber auch andersartige – Möglichkeit für den Vertrieb darstellt, wurde bereits in Kap. 2 erläutert.

In der Praxis sitze ich häufig mit einem Geschäftsführer oder Vertriebsleiter zusammen, der mir über seine letzte Messe berichtet. Wenn ich dann die Frage stelle *„War die Messe erfolgreich?"*, so kann mir darauf nur sehr selten präzise geantwortet werden; es folgen meist Antworten wie *„Wir haben viele interessante Kontakte gemacht"* oder *„Es waren mehr oder weniger Besucher als im letzten Jahr da"*. Woran liegt dies? Die Antwort hierauf ist leicht – ob etwas erfolgreich war oder nicht kann in diesem Falle nur im Vergleich zu einer Vorgabe erfolgen (s. Abschn. 9.3). Und diese gibt es meiner Erfahrung nach bei Messen im Mittelstand nur sehr selten. Deshalb:

▷   **Praxistipp** Machen Sie Ihren Mitarbeitern Vorgaben, was Sie von dem Messebesuch erwarten! Kommunizieren Sie, dass ein Messebudget zukünftig nur zur Verfügung gestellt wird, wenn diese Vorgaben auf der Messe erreicht werden. Nur dann können Sie sinnvoll beurteilen, ob die Messe erfolgreich war.

Mit einem unserer Kunden haben wir vor einer Messe gemeinsam die in Abb. 9.11 dargestellten Vorgaben und quantitativen Ziele erarbeitet.

Ziele	Zielgröße
• Qualifizierte Erstkontakte (vollständig ausgefüllte Messeberichte)	250
• Verbindlich vereinbarte Termine zur Vorstellung bei Neukunden	100
• Verbindliche Weiterempfehlungen von Bestandskunden	50
• Gemeinsam mit dem Kunden durchgeführte Wettbewerbsvergleiche	50
• Angebotserstellung zu fest vereinbarten Zeitpunkten	400
• Vertragsabschlüsse vor Ort (Entscheidung beim Kunden herbeiführen)	50
• ...	...

Motivation: Die Außendienstmitarbeiter mit den höchsten Zahlen bekommen ein Essen zu zweit im Restaurant ihrer Wahl!

Abb. 9.11 Ziele der Messevorbereitung. (Quelle: Milz & Comp. GmbH)

Der Erfolg oder Misserfolg eines Messebesuches kann durch den Einsatz eines Tools zur Messeberichterstattung hervorragend dokumentiert werden.

> ▶ Im geschützten Bereich unserer Homepage (www.milz-comp.de/download) finden Sie eine Vorlage für Ihren Messebericht. Anhand dieser Vorlage können Sie einen Berichtbogen individuell für Ihr Unternehmen erstellen.

Ein *Messeberichtformular* sollte insbesondere – neben den individuell anzupassenden Informationen – die folgenden Angaben enthalten:

- Kontaktdaten des Besuchers/Unternehmens, weitere Informationen wie Kundenstatus, Kennzahlen wie Mitarbeiter, Umsatz etc.
- Gesprächsteilnehmer inkl. Rolle/Funktion (Entscheider?)
- Entscheidungsnähe
- Potenzialeinschätzung des Kunden
- auftragsrelevante Sachverhalte, die dem Kunden besonders wichtig sind
- Vereinbarungen oder Beschlüsse, die während des Gespräches getroffen wurden
- Follow-Up

Daneben gibt es jedoch noch viele weitere Punkte, die individuell definiert werden müssen und auf die Praxis Ihres Unternehmens ausgerichtet sein sollten. Ein Messeberichtformular kann beispielsweise wie in Abb. 9.12, 9.13 und 9.14 ausgestaltet werden.

9.5   Erfolgsmessung meiner digitalen Aktivitäten

Dass Marketing und Vertrieb immer mehr miteinander verschmelzen, war bereits Thema in diesem Buch. Das gilt natürlich auch – und hier sogar in besonderem Maße – für digitale Aktivitäten.

Digitales Engagement hilft Ihnen dabei, Ihren Vertriebstrichter konstant zu befüllen. Online- und Social Media Marketing sorgen dabei für die nötige Reichweite.

In Social Media steigern Sie Ihre Markenbekanntheit, indem Ihr Unternehmensaccount (oder in einigen Fällen auch die Privataccounts von Personen, die für das Unternehmen stehen) seine *Followerzahl* erhöht. Je nachdem wo sich Ihre Zielgruppe befindet (LinkedIn, Facebook, YouTube oder Instagram & Co.), spielen Sie Mehrwertinhalte und erzählen Ihre Brandstory. Je besser Ihre Inhalte sind, desto mehr Personen interagieren mit Ihren Posts. Auf diese Weise steigt Ihre Followerzahl und somit die Anzahl der Personen, die Sie mit Ihrer Botschaft erreichen.

Wie erfolgreich einzelne Posts sind, können Sie über die Analytics-Daten der jeweiligen Social-Media-Kanäle erfahren. Wenn Sie mehrere Kanäle bedienen, erhalten Sie eine gesammelte Analyse Ihrer eingesetzten Profile über Tools wie HootSuite (siehe Kap. 2), die Ihnen auch die gesammelte Steuerung Ihrer Aktivitäten möglich machen.

Tool: *Messebericht (Beispiel – anzupassen)*

Messebericht
Mitarbeiter: Herr/Frau _____

Bitte Visitenkarte einheften!

Checkliste nach dem Kundengespräch:

Allgemeine Angaben:
Datum:
Name:
Firma:
Kontaktdaten: s. Visitenkarte
Neukunde: Ja: ☐   Nein: ☐

Angaben zum Unternehmen:
Art des Unternehmens: Baumschule: ☐   Ziergärtner: ☐ _____: ☐
Interesse: Produktionserde: ☐   Verkaufserde: ☐ Sonstiges: _____
Anzahl der Mitarbeiter (Kennzahlen):
Inaktiver Kunde: Ja: ☐   Nein: ☐
Potenzial/Bedarf des Kunden: _____ m³ Bisherige Lieferanten: _____ _____

Potenzieller Kunde:
  A- Kunde   ☐ __(Def.: > 1.000 m³ oder > 50 tsd. €)
  B- Kunde   ☐ __(Def.: 250-1.000 m³ oder 20-50 tsd. €)
  C- Kunde   ☐ __(Def.: < 250 m³ oder > 20 tsd. €)

Entscheidungskompetenz des Kontakts: Alleinentscheider: ☐
Mitentscheider: ☐
Informationsgeber: ☐
Wer ist Entscheider?
Entscheidungsnähe: ☐   ☐   ☐   ☐ Bedarf zum (Datum):   **1**(<25%) **2**(25-50%) **3**(50-75%) **4**(>75%)

Abb. 9.12 Messebericht: Allgemeine und unternehmensbezogene Angaben. (Quelle: Milz & Comp. GmbH)

Gesprächsinhalt:
Ziel seines Besuches:
Was ist dem Kunden besonders wichtig?
Bemerkungen / Besonderes beim Kunden, Feedback zum Stand:

Ergebnisfeld:
Deadlines/Vereinbarungen: „Dann verbleiben wir so ...!"
Vertragsabschluss:
Angebot erbeten zum/bis:
Weitere Infos zusenden zum/bis:
Infomaterialien übergeben: ☐
Preisliste übergeben: ☐
Besuchstermin beim Kunden am:
Präsentationstermin/Workshop am:
Sonstiges:

Abb. 9.12 (Fortsetzung)

Gesprächsinhalt
Ziel seines Besuches:
Was ist dem Kunden besonders wichtig?
Bemerkungen Besonderes beim Kunden, Feedback zum Stand:

Abb. 9.13 Messebericht: Gesprächsinhalt. (Quelle: Milz & Comp. GmbH)

Ergebnisfeld
Deadlines/Vereinbarungen: „Dann verbleiben wir so …!"
Vertragsabschluss:
Angebot erbeten zum/bis:
Weitere Infos zusenden zum/bis:
Infomaterialien übergeben: ☐   Preisliste übergeben: ☐
Besuchstermin beim Kunden am:
Sonstiges:

Abb. 9.14 Messebericht: Ergebnisfeld. (Quelle: Milz & Comp. GmbH)

Wenn ein Post gut performed, hat er viele *Likes* und viele *Kommentare* – welche wiederum beeinflussen, wie oft ihr Post ausgespielt wird und wie viele *Ansichten* (LinkedIn)/ *Erreichte Personen* (Facebook) Sie damit erzielt haben. Zu wissen, welche Inhalte bei Ihnen gut funktionieren (z. B. gute *Engagement Rate:* Wie viele Personen von denen, die den Beitrag gesehen haben, haben interagiert?), hat zur Folge, dass Sie Ihre Content-Strategie effektiv anpassen und optimieren können.

Eine gute Reichweite ist sehr hilfreich, um aus Ihren Followern Leads zu generieren. Über entsprechend gestaltete Posts können Sie immer wieder Interessierte auf Ihre Funnel schicken. Das geht nicht nur über „Sponsored Posts", sondern auch über Werbemittel aller „digitalen" Art. Zum Beispiel Suchmaschinen-Anzeigen, Bannerwerbung oder gesponsorte Artikel auf Portalen. Hier ist eine relevante Kennzahl die *Klickrate*. Sie sagt aus: Wieviel Prozent der Personen, die das Werbemittel gesehen haben, haben es auch angeklickt. Vereinfacht gesagt: Dieser Wert sagt aus, wie gut Ihre Anzeige ist.

Wenn Sie Ihre Zielgruppe (z. B. über ein entsprechend offenes Targeting) allerdings sehr breit angelegt haben, muss eine niedrige Klickrate nichts Schlechtes bedeuten. Denn Sie bezahlen in den meisten Fällen nur die Klicks, nicht die „*Impressionen*" (Ausspielungen der Anzeige oder „Sichtkontakte"). Bis zum nächsten Klick sorgen diese derweil für kostenloses Branding – oder im Deutschen: kostenlose Steigerung der Markenbekanntheit.

Beim „Werbemittel E-Mail" ist es ähnlich. In einfachen Worten: Wie gut Ihr Betreff ist, zeigt die *Öffnungsrate*. Wie gut Ihr Inhalt oder Ihr Angebot ist, wird deutlich in der *Klickrate* der hier platzierten Links. Übrigens: Die *Größe Ihres legalen E-Mail-Verteilers* (durch einen Double-Opt-in bestätigte Kontakte) vergrößert Ihre allgemeine Reichweite effektiv und sorgt dafür, dass Sie mit Interessenten über Mailings in Kontakt bleiben können.

Die Qualität der Landingpage (bzw. des Angebotes), auf die das Werbemittel die Nutzer schickt, zeigt sich dann in der *Konversionsrate*: Wie hoch ist der Prozentsatz der Landingpage-Besucher, welche den „Call to Action" nutzt – also das Element, das zu einer Anmeldung zu einem Webinar, dem Download eines Dokumentes oder dem Kauf eines Produktes führt.

Eine zentrale Rolle bei Ihrer Reichweite spielt Ihre Website. Denn hier stellen Sie Ihr Unternehmen im Detail vor: Für was stehen Sie und was sind Ihre Produkte oder Dienstleistungen? Sie sollten deswegen für eine optimale Sichtbarkeit Ihrer Webseiten-Inhalte sorgen. Eine gute Analyse Ihrer Website ist hierbei immer die Grundlage. Deshalb benötigen Sie ein gutes Website-Tracking-Tool. Eines der mächtigsten Tools in diesem Bereich ist das kostenlose Google Analytics. Natürlich gibt es auch andere gute Tracking-Tools – die dann aber kostenpflichtig sind.

▷   **Praxistipp** Verbinden Sie Ihre Werbekampagnen mit Google Analytics, um alle Ihnen zur Verfügung stehenden Daten im Blick zu haben. Nutzen Sie außerdem das kostenlose Tool Google Search Console und verknüpfen Sie es ebenfalls mit Google Analytics, um Ihre Website noch besser für die Suchmaschine optimieren zu können.

Der Blick auf die Anzahl Ihrer Website-*Nutzer* gibt ihnen Aufschluss über Ihre Reichweite. Ist sie gestiegen oder gesunken? Sie erfahren nun auch: Welche Seiten des Webauftritts haben die meisten *Seitenaufrufe*. Sind das auch die Seiten, die Sie auf der Website in den Vordergrund stellen wollen? Oder sind es eher andere? Jetzt sind Sie in der Lage, effektive Änderungen an der Seitenstruktur vorzunehmen.

Eine geringe *Verweildauer* und eine hohe *Absprungrate* auf wichtigen Einzelseiten geben Ihnen ebenfalls wertvolle Hinweise: Entweder ist Ihr Content schlecht oder Sie erhalten aus unbekannten Gründen die falschen und dann enttäuschten Besucher. Erzeugen Ihre eingesetzten Werbemittel vielleicht eine Erwartungshaltung beim Nutzer, die Sie auf Ihrer Website nicht erfüllen? Vielleicht setzen Sie bei SEA (Search Engine Advertising) und SEO (Search Engine Optimization) auf die falschen Keywords? Apropos Keywords: Bei einer aktiv betriebenen Suchmaschinen-Optimierung kommen Sie nicht darum herum, ein kostenpflichtiges Monitoring Tool für das Tracking Ihrer Keywords (aus Ihrer SEO bzw. Keyword-Strategie) zu verwenden. Auf diese Weise sehen Sie, ob Ihre Bemühungen erfolgreich waren, bestimmte Seiten zu definierten Keywords ranken zu lassen. Haben wichtige Seiten Ihre Position (z. B. von Platz 8 auf Platz 3) verbessern können?

Zum Abschluss möchte ich Ihnen noch verraten, wie Sie durch eine einzige Kennzahl Rückschlüsse auf Ihre Markenbeliebtheit ziehen können:

▷   **Praxistipp** Überprüfen Sie die monatlichen *Abfragen Ihres Marken- oder Unternehmens-Namens* bei Google. Grobe Angaben dazu liefern Ihnen sogar kostenlose Keyword-Recherche-Tools. Eine Abfrage Ihrer Wettbewerber setzt das Ganze dann in ein aussagekräftiges Verhältnis. Es gibt noch zahlreiche weitere Kennzahlen im Digitalen Marketing. Aber im aktuellen Rahmen belasse ich es bei einer Einführung.

▷   Eine vollständige Liste der Lektüre finden Sie im geschützten Bereich unserer Homepage unter: www.milz-comp.de/download

Literatur

Peters, T. 1986. *What gets measured gets done*. https://tompeters.com/columns/what-gets-measured-gets-done/. Zugegriffen am 18.05.2022.

Zum Weiterlesen

Dietzel, A. 2013. *Vertriebscontrolling optimieren*. Wiesbaden: Springer Gabler.
Kühnapfel, J. B. 2014a. *Balanced Scorecards im Vertrieb*. Wiesbaden: Springer Gabler.
Kühnapfel, J. B. 2014b. *Nutzwertanalysen in Marketing und Vertrieb*. Wiesbaden: Springer Gabler.
Kühnapfel, J. B. 2014c. *Vertriebsprognosen*. Wiesbaden: Springer Gabler.
Ossola-Haring, C., A. Schlageter, und S. Schöning. 2016. *11 Irrtümer über Kennzahlen*. Wiesbaden: Springer Gabler.
Pufahl, M. 2019. *Vertriebscontrolling*. Wiesbaden: Gabler.
Schneider, W., und A. Henning. 2011. *100 Handelskennzahlen*. Wiesbaden: cometis.

Zusammenfassung

Alles startet mit „den richtigen" Themen, dem richtigen Vorgehen. Und wenn „die richtigen" Themen richtig ablaufen, dann ist das erreicht, was nötig ist: Effektive Prozesse, die effizient ablaufen. Alle Prozesse müssen, wie die feinen Räder eines Uhrwerks, perfekt aufeinander abgestimmt sein, damit „die Zeiger" respektive die Vertriebsprozesse reibungsfrei laufen. Wenn Sie stets das Gesamtbild (unsere SALESTOOLBOX®) im Auge behalten und nach dieser Systematik Ihren Vertrieb optimieren, können Fehler schnell erkannt werden. Manchmal läuft ein Zahnrad nicht optimal und muss geölt werden, selten bricht ein Rädchen und wird durch ein neues ersetzt. Wichtig ist das Zusammenspiel, für das Sie als Unternehmer oder Leiter verantwortlich sind. Wie die einzelnen Prozesse ablaufen und optimiert werden können, wurde in den vorherigen Kapiteln geklärt. Nun gilt es, diese Erkenntnisse zusammenzubringen. Um dies in der täglichen Arbeit grundlegend zu gewährleisten, haben wir an das Pareto-Prinzip angelehnt fünf Kernfragen und -antworten definiert.

Ergänzende Information Die elektronische Version dieses Kapitels enthält Zusatzmaterial, auf das über folgenden Link zugegriffen werden kann [https://doi.org/10.1007/978-3-658-38343-5_10]. Die Videos lassen sich durch Anklicken des DOI Links in der Legende einer entsprechenden Abbildung abspielen, oder indem Sie diesen Link mit der SN More Media App scannen.

M. Milz, *Vertriebspraxis Mittelstand*, https://doi.org/10.1007/978-3-658-38343-5_10

Dieses Kapitel widmet sich der zehnten Disziplin, den effektiven und effizienten Vertriebs-
prozessen (s. Abb. 10.1). In Abb. 10.2 finden Sie die wichtigsten zehn Statements zum
Thema Vertriebseffektivität und -effizienz.

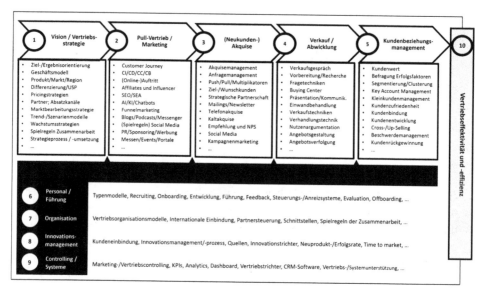

Abb. 10.1 Zehnte Disziplin: Effiziente Vertriebsprozesse. (Quelle: Milz & Comp. GmbH)

		Ja	Nein	Zu prüfen
1.	Ich habe zu dem Thema „Vertriebseffizienz" in unserem Unternehmen eine fundierte Meinung und kann die ungenutzten Potenziale (in %) beziffern.			
2.	Alle 10 Module der Sales-Toolbox greifen reibungsverlustfrei ineinander; unsere Prozesse funktionieren ohne wesentliche Effizienzverluste. Die „richtigen Dinge" (Effektivität) sind definiert!			
3.	Ich weiß, welche 20% meiner Kunden oder Vorkommnisse 80% meiner Probleme verursachen – und erhebe dies jährlich.			
4.	Ich weiß, mit welchen 20% meiner Kunden ich gutes Geld verdiene (nicht: Umsatz generieren!) – und erhebe dies jährlich.			
5.	Ich kenne stets die 20% der notwendigen Maßnahmen, die für 80% des gewünschten Ergebnisses und somit für den erwünschten Erfolg sorgen. Und setze auch genau diese um!			
6.	Ich denke über die Antworten aus den letzten drei Fragen oder Statements regelmäßig nach – und setze die Konsequenzen, die hieraus resultieren, auch um.			
7.	Unsere Mitarbeiter im Vertrieb arbeiten potenzialorientiert und strukturiert mit to-do-Listen, kennen die Unterscheidung zwischen „dringend" und „wichtig" und handeln danach.			
8.	Unsere Vertriebsmitarbeiter sind motiviert und besitzen genügend Selbstvertrauen, um die „richtigen" Aufgaben anzugehen und die „richtigen" Gesprächspartner zu treffen.			
9.	Wir pflegen unsere Wiedervorlagen so präzise, dass sichergestellt ist, dass wir stets bei den richtigen Kunden zur rechten Zeit vorsprechen.			
10.	Ich halte unseren Vertrieb in Summe für effizient; mehr als 10% ungenutzte Potenziale liegen nicht brach.			

Abb. 10.2 Mastercheckliste: Zehn Statements zum Thema Vertriebseffizienz. (Quelle: Milz &
Comp. GmbH)

Alles startet mit „den richtigen" Themen, dem richtigen Vorgehen. Und wenn „die richtigen" Themen richtig ablaufen, dann ist das erreicht, was nötig ist: Effektive Prozesse, die effizient ablaufen. Wie in der Grafik zu unserer SALESTOOLBOX® deutlich wird, umschließt Modul 10 – die effektiven und effizienten Vertriebsprozesse – alle vorangegangenen Punkte und Themen. Nachdem dieses Buch nun alle wesentlichen Bereiche zum Thema Vertrieb angesprochen und die Module und Boxen 1 bis 5 sehr intensiv behandelt sowie die unterschiedlichen Prozesse, die mit diesen zehn Bausteinen einhergehen, definiert hat, gilt es nun die entscheidende Frage zu beantworten:

10.1 Wie greifen die richtigen Prozesse effizient ineinander?

Alle Prozesse müssen, wie die feinen Räder eines Uhrwerks, perfekt aufeinander abgestimmt sein, damit „die Zeiger" respektive die Vertriebsprozesse reibungsfrei laufen. Wenn Sie stets das Gesamtbild (unsere SALESTOOLBOX®) im Auge behalten und nach dieser Systematik Ihren Vertrieb optimieren, können Fehler schnell erkannt werden. Manchmal läuft ein Zahnrad nicht optimal und muss geölt werden, selten bricht ein Rädchen und wird durch ein neues ersetzt. Wichtig ist das Zusammenspiel, für das Sie als Unternehmer oder Leiter verantwortlich sind.

Wie die einzelnen Prozesse ablaufen und optimiert werden können, wurde in diesem Buch beschrieben. Nun gilt es, diese Erkenntnisse zusammenzubringen. Um dies in der täglichen Arbeit grundlegend zu gewährleisten, beantworten Sie bitte für sich die an das Pareto-Prinzip (s. Abschn. 5.1) angelehnten fünf Kernfragen:

Checkliste: Arbeiten wir effektiv und effizient?
- Bringt mich das, was ich tue, wirklich an mein Ziel? Tue ich „das Richtige"? (Eine Frage der Effektivität!)
- Welche 20 % meiner Kunden oder Vorkommnisse verursachen 80 % meiner Probleme? (Effizienzfrage 1!)
- Mit welchen 20 % meiner Kunden kann ich gutes Geld verdienen? (Effizienzfrage 2!)
- Welche 20 % aller Maßnahmen sorgen für 80 % der gewünschten Ergebnisse und somit für den erwünschten Erfolg? (Effizienzfrage 3!)
- Welche Konsequenzen ziehe ich aus den vorangegangen vier Fragen?

Um diese Fragen zu beantworten ist es hilfreich, sich die Kernbereiche der Vertriebseffizienz vor Augen zu führen. Die vier Kernbereiche der Vertriebseffizienz (nach Zimmermann 2010) sind in Abb. 10.3 dargestellt.

In der bereits erwähnten Studie von Zimmermann (2010) zum Thema „Effizienz im Vertrieb" kommt er zu dem Ergebnis, dass *branchenübergreifend 34,3 % der vorhandenen*

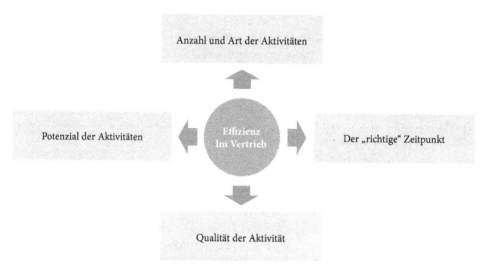

Abb. 10.3 Die vier Kernbereiche der Vertriebseffizienz. (Aus Zimmermann 2010; mit freundlicher Genehmigung vom © Gabal Verlag 2022)

Vertriebsressourcen ungenutzt bleiben. Zimmermann hat hierbei vier Kernbereiche der Vertriebseffizienz untersucht (s. Abb. 10.3): Anzahl und Art der Vertriebsaktivitäten, die Potenzialorientierung der Aktivitäten sowie deren Qualität und Güte sowie letztlich die Fähigkeit, den „richtigen" Zeitpunkt für die jeweils richtigen Aktivitäten zu finden.

Was die „*Qualität der Aktivitäten*" angeht, so werden hier insbesondere eine ungenügende Gesprächsvorbereitung sowie eine nicht objektive Gesprächsauswertung ins Feld geführt, Themen, denen wir uns in Abschn. 4.1 ausführlich gewidmet haben.

Als Hauptproblem bei dem Thema „*Potenzial der Aktivitäten*" sieht Zimmermann, dass das vertriebliche Potenzial der Kunden sehr häufig nicht bekannt ist bzw. nicht erhoben wird und lediglich die – wie in Abschn. 5.1 beschrieben – recht sinnfreie ABC-Umsatz-Klassifizierung vorgenommen wird. Folgerichtig erfolgt eine Vertriebssteuerung somit häufig *nicht* nach Potenzial.

Ineffizenzen bezüglich der „*Art und Anzahl der Aktivitäten*" sieht Zimmermann in der fehlenden Selbstorganisation bzw. dem unstrukturierten Arbeiten vieler Vertriebsmitarbeiter; Grundlagen des Zeit- und Selbstmanagements sind oft nur rudimentär bekannt bzw. werden nicht angewandt, ein Zustand, dem man mithilfe entsprechender Trainings leicht Abhilfe verschaffen kann.

Weiterhin sieht er einen Mangel an Motivation und Selbstvertrauen bei Vertriebsmitarbeitern, was häufig zu einem „Ausweichen in Alibi-Tätigkeiten" führt.

Und ein Tätigwerden zum „richtigen Zeitpunkt" – zu dem Zeitpunkt, zu dem der Kunde Bedarf an der angebotenen Leistung hat, erfolgt häufig einfach mangels Unkenntnis über eben diesen Zeitpunkt nicht.

Als Fazit bleibt festzuhalten:

▶   **Praxistipp** Die beschriebenen Probleme sind absolut „lösbar"! Selbst, wenn es
     Ihnen nach Umsetzung der beschriebenen Methoden und Erkenntnisse dieses
     Buches nur gelingen sollte, 50 % der brachliegenden Potenziale zu heben, so
     würde dies – den Studienergebnissen von Zimmermann folgend – eine Pro-
     duktivitätssteigerung bzw. eine Hebung ungenutzter Potenziale in Höhe von
     17 % zur Folge haben. Rechnen Sie selbst aus, was dies in Euro bedeutet!

10.2 Abschluss

Unser Buch endet hier. Für Sie fängt die Arbeit jetzt aber erst an. Ob Sie Ihren Vertrieb
komplett umkrempeln und zu neuen Spitzenleistungen führen wollen oder nur an einzelnen Prozessen „Feinarbeit" leisten möchten: Sie haben im Laufe dieses Buches viele Tipps
und Tools an die Hand bekommen, nun kommt es darauf an, was Sie daraus machen. Gerade in kleinen und mittelständischen Unternehmen besteht viel Spielraum für kreative
Ideen und das Ausprobieren neuer Techniken. Für jedes Unternehmen ist es wichtig,
Strukturen zu schaffen und Prozesse zu vereinheitlichen.

Es gibt Berufe, in denen ist Präzision nicht die Kür des Alltagsgeschäftes, sondern eine
Grundvoraussetzung. Stellen Sie sich etwa das Beispiel eines Herzchirurgen vor, der sich
sagt: *„Ich habe die Gefäße jetzt nicht so genau zusammengenäht, aber der Patient wird
schon überleben. Warten wir mal ab, was passiert."* Oder kennen Sie einen Schreinermeis-
ter, der es toleriert, wenn der Lehrling zu ihm sagt: *„Der Tisch hat jetzt zwar nur drei Beine
statt vier, aber er steht, das geht schon."* Beide Szenarien sind natürlich undenkbar, da
beide Berufe ein Höchstmaß an Sorgfalt verlangen.

Warum aber „sterben" im Vertrieb so viele Patienten, werden so viele dreibeinige Ti-
sche produziert? Warum wird es toleriert und hingenommen, wenn unsere Mitarbeiter im
Vertrieb *„das schon irgendwie machen"*, *„sich durchwurschteln"*, *„nach Bauchgefühl
agieren"*?

Wir sind der festen Überzeugung, dass die gleiche Prozesssorgfalt, die Chirurgen,
Schreiner, Piloten, Elektriker und Mitarbeiter in der Produktion an den Tag legen, auch im
Vertrieb gelebt werden muss. Hierfür ist eine präzise Vertriebsplanung und -steuerung,
eine genaue Definition der Kernprozesse und Vorgaben sowie eine Kontrolle von deren
Einhaltung notwendig.

In diesen und allen weitergehenden Trainings- und Beratungsfragen können Sie sich
gern an mich wenden. Auch freue ich mich stets über ein Feedback, wie erfolgreich die
Umsetzung der hier beschriebenen Praxistipps und Leitlinien in Ihrem Unternehmen funktionierte (Abb. 10.4).

▶   Eine vollständige Liste der Lektüre finden Sie im geschützten Bereich unserer
     Homepage unter: www.milz-comp.de/download

Abb. 10.4   Video: Abschluss und Piloten/Superheldenbeispiel ((▶ https://doi.org/10.1007/000-7ck))

Literatur

Zimmermann, W. 2010. *Erfolg durch Effizienz.* Offenbach: Gabal.

Zum Weiterlesen

Covey, S. R. 2018. *Die 7 Wege zur Effektivität.* Offenbach: Gabal.
Herndl, K. 2012. *Führen und verkaufen mit der Kraft der Ordnung – Mit den Regeln der Benediktiner zu klaren Strukturen im Tagesgeschäft.* Wiesbaden: Gabler.
Homburg, C., H. Schäfer, und J. Schneider. 2016. *Sales Excellence – Vertriebsmanagement mit System.* Wiesbaden: Gabler.
Milz, M. 2017. *Praxisbuch Vertrieb.* Frankfurt: Campus.
Milz, M. 2020. *Systematischer Vertrieb. Sales Champions Strategy für Führungskräfte.* Freiburg: Haufe-Gruppe.
Milz, M., und F. Gebert, Hrsg. 2021. *Das Vertriebskompendium.* Freiburg: Haufe-Gruppe.
Pufahl, M. 2015. *Sales performance management.* Wiesbaden: Springer Gabler.
Timke, M. 2016. *Der Einfluss der Vertriebseffizienz und Vertriebseffektivität auf die Unternehmensperformance.* Hamburg: Verlag Dr. Kovac.

CPSIA information can be obtained
at www.ICGtesting.com
Printed in the USA
LVHW021322050323
740960LV00005B/497